통치성과 '자유'

통치성과 '자유' — 신자유주의 권력의 계보학

초판 1쇄 발행 _ 2011년 5월 25일
초판 1쇄 발행 _ 2017년 7월 15일

지은이 · 사카이 다카시 | 옮긴이 · 오하나

펴낸이 · 유재건
펴낸곳 · (주)그린비출판사 | 등록번호 · 제2017-000094호
주소 · 서울시 마포구 와우산로 180, 4층 | 전화 · 702-2717 | 팩스 · 703-0272
전자우편 · editor@greenbee.co.kr

ISBN 978-89-7682-749-4 04300
이 도서의 국립중앙도서관 출판시도서목록(CIP)은 e-CIP 홈페이지(http://www.nl.go.kr/ecip)와
국가자료공동목록시스템(http://www.nl.go.kr/kolisnet)에서 이용하실 수 있습니다.(CIP제어번호:
CIP2011001829)

트랜스 소시올로지 009
Trans SocioLogy

통치성과 '자유'

신자유주의 권력의 계보학

사카이 다카시 지음 | **오하나** 옮김

응B
그린비

한국어판 서문

이 책을 구성하는 최초의 논문을 잡지 『현대사상』에 발표한 때가 1997년이었다. 2001년에 이 책이 발간되었으니 집필로부터 대략 10년 이상이 지났다.

이 책을 발간한 뒤 필자의 예상을 넘은 반향이 있었다. 놀라웠다. '후기'에 썼듯이 이 책의 글들이 담고 있는 다양한 주제들, 곧 신자유주의, 국가, 시큐리티, 폭력, 배제, 계급 분해, 포스트포디즘 등은 일본의 지적 담론 세계에서 거의 유행하지 않았고, 뿐만 아니라 곧잘 이런 '하드'한 주제를 말하는 것 자체가 '구식'이라고 받아들여졌다. 예를 들어 1995년에 일어난 이른바 옴 진리교 사건을 둘러싸고, '예외상태'의 이상한 연출 속에서 시큐리티를 구실로 기본적 권리가 맹렬하게 침해받고 잠식되었다. 그러나 당시 지적 담론의 주류는 이 사건에 대해서도 소비사회를 둘러싼 젊은이의 아이덴티티 위기 등 '아이덴티티 정치'의 맥락과 관련해 지나치게 중점을 두는 듯했다. 그로 인해 시큐리티의 과잉이며 법의 침해, 하물며 그러한 '예외상태'에 권력의 새로운 배치를 읽어 내는 논조 등은 뒷전으로 밀려나 있었다.

그런데 이 책이 발간된 후 9·11과 고이즈미 준이치로 정권에 의한 신자유주의 개혁의 극적 진행은 꼼짝없이 일본 사회를 국제적 맥락과 접속시켰고, 이러한 주제에 대해 지적 담론 세계도 무거운 엉덩이를 떼어 대응하기 시작한다. 시큐리티 등의 주제는 놀라울 정도로 증식되기 시작했지만 여전히 신자유주의나 '배제' 등의 주제는 공적 담론 세계에 침투되는 데 시간이 걸렸다. 하지만 별 수 없이 진전되는 빈곤 문제, 사회 보장의 붕괴, 도쿄로의 일극적 집중과 지방의 해체 상황, 더욱이 국제적인 금융 자본의 위기 등과 더불어 어찌됐든 이 주제도 서서히 침투했다. 그렇다고는 해도 지적 담론 세계의 '내향적' 경향은 멈추지 않았고, 신자유주의 비판은 국내의 '격차 문제'와 함께 다뤄져 '1억 총중류 사회'를 '달성'했다고 여겨지는 일본의 전후 사회를 향한 회고적인 긍정과 함께 '격차 문제'에 대한 처방전으로 내셔널리즘이 부각되었다. 이 내셔널리즘 역시 전후 좌익이 크고 작게 유지해 왔던 계급투쟁의 관점을 갖지 않았고 따라서 국제주의의 계기를 상실한 내향적인 것이었다. 신자유주의는 그 물음이 도마 위에 올라가자마자 균열 없는 사회라는 환상에 의해 봉합되었던 것이다. 2000년대 전반 야스쿠니 신사에 대한 공식 참배 강행뿐 아니라 독특한 스펙터클의 조작 능력으로 아시아의 이웃 나라들에 위협적 태도를 취해 온 고이즈미 준이치로 정권 시대에 들어 심화된 권위주의적 포퓰리즘에 의한 내셔널리즘의 선동 그리고 언론의 열광은, 추측건대 자유주의자와 좌파의 '트라우마'가 되었다. 그리고 이후 이른바 '격차 확대'라고 불리는, 미국의 금융 파탄에 의한 신자유주의의 감가減價와 그에 따른 고이즈미 정권에 대한 반성의 바람 속에서도 어디까지나 포퓰리즘적 내셔널리즘을 가까이 하지 않으면 신자유주의 비판도 할 수 없는 위축된 공기를 만들었다. 신자유주의에 대한 저항을 국가나 세대로의 귀속, 즉 아이덴티티의 정치의 문제로 간주하려는 강력한 분위기가 이어졌다. 아마도 일본 자유주의자와 좌파의 지적 담론이 이처럼 긴장이 빠진 채——예를 들어 일본 식민지주의의 역사, 혹은 현재의 경우 전지구화 속 일본 자본주의의 위치와의 대치가 결핍된 채——내셔널리즘과 밀착되는 것은 전후 첫 사태였을 것이다.

이 책이 이론적으로 참조하는 것 중 하나는 미셸 푸코의 권력론 혹은 통치성론이다. 현재 일어나고 있는 것을 이해하기 위해 이미 알려진 푸코의 주요 저서가 구성하는 날실縱線——『광기의 역사』(그 이전의 여러의 저작은 '전사'前史로 불린다), 『임상의학의 탄생』, 『말과 사물』, 『감시와 처벌』, 『성의 역사』와 같은 궤적——로는 불충분하다는 것이 발상의 전제였다. 그것은 푸코의 산물이 아니라 푸코의 사고의 운동성을 이해하는 일이기도 했다. 푸코의 주요 저서 외의 다양한 텍스트——주디스 레벨Judith Revel이 말하는, '주요 저작'과 구별되는 '주변적 텍스트'——를 집대성한 『말하기와 글쓰기』 *Dit et ecrit*가 간행된 점, 1970년대 후반의 콜레주 드 프랑스 강의가 단편적으로 발간된 점, 또 1970년대 후반 푸코의 주변에서 '복지국가' 혹은 '사회적인 것'의 분석을 진행한 연구자, 특히 프랑수아 에발드, 자크 동즐로, 로베르 카스텔 등의 저작, 그리고 새로운 학파를 형성하는 것으로 보이던 영어권에서의 통치성 학파 등이 참조가 되었다. 나의 동기는, 이러한 단편적인 텍스트로부터, 현재 일어나고 있는 사태에 부딪치면서 그 단편적인 텍스트에 잠재된 것이 보이지 않을까 하는 생각과 동시에, 현재의 사태 속에서도 무언가 떠오르는 게 있지 않을까 하는 점에서 비롯되었다. 즉 푸코 사유의 운동성을 추구한다는 의미에서 푸코론임과 동시에, 지금 어떤 일이 일어나고 있는지를 고찰한다는 이중의 시도이다.

그러나 근래 10년 동안 그 전에는 단편적으로밖에 접할 수 없던 1970년대 후반 푸코의 콜레주 드 프랑스 강의가 잇달아 간행되었고 특히 중요한 1978년의 강의록, 『안전, 영토, 인구』*Securite, territoire, population*와 1979년의 강의록 『생정치의 탄생』*Naissance de la biopolitique*이 일본에서 2004년 함께 발간되었다. 그로 인해 당시 우리가 단편으로부터 이것저것 유추할 수밖에 없던 것도 간단히 확인할 수 있게 되었다. 게다가 권력에서 윤리로 주제가 이행되었다고 평가되는 1980년대 여러 강의록이 간행되면서 이 책들을 통해, 그 전까지 주요 저작인 『성의 역사』 제2권과 제3권에서 받았던 이미지를 뒤집어, "1980년부터 1984년에 이르는 푸코의 말년은 놀랄 만한 개념화가 가속화되는 장소, 다양한 문제계를 내뿜는 증식의 장이었다"는 프레드릭 그로스Fredric Gros의 말처럼 실험적인 사고의 전모가 드러나기 시작했다. 15년에 걸치는 강의의 대미를 장식하는 『진실의 용기』*Le courage de la vérité*로 흘러가는 사유의 과정은 이 책에서, 적극적인 의미에서는 거의 논할 수 없던 '자유'를 둘러싼 고찰을 크게 진전시켜 주리라 생각한다.

아마 푸코의 이러한 저작이 10년 전 이미 나왔으면 이 책의 모습도 크게 변했을 것이다. 우리가 몽상할 수밖에 없던 이들 저작을 접할 수 있는 오늘날의 독자는, 이 책이 더듬더듬 찾아가기 시작한 고찰을 다양하게 확장시키고 깊이를 더할 수 있을 것이다.

이 책이 참조한 텍스트는 여기서 그치지 않는다. 아마 일본뿐 아니라 많은 사회가 그렇듯, 푸코의 사상은 '마르크스주의의 실효失效'라는 맥락에서 도입되어 왔다. 또 거기에는 정당한 이유도 있었다. 그러나 1980년대를 거치며 냉전 붕괴 후 상황에 이르면서 푸코의 사상을 필두로 한 포스트구조주의 이론은 '자본주의 비판의 실효'로, 명백히 푸코 등의 의도와는 다르게 확대 해석되었다. 그런데 신자유주의의 전개와 함께 변동하는 세계정세 속에서 이미 이러한 확대 해석 속에는 ('반스탈린주의'에서 기원을 두고 그와 어우러지는) 비판적인 의미가 퇴색된 상태였다. 그보다는 이미 지배적 이데올로기에 잠식되어 있었다. 이탈리아의 오페라이스모 내지 아우토노미아의 전통이 마르크스주의의 흐름 속에서 진행되던 생산 양식 혹은 사회 구성social formation의 분석, 혹은 마이크 데이비스, 피에르 부르디외의 영향 속에 있던 도시 논자들이 생산한 텍스트를 이 책에서 활발히 참조하고 있는 것은 그러한 의도 속에서였다.

이 책에서 다루는 모든 것은 그것이 추상적인 형태를 취하든 그 어디를 무대로 다루든, 1980년대부터 1990년대까지 우리의 경험에 의해 강하게 각인되지 않은 곳은 없다. 1980년대에는 강력했던 노동조합의 분쇄를 노린 국철의 분할 민영화, 신자유주의적 교육개혁('임시 교육심의회'), 전두환 일본 방문, 재일 외국인의 지문 날인, 쇼와 천황의 오키나와 방문, 도서관의 컴퓨터 네트워크화, 미일 안보의 변질, 쇼와 천황의 사망, 1990년대에는 PKO법의 성립(일본의 안전 보장 정책의 전환), 외국인 노동자의 증대, 노숙인의 증대와 그 배제, 옴 진리교 사건과 그 이후 시큐리티의 부상, 노동 유연화, 내셔널리즘의 상승, 대안적 삶의 방식을 추구하는 네트워크의 확대 등. 이 책이 발간된 후 일견 진기한 현상도 있었지만, 기본적으로 상황은 아직도 이와 같은 경향의 연장선상에 있다고 본다. 원체 별로 활발하지 않은 필자가 할 수 있었던 것은 그러한 경험을 인식의 양식 삼아 다시 한 번 경험으로 되돌려 보내는 것 정도였다.

그렇게 해서 이 책은 완성되었다. 이 책은 무엇이 일어나고 있는지도 잘 알지 못한 채 부족한 경험과 지식을 총동원해 간신히 손으로 더듬어 어둠 속을 걷기 시작한, 아장아장 걷는 아기와 같다고 할 수 있다.

그처럼 어지럽고 미숙한 세계 인식임에도 한국의 친구들은 어떤 의미를 발견해 준 모양인지 이번에 한국어판이 발간되었다. 『폭력의 철학』에 이어 두권째이다. 대체 무슨 일이란 말인가! 저자에게 이처럼 행복한 일이 또 있을까. 이 고찰 속의 시행착오를 반영해 대책 없이 문체도 까다로운 미숙한 책을 주목해 열의를 쏟아 준 옮긴이에게 거듭 감사드린다. 재작년 나는 서울에 가서 이미 쇠퇴기이긴 했지만, 고병권이 '추방된 자들의 회귀'라고 말한 '촛불시위'를 경험했다. 그것을 보고 생각은 더욱 더 깊어 갔다. 솔직히 말해 권력, 민주주의, 자유 등의 과제에 대해 이미 진지하게 임할 정열을 상실한 것처럼 보이는 일본 사회의 우리가 이 이웃나라 친구들에게 무언가 전해야 할 게 있다고 생각할 수 없었다. 그건 일본 속담에서 말하는 "석가 귀에 설법"하기였다.

그러나 무언가 생각하는 일과 그것을 둘러싼 경험은 언뜻 공통된 것으로 보이는 과제나 상황 속에도 반드시 맥락의 차이를 감추고 있어 그런 차이가 곧잘 창조를 재촉하는 원천이 된다. 간단히 말해 "이런 방법이 있었나, 이렇게 생각할 방법이 있었나, 그런 일을 해도 되는가" 알게 된다는 것이다. 역시 질문은 어디에 있든지 없든지 간에, 지금 존재하는 것과는 다른 무언가를 만들고 싶고 새로운 일을 시작하고 싶다는 의지와 호기심이며, 그를 통해 비로소 다른 사람과의 차이를 창조성의 원천으로 변모시킬 수 있다는 것이다.

한국의 친구들에게서 배운 것이다.

2011년 4월
사카이 다카시

| 차례 |

Ⅱ부_시큐리티와 자유

| 일러두기 |

1 이 책은 酒井隆史의 『自由論 : 現在性の系譜学』(東京 : 青土社, 2001)을 완역한 것이다.

2 이 책의 각 장은 먼저 다음과 같은 곳에 수록되었다. 하지만 지은이는 이 책에 싣기 위해 글 전체를 가필하고 수정했다. 특히 서장, 2장, 3장, 5장의 경우, 논의의 골격은 그대로 둔 채 큰 폭으로 가필했다.

들어가며 새로 씀.

서장   「〈運動〉以降」, 『現代思想』 25卷 5号, 1997年.

1장   「リベラリズム批判のために ― リベラリズムの回帰と"市民社会の衰退"」, 『現代思想』
       27卷 5号, 1999年.

2장   「生に折り畳まれる死 ―フーコーの権力論を再考する」, 『現代思想』 26卷 2号, 1996年.

3장   「敵対の伝位 : 社会体の解体と近代」, 『現代思想』 24卷 15号, 1996年. /
       「フーコーと精神分析」, 『情況』 10卷 6号, 1999年.

4장   「〈セキュリティ〉の上昇 ― 現代都市における隔離のさいそう諸相」, 『現代思想』 27卷 11
       号, 1999年.

5장   「A Scanner Darkly : 統合されたスペクタクルと〈秘密〉の支配」, 『現代思想』 28卷 6号,
       2000年.

최종장 「〈法と秩序〉に抗して ― 法・権力・公共性」, 『思想』, 925号. /
       새로 쓴 내용 추가, 2001년.

3 인용문헌의 서지정보는 인용문 끝에 '지은이, 출판년도 : 쪽수' 식으로 명기했으며, 미셸 푸코의 저작을 인용한 경우에는 출판년도와 쪽수만을 명기했다. 국역본이 있는 경우에는 국역본의 쪽수도 명기했으며, 인용문헌의 자세한 서지정보는 참고문헌에 밝혔다.

4 인용문의 번역에 있어, 국역본이 있는 경우 국역본을 참조하였으나 번역을 그대로 따르지는 않았다.

5 인용문 중 고딕 글자로 표기된 것은 인용자의 강조이며, 굵은 글씨로 표기된 것은 원저자의 강조이다.

6 독자의 이해를 돕기 위하여 옮긴이가 추가한 내용은 대괄호([ ])로 묶어서 표시했으며, 지은이가 인용문에 덧붙인 내용에는 '―인용자'라고 표기하여 옮긴이의 것과 구분했다.

7 단행본과 정기간행물에는 겹낫표(『 』)를, 논문·단편·영화 등에는 홑낫표(「 」)를 사용했다.

8 외국 인명이나 지명, 작품명은 2002년에 국립국어원에서 펴낸 외래어 표기법을 따라 표기했다.

들어가며

이 책에 실린 글은 거칠게 볼 때 '지금 어떤 일이 일어나고 있는가'라는 밑도 끝도 없는 물음에 답변하기 위해 권력론적 접근부터 생각해 보려는 시도이며, 이 책은 간신히 그 실마리에 가 닿았을 뿐이다. 지금 우리를 구성하며 우리의 여러 경험들을 자명한 것으로 정의하는 힘이란 과연 무엇인가? 더 밀고 나가면 이렇다. 우리는 어떻게 극히 최근까지도 자명하지 않았던 것을 자명하다고 여기게 된 것인가? 책에서는 이 물음들을 (역시 거칠게 정리해 보면) '뉴라이트', '신자유주의', 혹은 '포스트포디즘'이라는 주제로 고찰하게 되었다. 미셸 푸코의 용어를 빌려 말하자면, 현재의 '자본의 축적'과 '인간의 축적' 장치 각각을 그리고 그것들 사이의 연관 방식을 생각하고자 한 것이다. 이 책에 수록된 여러 글은 1996년부터 쓰기 시작했다. 마침 한 해 전인 95년, 일본사회는 몇몇 '대사건'을 계기로 ——혼돈의 양상마저 드러내며 ——변화 속도를 높여 가는 것처럼 느껴졌다. 그러나 이 시기에 경험한 변화는, 1980년대의 '머리'로 해석할 때 해명되지 않았던 몇 가지 변화에 이른바 신체적인 감각 혹은 실질을 부여했다. 이 변화가 '신자유주의', '뉴라이트'라 불리는 움직임과 밀접하게 관련된다는 것을 우리는 1980년대부터 감지하고 있었다. 그리고 이 움직임과 관련해서 정도의 차이는 있지만 몇몇 중요한 문제가 있다. ME^microelectronics 합리화, 임시교육심의회[1], 정보 네트워크화에 따른 감시 강화, 규제완화 및 민영화, 노동조합의 재편, 미일 안보의 강화, 새로운 내셔널리즘 등이 그것이다. 이는 무엇보다 저항적인 노조의 말살을 노린 [일본]국철의 해체 및 JR^Japan Rail로의 재편이라는 사건에서 상징적으로 드러난다. 즉 그것은 그칠 줄 모르는 뉴라이트의 공격과 적어도 결코 그러한 흐름에 대항 없이 혹은 저항 세력을 공격하며 가담하는 (그러나 보수나 우파라 자기규정도 하지 않는, 그런 의미에서 더더욱 공격력이 있었던) 일부 '첨단적 지식'의 압박으로 인해 한없는 곤혹과 위기감을 양산했다.

하지만 우리는 도대체 이러한 움직임의 배후에 어떤 사태가 진행되고 있는지, 무엇이 동일하고 무엇이 변하는지 알지 못한 채 있었다. 일반적으로 '주류' 지식 영역에서 변했다고 말한 장소는 변하지 않았지만, 변하지 않았다고 했던 장소가 변하는 뒤엉킨 인상 속에서 해결되지 못한 질문들은 심화되었다. 한 예를 들면, 80년대에 경찰이라는 장치는 더 이상 권력의 전략으로서도, 권력의 작동양식으로서도 본질적이지 않다고 여겨졌다. 하지만 한편으로 당시 보안업체와 공안경찰은 제멋대로 판치는 듯 보였고, 70년대의 연장선상에서 치안권력은 끝없이 외연을 확장하는 것처럼 보였다. 일본 밖으로 시야를 넓혀 보아도,——음악이든 영화든——새로이 대두한 젊은 층의 [문화적] 표현들은, 계급의 양극화와 도시폭력, 이민 배제, 초과착취 등 70년대 말부터 80년대에 걸친 뉴라이트의 헤게모니 장악이 빚어 낸 여러 현상들과 그에 따른 '경찰 만행'^police brutality을 거듭 그리며 고발하고 있

---

1) [옮긴이] 임시교육심의회는 일본의 문부과학성 대신(大臣)의 자문기관으로, 1984년 나카소네(中曽根)내각에 의해 설치되어 1987년에 해산하였다. 고등교육의 개성화·다양화·고도화를 내걸며 교육개혁을 추진했으며, 이 기관의 제언으로 1987년 '대학심의회'가 만들어져 현재 '중앙교육심의회' 소속의 '대학분과회'의 이름으로 활동 중에 있다. 일본에서 사회적 이슈가 된 2004년 국립대학 법인화(민간 경영)와 비공무원형 인사시스템의 도입 등은 이러한 임시교육심의회 교육개혁의 연장선상에서 파악할 수 있다.

었다. 나는 이것이 '오래된 권력의 행사형태'이기에, '풍요로운 사회'가 된다 해도 결코 일소될 쟁점으로 보기 힘들 뿐만 아니라, 70년대 '신좌파'의 쟁점이던 것들이 진부해졌다고 할 수 있는 문제도 아니라고 생각했다.

마지막 장에서 다루게 되듯이, 푸코가 『감시와 처벌』에서 이른바 '권력의 미시 물리학'을 제시한 것은, '법과 질서'의 관점에서 위기에 대응하는 전략으로서 치안policing의 대두라는 70년대적 배경하에서이다. 80년대부터 90년대에 이르는 시기에는 이 전략이 위기대응적인 것에서 일상적인 것으로 정착하였다. 이 점에서는 70년대와 80년대가 연속선을 그린다. 70년대란 이른바 '위기의 시대'이며, 설령 위기라는 개념을 거부하든 받아들이든 간에 이 위기감 자체는 80년대부터 90년대에 이르기까지 '뉴라이트' '신자유주의'에 대항하는 해외의 표현과 이론에 깊이 각인되어 있었다. 이 책이 70년대에서부터 논의를 시작하는 것은 이 때문이다. 무대는 이탈리아이지만 그것은 또한 일본이며, 더불어 도쿄에서 경험한 것들과도 질적으로 큰 거리가 없다. 80년대 당시 우리의 경험도 하나의 변이체인 '운동' 이후였음에 틀림없다.

우리가 자신의 경험을 구축할 때 쓰는 관용구와 용어는 최근 10년 크게 바뀌었다. 그 말은 대부분 '뉴라이트', '신자유주의'라는 앞의 문제설정에 속한다. 더욱이 이 말들은 대처 및 레이건 '혁명'처럼 많든 적든 독단적 교의에 의한 '일격'으로 경험되기보다, 거듭되는 잠식 속에서 헤게모니를 장악해 온 것으로 보인다. 헤게모니의 이행과 그 관용구 및 용어의 거친 공세로 어느새 '무효'가 되어 버린 이념과 이론은 셀 수 없이 많다. '5장'에서 보게 되겠지만, 오늘날 지배적인 여러 이데올로기는 어떤 논증도 없이 자신이 승리한 것처럼 '유세'한다. 기 드보르Guy Debord는 이러한 사태가 '통합된 스펙터클의 단계'에 진입한 사회에서 발생한다고 보았다. 자본의 명령이 노골적으로 사람들의 생활을 좌우하여, 바닥이 드러난 사회보장예산을 가

차 없이 삭감하고 저임금의 불안정 고용을 일상화시켜 노골적으로 '배제'의 폭력을 행사하는 지금, 그럼에도 불구하고 이러한 작용을 해명하기 위한 이론과 이념은 하나같이 그 유효성을 상실했거나 '세련성의 결여'로 누차 거부되고 있다. 가령 맑스주의가 그렇다. 그리고 일찌감치 이러한 상황이 지배적 이데올로기의 '유세'를 더욱더 가능케 하고 있다. 이러한 잠식이 거듭될수록 우리의 무기력 혹은 무력감은 필시 심화되고 있음에 틀림없다.

이 책에서는 이러한 무력감을 조금이라도 해소하고 싶었다. 그 발상의 실마리는 단순했다. 외부에서 억누르는 힘에 영문도 모른 채 이리저리 휘둘리는 사태를 그냥 참고 있을 수는 없었다(휘둘리더라도 조금이나마 그 이유를 아는 편이 낫다). 지금 어떤 힘이 우리의 신체를 관통하고 있는가? 우리의 신체는 어떤 방식으로 변화되고 있는가? 분명 거대하고 복잡한 힘의 편성이 오늘날 심화되는 불안과 공포를 관통하고 있을 것이다. 스피노자^{Baruch} $^{de\ Spinoza}$의 말을 빌리자면, 오늘날 우리의 신체는 오직 '슬픔의 수동적 정서'에 사로잡혀 있다. 어쩌면 현재의 권력이 이러한 불안과 공포를 예외적 상황에 필요한 비상수단으로만 활용하는 것이 아니라, 자신의 작동에 필수적인 동력으로 부단히 요구하고 있는 것이라면 어떨까(가령 '한치 앞도 볼 수 없는 실업자'와 같은 불안과 공포가 더 이상 불황기에 특유한 것이 아니라 현대적 노동의 부단한 동력이라는 것은 적지 않은 사람들이 체감하고 있을 것이다). 물론 근대권력은 애초부터 슬픔의 수동적 정서를 통해 다음과 같은 지배 딜레마를 회피해 왔다. 요컨대 개개인과 집단의 '능력들'을 증진시키면서 그것을 타자에의 종속(권력)으로 결부시켜야 한다는 딜레마. 개개인과 집단 능력의 증진은, 이 슬픔의 수동적 정서 ──거기서 개개의 사람들은 이렇게 생각할 것이다. "나는 이(그리고 저) 정도밖에 안 되는 이 '일상'을 받아들여야만 해. 어차피 손쓸 수 있는 데는 여기까지야" ──에 의해 오히려 타자에의 종속을 강화시킨다. 그러나 '서장'에서 보게 되듯이 오늘날 개인과 집단은 저마다의 능력을 한없이 증진시키고자 하며, 또 그로 인해 고양된 힘들이 권력의 지배를 넘어 타자에의 종속을 끊어 낼 잠재성을 키우고 있다. 그러나 다른 한편 이같이 고양된 힘들은 타자에 대한 한없는 종속 안으로 흘러들고 있다. 불안과 공포가 거대한 힘이 되어 우리의 일상을 지배하게 된 것은 아마도 이 권력 작동의 위태로움이 드러난 결과라 할 수 있을 것이다.

미셸 푸코는 말년에 '역사적이며 비판적'이라는 계몽의 태도를 자신의 태도와 중첩시키며, 그 성격을 이러한 회로[권력에의 포섭이라는 순환]에 대한 절단이라고 규정했다(「계몽이란 무엇인가」, 1984a). 자기 능력의 증진을 타자가 행사하는 힘에 종속시키는 것이 아니라 자율적이고 집단적인 실천의 구축과 자유의 영토를 확장하는 것으로 연결시켜야 한다고 말이다. 물론 나도 이 책도 이러한 작업이 가능하다고 함부로 할 수 있다고 생각하지 않는다. 다만 미약하더라도, 힘의 변형에 휘둘리고 싶지 않았다. 냉소적 '조롱'을 던지는 것과는 다른 방식으로 말이다. 이와 같은 동기가 이 책의 글에 깔려 있다는 것만은 확실하다.

마지막으로, 역시 뻔뻔한 말이 되겠지만, 이 작업에서 항상 염두에 둔 것은 1990년에 질 들뢰즈가 했던 다음과 같은 말이었다.

자신들이 무엇을 위해 봉사하고 있는지 바로 그들 스스로가 알아내야 한다. 그들의 선배들이 어렵사리 규율의 궁극적 목적을 알아냈듯이 말이다. 뱀의 파동環節은 두더지의 소굴보다 한없이 복잡하다.(Deleuze, 1990=1994:204~205)

이 책이 조금이나마 들뢰즈의 충고에 응답할 수 있기를 바란다.

새로운 권력지도가 생길 때
: '운동' 이후

새로운 권력지도가 생길 때 _ '운동' 이후

1. '운동' 이후

이탈리아의 1976년은 프리 페스티벌의 해로 기록된다. 이탈리아 도시들, 특히 밀라노에서 잡지 『레 누도』*Re Nudo*의 지원으로 수많은 팝 페스티벌이 개최되었다. 도시의 젊은이들에게 막대한 영향력을 행사하던 이 잡지는 '젊은 프롤레타리아'라는 용어를 유행어로 만들었으며, 68년 세대의 신좌파라고 불리는 새로운 집단성과 그에 기초한 새로운 정치학(1977년 '운동'이 고양되는 커다란 원천인, 새로운 정치적 주체로서의 '젊은이')의 형성에 한몫했다.

'우리의 삶을 우리 손으로'. 이 운동은 구체제의 붕괴에, 좌파와 중도가 나란히 연합해 위로부터 혼란을 봉합하려는 '위기의 이데올로기'와, 그에 기반하며 수행되는 '긴축(내핍)정책'에 저항하는 경향을 띠고 있었다. 페스티벌에서는 주당 노동시간 단축과 노동을 대가로 하지 않는 욕구의 충족 등을 주장하였으며, 특히 긴축정책이 강요한 휴일 축소에 초점을 맞추었다. 이 시기에 고학력자, 소비자, 반半실업자라는 특징을 공유한 젊은이들이 대거 흘러넘쳤다. 그들은 일찍이 전투적 노동자에 의한 '노동 거부' 전략을, 해방투쟁으로 고양되고 있던 여성운동의 뒤를 따라 공장 밖에서도 문제화하기 시작하였다. 이는 1968년부터 시작된 계급조성class composition의 변화를 분명히 표현하던 움직임이었다. 그것은 '오페라이스모operaismo[1]의 전통에 접목된 대항문화주의자의 동맹', 즉 맑스Karl Marx와 우드스탁Woodstock의 동맹이라고 할 수 있었다. 흥겨운 춤의 행렬은 줄줄이 이어져 이윽고 경찰 및 기동대와 대결하기에 이른다. 이 장면은 후에 인종주의라는 요인을 더해 80년대 영국에서도 반복된다(프리 페스티벌 자체에 대해서는 영국의 영향이라 한다).

나아가 1976년 스쿼팅[빈집 점거]squatting은 주택문제에 대한 대응뿐만 아니라 정치적, 문화적 중심으로서의 의미도 띠면서 불법점거를 확대해 갔다. 1977년 밀라노의 '청년조정그룹'은 다음과 같이 소리를 드높였다. "우리는 우리 생각대로, 가족과는 다른 삶을 꾸리고 싶다". 스쿼팅은 이처럼 커뮤니티 지향성을 띠고 있었다. 이로 인해서 이곳은 기존의 정치운동에서 주변적 존재로, 이전부터 긍정적 정체성을 박탈당해 왔던 여성과 게이들이 대안적 공동성을 구축할 수 있는 자율적 공간이자 실험장이 되었다. 68년에 시작되는 이러한 중요한 운동에는, 문화적 정체성과 그 표현의 층위에서의 움직임이 있었다. 68년 이래 오랜 기간 동안, 의회 밖에 있었던 기존 좌파 조직까지 포섭하는 자율주의적 지향을 가진 운동 조류들('운동'이라는 고유명사로 불리던)이 나타난 것이다. 주체도 입장도 다양한 그룹에서 시작

---

1) [옮긴이] 노동자주의. 저자는 '서장'의 2절에서 오페라이스모에 대해 다음과 같이 설명하고 있다. "1950년대 이탈리아의 북부 대공장에서 벌어진 남부출신 이주노동자들의 투쟁은 '오페라이스모(노동자주의)'의 전통으로 이어지게 된다. 오페라이스모는 그때까지 노동자의 대표권을 독점해 온 노동조합 및 당(특히 이탈리아 공산당[PCI])의 실천과 이데올로기에 저항하며 형성된 독특한 전술과 집단적 행동의 형태(자발적 할인, 생산 사보타주 등)로서, '노동 거부' 및 '더 적은 노동과 더 많은 임금을'이라는 슬로건으로 결실을 이루었고, 실천적으로는 1969년의 이른바 '뜨거운 가을'(autunno caldo)로 폭발하였다."

된, 횡단적 움직임으로서의 '아우토노미아'[2]. 그런 움직임이 눈에 띄게 나타난 해는 일반적으로 1976년이라고 인식된다. 지속성 없는 다양한 소집단, 여러 선언들, 자발적 할인, 노조 지도부의 의사에 반하는 일부 조합원이 벌이는 파업wildcat strike 그리고 기동대와의 충돌, 테러리즘. 문화적 창조성을 지향하려는 세력, 보다 더한 정치적 지향성을 가지는 세력, 심지어 직접 군사행동을 지향하는 세력 등이 혼재하며, 단일한 세력 안에서 서로 융합되기 힘든 요소들이 한데 어울려, 1977년이 되면 그 열기는 최고조에 달하게 되었다.[3]

정치와 폭력, 테러와 국가 탈취의 꿈, 새로운 정체성, 욕구, 커뮤니티 등 낡고 경직된 지층과 이로부터 매끄럽게 빠져나가는 생성에 속하는 움직임은 한데 얽혀 이윽고 하나의 '파국'으로 흘러들어갔다. 이러한 일련의 상황은 다음과 같이 설명되기도 한다. 새로운 집단적 요구를 기존의 정당과 집단이 매개하여 정치체계에 회로를 만듦으로써 그 출구를 부여하는 것, 이것이 '이탈리아의 제도적 특질'[4]이므로 기존의 좌익세력(공산당과 '신좌파')이 제 역할을 다할 수 없었다고. '과소대표'underrepresention로 인해서 '과잉정치화'hyperpoliticization가 그 균형을 잡으려고 했던 것이다. 구체적으로는

---

2) '아우토노미아'라는 용어의 의미 역시 간단히 정의할 수 없으며, 또 운동의 조직성과 그것이 담는 의미도 매우 복잡하다. 60년대 이후 이탈리아의 '운동', 아우토노미아의 흐름과 내용에 대해서는 여기서 상술하지 않겠다. 이에 대한 개괄적인 논의는 지금까지 일본에서도 고가와 데쓰오(粉川哲夫), 오구라 도시마루(小倉利丸), 아소 요시히코(麻生令彦) 등이 소개한 바 있다. 또한 네그리의 『전복의 정치학』(1989)에 붙인 안 몰리에 부탕의 해설은, 여태껏 일본에 알려지지 않았던 이탈리아의 비주류 맑스주의의 흐름 속에 네그리와 '운동'의 조류를 자리매김하는 데 많은 참고가 된다(Negri, 1989). 또한 미셸 비비오르카의 『테러리즘 만들기』(The Making of Terrorism) 제2부(Wieviorka, 1993:pp. 83~144)는 '운동'과 폭력, 테러리즘의 복잡한 관계를 설명하고 있다.
3) 여기까지의 사건 경과는 룸리(Lumley, 1990)를 참조하고 있다.
4) 알베르토 멜루치의 정의에 따름(Melucci, 1996:pp. 266~267). 멜루치는 이처럼 정의하고 있지만 반드시 이탈리아만의 제도적 특질이라고 할 수는 없을 것이다. 특히 일본 역시 마찬가지다. 또 주의해야 할 사항은 이와 같은 멜루치의 견해에 의하면, '새로운 집단적 요구'란 항상 매개를 넘어서는 것이기에 기존의 대표제와 대리-표상의 논리일반을 흘러넘친다는 것이 네그리 등의 입장이다.

국가와 '운동' 양측의 폭력이 소용돌이쳐, 이윽고 알도 모로Aldo Moro[5] 전 수상의 납치살해사건[6]으로 파열하였다. 이를 계기로 삼아, 일군의 의회 밖 좌파에 대한 대탄압이 이어져 1960년대 말 이후 '운동'의 맥은 일단 질식되었다.

'운동'이 진행되는 과정에서 어떤 움직임이 서서히 그 중심을 점하게 되었다. 질 들뢰즈Gilles Deleuze와 펠릭스 가타리Félix Guattari는 이 움직임에 주목하였는데, 그것의 특성을 다음과 같이 정리할 수 있다. 타자에게 변화를 요구하는 것 ——즉 적과의 대면——을 제1의 목표로 하지 않는, '오늘까지 역사를 흔든 혁명과는 전혀 다른'(가타리) 이례적인 운동 형태. 아무리 '운동'이 타자와 정면에서 충돌한다고 해도 이는 부차적인 문제에 지나지 않았다. '운동'은 무엇보다 먼저 '자족'적이었다. '자족적'이라고 해도 그것이 반드시 배타적이고 자폐적인 것은 아니었다. '운동' 그 자체가 목적, 즉 '삶의 형식'(의 실험)이 된다는 의미에서 '자족적'인 것이었다. 수단과 목적을 나누지 않는, 스피노자적인 '구성적 실천'. '운동'은 하나의 실험의 장이 되었다. 우리의 삶이 어떠할 수 있는지, 우리의 신체가 무엇이 될 수 있는지, 그 가능성의 자유로운 전개가 실험되는 장. 이러한 의미에서 '운동'은 본질적으로 긍정적이었다. 적이 있다면, 그것은 삶의 형식에 대한 실천을 가로막거나 온갖 수단으로 이 실천을 무용하게 하고 때로는 거칠게 억압해 오

---

5) [옮긴이] 알도 모로(Aldo Moro, 1916~1978). 이탈리아의 정치가이다. 로마 대학교 법학과 교수로 일했고, 총리 및 기독교민주당 당수로 정치활동을 하였는데, 그는 이탈리아 공산당의 엔리코 베를링구에르 당수와 협의하여 공산당이 정치에 참여할 수 있는 길을 열게 하였다. 1963년에서 1968년 54대 총리, 1974년에서 1976년까지 60대 총리로 재직하였고, 이후 공식적인 자리에 있지는 않았으나, 여전히 정계에서 큰 영향력을 발휘하던 중 1978년 3월 16일 극좌 테러 조직인 붉은여단에게 납치당했으며, 54일 만인 5월 9일에 시체로 발견되었다. 알도 모로 납치 살해사건은 이듬해 이탈리아 내 사회운동이 탄압받게 한 구실이 되었다.

6) [옮긴이] 이 책 '5장_공포와 비밀의 정치학'에서도 이 사건이 언급되고 있다. '5장'의 각주 11번(303쪽)을 참조하라.

는 힘과 사람이리라. 그러나 이는 '운동'의 의의라는 면에서 본다면 이차적인 것에 불과하다. 적어도 '운동'의 주요 경향은, 어떤 이슈가 없으면, 적이 없으면——역으로 피억압자가 없으면, 어딘가에 '불행'이 없으면—— 싸울 수 없는 이러한 부정적/반응적인 논리(이는 슬라보예 지젝이 '정치적 올바름'의 논리라고 부르는 것과 연결될 것이다. 사회가 악하지 않으면——억압되는 '소수자'가 없으면—— 자신의 존재이유를 잃고 말기에 항상 강박적으로 '악'을 찾아내야만 하는 꺼림칙한 양심)와는 무관하다. 조르조 아감벤Giorgio Agamben의 말처럼(Agamben, 1996), 벌거벗은 생명bear life과 삶의 형식을 분할하는 것이 하나의 권력 기술이라면 또한 그것이 근대의 대표representation 논리를 기축으로 하는 정치형태와도 이어진다면, 그것이 사생활과 활동생활 그리고 쾌락과 운동을 분열시키는 무겁고 힘든 윤리주의로 이어진다면 오히려 '운동'은 명쾌하게 파격적[7] 삶의 방식과 그것을 가능하게 하는 파격의 시공간('제2의 사회'라고 불리던)을 구성함으로써[8] 그러한 분열을 극복하려 한다는 것이다.

그러나 여기에서 과거를 파고들거나 이를 회고하려는 것은 아니다. 이와는 정반대로 우리는 여기에서 '현재'에 강조점을 찍고자 한다. '운동'의 증인이기도 한 이론가 파올로 비르노Paolo Virno가 지적하는 것처럼, '운동' 이후 운동의 움직임을 억압하며 나타난 보수반동이, 운동이 해방한 혁명적 잠재성을 억압해 막아선다는 알기 쉬운 '반동적' 모션을 일으킨 것은 아니었다. 한 예로 비르노는 이 '반혁명'을 '반전된 혁명'revolution in reverse이라 규정하고 있다.[9] 즉 1980년대에 그 얼굴을 드러낸 새로운 보수, 뉴라이

---

7) [옮긴이] abnormality의 번역어로는 비정상성, 별종 등이 있을 수 있으며, 원문에는 별종(別種)으로 표기돼 있다. 여기서는 문맥상 '운동'이 규율을 파괴하고 탈피한다는 의미를 살리기 위해 파격으로 번역하였다. 네그리의 스피노자 권력·역능론『야만적 별종』을 '야성적 파격'이라고 번역하기도 하는 예와 같다.
8) 카스텔로(Castellano et al., 1996)를 보라.

트 혹은 신자유주의는 운동이 해방시킨 다양한 욕구와 그에 근간한 시도 및 정체성의 형성에 수동적으로 '리액션'한 것이 아니다. 이는 '77년의 운동' ──거슬러 올라가 68년── 이 초래한 시대의 물결을 타듯이 적극적으로 그것에 몸을 맡겨, 교묘히 그 벡터의 방향을 바꿔 간 것이다. 따라서 현대의 새로운 보수·우익의 움직임을 여전히 '반동', '전통유지'라는 관점에서 파악해서는 안 된다. 이는 현재를 너무나 쉬이 놓쳐 버리는 꼴이 된다. 물론 현실에서는 '후진적' 벡터를 담는 주장과 세력이 힘을 지니는 일도 있을 것이다. 하지만 이는 뉴라이트의 운동이라는 커다란 움직임 안에서 특정하게 배치되는 것으로 파악되어야 한다. 현재의 '반동'은 역설적이게도 '기술혁신', '변혁', '새로운 정체성이나 집단성의 적극적 구성' 등과 같은 '운동'의 상에서 파악할 필요가 있다. 현대는 적이 운동의 주체라는 의미에서도 '운동' 이후인 것이다.

또 하나, 우리의 대상이 과거가 아니라고 하는 것은 동시에 우리가 이탈리아적 특이성에만 주목함을 의미하지는 않는다는 것이다. 그것이 이탈리아에서 극단적인 형태로 나타났다 해도, 전지구화 속에서 68년이라는 해가 상징적으로 보여 주는 시대적 절단을 불가역점으로 삼아 이후 68년이 품은 잠재력potential에 대한 착취와 규제가 포함된 촉진─착취exploitation를 기도하는 뉴라이트 주도의 공격을 감수하고 있다. 신자유주의의 세례라 할 만한 절단들은 세계 전체가 치러야 하는 경험이기도 한 것이다. 중요한 것은, 이 잠재성의 착취와 규제가 내재된 발전의 경제를 뒤쫓아 현황을 정확히 파악하는 일이다. 맥락은 다르지만 코베나 머서Kobena Mercer는 68년에 대한 논의에서 다음과 같이 말한다.

---

9) "우리는 그것을 단지 폭력적 억압으로만 이해해서는 안 되며(하지만 그것은 항상 반혁명의 일부인데), 구체제의 단순한 부활, 즉 분쟁과 변혁에 의해 찢겨나가던 사회질서의 재건이라 이해해도 안 될 것이다. 반혁명이란 문자 그대로 반전된 혁명(revolution in reverse)인 것이다"(Virno, 1996a :p. 241).

좌파는 자신이 변혁의 독점적 주체 혹은 미래의 담지자라는 나르시스적인 이미지를 떨쳐 버리지 못하고 있으며, 이러한 좌파의 자기 이미지는 뉴라이트가 변혁의 힘을 전유, 활용하고 있는 현재적 상황을 파악하지 못하게 하여 좌파의 쇄신을 어렵게 하고 있다(Mercer, 1994). 좌파가 기존의 비전에 고착되어 있는 사이에 혹은 포스트모던의 분산화·탈중심화 현상을 자신의 것으로 만들어 내지 못한 채 무력화되고 있는 한편에서, 생득적으로 기회주의자인 우파는 자기쇄신을 척척 진행하고 있다.

'모든 빛은 여기, 어둠 속에 있다'고 파올로 비르노는 말한다. 이제 추운 겨울이 너무 오랜 나머지, '겨울의 시대'라는 의식마저 흐릿한 것이 '우리'──하지만 이게 도대체 무엇을 가리키는가? 그 점을 먼저 물어야 한다──의 상황일지도 모른다. 지금 우리의 눈은 이 어둠에 길들여져서는 안 된다. 분명 그렇게 함으로써 한 치의 의심도 없이 어둠이라 여겼던 곳에서 희미한 빛이 떠오르는 것을 보게 될 것이다. 이 작업의 진전에 있어 냉소주의야말로 최대의 적이다. 하지만 후술하게 되듯, 이는 저버리기 힘든 것이기도 하다. 이탈리아, 심지어 일본의 무참한 1980~90년대는 그 뿌리부터 냉소주의의 지배를 받아 여러 정치적 이데올로기가 나타난 시대이기도 했다. 소비주의, 새로운 내셔널리즘, 컬트종교, 신자유주의. 이들의 저류에는 냉소주의라는 지배적 감정이 있다. 그리고 그 악의적 작용은 지금까지 악착같이 우리에게 들러붙어, 무엇인가를 '시작'하려는 우리의 활동과 욕구를 일찍이 봉쇄하고 있다. 이렇게 생각하게 되는 배경에는, 이탈리아의 '운동'의 경험을 '배후의 미래'(한나 아렌트)에 짊어지고 이어지는 이론가들의 어떤 노력, 즉 냉소주의로부터 한없이 떨어진 곳에서 지속되는 노력이 있다. 도대체 우리는 무엇을 결여하고 있는가? 그들의 노력 덕분에 우리가 보게 되는 것은 너무나 많다. "80년대의 전망과 경험을 변혁해 내던져 버리기 위하여"(비르노), 이 글은 어디까지나 그것을 위한 준비 작업이다.

2. 노동 거부와 일반지성

1) 일반지성

1950년대 이탈리아의 북부 대공장에서 벌어진 남부 출신 이주노동자들의 투쟁은 '오페라이스모'(노동자주의)operaismo의 전통으로 이어지게 된다. 오페라이스모는 그때까지 노동자의 대표권을 독점해 온 노동조합 및 당(특히 이탈리아 공산당PCI)의 실천과 이데올로기에 저항하며 형성된 독특한 전술과 집단적 행동의 형태(자발적 할인, 생산 사보타주 등)로서, '노동 거부' 및 '더 적은 노동과 더 많은 임금을'이라는 슬로건으로 결실을 이루었고, 실천적으로는 1969년의 이른바 '뜨거운 가을'autunno caldo로 폭발하였다. 이탈리아 맑스주의자들은 이처럼 고양되는 투쟁을 배경으로, 마리오 트론티Mario Tronti를 필두로 하는 오페라이스모의 흐름 속에서 맑스의 『정치경제학 비판 요강(이하 『요강』)』의 유명한 분석(「기계에 관한 단상」)에 착목하였다. 파올로 비르노가 "맑스주의적이라 말하기 분명 힘든 테제"(Virno, 1991 : p. 23)라고 한 이 분석. 맑스의 이 한 구절은, 맑스 체계의 전체적 정합성 등과 상관없이, 절박한 상황에 삽입되었다. 게다가 상황에 따라서 이 해석은 자유롭게 변양된다. "리볼버가 불을 뿜고 부정不正에 대한 투쟁이 불타오르는, 위험으로 가득한 시대에, 문헌학적인 조야함은 걸맞지 않다"(Virno, 1996b : p. 265).[10]

맑스는 「기계에 대한 단상」에서 노동으로 모든 가치를 환원한다는(통상 맑스의 것이라 여겨지는) 노동중심주의 이데올로기를 스스로 뒤집고 있는 것으로 보인다. 이러한 맑스의 논리는 아마도 다음과 같이 요약될 것이다.

---

10) 비르노의 이 책(Virno, 1996b)은 이탈리아 분쟁의 맥락에서 「기계에 대한 단상」이 어떻게 재평가되었는지에 대한 간결하고도 훌륭한 소사小史이다.

얼마 후 테일러주의의 원리인 '구상과 실행의 분리'로 귀착될 생산의 합리화 과정은, 기계장치에 의한 상대적 잉여가치를 추구하는데, 이는 노동을 생산과정의 중심적 자리로부터 추방하고 주변화한다. 즉, 기계 또는 고정자본과 일체화된 추상적 앎知이 노동을 주변화하면서("노동자는 생산과정의 주행위자가 아니라 생산과정 옆에 선다") 주요한 생산력이 된다. 이 과정에서 노동은 "생산과정에 내포된 것으로 나타나기보다, 오히려 인간이 생산과정 그 자체에 대해 감시자 및 규제자로서 관여하게 된다". 이로 인해 가치의 원천이던 노동은 부차적인 것이 되고, 이로써 자본주의 자신에 의해 가치법칙이 부정된다("직접적 형태의 노동이 부의 위대한 원천임을 중지하자마자, 노동시간이 부의 척도이고 따라서 교환가치가 사용가치의 '척도'이기를 중지하고 중지해야 한다"[11]). 부의 생산이라는 관점에서, 노동은 이미 무시해도 좋

---

11) 중요한 부분이기 때문에 길지만 인용해 두고자 한다. "그러나 대공업이 발전함에 따라 실제적 부의 창조는 노동시간 및 이용된 노동량보다는 노동시간 동안에 운동되고 다시 그 자신의 생산에 소요되는 직접적인 노동시간과 비례 관계에 있지 않은 작동인자들(Agentien)——이들의 강력한 효율성——에 의존하고, 오히려 과학의 일반적 상태와 기술 진보 또는 이 과학의 생산에의 응용에 좌우된다(이 과학, 특히 자연과학의 발전 및 그것과 더불어 진행되는 다른 과학들의 발전 자체는 다시 물질적 생산의 발전에 비례한다. 예를 들어 농업은 물질적 소재대사가 사회 전체를 위해서 어떻게 가장 유리하게 규율될 수 있는가에 관한 과학의 단순한 응용이 된다. 실재적 부는 오히려 이용된 노동시간과 그 생산물 사이의 엄청난 불비례에서뿐만 아니라, 순수한 추상으로 축소된 노동과 그것이 감시하는 생산과정의 강권[Gewalt] 사이의 질적인 불비례에서도 표명된다——그리고 대공업이 이를 폭로한다. 노동은 더이상 생산과정에 포함되어 있는 것으로 나타나지 않고, 오히려 인간이 생산과정 자체에 감시자와 규율자로서 관계한다(기계류에 적용되는 것은 인간 활동의 결합과 인간 교류의 발전에서도 마찬가지로 적용된다). …… 그는 생산과정의 주(主)행위자(Hauptagent)가 아니라 생산과정 옆에 선다. 이러한 변화에서 생산과 부의 커다란 지주(支柱)로 나타나는 것은 인간 스스로 수행하는 직접적인 노동도 아니고, 그가 노동하는 시간도 아니며, 그 자신의 일반적인 생산력의 점취, 그의 자연 이해, 사회적 형체로서의 그의 현존에 의한 자연 지배——한마디로 말해 사회적 개인의 발전이다. **현재의 부가 기초하고 있는 타인 노동시간의 절도**는, 새롭게 발전된, 대공업 자체에 의해 창출된 이 기초에 비하면 보잘 것 없는 것으로 나타난다. 직접적 형태의 노동이 부의 위대한 원천임을 중지하자마자, 노동시간이 부의 척도이고 따라서 교환가치가 사용가치의 '척도'이기를 중지하고 중지해야 한다. **대중의 잉여노동**이 일반적 부의 발전을 위한 조건이기를 중지했듯이, **소수의 비노동**도 인간 두뇌의 일반적 힘들의 발전을 위한 조건이기를 중지했다. 이에 따라 교환가치에 입각한 생산은 붕괴하고 직접적인 물질적 생산과정 자체는 곤궁성과 대립성의 형태를 벗는다. 개성의 자유로운 발전, 따라서 잉여노동을 정립하기 위한 필요노동시간의 단축이 아니라 사회의 필요노동시간의 최소으로의 단축 일체, 그리고 여기에는 모든 개인들을 위해 자유롭게 된 시간과 창출된 수단에 의한 개인들의 예술적·과학적 교양 등이 조응한다.
자본 자신은 노동시간을 최소한으로 단축하기 위해 노력하는 반면, 다른 한편으로는 노동을 부의 유일한 척도이자 원천으로 정립함으로써 진행되는 모순이다. 따라서 자본은 노동시간을 잉여노동의 형태

은 요소이다. 이를 대신해 주요 생산력이 되는 것은, 생산(기계 및 후에는 조직 —이른바 '프로세스 이노베이션')에 응용된 과학적·추상적 앎, 고정자본으로 객체화된 '일반지성'intelleto generale/general intellect이다.[12] 기계라는 구체적인 것 안에 깃들어 있는 앎이라는 추상적인 것이 생산과정에서 주요한 역할을 담당하게 된다는 것이다. '일반지성'이라는 비유는 추상적 앎이 사물 안에 '스며드는' 사태를 나타낸다는 의미에서도 기묘한 테제라 할 수 있다 (그로 인해 헤겔적이라 지탄도 받았지만).

하지만 『요강』의 맑스와 그 뒤를 이은 노동자주의자들operaist은 다음과 같은 결정적인 모순에 주목하였다. 바야흐로 노동은 주요한 가치원천이 아니라는 점, 그럼에도 불구하고 여전히 가치법칙은 사용되고 있다는 점, 이 양자 사이의 모순. 부의 척도로 사실상 여전히 노동(시간)이 쓰인다는 모순. 만일 그것이 모순이라 한다면, 이 모순을 더 밀고 나가 격화시킴으로써 '교환가치'에 근간한 생산의 붕괴("교환가치가 사용가치의 [척도—인용자]이기를 중지하고, 중지해야 한다"), 더 나아가 코뮤니즘으로 이끄는 것이 가능하지 않을까?

가치법칙이 관철되지 않는 상황과 이윤율 저하 경향에서 위기의 원천

로 증대시키기 위해서 필요노동의 형태를 감소시킨다. 따라서 갈수록 잉여노동시간을 필요노동시간을 위한 조건 —사회 문제 —으로 정립한다. 요컨대 자본은 한 측면에서 보면 부의 창출을 그것에 이용된 노동시간에 대하여 (상대적으로) 독립시키기 위해 사회적 결합 및 사회적 교류뿐만 아니라 과학과 자연의 모든 힘을 소생시킨다. 다른 측면에서 보면 자본은 이렇게 창출된 방대한 사회력들을 노동시간으로 측정하고자 하며, 이미 창출된 가치를 가치로 유지하기 위해 필요한 한계 안에 이 사회력들을 묶어 두고자 한다. 생산력과 사회적 관계들[은]······ 그것의 협소한 기초에서 출발해서 생산하기 위한 수단일 뿐이다"(Marx, 1981=2007: pp. 380, 382).

12) '일반지성'이란 개념은 다음과 같은 맥락에서 제시되고 있다. "자연은 기계, 기관차, 철도, 전보, 자동 방직기 등을 제작하지 않는다. 이들은 인간의 근면의 산물이다. 자연을 지배하는 인간 의지의 기관(器官)이거나 자연에서의 인간 의지의 활동 기관으로 전환된 자연적 재료이다. 그것들은 인간의 손으로 창출된 인간 두뇌의 기관들이다. 대상화된 지력(知力)이다. 고정자본의 발전은 일반적인 사회적 지식이 어느 정도까지 직접적인 생산력으로 되었고, 따라서 사회적 생활 과정의 조건들 자체가 어느 정도까지 일반적 지성의 통제 아래 놓였으며, 이 지성에 따라 개조되는가를 가리킨다. 사회적 생산력이 지식이라는 형태로뿐만 아니라, 사회적 실천의, 실제적 생활 과정의 직접적 기관으로서 어느 정도까지 생산되고 있는가를 가리키고 있다(Marx, 1857~1858=2007: p. 382).

을 찾는 것이 아니라, 『요강』에 나타나는 맑스의 이례적 작업처럼, 노동자
주의자들은 이처럼 생산과정에서 노동이 주변화되는 상황을 역이용해 (노
동의가 아닌) 노동으로부터의 해방에 모든 것을 걸었던 것이다. 더 풍요롭게
살고 싶다, 그러나 될 수 있는 한 노동은 피하고 싶다는 논리. 심지어 이것
은 '객관적' 과정에 내포되어 있는 잠재성을 폭로한 것에 지나지 않는다. 여
기서 노동자들이 주장한 것은, '객관적 경향에 내재되어 있는 투쟁conflict 의
표현'이라고 할 수 있다(Virno, 1991 ; 1996b).

　　'노동 거부'라는 유명한 말도, 사실 단순한 슬로건에 그치는 것이 아니
라, 프롤레타리아의 다양한 저항의 형태를 포괄적으로 고찰하기 위한 분
석적 범주라고 할 수 있다(Hardt, 1993 = 1996:p.149).[13] 그것이 명시적으로
'노동 거부'를 표방하든 표방하지 않든, 이 개념은 맑스의 잉여가치 개념
과 마찬가지로 다양한 형태에서 저항의 분석틀이 된다. 태업sabotage, 집단
이주, 조직적 파업, 개인적 무단결근Absenteeism 등. 그리고 과도한 임금요구
까지도 이에 해당될 것이다. 이는 필요노동시간과 잉여노동시간의 배분을
자의적인 것으로, 즉 경제법칙이 아닌 정치적 영역에 속하는 것으로 드러
내기 때문이다. 여러 투쟁 주체들의 의도가 어떠하든, '노동 거부'는 그 투
쟁들을—'타협'의 일환으로 나타난다 하더라도—'반동적'인 대립, 또
는 단순한 개혁에의 압박 수단이 아니라 자본에 의한 수직적 명령으로서
의 가치법칙으로부터 적극적이고 긍정적인 '분리'séparation(cf. Tronti, 1997:
pp.289~310, 321~325)의 —정치철학적으로 네그리는 이를 구성된 '권

---

13) 이는 오해하기 쉬운 부분이라 생각이 드는데, '노동 거부'란 결코 생산성과 생산활동 자체의 거절이 아
니다. 결코 '아무 일도 하지 않는다'는 것의 긍정이 아니다. '아무 일도 하지 않는다'는 표상으로 종종 나
타난다고 해도 본래 목표는 그것이 아니다. '노동 거부'란 포디즘의 기초인 임노동, 자본주의적 생산관
계의 거절이며, 따라서 '프롤레타리아 계급'의 생산성, 창조성으로의 전망이 나타나고 있다. "거기에서
'노동 거부'는 단순히 노동의 과학적 조직화에 대항하는 부정적 표현이기만 하지 않으며, 또한 생산과
재생산의 사회적 메커니즘을 재영유할 욕구의 긍정적 표현이다. 이는 주체와 투쟁의 다원성을 연결하
는 사회적 끈이었다"(Vercellone, 1996:p.84).

력'potere에 적대적인 구성적 '역량·잠재력'potenza의 해방이라는 문제로 파악한다 —— 정치학을 잠재적으로 내포한다고 해석하게 해주는 장치인 것이다. 즉 이것은 맑스를 항상 긍정적인, ——그래서 존재론적으로 일차적인 —— (노동자의) 힘과, 이에 부정적으로 수직 작동하는 권력 간의 힘의 경제학으로 독해하려는 시도이다. 이 니체주의에 따라 마리오 트론티의 작업은 들뢰즈에 의해 이윽고 푸코가 행한 작업의 원류(저항이 우선한다는 생각) 중 하나로 받아들여지는데,[14] 그 기본적 발상은 단순하지만 강력하다. 즉 우리는 자본주의적 발전을 일차적인 것으로 보고, 노동자의 투쟁을 이차적인 것으로 보는 경향이 있다. 하지만 이는 잘못된 시각이라고 트론티는 말한다. 문제를 바로 볼 필요가 있다는 것이다. 우선 무엇보다 일차적인 것은 노동자계급의 투쟁이다. "사회적으로 발달된 자본주의 수준에서 자본주의의 발전은 투쟁의 뒤를 겨우 따라잡는다."

2) '분리'의 정치학

1960년대에 벌어졌던 광범위한 노동자 투쟁은, 테일러주의적 노동편제를 그 내부에서 한계로 몰아넣어 테일러주의, 포드시스템, 케인스주의적 복지국가라는 포디즘 체제의 삼위일체를 위기로 몰아넣는 중요한 동력이 됐다. 생산성 증가율의 둔화, 인플레이션의 증가, 재정적자의 증대, 실업률의 증가라는 상황이 자본에게도 이 삼위일체에 대한 재검토를 강요했다. 그러나 동시에 이와 함께 노동자의 '노동 거부' 전략은 70년대 초에 위기를 맞이하고 만다. 자본은 노동자가 행사한 '분리'의 정치학을 수용하고, 이에 더하여

---

14) 들뢰즈(Deleuze, 1990=1994:p.103)를 보라. 여기서 들뢰즈는 푸코의 작업을 다음과 같이 파악하고 있다. 즉, 푸코의 작업은 새로운 투쟁형태의 등장을 새로운 주체성의 산출과 함께 고찰하는 긴 '사건'의 계기(繼起)에 수반되는 사상적 전통이 1968년의 '사건'을 거쳐 도달한 장에 위치한다는 것이다. 여기서는 루카치, 프랑크푸르트학파, 앙드레 고르, 상황주의자, 사르트르, 가타리 등과 함께 마리오 트론티도 언급되고 있다.

자신의 추상도를 증가시켜 대립의 원천이던 노동의 장소로부터 이탈을 시작하였다. 다음은 트론티의 책에서 인용한 것이다.

> 자본의 정치사는 [이 사회에서] 통상적으로 '분리'séparation의 계기인 계급관계로부터 자본이 이탈하려는 시도의 연속이라는 형태를 띠어 왔다. 이제부터, 더 고차원적 수준에서 보자면, 노동계급에 대한 자본의 다양한 정치적 지배 형태를 통해 자본의 정치사는 자본가계급이 노동자로부터 해방되기 위한 **일련의 시도로서 드러나게 된다.**(Tronti, 1977 : p. 294)

'거부의 전략'은 이러한 자본의 경향을, 자본으로부터 노동의 해방으로 혹은 더 정확히 말해 자본에 근거한 노동으로부터의 해방으로 역전시키려 한 것이었다.

사실 테일러의 생산철학은 처음부터 노동자의 '저항'을 스스로 전제하고 있다(Revelli, 1996a). 그것은 이원론 철학이며 그 '과학적 외관' 안에 투쟁의 흔적을 남기고 있다. 말하자면 테일러의 출발점은 공장 안에 '제2의 세계'가 있음을 승인하는 데 있다. 자본가 혹은 경영자가 측정 불가능한 '특별법'이 지배하는 세계, 다시 말해 비공식적인 '명예의 법', 기록되지 않는 규칙 등이 노동자들 사이에 존재하는 독자적 공동성을 포진시키고 운영하는 '제2세계'인 것이다. 테일러가 보기에, 노동자는 그냥 내버려 두면 시공간적인 간극을 찾아내고 발명하는 능력이 매우 뛰어난 존재이다. 즉 그/그녀[15]들은 틈만 나면 게을리 일하고, 작업속도를 늦추고, 자신의 본래 능력을 상사에게 숨긴다. 요컨대 ─ 역설적으로 보이지만 ─ 테일러주의의 제일전제

---

15) [옮긴이] 원문에는 그/그녀(彼, 彼女)라는 표현이 종종 쓰이고 있다. 우리말의 경우 '그'라는 표현은 어떤 특정한 성별도 가리키지 않는 데다가, '그/그녀'로 번역하면 어색한 문장이 되기 쉽다. 그러므로 이 책에서 '그/그녀'는 일관되게 '그'로 번역했다.

는 노동자의 자율성이다. 테일러[주의적] 공장의 '잔혹성, 전제적 성격, 공격적 성격'이라는 특질이 여기에 있다. 이 저항과 자율성의 온상을 타파하여, 이를 '구상과 실행'이라는 기능단위로 대체하는 테일러 철학은 처음부터 합리화라는 외관 뒤에 투쟁이라는 생각을 내포하고 있었다. 이 구조적 분열과 저항의 승인·부인이 테일러의 이원론 철학의 핵심인 것이다. 테일러주의는 합리성이 향상됨과 더불어 어떤 불합리한 요소에 봉착하게 된다. 이러한 이원론에서 유래하는 저항의 흔적, '**타자로서의 노동자**' ──최종적으로는 노동자의 신체 ──를 소거할 수 없다는 것이 그 근본적인 난점이었다. 테일러를 이끌었던 자본의 충동은 이와 같은 '불완전한 포섭'을 극복하려 했음에도 불구하고 말이다. 그리고 이 충동은 피아트^{Fiat}의 무인공장에서 완성된다.

테일러주의가 일단 생산과정과 노동과정 사이를 구별하여, 전자에 후자를 종속시키는 형태를 통해서 노동자계급으로부터 이탈하는 시도를 밟기 시작했다고 한다면, 자본은 더 나아가 생산의 장에서 아예 노동을 '배제'^{exclusion}하는 형태로 자본을 재구조화^{restructuring}하였다. 어떤 의미에서, '노동으로부터의 해방'은 '풍요로움'을 실현한다는 전망과는 무관하게 실현된 것이다. 자본에 의한 공격은 다음과 같은 형태로 나타났다. 무단결근처럼 개별적인 노동 거부에는 공장의 오토메이션 도입을, 노동의 협동적 관계를 절단하는 집단적인 거절에 대해서는 생산적 사회관계의 컴퓨터화를 추진하는 것으로 응답했다.[16] 나아가 전지구화의 진전으로 인해서 테일

---

16) 여기서 '배제'라는 말은 보다 폭넓은 함의가 있지만, 이탈리아의 노동-자본 관계의 맥락에서는 일반적으로 다음과 같은 형태로 쓰였다. 이탈리아에서는, 제2차 석유파동 즈음 경영자들이 노동자의 공세에 직면해 그들의 전략을 '편입'에서 '배제'로 전환했다──실제로는 '복귀했다'고 해야 한다──는 것이다. 중공업의 발전을 견인했던 남부로부터의 '국내이민'에 의한 저가 노동력의 조달, 이중노동시장, 분열에 의한 노조의 상대적 약체, 정당 시스템 등 이탈리아와 일본의 정치경제학적 조건은 매우 닮아 있는데 70년대에 들어 결정적인 차가 생겨 그 후의 귀추를 나누게 된다. 그것은 주요노동조합의 전략과 경영자의 응답의 차이이다. 이도(井尸, 1998)의 정리에 따르면 제1차 석유파동에서 특히 첨예하게 지각

러주의는 제3세계와 주변부로 이전되고('유혈 테일러주의' 등), 정보화로 인해서 자본과 노동은 시공간적으로 멀리 떨어져 존재하는 경향 가운데에 있게 되었다. 이전의 노동자 집단성은 해체되어 상대적으로 그 힘을 잃어 갔다. 이곳에서 '운동'은 중심적 주체를 노동자로부터 젊은이, 여성 등으로 넓혀 갔다.

3. 시민사회의 쇠퇴와 새로운 권력의 기술

1) 역사적 타협

이상과 같이 생산의 장으로부터 노동의 배제라는 움직임은 사회적·정치적 차원에서 병행되었다. 68년 이래 투쟁의 잠재성은 일찍이 정치의 변증법적·매개적 프로세스를 기능부전으로 내몰았다.[17] 그리고 이 잠재성은 정치적 탈출구를 찾아 떠돌게 되는데, 70년대 후반부터 이 움직임을 정치적으로 방향지은 것은, 이탈리아 공산당[PCI]의 발의에 의한 '역사적 타협'이었

된 '위기' 대응에서, 일본 경영자는 적극적으로 '분할통치' 전략을 취한다. 즉 노동자의 일부(민간 대기업 상용 노동자)만을 편입시키는 한편 주변노동자를 배제하는 것이다. 일본의 노동조합은 이에 대해 시민적 '포괄형 전략'을 방기하고 '부문지향형'적 전략으로 전환했다. 이에 대해 이탈리아 노동조합은 '포괄형 전략'을 취하고, 이탈리아 경영자는 거대협조를 위한 '편입'전략에 응했지만, 이는 이윽고 각 산별조합의 총연합의 지도에 따르지 않는 쟁의 고양도 있어 내부부터 분열해 네오코포라티즘적 노사간 타협을 받치고 있던 '역사적 타협' 노선과 함께 파탄났다. 이와 관련해 이도(井戶, 1998: pp. 127~128)는, 일본의 전후 조합운동이 '기업별조합'으로 조직되었던 이유를 총동원체제 등에서 필요한 통상적 경제학적 접근에서 물러나, 전후 경영자 전략의 귀결로 파악하고 있다. 분명 동원체제의 문제가 중요함은 의심의 여지가 없지만, 여기에 보태어 전후 노동자의 전략, 힘 그리고 이에 대응될 지배의 힘의 행사형태를 파악하는 것이 오늘날 필요할 것이다. 그중에서도 도요티즘(Toyotism)이 포스트포디즘에서 하나의 큰 원천이기 때문에야말로 그러하다. 후술하겠지만 포스트포디즘의 침투는 1950년대의 도요타가 그랬듯이 노동자의 결정적 패배 없이는 있을 수 없다. 전중 전후를 연속적으로 파악하는 것이 이러한 힘 관계를 결정적으로 무시하는 것으로 귀착한다면 위험할 것이다. 레벨리(Revelli, 1996a)를 참조하라.

17) 근래 30년 동안의 일본 사회를 돌아보며 고찰할 때도 참고될 만하므로 다음의 몇 가지를 기록해 두고 싶다. 1968년의 이탈리아에서 특징적이었던 것은, 그때까지 수출 지향적이고 남부의 저가 노동력에 기반을 뒀던 발전 패턴에서 탈각해, 곧 광범위한 현대화와 탈공업화 혹은 탈근대사회 특유의 사회적 투쟁 형태라는 두 가지 프로세스가 그 지점에서 연결되었다는 점이다. 이에 따라 포스트공업사회로 이탈리아를 변화시키는 압력과 '고풍스러운'(archaque) 사회구조와 정치구조가 충돌하여 새로운 투쟁과 주체성과 전통적 이익 사이에서 조정 불능, 손 쓸 수 없게 되었다고 볼 수 있다(cf. Melucci, 1996: p. 260).

다.[18] 칠레의 아옌데 정권에 대한 반혁명 쿠데타와 정권의 붕괴를 배경으로
하여, 73년 PCI 서기장 베를링구에르Enrico Berlinguer가 제기한 정책이 바로
그것이다. 이 정책의 배후에는 한 가지 가설이 있었다. PCI와 기독교 민주
당DC의 정치적 협조를 제도화하지 않고서는 이탈리아를 통치할 수 없다는
것이다.

역사적 타협, '국민적 연대' 정부(1976~79년)는, 한편으로 비르노의 말
처럼 포디즘 이데올로기라 할 수 있는 '노동중심주의'(시민이란 곧 생산자라
는 등식을 기초로 하는)를 옹호하면서도, 다른 한편 통치기법의 매트릭스라
는 측면에서는 80년대 이후의 신자유주의를 주요 이데올로기로 삼았던 체
제가 본격적으로 전개하게 될 다이어그램을 미리 활용하고 있었던 것으로
도 보인다. 주요 노동조합들(이탈리아 노동총동맹CGIL 등)은 애초에, PCI가
정부에 접근함으로써 네오코포라티즘형의 대표제 형성이 실현되기를 바
라고 있었다. 그것은 68년 이후의 투쟁이 제도로 정착되고 그 출구를 모색
하려는 한 시도였던 것이다. 하지만 이는 역설적이게도, 지배계급의 '노동
거부'를 적극적으로 돕게 되어 이후 신자유주의 '반혁명'의 모체를 형성하
게 된다.

통치의 전략으로 코드화되고 역전되고 마는 '노동 거부', 즉 오늘날 노

---

18) 1972년 3월 당대회 서기장으로 취임한 엔리코 베를링구에르는 1973년 가을에 논문 「칠레 사태 후의
이탈리아에 대한 고찰」을 발표했다. 여기에서 DC를 "꽤 광범위한 카톨릭 지향을 가지는 근로자, 인민
대중을 결집하고 있는" 당으로 파악하여, 칠레에서 생긴 것과 같은 반혁명 군사 쿠데타를 회피하기 위
해 카톨릭 세력과 공동으로 광범위한 '동맹'의 필요성에 대해 말했다. 이것이 '역사적 타협' 노선이다.
"이 주장은 즉시 이탈리아 정국에 현실적 영향을 끼치지는 않았지만, 1975년 주(州)선거, 1976년 총선
거에서 PCI가 30%의 벽을 허물고 DC에 육박하기에 이르러 돌연 실천적인 가능성을 띠게 되었다"(鈴
木, 1989: p. 187). 이탈리아 공산당은 이 선거의 승리를 '역사적 타협' 노선에 대한 유권자의 지지로 해
석한 것이다. 상기 「칠레 사태 후의 이탈리아에 대한 고찰」을 포함한 베를링구에르 자신의 역사적 타
협에 대한 견해에 대해서는 엔리코 베를링구에르의 『선진국 혁명과 역사적 타협』(Unità del popolo per
salvare l'Italia)을 참조하라. 또한 여기에 덧붙이고 싶은 것은, PCI의 '긴축-내핍'정책은 현대 대량소비
사회, 제3세계로부터의 이의 신청에 대한 당시 공산당 나름의 지적·도덕적 대응이라는 평가도 받고 있
었다.

동배제로 드러나는 경향은 한층 더 미시적 차원에서, 매개의 배제 즉 이후 네그리 등이 정식화한 '시민사회의 쇠퇴'로 이어진다. 이렇게 상정해 보자.

1976년 무렵부터 '운동'의 창조적 폭발은 제도, 특히 PCI와의 결정적인 갈등을 통하여 드러났다. 마침 당시의 1976년 총선거에서 득표율 30퍼센트의 벽을 깨고, 내각 밖에서의 협력 형태였지만 DC와 연립정권을 만든 PCI는 여기에서 '역사적 타협'의 전망을 거의 실현시킬 수 있었다. 그러나 이 움직임은 68년 이래 고조되는 새로운 요소, 주체성을 향한 회로 만들기를 방기하여, 새로운 정치적인 움직임을 정치적 틀 바깥으로 추방시키고 말았다.

그 결과, 기존 세력의 '과소대표'는 '운동' 측에 내재하던 레닌주의적 봉기노선, '과잉정치화'도 촉진시켜 폭력적 충돌이 빈발하게 된다.

세르지오 볼로냐Sergio Bologna는 '역사적 타협' 전략을, 국가에 의한 시민사회의 흡수를 향한 일보로 보았다. 즉 국가는 이제 시민사회에서의 대립을 매개 혹은 대표하지 않았다. 그뿐 아니라 "시민사회의 운동에 **맞서서**, 새로운 계급의 계급구성의 정치적 프로그램에 **맞서서** '정당 시스템'의 조직화로 향했다"(Bologna, 1980).

2) 테러리즘과 시민사회의 시뮬레이션

그리하여 이러한 충돌은 이윽고 '붉은여단'Red Brigades 등의 군사 무장 세력을 강화시켜 ── '운동'의 약화에 비례하여 ── 모로 납치 살해와 그 후 자유로운 날조 등 폭력적이고 맹렬한 탄압을 불러일으켰다.[19] 이 예외상태에 언론이 깊이 관여했다는 점을 주의해야 한다.

아우토노미아에 대항하여 권력구조가 착수한 캠페인은 모든 점이 잘못됐다. 세세한 곳이 잘못됐다는 말이 아니다. 모든 점이 잘못됐다는 것이다. 증거, 증언, 상황 모두 거짓이다. 권력구조는 이를 알고 있으며, 또 그렇다고 자백하기도 한다. 그러나 권력구조의 잘못 여부는 문제가 될 수 없다. 이것이 정부의 움직임의 배후에 자리한 본심이다. 정부의 군사력은 막대한 양의 폭력적 캠페인을 범람시키기 위해 있다. '시뮬레이션'에 근간한 캠페인. 진정한 공격의 칼자루는 재판에 있지 않다. 이것은 텔레비전, 신문 그리고 퍼포먼스에 있다. 따라서 공격은 정치를 넘어서 있다. 최종적으로는 진리로부터, 그리고 현실과의 조응으로부터 해방된 것이다. 전쟁 시나리오를 여지없이 시뮬레이션하라, 그리하여 그것을 대중의 상상력의 스크린에 투사하라——이것이 전략이다. 실로 이 상상력이야말로 현실에서 전쟁이 격렬하게 벌어지는 장소이다.……(Bifo, 1980:p.55)

이 긴급상태, 예외상태의 정치적 대립은 정당한 회로가 부여되지 않은 채 그 자체로 배제되어 버린다. 그러나 이 배제된 장소는 결코 진공의 상태에 머물러 있지 않는다. 대립이 배제된 장소에서는 '시뮬레이션'이 생산된다. 즉 권력의 정당화는 교섭과 거래에 의해서가 아니라 미디어 등 정보장치가 생산하는 시뮬레이션의 장에 의해서 확보된다. 그곳은 동의 확보의 장이라는 의미에서 '시민사회'라 할 수 있지만, 헤겔이나 그람시가 말하는 노동과 노동조합, 교육제도가 만들어 내는 장치로서의 시민사회는 아니다. 즉 시스템의 '외적'인 요소를 한편으로는 규율과 훈련, 다른 한편으로는 교섭과 대표로 그 안에 포섭하는 매개적 장으로서 시민사회가 아닌 것이다. 위기

---

19) 붉은여단과 '운동'의 관계는 난맥상을 그리고 있다. 국가 탄압에 맞서 직접 거리에서 대립하며 응답을 반복하며 피폐해진 '운동'이 막다른 길로 봉착하게 됨에 따라, 붉은여단은 실망한 운동가를 규합해 번성하게 되었다. 네그리와 비르노 등은 1983년 옥중에서 낸 총괄문서에서 불쾌한 감정으로 회고하고 있다. "이 구속과 로마 및 그 외 몇몇 지역에서 아우토노미아들이 겪은 뼈아픈 실패가 붉은여단을 번성하게 만들었다. 붉은여단은 '운동'에 외재적이고 비판적이었지만 역설적이게도 그로 인해 이들 투쟁의 열매를 얻고, 자신들의 조직을 강화해 간 것이다"(Castellano et al, 1996:p.236).

관리, 예외상태의 정치는 이러한 갈등을 내포한 장으로서 시민사회를 축출하고, 그 공백에 시뮬라크르로서의 한층 고차원적인 '시민사회'를 생산하는 것이다. "시민사회가 시민사회의 부재 그 자체에 봉사하도록 구성된다"(Negri & Hardt, 1994:p.269). 안토니오 그람시는 "국가의 사멸"을, 시민사회의 헤게모니 획득에 의한 시민사회로의 국가의 흡수로 파악했지만 이 전망은 뒤집히고 말았다. 즉 국가에 의한 포섭으로 오늘날 사멸한 것은 시민사회 쪽이다.

이러한 시뮬라크르로서의 '시민사회'를, 자신의 동의형성 공간으로 등장시킨 이가 다름 아닌 베를루스코니Silvio Berlusconi다. 미디어의 수동적 시청자·청취자임과 동시에, 거수로 지지를 부여하는 선거민 ──네그리 등이 말하는 신자유주의의 (또는 뉴라이트의) '권위주의적인 민주주의'적 수법이 행사되는 장에 무엇보다 합치되는 것이 이 '시민사회'라고 할 수 있다.

3) 새로운 권력의 다이어그램?

미셸 푸코는 1970년대 중반 이후 『감시와 처벌』에서 제시한 규율이라는 기술에 초점을 맞춘 권력의 미시 물리학을 한층 더 전개한다. 질적인 면에서의 중대한 변화를 동반하면서('1장'과 '2장' 참조). 즉 전개와 동시에 전회도 내포되어 있었다고 할 수 있다. '통치성'governmentalité이라는 개념으로 집약될 '중기' 푸코의 권력 탐구 과정에서 전회를 촉진한 배경으로 보이는 것 가운데 하나는, 당시 떠들썩한 논의 속에 유행어처럼 불리기도 한[20] 민주주의의 '통치불능'론이다. 마침 75년에 제출된 미·일·유럽 삼극 위원회의 『민

---

20) 일본에서는 록히드 사건[미국 록히드사가 일본 정부 고관에게 1천만 달러에 이르는 뇌물을 주어, 1976년 미 상원 외교위원회 다국적기업 소위원회에 의해 폭로된 사건─옮긴이]을 계기로 불붙은 미키파(三木派), 반미키파(反三木派)의 자민당 내 항쟁 속에서 "어느 누구에게도 통치능력(governability)이 없다"와 같은 용법으로 곧잘 쓰였다 한다(Crozier et al., 1975).

주주의의 통치능력』보고서는 푸코가 말하는 규율·훈육권력의 장치가 배치되는 장인 '시민사회'의 위기를 명확히 기록하고 있었다.[21]

그로부터 1970년대 후반, 푸코는 규율사회의 종언을 전망한다. 이 당시 푸코는 엄격한 정체성을 주요 조준점으로 행사되는 권력 형태로서 규율이 이미 과거의 권력 기술이라 단언한다. 가령 "근래 몇 년 사이 사회도 개인도 변화하면서 갈수록 다양화되고 자율적으로 바뀌고 있습니다. 규율로 강제되지 않은 사람들의 범주가 더더욱 증대하고 있습니다. 때문에 규율 없는 사회의 발전을 상상하도록 요청되고 있습니다. 지배계급은 아직도 낡은 기술에 매달리고 있는 모양입니다만"(「규율사회의 위기」, 1978c : p.533).

하지만 푸코가 이와 같은 관측을 보이고 있던 때와 같은 시기, 지배계급은 스스로 위기의 소재를 '본능적'으로 파악해, 규율에 대항하는 다양화·자율화의 욕구 및 제도화 시도를 전략적으로 코드화하기 시작한 것처럼 보인다. 규율은 특정한 정치적 합리성('2장', '4장' 참조) 안에 배치된다면, 설정된 규범norm[22]을 향해 여러 힘들을 조정하는 노력과 한데 엮여, 그로 인해 매개적인 성질을 띤다. 이제 '지배계층' 내지 국가는 '낡은 기술'을 벗어던져, 노력을 생략하기 시작하거나 그와 다른 방향으로 향하기 시작한 것이다. 사회적·정치적 국면으로부터 노동(대립conflict)의 배제는 이와 같이 진행되게 된다.

이 경향은 포디즘적 정치체-구성의 조절양식인 케인스주의적 복지국

---

21) 『민주주의의 통치능력』보고는, 네오맑스주의라면 군사화 혹은 사회적 지출의 확대에 의한 위기, 곧 케인스주의적 복지국가의 위기로 대상화한 '위기'상황을 응시하면서 맑스주의 조류가 '자본주의의 위기'로 평가된 사상(事象)에 대해 '민주정치의 위기'라는 문제설정을 다시금 부여했다(Crozier et al., 1975). '정치참가의 확대와 1960년대의 민주주의와 평등주의가 갖는 규범들에 대한 과도한 신봉'(p. 26)이 문제라는 것이다.
22) 'Norm'은 통상 규격이나 규범으로 번역되는데, 이 개념은 푸코의 권력론 그리고 그것을 다양한 분야로 끌어들인 프랑수아 에발드(François Ewald) 등에게는 한정적인 함의로 쓰이는 경우가 있어, 이것이 푸코 등의 법의 이해에 큰 영향을 끼치고 있다. 이에 대해서는 이 책의 '2장'과 '3장'에서 상술하고자 한다.

가의 해체——"'사회적인 것'의 위기"라 규정된 사태이다——로 나타난다. 법 본연의 모습을 그에 대한 예로 생각해 본다면 이를 더 명확히 떠올려 볼 수 있다. '교섭'negotiation, '조정'settlement이라는 개념은, 20세기형 복지국가의 법적 골격을 이루고 있던 이른바 '사회법'의 중심개념이었다. 사회법은 하나의 관점에서 볼 때, 사회를 화해 불가능한 세력들이 갈등하는 장으로 파악함으로써 그때마다 갈등 수렴의 장을 설정하기 위한 규칙으로 기능한다고 할 수 있다.[23] 사회법은 '경제적인 것'과 '사회적인 것'을 상호제약적인 관계로 이끌고 나아가 실정적/긍정적positive 순환형성(경제적 국면에서 노동자의 타협이 사회적 국면에서 '풍요로움'을 보증한다는)을 가져오기 위한——포디즘 체제를 위한—— 결절점으로 기능하고 있었다. 이것은 갈등을 불가피한 조건으로 인정한다는 의미에서 '사회는 불가능하다'라는 포스트 맑스주의의 명제를 긍정함과 동시에 더 나아가 이 명제를 부인하고 있던 것이다. 따라서 그것은 정신분석적으로 말하자면, '억압'의 기제를 기축으로 하는 구성-정치체였다고 할 수 있다.

그런데 위기관리·예외상태의 정치 메커니즘은 '억압'이 아닌 '배제'에 그 기축을 둔다. 이는 '정상상태'의 달성과 유지를, 어떠한 매개도 없이 성급하고 폭력적으로 실현하고자 한다. '배제'의 기제 속에서 갈등은 시스템의 언어로 번역되지 않기에 정당성의 장에 등록되지 않는다. 적대성의 사회적 실천은 단적으로 병리적인 것이며 또한 테러로 드러나게 된다. 여기서 핵심은 이러한 위기·예외상태의 정치가 신자유주의에서 '정상적' 통치 메커니즘을 구성하는 경향을 띤다는 점이다.

네그리와 하트는 '포스트모던국가'의 이러한 경향을, 오늘날 법리론의 경향, 특히 롤스John Rawls의 권리론과 그를 둘러싼 논쟁, 다시 말해 롤스의

---

23) 사회법의 실정성에 대한 상세한 분석은 에발드의 책(Ewald, 1986) 제4부 전체를 참조하라.

권리론에 대한 포스트모던적 해석(리처드 로티Richard Rorty)과 공동체주의적 해석 사이의 논쟁에서 읽어내고 있다. 네그리와 하트에 의하면, 롤스의 정의론은 일반적으로 복지국가의 철학적 기반이라 간주되고 있지만 **사실 포스트복지국가의 이론이다**. 롤스의 '정의론'은 분배와 순환의 국면에 초점을 맞춰, 노동·생산의 국면을 삭제함으로써 일찍이 복지국가체제가 스스로 불가피하게 편입시켰던 노동 혹은 생산이라는 요소를 배제하고 있다. 그러므로 이것은 네그리와 하트가 맑스에 의거하여 말하는 '자본에 의한 실질적 포섭'의 단계에 잘 들어맞는다. 여기에서 다음과 같은 것이 파생된다. 롤스의 추상적 사회계약론은 자연상태라는 가정에 입각하여 차이와 마찰을 예상하던 계약론의 전통과도 갈라지며, 간間주체적 거래와 교섭의 역할을 삭제한다. 사회법이 문자 그대로 다양한 사회적 차이들을 매개하고 적극적으로 사회적 세력에 가담하는 것으로 특징지어졌다면, 롤스에게 법적 질서란 사회적 세력부터 추상화되는 것을 통해 확립된다. 게다가 '바람직함'desirability으로부터 '실행가능성'feasibility으로 강조점이 이동해, 정치적 목표로서 '중첩적 합의'overlapping consensus를 도입한 후로는 더더욱 그러하다. 옳음正이 좋음善보다 우위라는 의무론적 원칙을 엄밀하게 만들어, 목적의 자리에 개방된 '관용의 원리'를 정식화한다는 목표로 제시되는 중첩적 합의. 이를 위한 전략이 '회피'이다. 롤스가 말하는 민주적 체제의 안정된 유지는 사법시스템을 현실의 갈등으로부터 해방시키는 것 혹은 갈등을 배제함으로써 달성되는 것이다. 더욱이 롤스에 대한 로티의 포스트모던적 해석은 이 경향을 밀고나가 '살균된 기계적·자기충족적인 균형의 정치 시스템'만을 허용 가능한 것으로 제시한다. 이처럼 살균된 시스템은 '회피'라는, 구체적인 사회적 힘들과 그들 사이의 갈등으로부터의 추상·절단의 방식으로 확보되지만, 이는 '배제'의 조작과 미묘하게 방향을 달리하고 있다. '과소국가' 그리고 로티에 의해 연장된 '과소정치', 그것은 '작은 국가'가 한편으로 경찰력을 강화하는 경향을 가지고 있음과 관련이 있다. 일견 관용적인 행동은 실제 정치의 국면에서는 극도로 압도적인 '배제'로 드러난다.[24]

이 점에서 걸프전쟁은 '포스트모던국가' 정치의 전형이 될 것이다. 여기서는 미디어에 대한 엄격한 통제와 함께 미디어가 구성하는 시뮬라크르 위에 '현실'이 구성되고 그 가상적 평면 위에서 압도적 동의가 형성되고 있었다. 시민사회가 배제되는 동시에 그곳에 '시민사회'가 형성되는 논리가 시도된 것이다. 그러나 문제는 외부의 적만이 아니다. 오늘날 사회는 그 내부에서 늘 적의 공격 앞에 노출된다. 신자유주의와 뉴라이트의 복지국가 비판이 보여 주듯이, 이전까지의 소수자가 경제위기, 정치위기와 연결되어 돌연 사회의 '적'으로 규정되는 것이다. 그러므로 사회를 언제나 '내재하는 적'으로부터 보호해야만 한다. 그런 의미에서 포스트모던의 사회는 항상 예외상태에 처해 있다. 이민, 인종적 소수자, '에이즈 보균자'인 게이(나아가 게이 그 자체), 마피아, 테러리스트, 활동가 등이 그들이다. 네그리와 하트는 특히 당시부터 근 10년간 외부와 내부의 적을 향한 미국의 전쟁에서 최대의 희생자 중 하나로 '권리장전'을 꼽았다(Negri & Hardt, 1994: p. 243). '4장'에서 보게 되듯이, 이 시기 미국에서 가장 중요한 사건 가운데 하나가 마약과 갱을 향한 내전이었다. 이는 "영속적인 준계엄령 상태를 만들어 내고 있다".[25] 제1공화정이 붕괴되는 직접적 계기를 마련한 90년대를 시작으로 현재까지 지속되는 이탈리아의 정치부패, 마피아 적발을 위한 검찰과 판사의 활약——일찍이 '운동' 탄압의 주역이기도 했던——도, 이러한 배경하에서 파악할 필요가 있을지도 모른다.

---

24) 롤스와 그것을 둘러싼 논쟁에 대한 상세한 비판적 해독으로는, 네그리 & 하트(Negri & Hardt, 1994)의 제3부 제4장을 참조하라. 또 상대주의적인 다원주의와 강한 배제의 경향이 '후기근대'에서 중첩된다고 분석하는 조크 영의 관점은 네그리와 하트의 이러한 논점을 보강해 주는 것이 아닐까? 이에 대해서는 이 책의 '4장'을 참조하라.
25) 이에 대해서도 이 책의 '4장'을 참조하라. 또한 데이비스(Davis, 1992a)도 보라.

다시금 걸프전쟁을 예로 들자면, 우리는 여기서 신자유주의 정치의 배후에 존재하는 새로운 권력의 다이어그램을 엿볼 수 있다. 현대의 전쟁에서 이미 진지전은 그 효력을 잃었다. 규율사회로서의 시민사회를 혁명적 헤게모니의 형성장으로 생각한 그람시의 진지전war-of-position은 결정적으로 그 효력을 잃은 것이다. 진지전은 시공간적으로 지역에 한정된 포지션, '장소'place에 의존하는 싸움이다. 하지만 미군이 이끄는 다국적군은, 모니터링 장치의 디스플레이를 통해 음영을 가진 '장소'들을 모두 매끈한 평면으로 파악해 참호를 평평하게 펴 이라크군을 생매장해 버렸다. 이처럼 디스플레이로 보는 시뮬라크르의 매끄러운 평면이 현실적으로 힘이 행사되는 주요한 평면이 되고 있다. 그곳에서 이미 진지전은 불가능하며, 고정적 요새는 압도적으로 불리하다. 즉 정체성에 의존하는 싸움은 매끄러운 평면 안에서, 혹은 마누엘 카스텔Manuel Castells이 '장소'place와 대비시키는 '흐름flow의 공간' 안에서 권력에 의해 완전히 장악되어 버린다(Castells, 1996:pp.376~423). '무한히 프로그래밍이 가능한 코드와 정보의 흐름으로 구성된 사이버공간의 매끄러운 평면', 이것이 규율사회 이후, 즉 '통제controle사회'(들뢰즈)의 은유적 공간이다. 지구화되는 자본주의의 맥락에서 말하자면, 정보화에 의해 자본은 세계 어디에서든 투자와 생산을 위해 적절한 환경을 순식간에 파악하여 화폐를 동원한다. 이는 국민국가처럼 '장소'에 의존하는 단위를 넘어 실시간 전지구적 단위로 작동한다.

4. 비물질노동과 대중지성

1) 테일러식 공장에서 통합공장으로

다시금 생산의 장으로 돌아가 보자. 자본주의는 앎의 프로세스로부터 노동자를 배제하는, 테일러주의 원리를 떠받쳐 온 자본의 충동을 거듭 전개하는 한편(신 테일러주의), 기묘한 형태로 공장의 핵심에 '산 노동'을 다시금 편입시키고 있다. 자본에 의한 노동의 분석-분해는 더욱 심화되어 탈중심화된다. 테일러주의적인 노동과정에서 탈각하려는 이 포스트테일러주의적 공장을 마르코 레벨리Marco Revelli는 '통합공장'이라고 부른다. '통합공장'의 철학은 테일러주의와는 달리 '일원론적'이다. 다시 말해 '통합공장'에서 노동자는 구상이라는 앎의 프로세스로부터 떨어져 나와 육체로 환원되는 일이 없다. 오히려 자본은 적극적으로 노동자의 신체에 앎을 되돌려 보내야 한다.

이를 위해서는 공장과 사회 또는 공장과 시장의 관계를 다시 생각해야 한다. 포디즘은 공장에서 사회로의(대부분) 일방적 관계가 성립돼 있다. 포디즘 체제에서 이른바 '규모의 경제'가 성립된 것도, 이러한 관계를 배경으로 해서이다(물건을 만들면 대부분 팔린다). 그런데 현대의 '성숙된' 시장은 '유한'하며(생태학적 관점에서 세계 자체가 '유한'하다), 이 상품수급능력은 경직되고 포화돼 있다(Marazzi, 1994:pp. 13~14, Revelli, 1996a). 따라서 시장흡수력을 넘는 것은 모두 배제될 필요가 있다. 이것이 순조로이 진행될지 여부가 자본에게는 사활적 문제이다. 이렇게 되면 기업은 필연적으로 '미니멀리스트'가 된다. 생산은 과도하게 양을 증대시키지 않는 동시에 생산성은 향상시키는 형태로 구조화되어야 한다. 포디즘 시기와는 달리 처음부터 생산을 프로그래밍하는 것은 이미 불가능하다. 따라서 공장은 자신을 시장에 직접적으로 연결하여 그것과 공명함으로써 변형 가능한 자기 조직적 시스템이 되어야만 한다.

이제 생산과정에 직접적으로 커뮤니케이션이 편입되기 시작한다. 일본을 일러 포스트포디즘의 기원이라 부르는 것은 이 때문이다(Marazzi, 1994:p. 13). 생산과 소비, 수요와 공급의 관계를 '역전'시켜, '재고 제로'를 실현하기 위해 필요한 것은 정보와 커뮤니케이션이다. 여기서 노동자는 일찍이 포디즘 시기 공장노동에서 부정되던 구상의 요소를 갖추도록 요청받는다. 노동자는 이른바 '인터페이스'(네트워크 조직론에서 말하는 '매개적 기업가')가 되어야 하며 다양한 기능과 정보의 흐름, 워크팀, 위계제 사이를 임기응변flexible으로 횡단하면서 선택, 연결, 삭제해야 한다. 노동자는 지적 기술, 육체적 기술, (스스로 협동관계를 조직하고 운영·관리한다는 의미에서) 기업가적 기술스킬을 자신 안에서 연결해 나가야 한다. 그런 의미에서 이상의 특징이 현대에서 주류적으로 볼 수 있는 '비물질노동'lavolo immateriale labor/immaterial labor이, 즉 물질적 생산에 주안을 두지 않는 정보, 서비스, 문화산업[에서의 노동]이 가지는 현저한 특징이긴 해도, 이 특징은 '물질적 노동'을 포함한 모든 노동형태가 공유한다고 할 수 있다.[26]

또한 생산의 의미 그 자체도 변화된다. '인터페이스'로서의 노동은 공장에서 흘러넘쳐 네트워크, 흐름이라는 형태의 풀pool로서 전체 사회 안에 분산돼 있다. 이 안에서 임시로 특정 프로젝트를 위해 소규모 '생산단위'가 선별되어 조직된다. 확대되는 파견업을 혹은 컴퓨터 관련 산업에서 증대되는 소규모 오피스를 보라. 그리고 프로젝트를 마치면 [그 '생산단위'는] 생산능력과 풍부화를 추구하는 네트워크와 흐름 안으로 해소된다(Lazzarato, 1996 ; Reich, 1991). 가치생산은 이와 같이 가치생산과 직결되지는 않는 한층 폭넓은 네트워크를 전제로 하고 있다. 이렇게 해서 공장 안에 한정되지 않는 사회 전체와 그 외연을 나란히 하면서 확대되는 수평적 평면이 자본 우위의 유연성, 즉 자본주의에 의한 고용 유연화의 조건이다. 호황이라 불리는 오늘날 미국의 '완전고용'은 임금노동자의 아르바이트적 서비스업으로의 전업, 일시적 고용에 기반하고 있다. 우리는 상시적으로는 파트타임 노동

---

26) 이러한 동향에 즈음하여 일본의 도요티즘이 맡은 역할은 크다. 코리아(Coriat, 1991)는 포스트포디즘을 생각하기 위해 반드시 필요한 중요 문헌이다. 또한 시부야와 사카이(澁谷·酒井, 2000)도 이 점을 언급하고 있다.

자이며 잠재적으로는 늘 '실업자'인 것이다.[27]

　여기서 노동자의 정체성 전환이 수반되고 있지만 이에 대해 생각하기 위하여 다시 한 번 이탈리아로, 모로 납치사건 이후의 이탈리아로 돌아가 보자.

　1979년 1월, 국민적연대정부는 붕괴되지만, 그 후 이탈리아의 경영자 단체(공업가연맹)는 경영자의 권한 회복을 위해 공격에 나선다. '뜨거운 가을' 이래 노동 편으로 기운 노동과 자본 간의 힘 관계를 단번에 재편하려 했던 것이다. 피아트는 이러한 흐름 가운데서 테러리즘과의 관련을 명분으로 하여 61명의 노동자를 해고하는 등 정치적 함의가 짙은 공격을 실행한다(齊藤, 1999 : p. 250). 이 공방攻防을 비르노는 '운동'의 연장선상에 있는 젊은 노동력의 대립적 자발성, 그리고 공산당, 나아가 변화일로에 있는 기업과의 사이에서 모진 '변증법'을 실행한 사건으로 특징짓고 있다(Virno, 1996a : p. 246). 노동계약을 둘러싼 파업에서 시작된 이 투쟁의 가장 활발한 부분은 젊은 노동자가 맡았다. 피아트의 공격에 맞서 공산당과 노동조합은, 형식적인 비판은 하였지만 '테러리스트'로 날조되어 해고통지를 받은 노동자와 '과격한' 투쟁 역시 동시에 비판함으로써 실질적으로 피아트를 지원하고 있었다. 최종적으로 해고안은 철회되어, 조합의 요구에 가까운 선에서 합의되기는 했으나, 끝까지 수세적으로 투쟁에 임한 피아트 노동조합은 운동의 뚜렷한 몰락을 보여 주고 있었다. 이러한 분위기에 편승하여 피아트는 경영악화를 이유로 약 3만 명의 인원 삭감(장기 레이오프)을 발표하였고 이는 '35일간의 파업'이라 불리는 격한 투쟁을 야기했으나, 투쟁은 결국 뜻하지 않게 배후를 잡혀 경영측의 승리로 끝났다. 쟁의 과정에서 기술

---

27) 미국의 호황의 배후에 있는 중산계급의 해체, 빈곤화에 대한 내용을 엮은 책으로 뉴욕타임스(New York Times)에서 펴낸 『다운사이징 아메리카』(*The Downsizing of America*, New York : Times Books, 1996)가 있다.

자와 사무직 등이 노동자의 파업과 공장점거에 대항해 토리노에서 4만 명이 동원된 대규모 집회와 시위를 조직하는 데 성공한 것이다(「직장職長들의 대행진」)(鈴木, 1989 ; 斉藤, 1999 ; 真柄 1990).

대중노동자mass worker 투쟁의 마지막 불꽃이 피아트에서 꺼지고 일 년 후 단행된 과격한 구조조정 이후 자본 측은 공세에 박차를 가해, 구조조정이 가일층 진행되는 것으로 귀착된다.[28] PCI의 몰락과 스캔들에 의한 DC의 침몰(이른바 P2스캔들)은 이탈리아사회당PSI의 입지를 강화했다. 이미 80년에 당내 좌파를 일소하여 사회당과 공산당 연합전선을 폐기하는 데 성공했던 베티노 크락시Bettino Craxi는 DC에 대한 PSI의 협상력 증대를 인정받으며 연합정권에 참가해 이탈리아 최초 '사회주의자' 수상이 된다(1983년). 그러나 크락시의 노선은(일 년째 되던 미테랑 정권보다는) 대처, 레이건에 훨씬 가까운 신자유주의 정책의 철저한 추구로 나타났다. PSI는 당시 어떤 일이 벌어지고 있었는지, 무엇이 바뀌고 있었는지를 누구보다 잘 알고 있었다고 하는데(일본에서도 자민당보다는 자유당이 더 잘 인지하고 있었듯이), 소위 PCI와 DC로 구성된 제1공화정, 혹은 포디즘적 정치체를 붕괴시키고 있는 새로운 흐름들을 밟아 PCI·DC 체제를 내부로부터 뒤흔듦으로써 스스로 이 새로운 흐름의 대표자가 되려고 했던 것이다. 크락시는 DC형 정책결정 방식과도 길을 달리하는 대처식 '결단주의'를 통해, 노동조합의 교섭력 감소를 노리는, '스칼라 모빌레'scala mobile(물가 연동식 임금결정방식. 이는 당시 노동조합의 힘을 상징하는 것이기도 했다) 개정, 의료복지 중단, 규제완화, 국영기업 민영화 등을 추진해 간다(真柄, 1990 : pp. 30~31). 실로 이는 변모해 가

---

28) 경영진은 '뜨거운 가을'로 잃은 노동과 생산과정에 대한 지배권을 부활시켜, 파업에 의한 상실시간은 1980년의 1,350만 시간에서 1981년에는 100만 시간으로 격감, 장기결근전략(absenteeism)도 파업을 포함해 14~18%에서 3~5%로 저하시켰다. 인원정리, 신기술 도입 그리고 로봇화에 의해 피아트의 81년 생산 증가율은 20%를 기록했다. 이 피아트의 경험은 그 후 다른 주요 기업에 의해 답습되어 80년대 호황의 바탕을 형성했다고 평가된다(鈴木, 1989 : p. 191).

는 사회의 흐름에 편승하여 그 흐름을 오른쪽으로 이동시키는 전략이었다. 이와 병행해 1984년부터 89년에 걸쳐 이탈리아 경제는 짧은 기간 동안 황금시대를 구가해 '제2의 기적'이라 불릴 정도의 경제성장을 달성했다.[29] 호황을 주도하는 부문은 '전자공학, 커뮤니케이션 산업(이 시기에는 베를루스코니의 피닌베스트Fininvest사가 크게 성장했다), 제련화학 산업, 베네통과 같은 '포스트모던' 섬유산업 그리고 서비스와 인프라적 요소를 획득한 기업' 등이다. 자동차 산업조차 일단 축소와 구조조정을 거친 후 곧 유례없는 이윤을 올렸다고 한다.

다른 한편으로 이 시기에 중요했던 일로는 노동시장의 극적인 전환을 들 수 있다. **사회적 필요노동시간의 긴급한 감축을, 노동시장을 통해 자본주의적으로 관리해 나가는 전략의 전개가 그것이다.** 노동시장에서 경직성을 한층 완화해 준고용과 단속斷續적 혹은 단기 노동이 이루어지는 '그레이 존'이 대폭적으로 확장됐다. 비르노에 따르면, 이는 운동 속에서 대안적 의의를 가지던 요소를 자본이 활용put to work하는 것이기도 했다. "운동의 노마디즘, 안정된 직업에 대한 혐오, 기업가entrepreneur정신 그리고 개인의 자율과 실험에 대한 선호마저도 말이다. 이들 모두가 자본주의적 생산조직을 향해 집약되었다"(Virno, 1996a:p. 249). 비르노 등은 좌우를 넘어서 칭송받는, 80년대의 '기적'을 떠받친 이탈리아의 신 네트워크형 중소기업군을 더욱 냉정히 바라본다. 과연 이와 같은 '자율적 노동'은, 1977년에 시작된 공장체제로부터의 탈주의 연장이었음이 확실하다. 그러나 이는 이탈리아의 대기업에 엄밀히 종속되어 있어, 생산 단가 삭감의 안전판이 되어 버린 상태이다. 이는 이탈리아 산업계의 선두를 달리는 여러 그룹들이 생산 단가 부

---

29) 특히 1970년대에 자라난 이탈리아의 '악평'을 타파해 1990년대 런던 『이코노미스트』 지(誌)에서 이탈리아인은 '유럽의 일본인'으로 형용되기에 이른다(당시 일본경제는 아직 호황이었다).

담의 일부를 덜기 위한 하나의 방식이다. 그리고 여기서 자율적 노동은 극히 고차원적인 자발적 착취와 중첩돼 있다.[30]

반복이 되겠지만, 오늘날 노동자의 활동은 항상 이윤생산을 위한 기능으로부터 불거져 나오고 있다. 또한 이는 노동자의 능력이 양산되는 장의 변화를 동반하고 있다. 일찍이 노동자의 능력이 배가되는 장은 직장 내부였다. 하지만 오늘날 이 능력은 직접적 생산과정의 외부, 즉 '생활세계'에서 확보되어야만 한다. '일반적 사교성, 인간관계 형성 능력, 정보를 구사하며 언어적 메시지를 해독하는 재능, 예기치 못한 부단한 쇄신을 향한 적응력'(Virno, 1996a:p. 249), 이것이야말로 현재 '사회적 노동자'에게 필요한 능력이다. 따라서 "자본은 비물질(적) 노동에 종사하는 노동자를 언제나 필요할 때마다 구하기보다, **과잉** 네트워크, 앎, 커뮤니케이션의 공정 안에 들어가 [관련된 활동을] 구사하고 [비물질노동과] 함께 각개의 능력을 향상시켜야만 한다"(Virno, 1996a:p. 249). 비르노가 말했듯이 운동에서 이것은, 지속적 교육권처럼 고용 불안정성 속에 있는 사람들에 의해 아래로부터의 적극적인 요구로서 제기되던 것이다. 하지만 오늘날 이런 요구는 권위주의적으로 전도되어, 자본의 요구, 명령으로서 경제신문, 주간지뿐만 아니라 TV 광고에도 매일같이 울려 퍼지고 있다. 요컨대 앎을 획득하고 연고를 만들어 더욱 자립하라는 식이다(일본에서는 『안토레』['entrepreneur'의 일본식 표현])라는 잡지도 나와 있다). 『요강』에서 맑스는 가치법칙으로부터의 탈출을 교환가치로부터의 탈출과 연결지어, 이에 따라 유토피아의 전망을 시사했던 것

---

30) 이 분석에 대해서는 예를 들어 피오르와 세이블(Piore & Sabel, 1984)의 '제3의 이탈리아'의 낙관적 분석과 눈에 띄게 대조되고 있는 것으로 보인다. 피오르와 세이블은 그 유명한 저작에서, 대량 생산형 축적체제에 대해 유연적 전문화의 체제를 대치시켜, 후자를 지역산업 커뮤니티의 활성화라는 비전과 연결지었다. 그들은 이탈리아의 중소기업군이 형성하는 유연적 네트워크를, 대기업에 의해 위계화된 일본적인 그것과는 다른 수평적 네트워크로 파악하는 것이다. 하지만 이 두 견해를 살피는 것은 (현 시점에서 필자의 준비부족 때문에) 여기서는 피하고자 한다.

인데 사태는 실로 반대의 형태를 띠며 드러났다. 가치법칙으로부터의 탈출은 우리의 사회 전체(사용가치)를 교환가치로 변모시키는 사태로 이어지고만 것이다. 공장은 사회에 분산되어 '사회-공장'이 된다. 여기서 맑스가 말하는 '자본에 의한 노동과정의 실질적 포섭'뿐 아니라 '자본에 의한 사회의 실질적 포섭', '국가에 의한 사회의 실질적 포섭'이 완성된다.

2) 가치법칙과 대중지성

오늘날 자본주의는 『요강』에서 공산주의를 향한 통로로 보았던 가치법칙과 그것의 모순을 서슴없이 자신을 위한 안정된 원리로 이용하고 있다. 오늘날 이미 필요노동시간과 잉여노동시간은 확연히 구별될 수가 없어졌다. 정도의 차는 있으되 누구나 대부분 체험하고 있는 일이겠지만, 지적노동 혹은 비물질노동은 노동시간과 비노동시간을 명확히 구분하지 않는다. 가령 상품의 기획, 아이디어를 구상해 내는 작업을 보자. 이는 퇴근 후, 술자리, 목욕을 할 때에도 잠들기 전 침대에서도(혹 잠자는 와중에도) 우리의 생활에 따라붙을 것이다. 이 노동은 그것이 실행되는 장소도 시간도 특정 지을 수가 없다. 이러한 시간의 애매함이 나타내는 평면이 ──생활과 노동, 생산과 재생산, 사적인 것과 공적인 것이 뚜렷이 구분되기 힘든──이른바 우리의 존재의 '영도'degree zero이다. 이 평면은 한편으로 새로운 권력 기술과 엮여 사회전체를 이윤생산의 장으로 형성함으로써 '자본에 의한 실질적 포섭'의 완성을 시사하며, 다른 한편으로는 역으로 자본의 명령 전반으로부터 [노동이] 탈주할 가능성 또한 시사한다. 이 평면을 두고 이윤형성으로 수렴하여 해석할지, 다시 말해 생활에 대한 자본의 전반적 지배로 해석할지, 아니면 그로부터 전면적으로 탈주하기 위한 고도의 가능성으로 해석할지가 질문에 부쳐진다.

　고도의 가능성으로 해석한다는 것은 대체 무엇을 의미하는가? 앞서 언급했던 네트워크 및 흐름이 가치형성과정 속에서 과잉[형성]된다는 현상에 그 해석 가능성이 확연히 드러난다. 현재의 생산양식에서 노동과정은 이미 테일러주의에서처럼 실행으로부터 구상을 분리해, 노동과정의 협동 양상을 자본이 준비하고 구성해 세부적으로 지정하지 않는다.

『요강』에서 맑스는, 일반지성을 고정자본에 체화된 것, 따라서 '산 노동'에 대립되는 '죽은 노동'으로 파악했다. 그러나 오늘날 일반지성은 '산 노동'과 일체화한다. 비물질/지적 노동에서 사회적 협동과 이 협동의 조직화 및 운영은 일반지성을 겸비한 노동자 중심의 헤게모니 안으로 회귀하는 경향이 있다. 네그리 등에 따르면, 오늘날 자본의 명령의 전제가 되는 것은 테일러주의처럼 자본(구상) 뒤에 사회적 협동(실행)이 조직되는 것이 아니라, 구상과 실행의 기능을 함께 자기 것으로 취하는 사회적 협동에 있다. 자본이 육체노동으로부터 지적노동 또는 지적인 것으로 초점을 이동시킴에 따라, 자본의 명령은 가치형성과정에 외적인 것으로 될 수밖에 없다. 네트워크는 자본에 앞서, 이윤형성의 전제로 조직되어야 하기 때문이다. 따라서 라차라토Maurizio Lazzarato의 말처럼, 고용자는 어떤 딜레마에 놓이게 된다. 즉 지금의 생산에서 협동이 가능한 유일한 형태가 노동자의 자율과 자유이지만, 동시에 이를 그대로 인정하는 것은 치명적이라는 딜레마. 협동이 함의하는 힘, 즉 자율성을 노동자 측에 '재분배'해서는 안 된다는 힘든 요청.

자본의 이러한 외적인 앎의 네트워크와 앎의 사회화를 표현하는 용어가 '대중지성'intellectualità di massa/mass intellectuality이다. 라차라토는 대중지성을 '운동'이 가져온 '자기가치화autovalorizzazione/self-valorization의 요구와 자본주의적 생산의 요구 사이의 결합'으로 정의한다. 대중지성이란, '수평적으로 사회를 횡단하며 확대되는 집단적 지성이자 지적으로 축적된 능력'이며, 가령 지적노동자 등과 같은 특정 집단에만 한정되지 않는다. 비물질노동의 헤게모니가 물질적 노동의 성질까지 변화시키듯, 대중지성은 많든 적든 현대사회의 인간 총체를 규정한다. 이러한 개념을 강조하는 것은 자본주의에 대하여 포스트포디즘이 가지고 있는 해방적 잠재성을 명확히 드러내기 위해서이다. 즉 그것이 '자기가치화' 운동을 전반적으로 포함하고 있다는 양가적 이미지를 주기 위해서이다. 일찍이 아우토노미아 운동은 '자기가치화'를 하나의 슬로건으로 내걸었다. 이는 자본에 의한 노동의 과정에서 잉여가치형성 프로세스를 지시하기 위해 쓰인 '가치화'valorization[가치형성/가치증식]와 대비하며 맑스가 『요강』에서 쓴 말이다. 이 용어는 가치가 이미 가치법칙의 명령에 복종하지 않는다는 점과 잉여가치생산이 아닌 생산 커뮤니티의 집단적 필요와 요구에 기초한 가치의 대안적 사회구조를 지시하기 위해 쓰였다. 그것은 '운동' 안에서 '자본주의적 생산관계와 국가의 관리에 비해 상대적으로 자율적인 사회조직과 복지가 지역·커뮤니티에 기반을 둔 형식의 실천'임을 가리키기 위해 쓰이던 것이다. 자본은 현재 이러한 실천을 그대로 자신의 가치형성의 원인으로 편입시키고 있다. 자본은 노동자의 협동에 대해 외부에서 명령을 내리고 그 생산물을 자기 것으로 만든다. 이러한 의미에서 자본은 더더욱 '기생적' 성격을 드러내고 있는 것이다("흡혈귀와 좀비의 은유가 자본의 지배에 이처럼 맞는 시대는 없다", Negri & Hardt, 1994:p. 21=1996, 1권:58쪽).

5. 다중multitudes의 엑소더스

1) 운동하는 뉴라이트—유연성 안의 뿌리와 규칙

이러한 조건을 토대로 우리가 사는 사회, 즉 포스트포디즘 사회는 유연성flexibility이 곧잘 잔인한 모습마저 띠면서 지배적 법칙이 돼 간다. 노동자도, 자본과 마찬가지로 임기응변으로 변해 가는 환경에 스스로를 순응시키면서 부단히 기회를 노리도록 강요받는다. 또한 이질적 그룹 및 이질적 가치와 끊임없이 커뮤니케이션을 수행해 네트워크를 유지 확대해 가야만 한다. 이러한 상황에서 견고한 정체성identity 같은 것은 오히려 장애가 될 뿐이다. 그래서 이탈리아의 사회철학자 알베르토 멜루치Alberto Melucci는 다음과 같이 말했다.

정체성에는 이미 어떠한 뿌리도 없다. 정체성의 교환, 유지, 개척에 필요한 사회적 컨테이너는 이미 충분히 안정적이지도 견고하지도 않기 때문에, 그것은 영원이라는 형태로 그 보장자로서 행위할 수는 없다.(Melucci, 1996:p.281)

이 정체성의 불안정rootless화, 유연화는 자본이 요청하고 뉴라이트가 매개하고자 했던 것이다. 하지만 이 정체성의 유연화는 규칙과 강제의 관련 속에서 중대한 귀결을 가져온다. 시스템이 유연성을 증대시켜야 할 필요에 직면해 그 작동이 복잡해질수록 규칙은 결정적으로 중요해진다. 시스템의 유연화는 무수한 규칙의 유연한 변경과 대체를 통해 가능해지고 있다. 이와 같은 규칙을 토대로 게임을 하게 될 우리가 직면할 상황을 비르노는 '흔들림 없는 불안정성'instabilité stable이라고 특징짓는다. 무엇보다 먼저 우리는 불안정성과 이를 규제·촉진하는 규칙을 배워야 하지만(가령 특정 기술 환경에 따라 정해진 오피스의 하이테크 기기 조작방법 등), 이는 실로 그 자의성과 무근거성을 배우는 것이기도 하다. 우리는 "흔들림 없는 확신 속에 참가하는, 애초부터 규정된 하나의 '게임'에 던져진 것은 아님"을 발견한다. 대신 "모든 자명성과 심각함을 결여하고 있는 다양한 '게임'들에서 직접적인 자기긍정의 장을 들여다보게 될 뿐이다"(Virno, 1990:p.17). 그러므로 주체는 이 매끄러운 규칙들에 적응하기 위해 필연적으로 노동의 에토스로서 냉소적 성향disposition을 띨 수밖에 없다. 하지만 반면 유연성이 규칙의 강제력마저

무화하고 말 때 이 게임은 커다란 타격을 받게 된다. '불안정성'은 '흔들림 없는' 것이어야 한다. 즉 유연성은 전제적으로 군림해야만 하는 것이다. 이러한 이유로 유연성을 강화하는 동시에 규칙의 강제력을 확보해야 하는 역설적 전략 속에서 뉴라이트는 기능해야만 하는 것이다.

이는 포스트모더니즘과 뉴라이트의 공범관계를 이해하기 위해서도 중요하다. 이탈리아의 포스트모더니즘은 80년대, 바야흐로 포스트포디즘 사회를 사는 인간의 존재조건을 구성하던 유연성이라는 요청에 사상적 기초를 부여했으며 그 방향을 현상에 대한 무조건적 긍정으로 틀었다.[31] 포스트모더니즘의 대부분은 자본에 맞서기보다 이미 패배 중이던 세력(모던한 비판세력)에 대해 무엇보다 호전적이었으며, 나아가 주체의 해체, 탈중심화, 분산화를 무비판적으로 칭송하여 자본의 포스트포디즘적 재편성에 대한 저항을 해제하면서 그 '본원적 축적'을 지원했다. 따라서 이 냉소주의는 현상現狀 규칙에 대한 무비판적 지지로 나타났다. 하지만 규칙에 대한 포스트모더니즘의 이와 같은 무비판성은 동시에 그 규칙에 대한 경멸 역시 포함하고 있었다. 왜냐하면 거기서 규칙은 결코 존중되지 않으며 오히려 조롱의 대상이기 때문이다. 유연성의 찬미 그리고 규칙의 존중과 경시는 민주주의 또는 '기본적 인권'에 대한 혐오, 경멸 혹은 모든 '명목'적인 것에 대한 모멸로 드러나 뉴라이트의 대두를 준비하는 강력한 멘털리티가 된다. "제도적 게임과 동시에 그것을 부정하는 것은 뉴라이트의 뿌리 깊은 반민주주의적 특징이다" (Virno, 1990:p. 17).

---

31) 비르노는 이탈리아의 80년대 포스트모더니즘에 대해 다음과 같이 지적하고 있다. "라이프스타일과 문화 스타일의 다양화를 향한 무절제한 열광이 왜소한 형이상학적 포르타포르테를 구성하고 있어서 이는 네트워크 기업, 전자테크놀로지, 노동관계 불안정성을 상시화하는 데 완벽히 봉사하고 있던 것이다. 미디어에 자주 등장해 활약하는 포스트모던의 이데올로그들은 포스트포디즘의 노동력에 직접 윤리적-정치적 방향 짓기를 부여하는 것과 같은 역할을 다하고 있다"(Virno, 1996a:p. 251). 이 지적은 누구나 알 수 있듯 이탈리아에만 해당되는 것은 아니다.

어디까지나 이는 신자유주의의 정치가 가역적 주체의 구성을 지향('1 장')하기 때문에 포스트포디즘적 축적체제와 조응했던 점과도 관련된다. 이 시점에서 이 장의 첫머리에서도 기술했던 운동으로서의 뉴라이트를 조금 더 생각해 보자. 폴 비릴리오Paul Virilio는 이 시기 이탈리아 운동의 고양에 대한 응답으로 소책자를 간행했다.[32] 『민중적 방어와 생태학적 투쟁』 (Virilio, 1978)이 그것으로, 비릴리오는 여기서 이탈리아 운동 최고의 성과를 '민중적 방어'라 파악했다. 방어란 으레 보수적인 울림을 담고 있어 꺼리기 십상이지만, 여기서는 이 말을 조금 더 살펴보며 그 속에 담긴 비틀림을 파헤쳐 볼 필요가 있다.

마르코 레벨리는 1960년대부터 1980년대까지 당시 피아트 공장의 노동운동에 대한 기록을 조망하면서, 조금 감상적인 느낌과 함께 '직감에 반하는 어떤 역설적 비틀림'을 찾아내고 있다. 그 기록은 전술한 1979년 피아트 공장의 투쟁에 참가했고, 그 후에도 저항을 계속해 온 22인의 노동자를 인터뷰한 것으로, 이들의 개인사는 서로 다르지만 "스스로의 집합적 정체성을 (갈등을 거쳐) 기초 짓고 발전시키기 위한 특권적 공간으로서 공장의 절대적 중심성"(Revelli, 1996b : p. 116)을 전제했다는 점에서 하나의 수렴점을 보인다. 1950년대 말경부터 70년대 중반까지 피아트에 취직한 노동자계급은 자신들의 주요 무기로 현상유지, 안정 등등을 활용했다. "요컨대 다음과 같다. '운동'의 본질은 **부동성**immobility에 있으며, 보수주의의 본질은 **운동**에 있는 것처럼 보인다는 것이다"(Revelli, 1996b : p. 115). 이것이 역설이다. 피아트 노동자들이 행했던 직무 이동 거부, '부동성'의 요구는 그저 현상에 해를 입히지 않는 요구가 아니었다. 오히려 당시 '현상'現狀을 보면, 시장의 수축에 대응하고 사회적 필요노동시간의 단축을 어떻게든(폭력을 써서

---

32) 자세한 것은 이 책의 '5장'을 보라.

라도) 관리하려 했던 자본은 노동력이 격심하게 이동하고 운동하도록 요구했다. 언뜻 '현상 유지'로 보이던 태도도 이 경우에 '현상'을 거부하는 투쟁이 된다. 전술한 것처럼 1979년 피아트 투쟁에는 당시 1만여 명의 젊은 노동자들 역시 활발하게 참가하고 있었다. 이는 [공장]벽 너머에서 이루어지는 '창조적' 실천과도 연결되고 있었던 것이다. "그들[피아트의 젊은 노동자들—인용자]은 모든 측면에서(멘털리티, 학력, 도시적 습관) 1977년에 거리를 가득 메웠던 학생과 불안정 고용 노동자들을 닮은, '색다른' 노동자였다"(Virno, 1996:p.247).

2) 포스트모더니즘의 멀티튜드(군집-다수성)

마르코 레벨리는 이렇게 말한다. "[피아트 노동자들이 행한 근절uprooting에 대한 저항은—인용자] 불가피하게 '뿌리 내림'rootedness, 특유의 윤리적 코드, 불문不文의 법, 정의의 기준을 갖춘 '공존'을 발전시킬 수 있는 '장소'를 확립하도록 만든다. 운동이 유의미한 변화를 가져오기 위해서는(문제를 뒤로한 채 종결짓지 않는 현실적 혁명을 위해서는) 항상 고정된 지평, 지리적·기술적 좌표의 근거로 규정되는 영토가 전제돼 있어야 한다"(Reveli, 1996b:p.119). 레벨리는 이 프로젝트가 실로 자본의 근본적인 변모로 인해 패배했다고 말한다.

그러나 레벨리 자신도 인정하다시피, 자본에 의한 격심한 '근절'은 동시에 공장 밖까지, 즉 지금까지 노동운동의 그림자에 가려져 있던 여러 지배적 관계와 성별역할분업 등도 포함한 생활 전반에 이르기까지, '메스 마이너리티'(레벨리)의 영토가 구성되는 장으로 만들어 낼 가능성을 열어젖혔다. 처음부터 뿌리의 부재——비르노가 우리 존재의 영도로서 '순수한 귀속'pure appartenance(Virno, 1991:p.37)이라고 말했던——그 자체는, 급진적인 해방 지향성에 있어서도 긍정적 조건이 될 수 있었으며, 본래 '운동'보다 먼저 있었던 68년의 운동도 그 안에는 엄격한 정체성을 강제로 주입하는 규율권력을 거부하는 충동을 가지고 있었다. 레벨리의 주장에서 우리가 받아들일 만한 부분은, 규율권력의 작동과 그것이 가져오는 현실의 모습이란 주체의 저항적 힘을 끌어들인다는 점 없이는 생각할 수 없다는 것, 혹은 주체화와 저항, 종속이 착종된 뒤얽힘을 내포한다는 것이다. 즉 규율권력이 '근절'로 인해 작동되는 경우도 있다는 것. 좀더 구체적으로 말하자면, 역으로 '뿌리내림'은 규율권력에 저항하는 발판이 될 수도 있다는 것이다. 따라서 네그리가 정식화하고 있듯, 여기서의 과제란 이미 자본의 실질적 포섭으로 근본적 뿌리를 잃고 떠도는 순수한 '귀속' ── 귀속 그 자체를 소실한 것은 아닌 ──에 대해 그에 걸맞은 어떤 '영토'를 부여할지, 어떤 정치적 형식을 다시금 부여할 것인지 하는 것이다. 이 잠재성을 우파가 영유하고 있는 현재에 있어서는 말이다.

네그리 등은 오페라이스모의 후예 중 하나이기도 한 조절학파를 끊임없이 의식하며 대안을 제기하는 것처럼 보인다. 네그리 등에 의한 조절학파 비판은 아마도 조절학파가 같은 문제를 같은 방향에서 제기하면서도 ──즉 포드주의 이후 상황 그 자체는 긍정적으로 받아들이면서 포스트포디즘의 사회 편제를 왼편으로 향하게 한다는 ──, **처음부터 '타협'**(보다 일반적으로는 '매개')이라는 용어로 그러한 문제설정을 구성한다는 점에 대한 비판으로 보인다. 네그리의 관점에서 조절학파는 정치체, 곧 구성의 존재를 선험적으로 전제하고 있다고 할 수 있다. 즉 조절학파의 과오는 미시적 사회편제의 재구성 문제를 선험적으로 명령자와 복종자 사이에서 이루어지는 새로운 계약의 체결로 파악한다는 점에 있다. 네그리 등은 그와 같은 조절학파의 태도를 단순히 급진적이지 않다는 이유로 받아들이지 않는 것이 아니다. 이는 무엇보다 먼저 불가능한 것이기 때문에 비판해야만 하는 것이었다. 즉 링이 명확히 정해져 있고(국민국가), 구상과 실행이라는 기능분담에 의해 두 선수가 대치하는 구도가 그려 내는 상황[33]과는 달리, 이미 자본과 노동은 활동하는 평면이 근본적으로 다르다(마누엘 카스텔이라면 '흐름'과 '장소'의 차이라고 정리할 것이다). 그러므로 타협과 매개의 시도는 근본적으로 어긋날 수밖에 없다. 이 어긋남은 대의민주제와 네오코포라티즘처럼 종래의 교섭 제도들을 위기로 내몰고 있는 자본의 고도로 추상적인 운동을 유리하게 만든다(조절학파의 대안적 '근로자민주주의'의 실천상의 고충). 이 두 가지 평면은, 네그리 등이 맑스적 개념으로는 '가치화'와 '자기가치화'의 적대, 스피노자적 개념으로는 '역량'과 '권력'의 적대로 정리하던 바일 것이다. 사실상 '자기가치화'의 평면이 눈에 띄게 형성되고 자본도 여기에 기생 정도를 늘려 가는 상황에서 굳이 타협을 추구할 필요가 있는가라는 물음이다.

비르노는 앞서 경제적 분석 중에서 '대중지성'이라 불리던 새로운 정체성을 정치철학적 관점에서 새로이 '멀티튜드'multitudes(다중-다양체)라고 평가한다(Virno, 1994 : pp. 123~150). 정치철학에서 다중multitudes이란 항상 구성된 질서의 파괴와 혼란의 요인이라는 점에서 공포의 대상이었으며, 때문에 이것은 사적인 것/공적인 것의 이항대립을 통해 사적 영역의 (박탈된) 존재로 환원되어 회유돼 왔던 것이다. 저 혁명적인 '인민주의론'마저도 그러하다. 이를 비르노는 '왕의 대중성'popularité du roi이라고 말한다. 홉스가 본 것처럼 '인민'peuple이란 리바이어던, 국가와 긴밀히 연결돼 있었다. 그것은 하나의 의지, 하나의 활동으로 귀속 가능한 일자一者이다. 따라서 일찍이 푸코가 기술했듯이 왕의 자리에 인민을 앉혀도 결코 '왕의 목을 베었다'고 할 수는 없다. 왕의 목을 갈아치우는 것이 아니라 그것이 초래할 것으로

---

33) 하나의 예로 다음과 같은 정리를 보라. "20세기적 국가모델은 공적 정치의 견지에서 본다면 **사회적**이며, 경제면에서는 **케인스주의적**이며, 지정학의 측면에서는 **일국민적**이지만 포드적 생산모델이라는 강한 상승효과에 기초하고 있었다"(Revelli, 1996b).

공포스럽게 선전되는 '아나키' 속에서 생산적이고 자발적인 미시질서가 형성되는 추세를 찾아낼 수 있어야 한다. 그것은 푸코가 보았던 것처럼 무엇 하나 빼어나게 유토피아적일 필요는 없으며, 좋은 관찰자이기만 하면 되는 것이다. "현재를 경멸할 권리는 없다"라는 보들레르의 격언을 취지로, 유토피아에 대한 통상적 태도와는 판이하게 다른, 현재를 팽창시키는 '현행성의 유토피아주의자'라고 하는 편이 걸맞을지도 모른다(이 책의 '최종장' 참조). 다중multitudes이란 전통적으로 '아나키'에 대한 공포 때문에, 민주주의·사회주의에서는 집단적(생산자-국가)인 것과 개인적인 것의 이분법 때문에 (흩어진) 개인으로 환원되어 잠재성의 발목이 묶여 왔다. 그런데 이들의 이 항대립을 쓸모없게 만든 포스트포디즘적 협동을 통해 다중muititudes은 일거에 무대의 중앙으로 부상한다. 시민인지 생산자인지 소비자인지, 살 사람인지 팔 사람인지 불분명한 채 '아직' 통일되지 않은 '소용돌이', 본래 대표-표상 불가능하기에 국가와는 근본적으로 이질적인 '단위'une Unité. 정치는 곧 공공적 '지성'을 출발점으로 재고돼야 하는 것이다.

이 점을 조금 더 파고 들어가 보자. 비르노도 크리스티안 마라치도 앙드레 고르 등이 이중사회론에서 말하는 비관주의에 대해 비판적이다. 이중사회론, 이중속도 사회론은 분명 포스트포디즘적 생산양식이 사회적 필요노동시간의 감소를 관리하기 위해 고용의 불안정화를 추진한 결과, '카스트적 노동시장'으로의 이행, 주변노동자의 증대, 착취 강화, 빈부격차 증대, '예속적 노동'의 부활이라는 경향이 생겨났음을 밝혀냈다. 그러나 고르는 여전히 생산적 노동과 비생산적 노동이라는 구별을 전제로 하여, 핵심노동자의 생산적 노동과 그에 봉사할 뿐인 저임금의 주변적 '노예 노동'을 묘사하고 있다. "앞으로 고용 창출은 주로 **경제활동**에서가 아닌 **반경제적인** 활동과 관련 맺게 된다. ……고용 창출은 바야흐로 사회적 규모로 노동시간을 단축하는 것이 아니라 소비 가능한 돈을 쥔 자가 최대로 즐기기 위해, 노동시간을 낭비하는 것과 관련 맺고 있다"(Gorz, 1991). 이중사회론의 장점은 여기에서 파생되는 귀결로 인해 상쇄되고 만다. 즉 고르는 재생산 영역을 더 이상 시장화하는 것을 막음으로써 사회의 이중화를 방지하는 전략을 제기한다. 하지만 그는 재생산 영역의 지배·권력관계를 불문에 붙이는 경향이 있고 포스트포디즘의 노동 편성이 가져올 수 있는 더욱더 적극적인 평면을 놓쳐 버리고 있다. 마라치는 이 포스트포디즘적 노동에서 말하는 '예속적 요소'가 사실 "경제과정 전반에 분포된 언어학적이고 의사소통적인 매개에서 자라난다"(Marazzi, 1994:p. 55)고 말한다. 이 열린 '지성'Intellect의 협동성, 공공성은 당장 노동분업으로 환원되고, 나아가 위계적으로 분할되어 이중사회를 출현하게 하지만 그럼에도 결코 말소되지는 않는다. [그 지성의 그와 같은 협동성과 공공성이] 온갖 생산의 구체적 국면에서 '의존관계', '예속적 노동'으로 보이게 되는 것은, 그것이 '타자의 현전' 속에서 일어나는 교류활동이기도 하기 때문이다.[34] 즉 그것의 기예적 특징 때문인 것이다. 아렌트는 이러한 현상과 관련해 다음과 같은 흥미로운 지적을 하고 있다. 아렌트는 아리스토텔레스의 에네르게이아 개념에 착안하여 공공영역을 특징짓는 '행위'Action를 "목적을 쫓지 않고, 작품을 남기지도 않으며 다만 실행演技performance 그 자체 앞에서 완전한 의미가 있는 모든 활동력"이라 규정하고 있다. '행위'는 최종생산물이 없으며, 있다면 그것은 연기, 에네르게이아, 즉 순수한 현행성이다. 정치 역시 기술이라는 점에서 그것이 의술이나 항해술과 같은 행위 능력과 견주어질 수 있다면 정치 역시 다양한 기술 중 하나라고 할 수 있으며 그것의 생산물은 무용수나 배우의 연기(행위)처럼 연기 그 자체가 되는 것이다. 아렌트는 이와 같은 발상 속에서 고대 그리스

---

34) 마라치는 도요티즘형의 유연성의 위기라는 맥락에서 한 미국 기업(United Parcel Service)이 얼마나 커뮤니케이션 행위를 노동에 편입해야만 했는지를 소개하고 있다(Marazzi, 1994:pp. 57~58).

인의 '행위'의 경험이 어렴풋이 반영되었음을 읽어 낸다. 하지만 근대에 들어 '행위'는 쇠락한다. 애덤 스미스는 '성직자, 법률가, 의사, 오페라 가수'처럼 '본질적으로 실행演技에 의존하는 것과 같은 모든 직업'을 '노예의 일'로 분류하여 가장 비생산적이며 저급한 노동이라고 정의했다(Arendt, 1958). 실로 포스트포디즘의 노동이 '예속노동' '노예노동'이라는 성질을 띠는 것은, 한편으로 이와 같은 최종생산물이 없는 '행위'의 성질을 갖추고 있기 때문이기도 하다. 포스트포디즘의 노동자들은 마치 오페라 가수나 음악가와도 같은 방식으로 노동을 하지만, [음악가나 가수와 달리] 그들은 이미 스코어(일반지성)를 나눠 가지고 있기에 그들의 연주에는 지휘자가 필요하지 않다. 따라서 그들에게는 사실 우두머리boss가 필요하지 않을 것이며, 정치적 수준에서 보자면 그들의 의지는 '일반의지'로 수렴되지 않는다. 따라서 권리를 주권에 위임할 필요 역시 갖고 있지 않다.[35]

이러한 상황에 적합한 급진적 정치 전략으로 제시된 개념이 '엑소더스' exsodo/exodus이다. 이는 일찍이 학생과 젊은 노동자들이 그들의 실천 속에서 제기한 것에 다름 아니며, 비르노는 이에 따라 사회전체로 '거부 전략'을 확장하자는 [노동 거부의] 포스트포디즘적 버전을 제시하려는 것이다. 이는 국가 및 자본과의 직접적 대결보다는, 더 일반적으로 말하자면 매개에 기초한 전략──조절학파적 '타협'을 포함해 ──보다는 오히려 시스템으로부터의 '탈주'를 도모한다. 그러나 이 '탈주'라는 몸짓이 포스트포디즘의 소비주의에 부합하여 냉소주의와 기회주의로 전락하는 것을 방지하기 위해서는 어떻게 해야 할 것인가? 비르노는 아렌트를 참조하며 엑소더스 전략의 명확한 구성을 시도한다. 우선 아렌트를 따라, 인간의 활동영역을

---

35) 마라치는 포스트포디즘 노동의 특성과 대표민주제의 위기를 상관지어 유익한 분석을 하고 있다 (Marazzi, 1994 : pp. 161~164).

'노동'Travail(비르노는 Work와 Labor를 구별하지 않는다), '행위', '지성'이라는 셋으로 나눈다.[36] 아렌트는 지성을 비밀스럽고 사적인 활동으로 보고 그것을 공공영역에 속하는 '행위'과 '노동'으로부터는 떼어 냈지만, 맑스의 일반지성론에서 보았듯 '지성'과 '노동'은 밀접하게 연결되어 있고, 또 '지성'은 협동과정에서 공유된 공공의 자원이 된다. 이 점을 전제로 비르노는 '행위'의 위상을 되잡는다. 전술했다시피, 비물질노동에서 '노동'은 생산물이라는 최종생산품을 만들지 않는 기예, 'action-de-concert', '행위'의 성질을 띤다. 그런데 이런 기예적 성격은 또한 정치적 활동의 특색이 아닌가? 여기서 '지성'을 '노동'으로부터 떼어 내, 그것이 갖는 '행위'적 특질을 정치로 향하게 해야 한다. 엑소더스란 '지성'이 '노동'으로부터 떨어져 나와 '행위' 쪽으로 향해 단련되는 과정인 것이다.

이러한 과정을 열어 가는 집단적 방식은, 홉스가 다중multitudes을 인민peuple의 한가운데 끌어들이는 '비정규단체'로 혐오해 오던 것이기도 하다. "비정규단체는 본질적으로 동맹에 지나지 않고, 혹은 때로 사람들은 단순한 모임에 그칠 뿐 어떤 특정 기도企圖를 위해 결합하고 있지 않고, 한편이 다른 한편에 대한 의무가 없이 단지 의지와 동향을 함께함으로써만 생긴 것이다"(Hobbes, 1651). 비르노는 이러한 홉스의 논의를 참조하면서 실로 이와 같은 단체야말로 다중multitudes의 공화정을 구성한다고 말한다. 홉스가 말하는 [비정규] 단체, 혹은 소비에트, 평의회──전통적 비대표제 민주제의 기관. '엑소더스'는 이러한 기관을 구축함으로써 임노동으로부터 '유덕한 협동'을 해방시킨다. 엑소더스는 대의민주주의의 엘리트주의적 옹

---

36) [옮긴이] 아렌트는 『인간의 조건』에서 관조적 삶(vita contemplativa)과 활동적인 삶(vita activa)을 대비시키면서 활동적인 삶을 구성하는 근본 활동을 노동(labor), 작업(work), 행위(action)로 개념화한다. 아렌트에 따르면 그 중에서도 정치적 행위가 가장 중요한 인간의 활동이다. 여기서는 노동, 행위, 지성으로 구분한 사카이의 구분법을 그대로 따르겠다.

호자들이 희화화하는 것과 같이 그렇게 단순한 정치형태가 아니다. [엑소더스] 국가의 행정장치 외부에서, 그것에 대항하고 때로는 그것과 손을 맞잡기도 하는 '적극적 격퇴'soustraction entreprenante의 과정에서 형성된 상호보장의 관계성과 '우정에 의한 작품'을 지키는sauvegarde 프로세스이며, 근본적으로 조직적 형태가 없는 복잡한 조성을 지녀야 한다는 것이다(Virno, 1994:p. 142).

1부

푸코와 자유의 현재

자유주의의 차이와 반복
:통치론

자유주의의 차이와 반복 _통치론

1. 권력의 거시 물리학

1) 국가를 둘러싼 풀란차스와 푸코

1978년, 스스로 목숨을 끊기 직전 맑스주의 정치학자 니코스 풀란차스는 다음과 같이 썼다. 국가란 무엇인가? "국가를 세력관계의 물질적 응축으로 이해한다면, 국가를 (상호관계에서 모순과 간격을 접합하는 동시에 그것들을 표현하는 권력의 결절점과 조직망이 교차하는) 전략적 장과 과정으로 파악해야만 한다. 그 결과 유동적이고 모순적인 전술이 발생하는데, 이러한 전술의 일반적인 목표, 그리고 제도적 결정화는 국가장치에서 구체화된다. 이러한 전술이 국가에 각인된다는 제한된 수준에서, 종종 대단히 명백한 전술들이 이 전략적 장을 가로지른다. 이러한 전술들은 서로 교차하고 경쟁하며, 어떤 장치를 목표로 하거나 다른 전술에 의해 단락short circuit됨으로써, 마침내 국가 '장치'를, 즉 국가 안에서 적대 관계를 가로지르는 전체적인 세력의 선을 그린다"(Poulantzas, 1978 = 1994 : 174~175쪽). 사르트르의 영향하에서 출발해 알튀세르에게 결정적인 이론적 영향을 받고 일찍이 구조주의 정치학의 대표자로 간주되었던 풀란차스. 풀란차스는, 이를테면 '거시적 필연성'(계급지배에 의한)에 의해 엄격하게 속박된 구조라는 생각을 버리고 우발적인 구조 간 접합을 최종적으로 규정하는 심급으로서 경제적인 것을 상정함으로써 전통적 맑스주의가 규정했던 거시적 필연성의 강한 구속력을 완화시켰다. 이를 통해 풀란차스는 정치적인 것, 더 나가서 (경제적인 것으로 환원되지 않는) 국가의 고유한 위상을 분석하는 길을 개척했다.

그러나 여기서 좀더 나아가 풀란차스는 알튀세르의 영향을 서서히 지우는 한편 권력에 대한 푸코의 분석에 강하게 영향 받으면서 로컬한local 관계들 그리고 전략들이 우연히 조우하는 장으로서 국가를 정의하고 있다. 위의 인용문에서 풀란차스는, 거시적 '전략'은 다양한 전술의 결합을 통해 사후적으로 나타난다고 말한다. 결국 '세력의 선'이란 다양한 사회 운동이나 계급의 종별적 전술들이 서로 충돌하거나 경합할 때 산출되는 힘들의 균형에 의해 나타나는 복잡한 결과이다. 흔히 푸코의 작업은 계보학을 구체적으로 기술하는 과정에서, 미시적 전술이 거시적 전략에 코드화되는 동학을 다루지 않았거나, 이를 편의상 방기했다고 여겨지곤 한다. 그러나 이 문제에 대해 푸코는 반反형이상학적 태도를 결코 포기하지 않으면서 그 세력의 선을 계급, 나아가 국가의 문제틀 속에서 다시 사유하고자 했다. 결국 이는 다음과 같이 말할 수 있다. 풀란차스에 의하면 푸코가 설명하지 못한 것은, 우발적이어야 할 미시적 전술들과 목표, 정책이 계급지배라는 거시적 필연성 위에 포개지는 이유였다. 따라서 전략들이 다양하게 결합되는 장에서 생산관계, 분업이라는 기초를 축으로 해 다시 한 번 계급·국가라는 심급을 사유하는 것이 그의 과제였다.[1]

한편 네오맑스주의의 국가론을 둘러싼 논의가 활발하던 시기에 푸코

---

1) 이 점에 대해서는 다시금 제솝(Jessop, 1985) 제11장, 제12장을 참조하라.

는 권력론을 전개하는 과정에서 권력의 미시 물리학에 대한 한계를 느끼고 '거시 물리학'으로 시야를 넓혀 갔다. 이는 오늘날 푸코에 관한 논의 중 특히 '통치성'에 대한 논의에서 초점화되고 있는 것이기도 하다(Pasquino, 1986 ; 米谷, 1996). 푸코의 이와 같은 초점 전환은, 당시 '네오맑스주의'로 묶이던 이론적 조류가 활성화시킨 국가론과 그 속에서 진행된 푸코 비판을 다소간 의식해 이루어진 것이라는 점을 강조할 필요가 있다(푸코와 맑스주의의 상호작용이 자칫 무시되는 경우가 많기 때문이다).

　푸코의 응답은 한마디로 요약 가능하다. 그것은 '국가의 통치화'다. 국가의 통치화라는 접근은, 국가라는 제도보다 권력의 기술적 측면에 분석의 우월성을 둠으로써 '어떤 우월자가 소유하는, [혹은] 그로부터 행사되는 권력'이라는 법률적-주권적 권력 표상이 함의할 수밖에 없었던 뉘앙스를 불식하려는 시도이다. 또한 이로 인해 상부구조/하부구조, 또는 국가와 시민사회라는 구분을 전제로 하지 않은 분석틀을 형성하려는 시도이다. 여하튼 푸코는 국가의 통치화라는 개념을 구성함으로써 국가에 대한 두 방면의 과대평가를 비판하고자 했다. 그것은 첫번째로 직접적·감정적·비극적인 것에 대한 비판이며, 둘째 "국가를 몇 가지 기능, 가령 생산력 발달과 생산관계의 재생산 등과 같은 것으로 환원시키는 분석형태"(1978f : p.655 = 1995 : 47쪽)에 대한 비판이다. 후자는 명백히 이데올로기직인 "국가" 장치를 생산관계의 재생산의 기능으로 귀속시킨 알튀세르 등 맑스주의의 문제설정을 가리킨다. 이 맑스주의 이론틀에서 국가는 일견 경제적인 것의 규정에 따른다는 의미에서 종속적인 장을 점하는 것처럼 이해되곤 하는데, 그것은 결국 "여전히 국가를 공격할 필요가 있는 표적, 그리고 정복될 필요가 있는 특권화된 지점으로, 궁극적으로는 본질적인 것으로 간주"한다. 그에 반해 푸코는 다음과 같이 말한다. 국가란 "합성된 실재ᵃ composite reality, 그리고 하나의 신비화된 추상ᵃ mythicized abstraction에 지나지 않으며, 그것의 중요성은 우리 중 많은 사람들이 생각하는 것보다 훨씬 더 제한되어 있을 것"이다. "우리의 **현재**에 있어——진정으로 중요한 것은 사회의 국가화"(1978f: p.656 = 1995:47쪽)뿐만이 아니라 국가의 통치화이다. 어쩌면 국가독점자본주의 단계에서 국가에 의한 사회 개입 증대라는 당시 주류 맑스주의가 상정했던 국가 이미지, 즉 시민사회를 관리사회로 집어삼켜 가는 국가의 이미지보다도, 통치라는 권력 기술의 형성과 팽창, 혹은 그것이 가지는 (국가 장치나 기능으로 환원할 수 없는) 고유한 층위로 국가를 위치 짓는 역전의 움직임을 여기에서 포착할 수 있을 것이다.

2) 자유주의―다형적이며 성찰적인

그런데 이런 접근법이 현재 중요한 것은 '국가의 통치화'라는 푸코의 의도가 사실상 '현재'에도 해당되는 진단이기 때문이 아니다. 후술하듯 이러한 푸코의 정식을 사용해서 진단하게 되면, 우리는 현재의 경향성을 차라리 **'국가의 탈통치화'** 혹은 **'통치의 탈국가화'**로 규정할 수 있다. 푸코의 시기 구분에 의하면 아마 우리는 16세기부터 지속된 하나의 정치적 합리성의 장기지속의 종언과 변화를 맞이하고 있는지도 모른다. 그러나 '국가의 통치화'라는 푸코의 분석 속에서 그의 논의의 특징이라고 할 수 있는, 과거의 퇴적물과 미래로 연결된 현행성의 충돌을 찾아낼 수 있을지도 모른다. 푸코는 국가라는 제도 혹은 장을 통치성이라는 권력의 기술 속에서 상대화했다는 점에서 '국가의 후퇴'(수전 스트레인지)라고 명시해 둘 수 있는 현대의 사회적 변화를 포착하는 틀을 제공하고 있는 것은 아닐까?

푸코의 '통치성'론은 이미 일본에 잘 소개되어 있기도 하니 푸코의 통치성 개념에 대한 설명은 거기에 맡기고자 한다. 여기서는 푸코가 자유주의를 '다형적이며 성찰적'이라고 표현하는 지점에 초점을 맞추며 정리해 보자. 우선 '통치성'이라 언급될 때의 세 가지 위상을 구분해 두자.

① 일정한 시기와 장소에서 고유한 권력의 행사 양식과 장치의 총체로서의 통치성(이른바——중상주의의 시기 구분을 따라——'고유의 통치성').

② 서양의 장기적 경향으로서의 통치성.

③ 보다 일반적인 정의. 즉 개별적 행위 혹은 집단적으로 포착된 개인들의 행위에 작용하기 위해 '다소간 방법론적 및 합리적으로 반성된' 방식, 혹은 그것에 의해 그들이 행위하는 [스스로를 지도하는] 방법을 구성하고 지도하며 수정하는 것을 목표로 하는 기술. 더욱이 그것은 자기의 기술과 지배 혹은 권력의 기술이 '상호작용하는 접촉점'이며, 권력이 자유라는 요소에 작용하는 것을 명확히 하고 있다.

푸코 자신은 '통치성' 강의에서 다음의 세 가지 의미를 들고 있다.

① 매우 복잡하며 종별적인 형태의 권력을 행사할 수 있게 만드는 여러 제도, 과정, 분석 그리고 반성, 전술, 계산. 이러한 권력의 표적은 인구이며, 중요한 지식의 형태는 정치경제학이고 또한 본질적인 기술적 수단은 시큐리티장치이다.

② 오랜 기간동안 서구를 통틀어서, 한편으로는 모든 특정한 통치 기구들의 형성으로 귀결되고 다른 한편으로는 복합적인 앎savoir의 발전으로 귀결되는, 통치라고 부를 수 있는 권력유형이 모든 다른 형식들(주권, 규율 등)에 대해 지속적으로 우세해지는 경향.

③ 중세의 정의국가the state of justice가 15세기, 16세기를 통해 행정국가로 전환되고, 점차로 '통치화되는' 과정이나 그러한 과정의 귀결.

②에서 의미하는 통치성은, 우선 기본적으로 근대 서구 국가의 장기적 경향을 서술한 것이라고 보아도 될 것이다. 그러나 잘 알려진 것처럼 푸

코는 그 유래를 초기 기독교의 사목권력으로까지 거슬러 올라갈 수 있다고 본다(『안전, 영토, 인구』). "정치적 '통치성'의 형성 즉 개인적 집합의 행동이 갈수록 두드러져 주권적 권력의 행사에 포섭되는 양식"(1978j : p. 720), 즉 사목권력이 종교적 코드로부터 벗어나 정치적·주권적 권력으로 코드화되면서 국가라는 심급으로 수렴되는 것을 일단 통치 권력의 제1단계의 도약지점takeoff으로 보아야 하는 것이 아닐까? 이와 같은 코드화의 장이 된 것이, 통치의 반성적 앎으로서의 '국가이성'이다. "이 중요한 변화는 16세기 말과 17세기 전반에 기록된 다양한 '통치술'에서 표현되고 있다. 의심할 나위 없이 그것은 '국가이성'의 등장과 결부되어 있다." 그러나 푸코는 그 것이 스스로의 원리와 상반되는 기존의 권력 기술, 주권에 포섭되어 있어 완전히 그 기능을 다할 수 없다고 말한다. 이 때문에 제2단계의 도약지점 takeoff에 의해 이른바 '고유의 통치성'이 성립되는데, 그 변화 과정을 '통치성'governmentality 강의에서는 '권력형태의 경제'와 관련지으며 다음과 같이 중세 이래의 국가 형식과 결부시켜 규정하고 있다. ①사법국가(봉건제 형태의 체제regime) ②행정국가(절대왕정 형태의 체제) ③통치국가(근대국가 형태의 체제).

이에 대해서는 주권적-법률적인 권력행사라는 표지Maerkmal로 시기를 구분, 분류할 수 있다. 푸코에게 이 주권적-법률적 권력은 자신의 권력론을 전개할 때 늘상 부정적 기준이 되고는 했는데 이는 국가를 과대시하는 것에 대한 비판과 결부되어 있음을 쉽게 상상할 수 있다. 그러나 푸코는 이를 통해 국가가 권력 행사에서 무의미하다는 것을 말하고 있는 게 아니다. 국가든 법률적-주권적 권력 행사의 양태든 그것들은 단순한 이데올로기가 아니라 현재까지 엄연히 행사되는 권력의 형태인 것이다. 그러나 다른 한 편 그것은 지배나 권력이라는 문제를 모두 자신의 문제설정 안에 수렴시켜 버리는 신비화mystification의 역할 또한 수행한다. 이런 점에서 이는 특히 근대사회의 현실 분석에 부적합한 접근법이었다. 주권적-법률적인 권력 형태는 현실에서 행사되는 것이긴 하지만, 근대사회에서는 지배적이지 않다는 것이다. 문제는, 그럼에도 불구하고 이것이 권력을 이미지화하고 분석할 때 중요하게 사용되어, 권력행사의 현실을 은폐한다는 점을 비판하는 것이었다.

여기서는 주권적인 것-법률적인 것이 동시에 '법률적-담론적'으로도 자주 언급되는 점에 주의하자. 그것은 초월적 지점point에서 담론을 던지는 '왕의 발화', 이른바 '주권적 수행'performative(J. 버틀러)이다. 푸코에 의하면 "서구사회에서 중세 이래 법률에 대한 사유가 전개된 것은 본질적으로 왕의 권력 주변에서였다. 왕의 권력의 요구에 응하고 왕의 이익에 맞추고 또 그 도구 혹은 정당화에 봉사하기 위해 우리 사회의 법률은 정비되었던 것이다"(1997:p. 23). 주권적-법률적 권력이란, 이 법의 배후에 있는 주권자(왕)가 담론 즉 법, 포고, 조령(條令=금지·억압)을 통해 소유한 권력을 행사하고, 그에 따라 객체를 작동시킨다는 '수행적인 것'performative이다(cf. Butler, 1997).

푸코는 국가의 통치화를 가능하게 만든 세 가지 요소로 ①사목권력 ②외교-군사기술 ③치안police을 들고 있다. 치안의 앎, 즉 "경찰학 Polizeiwissenschaft은 국가이성의 원리가 지배하는 통치 기술이 취하는 형태"(1979c:p. 819)이다. 치안의 앎 또한 국가이성과 마찬가지로 주되게 군주와 영토의 관계가 문제화되었던 기존의 주권적 틀에서 벗어나, 국가의 고유한 통치활동을 반성·확정하고 국가의 목표 곧 '행복'을 그 개별 주체 곧 전체와 개체의 행복이나 안녕/복지well-being와 결합시킨다. 국가는 자신의 힘이 신민의 생활이나 그 질서, 복종, 산업에 기반을 둔다고 보아, 주로 법이나 규율이라는 권력 기술을 통해 모든 영역에 개입하려 한다.

그러나 치안police/폴리차이가 사목권력과 주권을 결부시켜 국가의 통치화를 가능하게 한다 해도 그것은 역설적이게도 통치화의 진전에 역기능으로 작용한다. 우선 30년 전쟁, 대규모 폭동의 빈발, 재정위기 등 17세기를 습격했던 위기와 같은 외재적 이유에 의해서(1978f:p.648 = 1994:40쪽). 보다 중요한 제도적 구조에 따른 또 하나의 이유를 들 수 있다. 중상주의는 통치실천으로서의 합리화 최초의 시도였는데, 이는 (국가라기보다는) 주권자의 힘을 요점으로 하고, 도구로서는 법률, 법령, 규칙이라는 구태의연한 주권자의 기술밖에 가지고 있지 않았다. 이를 타파한 것이 18세기의 인구 확대, 화폐 과잉, 농업생산 증가라는 순환이었다. 즉 발흥기의 자본제가 초래했던 모든 힘의 해방이 주권이라는 "거대하게 경직된 조직"을 내부로부터 파산으로 이끌고 '인구'의 동태에 따라 개별적 삶을 겨냥하는 보다 섬세한 통제 기술을 요청했다. 탈영토화, 탈코드화된 힘들의 흐름을 내재적으로 관리·통제하는 기술은 낡은archaic 초월적 코드화에 종속됨으로써 충분한 발전을 저지당해 왔다. 그러나 내재적 기술을 보다 유연하게 구사하지 않으면 작동할 수 없는 사태가 도래하여 초월적 차원은 내재적 차원으로 들어오게 된다. '내재적 초월'(Lazzarato, 2000:p.49). 사람은 내재로부터, 곧 '사회'로부터 시작하게 되는 것이다. 그러므로 국가의 통치화가 장기지속되는 데 있어 두번째 출발점takeoff은 치안의 앎·실천과 결별하는 것이었다. 거기서 초월적 차원은 내재적 차원에 종속되어 봉사하거나 적어도 보다 복잡한 관계를 맺게 된다.

국가이성은 이른바 통치적 합리성을 주권이라는 틀 내부에서 다시금 파악한 것으로, 거기서 주권과 통치는 무리 없이 공존하는 것이라고 생각되어 왔다. 국가이성은 다음과 같은 식으로 상정한다. 국가는 통치대상에 대해 적절하고 상세한 앎을, 그리고 자신에 대한 앎을 가지게 되면서 국가는 자신의 이해에 따라 현실에 대해 법이나 법률 등으로 작용할 수 있다. 통치 대상을 극도로 자세하게 편집증적paranoiac으로 지배하려는 '망상'이 경찰국가의 실천을 규정하고 있었다. 국가이성이나 치안학에서 앎과 통치는 직접적으로 통합돼 있던 것이다. 그러나 국가이성과 결부된 '치안/ 폴리차이 국가'의 통치실천에 대한 비판을 함의하고 있던 정치경제학, 초기 자유주의에서 이 통합은 분열된다. 그러나 이 분열은 단순히 앎이 정치에서 떨어져 나오려는 몸짓이 아니다.

자유주의는 단순한 이론도 아니고 사회의 부정을 가리면서 자신을 속이는 이데올로기도 아니다. "오히려 실천으로서, 즉 지속적인 반성을 통해 목표들을 마주보고 자신을 규제하는 '행동방법'manière de faire이다" (1979c:p.819). 앎은 끊임없이 통치의 과잉에 비판적으로 개입하는 동시에 통치의 윤곽을 그리는 이중의 작용을 행한다. 결국 정치경제학 혹은 초기 자유주의는 말하자면 '측면의 앎'인 것이다. 여기서 드러나는 것이 통치의 개입을 기다리지도 않고 독자적 실재를 갖는 '인구'이다. 자유주의의 통치는 국가의 직접 통치에서 자율적인 '인구'의 주변에 '사적 장치'를 둘러치는 '원격통치'로 축을 옮긴다. 통치의 합리성을 주권이라는 틀로부터 자율화한 것이다.

자유주의의 문제가 제기되는 것은 이 점에서입니다. 저로서는 확실히 이 지점을 통해, 만일 통치가 과잉이 되면 전혀 통치하지 않는 것이 된다는 점, 즉 거기서의 결과는 기대했던 바의 대립물이 되어 되돌아온다는 점이 명백해졌다고 생각됩니다. 여기서 드러난 것 ──또한 이는 18세기 말 정치사상의 최대 발견 중 하나라고 할 수 있는데 ──, 그건 **사회** 개념입니다. 즉 통치 [정부─인용자]는 영토, 지역 혹은 그 신민을 다루어야 했을 뿐 아니라 그 **자체의 반응의 메커니즘과 법칙을, 그 규칙성과 또 한편에서 교란 가능성을 함께 갖춘 복합적이고 또 독자적인 현실도 다루어야 한다는 것입니다. 이 새로운 현실이 사회이며 사회를 조작해야 하는 그때부터 이는 치안을 통해 완**

벽히 관통할 수 있다고 생각할 수 없는 것이 됩니다. 그것이 무엇인지 고려해야만 하게 되는 것입니다. 그에 대해, 그 특유한 성격에 대해, 그 불변의 부분과 가변적 부분에 대한 반성을 필요로 하게 됩니다.(1982b : p. 273)

자유주의는 "국가라는 존재에서가 아니라 사회에서" 출발한다(1979c : p. 820). 국가이성의 관점에서 본다면 통치 행사능력의 향상은 필연적으로 국가의 비대화를 전제한다. 그러나 자유주의에서 과잉 통치는 도리어 '사회'의 자율적 통제 메커니즘을 훼손하고 만다. 문제는 이 자율적 통제 메커니즘을 바르게 인식하고 무엇에 개입할지 어떻게 개입할지 반성하는 것이다. 자유주의는 단순히 통치를 줄이는 데 관심을 두는 게 아니다. 정치가나 지배자는 신중히 경제적으로 통치해야 한다는 부단한 지령을 내리는 것이다. 여기에 근대사회에서 자유주의의 테마가 늘 다양한 형태polymorphism로 그리고 누차 회귀하는récurrences 근거가 있다.

자유주의는 자본제 생산 양식의 침투와 함께 해방되었던 힘들에게 질곡이 되었던 주권적 권력행사를 비판함으로써 규제하는 '현실비판의 도구tool'이다. 따라서 이는 현실에 내재하면서 현실에 비판적으로 개입한다. 자유주의의 비판, 그것은 푸코에 의하면 다음의 세 가지 비판 지점을 갖고 있다(1979c).

① 인간이 탈피하고자 시도하기 이전의 통치성에 대한 비판.
② 인간이 그것을 탈피함으로써 개혁하고 합리화하려 시도하는 현재의 통치성 비판.
③ 인간이 [그에 대해서] 저항하고 그 남용을 규제하고자 시도하는 통치성 비판.

3) 통일성Une과 다원성·다양성multiple

자유주의 통치의 특징에 대해 여기서 다원성·다양성과 통일성이 양립불가능하다는 점을 강조하고 싶다. 푸코에 의하면 자유주의를 개시한 진정한 계기는 "이익 주체를 특징짓는 전체화 불가능한 다원성·다양성과 법적주권의 전체화하는 통일성 사이의 양립불가능성"(Gordon, 1991 : p. 22)에 있다. 치안의 앎에서 다원성·다양성은 통일성 안에 종속돼 있어 애당초 문제가 되지 않는다. 여기서 개별화함과 동시에 전체화하는 근대의 정치적 합리성의 틀frame이 달성되었다. 그러나 자유주의는 주권적 통치가 마주한 한계로 호모 에코노미쿠스 즉 본성적으로 다원적인 '이익 주체'를 발견함에 따라 이 틀에 하나의 절단면을 새겨 넣는다. 푸코가 언급하는 자유주의가 무엇보다 첫째 '정치경제학'인 점은 이런 이유 때문이다. 또 조금 전의 '내재적 초월'이라는 말에 의하면 이미 그것은 권력의 작동양태의 '보조적이지만 양립불가능'한 결말을 열어젖히게 된다.

치안/폴리차이	통일성Une ⇒ 다양성·다원성multiple
자유주의	통일성Une ⇔ 거리·긴장 ⇔ 다양성·다원성multiple

이 통일성과 다원성 사이에서 자유주의는 "그 내부에서, 경제적·법적 주체성이 동시에 상대적 순간을, 즉 보다 포괄적인 요소의 부분적 측면들로 평가할 만한 통치성의 복잡한 영역을 구축"하고자 한다. 그리하여 이를 위한 도구, 기술로서 정식화된 것이 '시민사회'이다. 주지하듯 스코틀랜드 계몽학파에서 시작된 정치경제학은 시민사회를 정치사회·법적 사회와 동일시하는 로크까지의 전통에서 이탈해 시민사회를 완전히 새로운 의미로 이해했다. 푸코에 의하면 이때 시민사회란 국가와는 아무런 연관이 없고 국가에 저항하는 장도 아니다. 그것은 차라리 이질적 주체인 호모 에코

노미쿠스와 주권적 개인·법적 주체가 교차되는 장을 문제화한 것이며 이들 두 가지 주체에 공통된 사회적 공간을 형성할 필요에서 생겨난 통치 기술의 조탁 필요를 가리키고 있다. "그러므로 시민사회는 우선 첫번째 혹은 원리적으로 통치의 의지에 저항하고 다른 의견을 제기하는 본래적 자연으로 받아들여야 하는 것이 아니다." 그것은 "거래/흥정의 현실"réalité de transaction이며 "권력관계와 그것의 장악[이라는 관심]에서 벗어나려 하지 않는 모든 것 사이의 부단한 상호작용, 통치적 관계에 대한 쟁의적agonistic 싸움의 벡터이다"(Gordon, 1991 : p. 23). 이렇듯 자유주의에서 시민사회는 시장 혹은 인구와 주권/법의 좁은 틈새에 균열을 내고 이를 토대로 화해를 모색하는 장의 구축과 대상화를 시사하는, 통치실천의 상관물인 것이다.

그렇다면 자유주의적 통치실천은 법과 어떻게 관련 맺는가? 자유주의는 군주(주권자)의 형상과 결부된 법을 가능한 멀리하는가? 그렇지 않다. 자유주의에서 법은 폴리차이의 그것과는 다른 위치를 획득했다. 폴리차이 국가의 법은 주권자의 명령command 형태의 하나였고, 그것은 행정명령의 일환이었다라고 할 수 있다. 실제로 앞서 언급했듯 푸코는 특히 『앎의 의지』[『성의 역사』 1권]에서 법에 대하여 왕의 포고, 법령, 조례와 거의 구별하지 않았다. 푸코에게 중요한 것은 절대주의 왕정이 꼭 통상 떠올리는 '임의성, 남용, 변덕, 호의, 특권, 예외, 기성사실의 계승' 등의 특징들의 토대로 작용하지 않았다는 점을 보이는 것이었다. 그것은 "서양의 군주제가 기본적으로 법체계로 구성되었고 법의 이론을 통해 성찰되었으며 자체의 권력 메커니즘을 법의 형태로 작용하게 했다는 그러한 역사적 특징을 무시하는 것이다"(1976 : p. 115 = 2004 : 108쪽).

여기에는 중요한 문제가 내포돼 있다. 앨런 헌트Alan Hunt 등은 푸코와 법리리론을 접근시키며(Hunt & Wickham, 1994) 푸코의 주권적-법률적 권력 형태라는 개념화에 이론을 제기한다. 그들에 의하면 푸코의 문제점은 법의 관례적 개념구성을 '주권자 명령설'로, 즉 '강제적 제재sanction의 위협에 의해 떠받쳐진, 행동을 명령command하는 규칙들rule'로 정리하고 있다는 데 있다. 그것은 법을 이른바 초월적인 규칙으로 파악하는 것이다. 푸코는 근대권력이 작동하는 특징인 내재성과 그것을 대치시키려고 한 것이었다. 실제로 이와 같이 법을 파악하는 것은 법사상의 역사에서 중심적 역할을 해왔으며 그 정식은 법학에서 실증주의적 전통의 핵심에 있었다. 그러나 반反법실증주의자인 하이에크는 애초에 이러한 법의 파악 자체를, 절대왕정에 의해 파괴돼 근대 초기에 부활한 '법의 지배' 원칙의 몰이해로 파악했다. 헌트 등은 이렇게 비판한다. 법실증주의적인 법 관념을 받아들임으로써 푸코는 "부르주아 민주주의 사회의 법적 규제, 법적 권리, 입헌주의와의 결합을 탐색하기 위한 한층 세련된 개념의 구성을 간과하고 있는데, 그것은 당연한 귀결인 것이다"(Hunt & Wickham, 1994 : p. 41).

푸코가 근대 자유주의의 종별성을 강조하게 되었을 때, 법의 위치는 약간 복잡한 것이 된다. 이는 푸코가 통치권의 자율에 의해서도 "군주권[주권]의 문제는 그 어느 때보다 민감한 사안이 되었던 것"(「통치성」, 1978f = :45쪽)이라고 한 것과 연관돼 있을 것이다. 푸코는 1979년 강의의 요약본에서 고전 자유주의의 법의 위치에 대해 다음과 같이 말하고 있다. 푸코에 의하면 자유주의는 법사상·정치사상이 아니라 본질적으로 경제 분석에서 유래한다. 그렇지만 이 자유주의적인 통치[기술] 모색에서 법은 "매우 유효한 도구를 구성하고 있음"이 판명된다. [왜냐하면] "법이 특수하게 개인적 혹은 예외적인 수단을 배제하고 일반적인 개입의 형태를 정하고 있기 때문"이고, "법의 정식, 의회 시스템에서 피통치자의 참가야말로 통치적 이코노미에 가장 효과적 시스템을 구성하고 있기 때문이다". 따라서 "'법치국가', Rechtsstaats, 법의 지배, '진정 대표적인' 의회 시스템 조직은, 이 때문에 19세기 초 자유주의와 밀접하게 관련되어 있었던 것이다"(1979c : p. 822).

이는 하이에크에 입각해 다음과 같이 말할 수도 있지 않을까.[2] 하이에크는 『자유헌정론』(Hayek, 1960 = 1997)에서 명령command과 (추상적 규칙으로서) 법률laws을 엄밀히 구별해야 한다고 말한다. 하이에크에 따르면 법률은 일반성과 추상성의 면에서 명령과 다르다. 그렇지만 다른 한편 이 둘은 연속적이기도 하다. 법률은 그 내용을 특정화함에 따라 점점 명령으로 이행해 가는 것이다(Hayek, 1960). 하이에크는 중세 초기까지 법의 발견의 전통이 "새로운 법을 의도적으로 창조하는 사고방식"으로 바뀌며 절대왕정에 이르면서 중세의 자유가 파괴된다고 쓰고 있는데, 여기서 법률이 명령화되는 프로세스를 볼 수 있다. 그리고 하이에크는 이 프로세스를, 복지국가의 근간을 이루는 법의 이른바 '실질적 합리화'(막스 베버)와 중첩시키고 있다. '주권의 법-정치학 이론'이 중세 로마법의 부활을 기원으로 하며 군주제 및 군주의 문제를 둘러싸고 성립(1997:p. 23)되었다고 말하는 푸코와의 복잡한 교착을 여기서 볼 수 있다. 푸코는 다음과 같이 말했다. "서양에서 법·권리droit는 왕의 명령commande의 법·권리이다"(1997). 그러나 하이에크에게 문제는 **명령과 종속, 법률과 자유**가 각각 관련 맺고 있다는 점을 보여 주는 데 있었다. 하이에크는 법률과 명령을 "특정한 행동을 이끌어 낼 목적과 지식을 권위자와 행위자 사이에 분할하는 방법"에 따라 분류하고 있다. 이

---

2) 푸코의 자유주의론은 하이에크를 통해 크게 규정되고 있는지도 모른다. 모든 것을 관통하는 만능의 앎이라고 폴리차이를 가정하는 한편, 자유주의는 현실의 통찰법을 전제로 한 앎이라고 정리하는 방식은 앎을 축으로 하여 자유주의를 재편성하는 하이에크와 무척이나 닮아 있다. 곧 폴리차이는 물론, 완전경쟁 하의 완전균형에 의한 파레토 최적 배분의 달성이라는 신고전파의 시장관조차 '투명한 앎'의 과정에 의존한다고 하여, 이에 비해 분산된 앎의 자유로운 활용 과정을 통합하는 장치로 시장을 파악한 하이에크의 주장과 말이다. 제임스 밀러는, 푸코는 자유주의의 다양성과 그 가치를 인정하며, 루소에서 뒤르켐 그리고 그 이후로 이어지는 프랑스 자유주의사상의 공화주의파에 대해서는 거론하지 않을 수 없었다고 한다. 밀러에 의하면 이는 우연이 아니라, 루소 이래 '덕의 공화국을 향한 몽상'을 '전체주의적'인 '악몽'으로 인도하는 것이라 여겨 푸코가 피했다는 것이다(Miller, 1993). 이는 알제이라 바린 및 하이에크 등의 작업, 곧 자유주의를 두 가지 전통──적극적 자유와 소극적 자유, 대륙적·설계주의적 자유와 영미형·고전적 자유──로 구분해, 전자를 피하려 했던 모습과 일치된다. 1979년의 강의('생명정치의 탄생')에서 푸코는 학생에게 루트비히 폰 미제스와 하이에크를 유심히 읽도록 주문했다고 한다(Miller, 1993).

상적 명령은 단 하나의 방법으로 해야 할 행동을 결정하며, 명령받는 이들이 자신의 지식을 사용하거나 자신의 기호에 따를 기회를 주지 않는다. 명령에 따르는 행동은 명령을 내린 자의 목적에만 봉사한다. 한편 이상적인 법률의 형태는 행위자가 의사를 결정할 때 고려해야 할 부가적 정보를 제공함으로써 측면에서 지원하는 데 그친다. 법률은 주체가 의사결정하는 데 있어 폭 넓은 자유를 주고 이를 통해 통치하고자 한다. 따라서 하이에크에게 '법의 지배'란 자유주의가 존립하는 데 시장과 동일한 중요성을 부여할 만한 것이다.

그렇게 보면 주권-법률이라는 쌍coupling은 자유주의에 와서 미묘하게 느슨해졌다고 할 수 있다. 흄을 시초로 하는 스코틀랜드의 계몽 법사상에 대한 하이에크의 재평가는 푸코가 "종교전쟁 시대에 왕권을 지지하던 측과 왕권을 한정하던 측 모두에서 유통되던 무기"라 했던 것 가운데 "왕권을 한정하던 측"에서 말한 주권론과도 조금 성격을 달리하고 있다. 하이에크나 하이에크가 읽은 스코틀랜드 계몽은 차라리 법률과 명령을 엄밀하게 구분함으로써 주권이라는 문제설정과 법률적인 것을 떼어 놓으려는 시도였다고 생각할 수도 있다. 단 자유주의가 반드시 위와 같이 폴리차이적인 개별적이고도 실질적인 권력의 개입을 추상적이고 일반적인 법의 지배에 의해 추방하고 제약하려 한 것만은 아니었다. 처음에는 통치성의 과잉에 대한 텍스트로 쓰이기 시작했을 정치경제학은 "그 본질에서도, 미덕이라는 점에서도 리버럴하지 않으며, 이윽고 반리버럴한 태도에마저 이르게 된"다고 푸코는 말한다. 자유주의의 통치는 늘 정치적 합리성으로서 폴리차이를, 보다 일반적으로 말하면 "개별적인 동시에 전체적으로" 인간을 장악하는 "진정 악마적인" 성격을 언제나 깊숙한 곳에 품고 있다. 푸코는 '비非리버럴'한 정치경제학으로 19세기의 국민경제학Nationaloekonomie과 20세기 계획 경제를 들고 있으며 데모크라시와 자유주의의 관계도 미묘한 긴장 관계에 있다고 본다. "법치국가의 민주주의가 반드시 리버럴한 것은 아니며, 자유주의도 반드시 민주주의적인 법의 형식에 애착을 보이지는 않는다" (1979c : p. 822).

2. 안티 폴리차이로서의 고전 자유주의

1) 자유의 활용/비참의 산포

푸코는 1978년 강의의 '강의요약'에서 다음과 같이 말하고 있다. "경제학이 형성된 하나의 조건이 된 게 바로 인구-부라는 문제를(세제, 결핍, 과소, 무위-구걸-방랑 등 구체적이고 다양한 관점에서) 푸는 것이었다". 여기서는 자유주의가 어떻게 인구-부의 문제를 풀어 갔는지 초기 푸코의 텍스트를 중심으로 빈곤문제라는 관점에서 구체적으로 파악해 보고자 한다. 이를 통해 자유주의가 좀더 효과적인 통치실천을 그려 나가고자 했다는 점이 명확해질 것이다.

칼 폴라니에 의하면, 1774년 이탈리아의 경제학자 자마리아 오르테스 Giammaria Ortes는 다음과 같이 썼다. "국부는 인구와, 궁핍은 국부와 비례한다는 것은 자명한 이치다"(Polanny, 1957 = 2009:323쪽). 18세기를 보면 빈민과 진보를 한데 묶어 받아들이게 된다. 그렇다고 20세기의 경우처럼 진보하면 빈곤이 해소되고 빈민도 감소한다는 관념과 같은 것은 아니며 오히려 그 반대였다. 맑스도 같은 맥락에서 "위대한 베네치아의 신부"[오르테스]를 언급하면서, "물고기처럼 냉혈인 부르주아 이론가" 데스튀트 드 트라시 Destutt de Tracy로부터 다음과 같이 간결하고 결정적인 말을 인용하고 있다. "빈국이란 인민이 안락하게 사는 나라이고, 부국이란 인민이 대체로 가난한 나라이다"(Marx, 1962 = 2001:885쪽). 부의 증진과 인민의 빈곤이 비례한다는 비틀린 관계 ── 이 현상이야말로 맑스가 '궁핍화 법칙'으로 이어진 자신의 문제설정(자본축적의 일반적 법칙) 속에서 "자본주의적 생산의 적대관계"라고 지명했던 것이다. 그렇지만 18세기 정치경제학자들은 이 적대관계를 끌어안는 것이 '자연법칙'과 합치되는 방법이라 보았다. 저 악명 높은 '스피넘랜드법'처럼 국가행정이 '구빈법'을 통해 자선적 정신으로 빈자를 구제하는 것만큼이나 당찮은 행위도 없다. 그것은 국력을 증진시켜 비참함을 해소하기는커녕 역으로 국력을 감퇴시키고 비참함을 항진시킬 뿐이기 때문이다.

행정국가, 폴리차이 국가의 개입 형태를 집약하는 구빈법에 대한 시비를 둘러싸며 정치경제학이 빈곤문제라는 문제설정을 하나의 난문으로 보았다는 점은 중요하다. 영국에서 빈곤문제는 18세기 말에서 19세기 초에 걸쳐 철학과 경제학의 중심 테마 중 하나가 된다. 벤담, J. S. 밀, 맬서스, 리카도와 같은 사람들은 모두 구빈법에 반대했다. 이는 구빈법을 서툴게 운용했기 때문이 아니다. 구빈법 자체가 인간의 손으로는 어찌 할 수 없는 경제규칙이 지배하는 '시민사회'의 법적 기초, 즉 "소유권 및 세속법을 지배하는 자연의 법"(데이비드 흄)을 왜곡하기 때문이다. 앞서 언급했듯 이와 같은 고전주의 시기의 폴리차이적 개입을 18세기 정치경제학자들은 해로운 '과잉 통치'로 보고 거절했다. 그리하여 비참과 빈곤을 부의 생성의 틀 속에 편입하는 것이 시민사회의 원리적 핵심이 되었다. 빈곤과 비참을 사회라는 다이나믹으로 편입하게 된 것은, 근대에 고유한 '인구'라는 개념의 형성으로 귀결되었다. 요컨대 통치는 정부의 힘이 미칠 수 없는 고유한 법칙과 리듬을 가진 '인구'라는 메커니즘에 따라 행해져야 한다. 이와 같은 통치 축의 전환이야말로 자유주의자들이 행한 것이었다.

후에 자유주의 통치실천의 탄생이라고 명명된 이 구조는, 초기 푸코의 중심 저작인 『광기의 역사』에 이미 그 윤곽이 묘사돼 있다. 그 중에서도 이 저작은 후에 다시금 초점화된 '인구' 문제를 가져와 이후 '인구'에 대한 문제설정과 큰 폭으로 교차하는 기술記述을 하고 있다. 오히려 후기 푸코의 사유는 이 연장선상에서 나타난 것이라 할 수 있을 것이다.[3]

푸코의 『광기의 역사』는 기본적으로 부제인 고전주의 시대의 '대감금'의 실천 그리고 그와 관련한 담론의 편제를 담아 낸 것이다. 비참, 즉 "빈둥거리는 자, 부랑자, 실업자로서"(1972 = 2006:636쪽) 빈민은 고전주의 시대, 절대왕정기, 폴리차이 시대에 공간적으로 엄격히 '격리'돼 있었다. 즉 빈민은 광인, 병자, 방탕자들과 함께 '비이성'이라는 범주로 묶여 감금시설에 갇혀 있었던 것이다. 그런데 18세기 후반 공유지의 소멸과 소소유자小所有者의 형성이라는 '본원적 축적'의 거부할 수 없는 압력으로 농업구조가 급격하게 바뀌었다. 그 결과 이전까지 도시문제로 취급되던 실업과 빈곤문제가 격화되었고 이에 다시금 감옥의 유효성을 반성하는 움직임이 일어났다. 또한 상업의 위기와 전쟁의 종결로 인한 실업병사의 배출 등, '교란적 사건'이 연이어 발생해 거리는 실업자로 넘쳐나게 되었다. 여기서도 실로 해결책은 법, 즉 포고라는 형태로 제시되었다. 그 내용도 "모든 걸식자를 체포하라"와 같이 경찰 통치 특유의 야단스러운 것이었다.

그러나 "이미 실업이 나태와 혼동될 수 없는 양상을 띠고 있음"은 명백하다. 이때부터 빈곤이란 도덕적 문제가 아닌 경제적 문제가 된다. 18세기 자유주의자들은 '빈민' 안에 두 가지 이질적인 현실이 혼동돼 있다고 보았다. 즉 "한편으로는 '빈곤'la Pauvreté이 있다. 즉, 소비물자와 돈의 품귀品貴 현상, 상업이나 농업 또는 공업의 상태와 연관된 경제상황이 있다. 다른 한편으로는 '인구'la Population가 있다. 즉, 부富의 변동에 종속된 수동적 요소가 아니라 부를 창출하거나 적어도 부를 전달하고 옮기며 늘리는 것

---

3) 현재, '인구'에 초점을 두고 논한 해의 콜레주 드 프랑스에서의 강의록이 간행되지 않고 있는 이상, 푸코의 '인구'에 대한 기술은, 『광기의 역사』가 무엇보다 풍부한 문헌이라 할 수 있다. [옮긴이] 『자유론』은 일본에서 2001년에 발간됐으며, 푸코의 『안전, 영토, 인구』의 일역판은 2007년에 발간되었다.

은 바로 인간의 노동이므로 경제상황을 직접적으로 결정하고 부를 산출하는 움직임의 일부를 이루는 힘이 있다"(1972:p. 511 = 2003:637쪽). 중농주의자를 필두로 경제학자들에 의하면 "인구는 그 자체로 부의 요소들 가운데 하나이고 심지어는 부의 마르지 않는 확실한 원천을 이룬다"(1972:p. 511 = 2003:637쪽). "인구가 많으면 많을수록, 산업에 노동력이 싼값으로 제공될 터이므로, 그만큼 인구는 더 가치가 높아질 것이고, 이에 따라 생산과 상업의 발전이 가능해질 것이다"(1972:p. 512 = 2003:638쪽). 그렇다면 "많은 인구라는 가장 중대한 잠재적 부를 자유롭게 이용할 수 있는 국가는 무한경쟁에서 그만큼 더 유리한 위치를 차지할 것이다". 이에 비해 "감금은 얼마나 큰 과오이며 경제상 얼마나 큰 실패인가. 그도 그럴 것이, 사람들은 '빈곤 인구'를 유통 관계에서 떼어내 자선 대책으로 부양함으로써 빈곤을 없앤다고 믿고 있기 때문이다"(1972:p. 512 = 2003:638쪽).

따라서 자유주의자들은 시장과 인구 법칙을 관련지어 보다 나은 구제책을 제공하고 있었다. 감금된 빈곤 인구를 시장 법칙에 맡기면 이들은 값싼 노동력을 만들어 내며 "자력으로 소멸"할 터였다. 왜냐하면 "인구의 과잉과 빈곤이 모이는 지점은 바로 그 사실로 인해 통상과 공업이 가장 급속하게 발전하는 지점이었기 때문이다". 그러므로 효과적인 구제책은 감금이 아닌 **"자유이다"**. 자유의 바람직한 활용 bon usage de la liberté 이야말로 제대로 된 통치의 결정적 요소이며, 이러한 인식이 안티 폴리차이, [즉] 폴리차이 통치술의 대안으로 자유주의의 핵심에 있는 것이다. 국가는 오히려 자유의 조건을 정비하기 위해 개입해야 한다. "국가가 국민 각자에게 해주어야 하는 것은 국민 각자를 불편하게 할 장애물의 제거이다". 그렇기 때문에 동업조합과 감옥은 철폐되어야 하는 것이며 사회적 공간은 모든 장벽과 제약을 모조리 없애야 한다. "저임금 정책, 고용에 대한 제한 및 보호의 부재不在는 빈곤을 해소하거나, 적어도 빈곤을 풍요의 세계에 새로운 방식으로 통합하게 마련이다"(1972:p. 513 = 2003:641쪽).

　　이와 같은 푸코의 논의에 첨가하고 싶은 것이 있다. 그것은 비이성인이라는 형태로 자신의 본성에 묶이던 빈자가 감옥에서 해방돼 인구의 다이나믹 속으로 내팽개쳐진 후 다시 부정적인 본성에 묶인다는 것이다. 다음 장에서 보게 되듯, 푸코에게 근대적 인종주의란 생명권력 속에 재등록된 죽음의 권력과의 상관물이다. 빈곤 또한 다시 한 번 인종주의적인 사고법을 통해 본질적인 인간의 본성에 결부된다. 이것이 이른바 '계급의 인종주의'이다.

2) 통치불능에서 '사회적인 것'을 통한 통치로

국가의 통치화가 고전주의기/절대왕정기 시대부터 현대까지 이어지는 장기 경향이라 해도 그 지속 안에는 이른바 단기·중기적 파동이 있을 것이다. 필경 과잉통치에 대한 비판으로 자유주의적 테마의 다양한 형상으로 회귀하는 것은 그 파동의 존재를 시사하고 있다. 그렇지만 경제위기와 공황이 언제나 경제적 체제의 변혁을 재촉했듯 그와 얽혀 있는 통치의 위기도 통치 형태의 변화를 재촉한다. 예를 들어 초기 자유주의가 빈곤을 경제적 메커니즘 속에 배치하며 자연스런 '인구' 동태動態의 한 계기로 삼았다 해도 20세기 들어 경제법칙은 빈곤을 배제하는 벡터 위에 재배치된다. 즉 국가에 의한 시장의 거시적 관리운영, 즉 "유통하는 정화正貨의 양을 끊임없이 조금씩 증대시키면서도 물가의 상승속도보다 생산의 증가속도가 더 빠르게 하는 교묘한 정책"(1966 = 1995:271쪽)과 같은 기술의 발명이 완전고용을 달성케 해 빈곤은 국가의 관리에 의해 원칙상 최대한 배제 가능하게 된다는 것이다.

　　이 점에 대해 발리바르Étienne Balibar가 말하는 "진정한 부르주아지 헤게모니"인 "국민사회국가"의 종별성을 파악하는 것은 중요할 것이다. '사회적인 것'le social을 통한 통치는 특정한 형태로 편재된 '국민'과 교착되는 것이다. 사회국가, 즉 소위 복지국가와 국민국가가 여기서 중첩된다는 점이 중요하다. 이것을 푸코는 법률의 기술이 부르주아지의 특정 계급전략으로 편제하는 작용으로 파악하는 것처럼 보인다. 푸코는 70년대 초 마오주의자와의 토론에서 다음과 같이 말한다.

> 허나 우리가 주의해야 할 것이 있습니다. 이들 프롤레타리아트의 연합형태에 직면해서 후퇴할 처지에 놓인 부르주아지가 이 새로운 세력을, 법을 중시 않는, 폭력적이고 위험한, 그로 인해 반역적 의향이 있다고 생각되는 인구[주민]의 분파로부터 힘을 다해 분리하려 했다는 사실에 주의해야 할 것입니다. 채택된 방법 중 어떤 것은 막대한 결과를 초래했고(예를 들어 초등학교에서 가르치는 도덕이나, 문맹퇴치라는 미명으로 윤리 총체를 밀어붙이는 운동) 또 어떤 것은 보다 작은 이노베이션을, 마키아벨리주의를 초래했습니다(조합이 법적 인격을 갖지 않았던 시기, 권력은 금고를 들고 튈 이들을 조합 조직에 보내는 잠입공작을 했습니다. 조합은 피해를 신고할 수 없었습니다. 역으로 그로부터 도둑에 대한 증오의 반응이라든지 법의 보호를 받고 싶다는 감정이 유도된 것입니다).(1972c : p. 355)

마침 형무소를 둘러싼 투쟁과 근대적인 형벌 합리성의 탄생을 둘러싼 연구에 종사했던 푸코는 이런 류의 견해를 몇 번인가 제시하고 있다. 예를 들어 1973년 인터뷰(「감옥과 감옥에 대한 반란」)에서는 당시 프랑스에서 빈발한 죄수 폭동에 대해 듣고 다음과 같이 기술하고 있다. 19세기 정치혁명 ─1830년, 48년, 70년의 ─을 통틀어 그것은 전통이었다고 말이다. 즉 감옥 내부에서의 반란, 형무소 밖에서 전개되고 있는 혁명운동에 대한 수형자의 연대, 감옥 문을 비집어 열어 수형자를 해방시키려는 혁명가들의 돌진이 그것이다. 그러나 "역으로 20세기에는 일련의 사회적 과정으로 인해, 예를 들어 정치적으로, 그리고 노동조합에 조직된 프롤레타리아트와 룸펜 프롤레타리아트 사이의 단절이 생긴 결과 정치운동은 더이상 감옥 내 운동과 결부되지 않게 되었다"(1973:p. 426).

이상과 같이 푸코의 관점에 따르면 규율 기술이라는 미시적 권력 기술이 부르주아 계급의 전략에 포섭되어 국가를 반환점으로 하는 총체적 전략의 선에 통합된다는, 국지적 차원과 포괄적 차원의 작용이 명확하게 드러나 있다.[4] 프롤레타리아트와 룸펜 프롤레타리아트 사이의 단절이 19세기 부르주아지의 급선무였다는 것은 애초 벤담의 과제가 "노동자와 하층민의 사이에 쐐기를 박는 것"(金子, 1997:p. 69)이었다는 점을 통해서도 알 수 있다.[5] 푸코는 앞에서 말한 마오주의자와의 대화에서, 프롤레타리아트 개

---

4) 이 점은 '최종장'에서 다시금 다루고자 한다. '최종장'에서는, 분할된 하층민이 자신이 배제된 계급조성(class composition) 바깥에서, 권력의 전략과 결부될 가능성에 초점을 두고 있다. 푸코는 마오주의자와의 대화에서 다음과 같이 말하고 있다. "…… 이 하층민에 대해서는 1세기 정도 되는 동안 부르주아지가 다음과 같은 선택지를 제안해 왔습니다. 즉 감옥에 갈 것인지 아니면 군대에 들어갈 것인지, 감옥에 갈 것인지 아니면 식민지에 갈 것인지, 감옥에 갈 것인지 그렇지 않으면 경찰의 일원이 될 것인지. 이때 이 비-프롤레타리아 하층민은 식민자로서 인종차별자가 되고, 군인으로서 민족주의자 혹은 배제주의자가 되고, 경찰관으로서 파시스트가 되기도 하였습니다"(1972c:p.358). 이 지적은 '국민사회국가'의 형성과 인종주의, 식민지주의와의 관련을 시사하고 있다.

5) 하층민 총체로부터 '체면 있는'(respectable) 노동자의 형성은 중요한 논점이며 어떤 것보다 전개해 나가야 할 바이지만 이는 다음 기회로 미룰 수밖에 없다. 일단은 '최종장'을 참조하라. 슈발리에(Chevalier, 1958)는 기본적 문헌이다. 홉스봄(Hobsbawm, 1975) 제12장은 이 과정의 역사이다. 이 저서에서 인용해 두고 싶다. "19세기 중엽 노동자계급의 '체면'(respectability)이라는 말만큼 분석하기 힘든 것도 없다. 왜냐하면 그것이 중산계급적인 가치와 기준의 침투를 시사함과 동시에, 그것 없이는 노동자계급의 자존심도 성립되지 않을, 그것 없이는 조합의 투쟁 계기를 확고히 만들기가 어려워질 법한 행동양식, 즉 절제, 희생, 끊임없는 추구라는 덕목 또한 표현하고 있기 때문이다. 만일 노동운동이 명확히 혁명적이고, 혹은 적어도(1848년 이전 및 제2인터내셔널기에 그랬던 것처럼) 중산계급의 세계로부터 뚜렷이 구별되어 있었다면 그 특성은 틀림없이 명백했으리라. 그러나 19세기 제3·4기에는 개인적 개선과 계급적 개선 사이에, 그리고 중산계급을 모방하는 것과 이른바 중산계급을 그 자신의 무기를 역이용해 섬멸하는 것 사이에 선을 긋는 일은 종종 불가능했다"(Hobsbawm, 1975). 또한 맬서스(Malthus, 1798)를 필두로 19세기 자유주의에 의한 노동자의 '덕', '신중주의'의 제시에 대해서는 신자유주의의 '새로운 신중주의'의 의미를 생각하기 위해서도 중요한 의의를 가지나 그에 대해서도 여기에서는 상술할 수 없다. 일단 뒤의 논의와의 관련 속에서 다음과 같은 점을 지적해 두고 싶다. 19세기 후기에 있어 체면 있는 노동자란 신중(prudent)함이 요청되었다. 자신, 자신의 가족 등의 생활에 장래 닥칠 수 있는 불운에 대해 스스로 ─ 동업조합 및 우애협회가 제공하는 보험에 가입하거나, 보다 나중에는 사기업이 운영하는 보험에 가입함으로써 ─ 몸을 지켜야 한다. 이를 위해서는 내일 일을 생각하지 않고 술 취하거나 일을 내팽개치거나 낭

념 그 자체가 부르주아지의 전략 속에 등록된 것임을, 그에 의거하는 정치전략·담론전략의 한계성을 말하고 있는데, 19세기 곧 1848년경에는 맑스와 엥겔스의 『공산당 선언』, 맑스의 『루이 보나파르트의 브뤼메르 18일』에서 나오는 구분과 모멸에도 불구[6], 사실상 프롤레타리아트와 룸펜 프롤레타리아트를 경계 짓는 것은 어려웠다고 평가된다(良知, 1993 ; Hobsbawm, 1975). 벌거벗은 노동시장의 요동에 종속된 인구법칙 아래, 노동자와 실업자 더 나아가 범죄자 등의 '비행자'에 대한 구분의 애매함과 밀접함으로 인해 이러한 범주 전체가 대중·군중masses이라는 미정형의 덩어리와, 부르주아지로 나뉘는 경향('두 개의 네이션')이 있었던 것이다.

우리는 여기서 통치성의 장기지속 내부에 동요와 변동이 있었음을 보아야 할 것이다. 발리바르를 참고로 다음과 같은 틀을 그려 보고자 한다 (Balibar & Wallerstein, 1991 : pp. 209~210). 디즈레일리의 유명한 말 '두 개의 네이션'이 시사하듯 19세기 초 계급 간의 마찰은 네이션을 양분하는 분열로 흐르기 쉬웠다. 후술하듯 계급투쟁은 이후에 케인스주의 정책과 같이, 국민경제라는 장 아래 노동자와 자본가의 타협 ──노동 과정에 있어서 주권 상실을 받아들이는 것(혁명을 방기하는 것)과 임금상승, 부의 복지-사회적 재분재의 거래 ──을 통해 '경제적인 것'과 '사회적인 것'을 잘 순환시킴으로써 통치의 전략 안에 통합되는 일 없이 이른바 직접적인 내란, '통치불능'을 이끌어 내고 있던 것이다. 푸코도 말했듯 1848년이나 1871년의 반란이 불안한 부르주아들의 눈에는 빈민화한 도시대중에 따른 위험으로 비쳤다. 더욱더 중요한 것은 부르주아 혁명인 프랑스혁명이 그 법률적 평등주의로 인해 대중의 정치적 권리문제를 돌이킬 수 없는 형태로 제기하고

비하는 등의 습관에 대해 일찌감치 이성을 행사해야만 한다는 식이다. 이러한 사적 위험에의 처리가 강제적 보험과 같은 장치에 의해 사회화된 것이 '국민사회국가'인 것이다.
6) 이 논점에 대해서는 '최종장'에서 다시금 다루고자 한다.

있었다는 점이다. 이에 따라 종래 신분제적 위계를 떠받치고 있던 개인들의 '본성적 차이'라는 관념은 모순을 안게 되었다. 혹은 동즐로도 같은 논의의 벡터에서 이 사태를 "권리라는 포괄적 테마의 좌절로 보고 있다.[7]

이 "'위험한 계급'(그것은 확립된 사회질서, 재산, '엘리트'의 권력을 위협했다)은 강제와 법적 수단에 의해 정치적 '자격'에서 배제돼야만 하고 정치체의 주변에 갇혀야 한다. 즉 그들이 본질적으로 성인됨이나 정상적 인간성을 **결여하고 있다**는 것을 보여 주어, 스스로 납득하게 만듦으로써 **그들의 시민권을 부정하는 일**이 중요했다. 여기서 두 가지 인간학이 충돌하고 있다. 날 때부터 평등을 말하는 인간학과 사회적 적대를 재자연화하도록 만드는 유전적 불평등의 인간학이"(Balibar & Wallerstein, 1991:p. 210). 인종주의가 두 가지 의미로 근대 국가의 배제 원리로 작동한다는 점을 확인해 두고 싶다. 먼저 푸코적인 입장에서 삶의 증진(이른바 '내포')을 기조로 하는 근대 국가 논리 내부의 배제 원리를 들 수 있다. 또 하나는 이와 의미가 겹치기도 하는 네이션 원리가 자신의 모순 때문에 만들어 낼 수밖에 없는 배제의 원리가 그것이다. 곧 평등과 자유의 원칙이 지배할 것이 분명한 네이션의 내재하는 외부로서의 인종. 이러한 기능을 하는 인종과 중첩됨으로써 네이션 외부의 존재로서 노동자계급은 담론·실천 안으로 편제되는 경향에 처하고 있었다.

발리바르에 따르면, 이러한 전략이 난관에 직면할 때 지배계층이 취하도록 제시된 두 가지의 방도로 먼저 '빈곤자' 대중을 분할하는 것이 있다. 특히 "진정한 국민성을 구성하는 특성들, 건전한 건강, 도덕성, 인종적 통합

---

7) "권리의 용어를 사용한 논의는 모두 개인의 주권에 기초를 두는 것으로, 거기에는 이하의 난점이 들어 있었다. …… ⓐ권리가 개인에게만 있다면, 개인은 언제든지 국가의 간섭을 거절해, 기능부전으로 빠뜨릴 수 있다. ⓑ만일 국가가 일반의지를 체현하고 있으며, 그것이 개인이 가지는 주권과 권력의 적극적 융합이라면, 국가에 대립하는 것은 그 무엇도 없으며, 이의를 말하는 자도 존재할 수 없다"(Donzelot, 1991).

성[8]을 농민과 '전통적' 수공업자에게 할당하고 그 다음으로 서서히 위험성과 유전의 각인을 '노동계급' 일반에서 외국인 특히 이주민과 식민지 신민으로 이동시키는 것…… 그와 동시에 보통선거권의 도입은 '시민'과 '신민'의 경계선을 국경의 경계로 이동시켰다"(Balibar & Wallerstein, 1991:p. 209). 지배계급이 취한 이러한 전략이 복지국가, 즉 '국민사회국가' 체제의 형성으로 인도되었음은 말할 나위가 없을 것이다.[9] 이러한 체제에서 일찍이 네이션을 양분했던 계급투쟁은 '사회적인 것'을 통한 통치실천에 의해 영토 내 인구가 네이션으로 통합됨에 따라 국가가 누구의 것인지[라는 질문] 혹은 국가냐 아나키냐라는 양자택일의 공포에서 벗어날 탈출구를 찾아낸 것이다.

발리바르의 정의에 따르면 사회국가란 "점진적으로 계급간 특히 자본과 노동 사이의 투쟁을 '규범^{norm}화'하기 위한 제도들을 마땅한 곳에 위치시키는 국가", 즉 노동권, 파업권, 단결권, 사회보장권을 인증하고 나아가 공교육, 도시화와 건강의 정치, 산업화의 경제적 정치, 가격과 고용의 관리, 이민관리의 정치를 행사하는 국가이다. 사회국가에서 계급투쟁은 제거되지 않는다. 오히려 '노동계급'$^{classes\ laborieuses}$의 '위험성'을 관리하고 억제하고 규율하기 위해 개입 정도를 심화시켜 계급간의 갈등에서 적대의 형태를 벗겨낸다. "이러한 과정이 공적 영역과 사적 영역의 '융합', 경제적인 것과 국가적인 것의 '융합'을 가져온다는 것은 말할 것도 없지만 더욱이 최종적으로는 이전의 어떤 범주로도 환원 불가능한 '사회적인 것'$^{le\ social}$이라는 현실을 산출한다"(Balibar, 1992:p. 116). 공적인 것과 사적인 것 어디로

---

8) 푸코가 『앎의 의지』에서 상세히 기술했다시피, 이들 'norm'은 무엇보다 부르주아지가 자신들의 계급적 자기확인을 위해 익힌 것이다. 스톨러(Stoler, 1995)는 이 점을 더 밀고나가 전개하고 있다.
9) 이 점에서 제국주의전쟁에 적극적으로 가담하게 될 '사회주의자 집단' 페이비언(사회주의) 협회의 '사회제국주의'는 전형적일 것이다. 이에 대해서는 세멜(Semmel, 1960)을 참조하라.

도 환원할 수 없는, 두 가지 영역이 '융합하는' 하이브리드한 "이형적 영역". '사회적인 것'은 들뢰즈가 간결하게 정리하듯 "지극히 다양한 문제와 특수한 사례가 그곳에서 하나로 포괄되는 **특수한 섹터**sector이며 특정 제도 및 자격 소유자 전체를 포섭하고 있다"(Deleuze, 1979 : p. ix). "사회통계학과 사회학 나아가서 사회과학 전체가 사회적인 것을 독특한 영역으로 확립하는 역할을 해냈다. 그 현실은 이미 무시할 수 없다. 그와 동시에 정치세력은 이제 국가에 맞서 **사회적인 것**의 이름으로 요구를 표명하게 된다. 즉 네이션은 사회보호, 사회정의, 사회권, 사회연대를 위해 통치되어야 한다(Rose, 1996a : p. 329). 그것은 소유권이라는 불가침의 사적 영역 일부를 사회과학과 인간과학 그리고 이와 결부된 전문가가 만들어 내는 장치를 기반으로 자신 밑으로 재배치하고 국가가 개입하는 영역을 넓혀 간다. 초기 자유주의가 열어젖힌 '자연법칙'의 영역과 주권 단일성의 영역 사이의 문제-공간이 재배치되는 것이며 그로 인해 '시민사회'는 변하는 것이다. 자유주의는 여기서 '신자유주의', '사회 자유주의'로 변형된다.[10]

여기서 우리는 국가의 통치화라는 장기 지속 속에서 재편성된 '복지국가'에 대해 "'사회적인 것'을 통한 통치' 혹은 보다 단적으로 '사회를 통한 통치'라고 부르고자 한다. 여기서 상세하게 논할 여유는 없지만 '사회적인 것' 혹은 '사회'에 대해 노동재해를 둘러싼 예를 통해 약간의 설명을 더하고자 한다.

노동과정에서 재해accident는 일찍이 정의를 향한 도덕적 요구와 결부

---

10) 근대 일본 사상사는 이 신자유주의의 조류에 커다란 영향을 받은 것인데, 초기 자유주의의 이러한 변형에 대해 상술하지는 않는다. 예를 들어 오쓰카(大塚, 1997)를 참조하라. 이에 보태어, 사회학의 탄생은 이 초기 자유주의의 변형에 크게 관여하고 있다(cf. 酒井, 1994). '20세기에 공인된 이데올로기'인 '사회적 유대'의 사상을 체계화한 프랑스의 연대주의와 사회학의 관련에 대해서 물론 에발드(Ewald, 1986)가 필수적이지만, 또한 로그(Logue, 1983)도 프랑스에서 자유주의의 '사회화'과정을 말하고 있다. 더 나아가 오쓰카의 『프랑스의 사회연대주의』(大塚, 1995)도 보라.

되어 있었다. 즉 그것은 '책임', '과실'fault 등이라는 개념의 계열과 관련되어 있었다. 비스마르크 정권의 독일에서 발달한 '보험 기술'은 그런 개념의 계열을 본질적으로 우연적 위험을 사회적으로 배상하는 문제로 바꾼다. 이 모든 것은 물론 계급투쟁에 대한 국가의 처방전이라는 성격이 있지만 그 것은 동시에 어떤 특정한 합리성을 가진 실천 그리고 그와 상관적인 진리의 두 가지 체제가 구성하는 배치 위에서 평가할 필요가 있다. 이 보험 기술의 형성-전개는 노동과정 편성의 변천과 관련 맺고 있다. 이 변천을 맑스주의적으로 표현하자면 이른바 '생산력'(생산자와 생산수단의 관계로 정의됨)의 편성이 생산자의 주도권을 근저에서 빼앗는 형식인 '대공업'의 형성과정에서 진행되는 노동과정의 규범화normalisation라고 할 수 있다. 이 노동과정의 규범화는 동시에 '경제적인 것'le économique과 '사회적인 것'le social 사이의 분리-접합으로 표현할 수 있다(Donzelot, 1994 : pp. 140~157). 이전에 기업 내 공간은 소유권이라는 절대적 원칙 아래 고용자의 완전하며 절대적인 책임responsabilité이라는 형태로 국가가 개입할 수 없는 사적 영역으로 구성되어 있었으며 더욱이 거기서는 고용자의 권위적paternalistic 지배가 관철돼 있었다. 기업내 공간의 규범화는 이와 같이 노동자에 대한 고용자의 전일적 지배의 방기를 의미한다. 그러나 이것은 이 지배형태에 대항해 격화되는 계급투쟁에 대한 고용자 측의 완전한 양보라 말할 수 없다. 이후에 F. 테일러가 설명하듯이 고용자의 절대적 권력은 오히려 이윤안정-상승에 맞선 장애로 작동한다. 왜냐하면 노동자와 고용자의 명백한 권력관계는 고용자가 공연한 노동력을 들이고 또한 거기에서 오는 노사간 긴장이 결국 이윤율의 저하를 초래하기 때문이다. 다양한 '개입 입법'에 따른 규범화 그리고 그것이 확립하고자 하는 사회권의 수용은 동시에 공장 내의 인간관계를 기계가 주도함으로써 합리적으로 재편하는 것, 즉 경제적 합리성 추구에 고용자가 전념할 수 있음을 의미하는 것이다. 더욱이 그것은 노사간 직접 대결의 요소를 경감시키고 기업가와 노동자의 관계를 오직 임금교섭의 수준으로 환원하는 것을 가능하게 만든다. 이후 19세기 계급투쟁의 주요한 한 형태이던 노동자와 고용자 사이의 화해불가능한 적대는 **경제적인 것과 사회적인 것, 즉 경제적 합리성과 사회적 합리성이라는 두 가지 체제 간의 중점을 둘러싼 투쟁**으로 바뀐다. 이리하여 규범화는 '경제적인 것'과 '사회적인 것'을 분리하고 노동자와 고용자 관계를 동일하게 '사회'(=국민) 내부의 관계로 수렴시킨 것이다(Donzelot, 1994).

이상의 과정은 사적 공간으로서의 기업공간에서 '책임'이라는 용어를 배제하고, 노동에서 재해의 원천을 개인이나 자연에서 '사회'로 이행시키는 과정이기도 하였다. 19세기 당시 노동재해의 책임 소재를 둘러싼 갈등은 이른바 "소유권과 시민권 사이의 모순"(Balibar, 1992:p. 102) 혹은 소유권과 노동권의 화해하기 어려운 대립(동즐로)의 폭발과 결부되어 국가의 존립기반을 뒤흔들 수밖에 없는 불씨인 채 계속됐다. 그러나 계급투쟁이 이른바 사회 전체의 재편과 결부되는 방식의 비화해적인 대립(국가권력 탈취의 혁명 전략으로 집약되는 방식)의 형식으로부터 '경제적인 것'과 '사회적인 것'의 체제 간 힘의 차이를 둘러싼 투쟁의 형식으로 재등록된 경위는, 위에서 서술한 것처럼 '보험 기술'의 형성-전개와 결부되어 있다. 그것은 재해에 대한 '문제화'problematization 양식의 변화, 나아가서 사회 그 자체를 문제화하는 양식의 변화를 수반하고 있었다.

에발드에 의하면 새로운 재해 관념의 특징은,

ⓐ재해는 (통계학적) 규칙성을 갖는다.
ⓑ재해는 집단적 생활의 생산물이며 의도될 수 없는 집단적 현실의 효과이다.(Ewald, 1986:p. 17)

보험 기술은 에발드에 의하면 19세기 말경까지 단순히 특정 제도에서 이용되던 형식이 아니라 사물과 사람 그리고 그것들 사이의 관계를 대상화하는 원리를 부여하는 '도식'diagram이 되었다(Ewald, 1986:p. 173). 보험 기술이라는 특정한 실천적 합리성의 체제 아래 특정한 사건은 '리스크'로 간주되고 재해는 그 리스크의 실현으로 나타난다. 또 거기에서 리스크의 존재는 사회의 존재와 같다고 간주되기 때문에 예전처럼 재해를 개인(내지는 자연)에게 귀속시키는 것은 적어도 일의적인 문제는 아니게 되었다. 보험 기술은 계급이 달라도 상호의존하고 있으며 그 '연대성'을 기초로 의무와 책임이 배분되는 평면적 '사회'의 형성을 가능하게 했던 것이다.

여기에서 더 나아가 케인스주의의 특성을 보자. 케인스주의는 아직 불안정하던 '사회적인 것'과 '경제적인 것'의 대립과 동요 그리고 거기에서 유래하는 국가의 불안전한 지위를 해소하기 위한 수단이었으며 그 두 가지의 체제를 상보적으로 순환시키는 기술을 열어젖혔다. 즉 케인스주의의 '일반이론'은 '사회적인 것'과 '경제적인 것'이 어느 하나보다 우월한 입장에 서지 않고 순환하는 것을 가능하게 했다. 수요 감퇴에서 오는 경제적인 것의 위험에 대해 이른바 증대된 구매력과 고용기회라는 인공적이지만 유효한 주입을 사회에 행함으로써 '사회적인 것'을 통해 경제적인 것을 재활성화시키는 것이다. 그리고 마찬가지로 [이를 통해] 항상적으로 기능이 순조롭게 유지됨으로써 경제적인 것이 사회 정책의 추구와 유지의 수단이 되는 것이다(Donzelot, 1994:p. 170). 이에 따라 국가는 혁명을 면할 방도를 수중에 넣고, 중립적 관리 운영자로서 즉 국민적 복지국가로 자신을 형성한다.

3) 관여/매개에서 분리로

앞에서 쓴 것처럼, 푸코는 1970년대 감옥에서의 투쟁을 실마리로 19세기를 돌아보며 당시 사회적 상황과 19세기 반란의 사회적 배경에서 중첩되는 부분을 주시했다고 볼 수 있다. 즉 모든 마찰은 19세기 위기를 거치면서 부르주아지 헤게모니 아래 서서히 코드화된 계급간 분쟁과 타협의 메커니즘으로 (적지 않게) 귀속돼 가면서 계급 지배의 코드를 돌파해 분출된 사태였다. 19세기 부르주아지의 악몽, 곧 내란으로 인한 '통치불능' 상황이 되돌아온 것이다. 푸코는 1978년 강의에서 다음과 같이 말한다. 이제 "규범화 즉 규율적 규범화는 주권의 법률적 시스템과 전에 없는 마찰을 일으키고 있습니다. 즉 그것들의 상호 양립불가능성이 전에 없이 첨예하게 감지되고 명백해지고 있는 것입니다"(Foucault, 1997:p. 35). 의료의 사례를 그 뒤에 들고 있는 것을 보아도, 그것이 60년대 후반에 분출된 새로운 운동들에 대해 말하고 있음은 틀림없다. 그것은 근대사회를 지배하는 규율적 규범화가, 주권적인 것 혹은 법률적 코드마저도 명확히 넘어서는 사태에 대해, 후자의 지점에서 비판이 가해지고 있는 상황이다. '자유의 활용'으로서 자유주의가, 일찍이 폴리차이 비판과 유사한 어법으로 현체제를 공격하며 회귀하는 것은 이 지점에서이다(cf. Hirschman, 1991). 푸코의 자유주의 계보학이 이와 같이 신자유주의에 의한 복지국가 비판을 의식한 것이라는 점은 명백했다.

여기서 다시금 맑스주의자들을 불러오고 싶다. 지금까지 계급투쟁, 갈등과 그 해결이라는 (푸코 자신은 그 정도로 중시하고 있지는 않을) 국면에 강조점을 두고 통치성의 변화를 살핀 것은, '사회적인 것'이 계급투쟁에 의해서 명백히 정치적 표현을 얻게 되었다는 가정 때문이다.[11] 푸코와 맑스 둘은 모두 "살아 있는 것으로서 인간과 '사물'과의 관계 속의 인간관계를 '잉여적인 힘의 추출'이라는 관점에서 조정하고 규제하는 것"을 "단순히 경제적

---

11) 이 점에 대해서는, 발리바르의 지적이 중요하다. "물론 푸코가 제안한 '규율' 개념과 '통치성' 개념도 [국가사회보장의] 해명에 도움이 되나, 역시 그 개념들에는, 결정적 힘관계와 정치실천의 차원을 결여하고 있다"(Balibar, 1998).

문제가 아닌 존재론적 문제"로 파악한다는 점에서 공통적이다. 하지만 맑스와 고전 경제학파는 그런 존재론적 힘들의 관계를 항상 자본과 계급의 좀더 적분된 단위로 환원하고 만다. 그 점에서 푸코는 맑스와 거리를 둔다(Lazzarato, 2000:p. 48). 그러나 반드시 이 지점에서 두 사람이 완전히 분리되는 것은 아니다. 문제는 네그리 등의 시도처럼 시스템의 편제·유지·변형의 내재적 평면으로서 힘의 게임을 파악하는 일이다. 『요강』에서의 맑스처럼 구조적 제약을 돌파하는 잠재력을 상실하지 않는 내재적 힘puissance과 그것의 회로를 만드는(조정하고 목적을 부여하는) 권력pouvoir 간의 힘들의 싸움으로 자본과 노동의 관계를 파악하면 된다.

'서장'에서 언급했듯 권력이 대립을 매개하지 않고 배제 혹은 '분리'의 전략으로 이동한 것이 그들이 말하는 '시민사회의 쇠퇴'의 핵심이다. 그들이 말하는 이와 같은 그림은 이전의 케인스주의적 복지국가체제의 내실을 이루던 '사회적인 것'을 통한 통치와 선명한 대조를 이룬다. 즉 '사회적인 것'이란, 선술했듯이 그것을 매개로 국가가 계급투쟁에 적극적으로 관여하고 이 과정의 회로를 만드는 것으로서의 실천과 앎의 평면이었다고도 볼 수 있기 때문이다. 하지만 여기서 그들이 무엇을 두고 '시민사회'라 부르는지는 다시 한 번 확인할 필요가 있다. 그들은 헤겔에 입각해 시민사회를 이렇게 정의한다. [그것은] "조직되지 않은 사회-경제적·법저 교환, 적대, 분쟁이 표현되고 조직되는 약동적 장소"이며 "노동력의 조직화와 노동자 단체laboring corporations가 형성되는 장소"이다. 교육이나 훈육에 의해 특수한 개별 이익이 보편적인 것으로 포섭되고 길들여지는 장으로서 '시민사회'. 이 국가에 외적인, 서로 마찰하는 다원적이며 내재적인 힘들을 주권과 연결 짓는 것이 규율권력의 기술에 다름 아니다. 즉 여기서는 헤겔의 시민사회와 푸코가 말하는 규율사회가 중첩돼 있으며, 나아가 맑스가 말한 생산과정의 형식적 포섭과 실질적 포섭의 개념도 중첩된다. 즉 테일러주의적 노동과정의 편제를 자본이 스스로 외적인 힘에 관여하는 성격을 갖는 것으로 보고, 이를 형식적 포섭으로 위치 지으면서, 포스트포디즘적 노동과정의 편제를 실질적 포섭으로 위치 짓는다. 맑스의 독자라면 금방 알 수 있듯 이들의 논의는 맑스의 시기구분과는 애초에 다르다. 맑스는 절대적 잉여가치를 주요한 이윤원칙으로 하는 매뉴팩처기에 형식적 포섭을 포개고, 상대적 잉여가치를 주요한 이윤원칙으로 하는 대공업기에 실질적 포섭을 포개며 시대를 구분한다. 그렇지만 중요한 점은 이게 아니다. 여기서 말하는 '시민사회'는 초기 자유주의의 '시민사회'라기보다는 (물론 그것을 바탕으로 하면서도) 변질된 시민사회, 즉 '사회적인 것'의 영역으로 규정하는 편이 보다 엄밀한 구분이 되지 않을까. 헤겔이 시민사회에 노동조합('사회적인 것' 고유의 장치)이라는 중간단체를 넣은 것은 물론 행정장치인 폴리차이 ——이른바 전문가 집단——를 넣고 있다는 점에서도 이 점을 정당화할 수 있을 것이다.[12]

네그리 등은 "실질적 포섭의 국가"를, 갈등에서 자신을 분리시키고 이제 조정이나 '교육'이 아닌 관리통제control에 관심을 갖는 정치체제로 규정한다. 이와 같은 실질적 포섭의 국가는 "독립된 평면 위, 곧 노동 그 자체로부터 추상된 사회영역의 시뮬라크르 위에서 작용한다"(Hardt, 1995:p. 34). 또 『디오니소스의 노동』에서 실질적 포섭의 국가는 단적으로 '포스트모던 국가'로 명명되어 다음과 같이 기술된다. "포스트모던 국가는 사회로부터 국가를 분리시킨다. 그러한 분리 따위 존재하지 않는다고 말하면서. 앞에서 말한 시민사회의 쇠퇴는, 바로 조합조직 즉 국가를 생산적인 사회의 힘들과 결부시키기 위해 기능했던 매개 망web의 쇠퇴이다. 시민사회의 쇠퇴

---

12) 스코틀랜드 계몽파와 달리 헤겔이 시민사회에 그러한 대비를 한 것은, 독일의 '후진성' 때문이 아니라 오히려 19세기 시장 실패를 거쳐 나온 것으로, 이 의미에서 헤겔은 자유주의의 차기 단계를 밟기 시작하고 있었다고 볼 수 있다.

와 함께 이 분리는 불가피하게 된다. 이와 같은 분리 그리고 분리 따윈 존재하지 않는다고 말하는 허구와 결합하고 있다는 것, 이 과정이 포스트모더니티와 그 국가의 범주를 규정하는 것이다"(Negri & Hardt, 1994 : p. 296). 이 점이 핵심이다. 매개를 가능하게 만든 것이 규율이라는 권력 기술이라면, 분리할 수 있게 만든 것은 관리통제control라는 새로운 권력 기술이라는 도식 말이다. 그러나 관리통제라는 권력의 기술, 분리, 시뮬라크르의 확립이라는 그림은 아직 구체성이 상당히 부족하다. 푸코와 그 통치이론에 의거하는 사람들의 논의와 함께 더 구체적으로 그 함의를 펼쳐 볼 필요가 있을 것이다(물론 네그리 등의 논의는 푸코적 문제설정을 넘어서는 측면을 가지고 있다). 그렇지만 이후 남겨진 시도에 대한 예비작업으로 이들의 논의와 푸코가 교착되는 점을 검토하고 싶다.

하트는 그의 단독 논문에서 푸코의 통치성론을 고려하면서 '시민사회의 쇠퇴'라는 관점을 한층 더 전개하고 있다. 헤겔의 시민사회론에 그람시와 푸코를 가져오면서 시민사회의 쇠퇴와 국가에 의한 사회의 포섭이라는 관점에 의거해 포스트포디즘화를 향한 움직임을 포착하고 있는 것이다. 이는 규율사회의 쇠퇴와 관리통제사회의 대두라는 들뢰즈의 푸코 해석을 거친 (아직 수수께끼 같은 사진에 머물러 있는) 그림과 맑스의 생산과정론을 충돌시키기 위한 수속이라고도 할 수 있다. 우선 푸코가 거절한 시민사회와 국가의 대립도식이 이용되고 있는데, 이 점에 대해 하트 자신이 정확히 정리하고 있다.[13] 그러나 하트는 통치와 규율을 거의 구별하지 않고 통치의 논리에서 규율을 단락시켜 도출하고 있다. "이와 같은 통치가 시사하는, 인간

---

13) "푸코에게, 근대'국가'를 사회로부터 떼어 내어 개별적으로 다루거나 논하는 것은 효과적이지 않다. 푸코의 틀에서 근대국가를 사회의 초월적 원천으로 보는 것은 적절하지 않다. 오히려 반대로, 그러한 국가는 어떤 결과, 즉 사회적 권력에 내재하는 '국가화'의 여러 힘이 통합된 것, 혹은 몰(mol)화된 것으로 이해하는 편이 더 적절하다"(Hardt, 1995 : p. 33).

과 사물의 관리는 필연적으로 사회의 힘들 그리고 그 힘과 '국가' 사이에 일어나는 활발한 충돌, 교환 혹은 변증법까지 수반하고 있다. 헤겔이 추상화와 조직화라는 관점에서 파악하는 사회의 교육적 과정을, 푸코는 훈육과 규율과 관리의 관점으로 이해하고 있는 것이다"(Hardt, 1995:p.32). 하트 본인도 [자신의 논지가] 푸코와 어긋나는 지점을 알고 있는데, 이 관점은 분석적으로 이점과 결점이라는 두 측면을 모두 갖는다고 할 수 있다. 한편 통치성이 국가를 상대화하는 분석장치라는 점이 그다지 이해되지 않고 있고, 규율에서 관리통제 권력에 이르기까지 항상 국가가 권력행사의 (주체는 아니라 해도) 준거점으로 언급되고 있다. 스피노자를 통해 '내재적 원인'으로 포착하려 해도 사정은 달라지지 않는 것 같다.[14]

확실히 그것은 전지구화에 따른 국가주권의 '쇠퇴'로 명명되는 사태를, 국가의 퇴장과 시민사회의 활성화라고 태평하게 칭송하는 논의에 대한 통렬한 비판이라 할 수 있다. 네그리 등은 시민사회 쇠퇴를 '국가로의 사회의 포섭'이라고 파악하기도 하는데 여기서 '국가개입'과 국가의 스케일은 결코 축소되지 않고 오히려 상승하고 있는 사태를 정확히 시사하고 있다. 그러나 한편으로 국가가 다양한 수준의 국제적·지역적 네트워크 속에서 상대화되고 있는 사태에 이 도식이 대응할 수 있을지는 의문이다. 문제는 포섭이라는 용어로 국가에 항상 문제를 돌리는 게 아니라 다원적 네트워크 속에서의 국가의 상대화와 그 역량의 상승이라는 역설적 움직임을 설명하는 게 아닐까. 또 기술로서 규율이 중요하게 사용되지 않으면서도 여전히 "인간과 사물의 관리와 운영"이 권력의 중요한 목표가 되고 있는 사태에 대한 설명이 약화되고 있어, 인구문제가 전에 없이 클로즈업되고 있는(실로

---

14) 이 장의 모태가 된 원고는 1999년의 시점에 쓰인 것이다. 그 후 네그리와 하트는 『제국』(Negri & Hardt, 2000)의 공동간행으로 '포스트모던 국가'론을 한층 뛰어넘는 논의를 전개하고 있어, 여기서 지적한 의문은 거기서 대부분 해소되고 있다.

'통치불능'화된 '인구' 동태라는 이미지로 인해) 사태를 이해하기 힘들다. 관리
통제권력으로 파악되는 [권력] 기술이 전개됨으로써, 인구에 관여해 삶을
조준점으로 삼는 권력이 이른바 SF적 차원으로까지 통치권력을 끌어올리
고 있는 사태를 보면, 역시 푸코가 제기한 권력 기술의 중량성을 좀더 고려
해 고찰해야 하지 않을까. 단 '국가의 통치화'가 규율권력과 통치권력의 기
술이 중첩됨으로써 규정되는 동향이라고 생각한다면, 그 장기 트렌드가 끝
을 맞이하고 있다는 절단의 측면을 네그리 등이 강조하고 있다고 볼 수도
있을 것이다. 과잉통치에 대한 비판자로서 자유주의의 회귀가 국가의 통치
적 장치를 통한 직접 통치에서 '사적' 장치에 중점을 두는 '원격 통치'로 기
우는 것을 촉진했다고 해도, 그것을 단순히 자유주의 통치실천의 연장선상
에 두고 생각할 수는 없지 않을까? 새로운 힘들의 동태는 관리통제라는 권
력의 새로운 기술을 통해, (회귀가 아닌) 지금까지 거의 본 적도 없는 세계로
우리를 인도하고 있는 것은 아닐까?

3. 자유주의의 회귀

1) 자유의 차이와 반복

이렇게 볼 때 '사회'란 존재하지 않는다고 말한 대처의 뜻이 명확해질 터
이다. 신자유주의는 '사회'를 조준하여 '사회적인 것'의 영역을 형성하고
있던 문제들을 해체하고 고전적인 이미지에 따라 재편하고자 했다. 물론
그 이미지란 시장이다. 그러므로 모든 '사회적' 실천 ──건강, 보험, 복지
등──도 시장의 논리에 따라 재구축돼야만 한다.

　　자유주의에서 자유란 유토피아적 몽상이나 단순한 이념적 가치가 아니
라 합리적 통치의 기술적 조건이다. 통치 원리는 통치되는 자에게 늘 다음
과 같이 요청한다. 아담 스미스 식으로 '자연적 자유' 형태로든 하이에크처

럼 '비자연적'인 자유로든 특정한 방법으로 자유롭게 행동하라(스스로를 지도하라)고. 여기서 푸코의 통치성에 대하여 제3의 의미부여를 해보자. 그것은 권력론의 원리적 차원에서 논리적 전위를 시사한다. 여기서 이른바 계보학에서 파악된 수평적 차원의 착종된 세력의 선이, 깊이의 층위로 이중화되는 것이다. 자유주의 분석을 통해 근대적 합리성 속에서 꺼내어진 주름이, 원리적인 차원으로 접히고 펼쳐져 '윤리'라는 문제설정을 피할 수 없게 만든다. 그러므로 '권력에서 윤리로'와 같은 도식화는 정확하지 않다. 권력론이 불가피하게 팽창하는 과정에 윤리가 놓여 있는 것이다. 푸코는 『성의 역사』 2, 3권에 대해 다음과 같이 말하고 있다('진리에의 배려'). "[거기서—인용자] 어떻게 자기 통치가, 타자의 통치적 실천에 통합, 합체되는지를 제시하고 싶었던 것입니다. 요컨대 그것은 하나의 동일한 물음에 접근해가기 위한 반대 방향의 길인 것입니다. 결국 어떻게 거기서 자기에 대한 관계가 타자에 대한 관계와 결합되어 하나의 '경험'이 형성되는지에 대한 물음이지요"(1984d:p.670). 이 자기에 대한 관계와 타자에의 관계가 결부되는 '경험'의 분절을 가능하게 한 것이 통치라는 개념이다. 통치란, 자신의 통치와 타자에의 통치를 동시에 시사하는 개념이다. 즉 그것은 행위의 행위/지도la conduite de la conduite, conduct of conduct이며 타자의 행동에 작용하는('지도하는'conduct) 차원 그리고 스스로에게 작용하는 자기 통치의 차원이 교차하는 차원("즉 타자와의 관계와 접합되어 있는 자기에 의한 자기 통치")을 시사하고 있는 것이다('진리와 주체성', 1981c:p.214).

자유주의는 폴리차이에, 그리고 개별 권력 기술로서는 자유의 여지가 거의 없는 규율권력[15]이 구성해 내는 공간에 각인된 연속성 안의 절단선이

---

15) 막스 베버의 『사회학의 근본개념』에서 규율(Disziplin)의 정의 ——'어떤 명령을 내릴 때, 습관적 태도에 의해 특정 다수자의 신속한 자발적 복종을 얻을 수 있는 가능성' ——를 참조하라.

고, 그것이 근대적 지배의 작동을 복잡하게 하고 있다. 예를 들어 여기서 푸코는 마치 축구장의 우수한 미들필더가 그렇듯이, 권력의 배치를 안다함은 동시에 게임에서 자유의 배치를 아는 것이라고 구별하고 있다. 그럼 여기서 일단 몇몇 텍스트에(Burchell, 1996 등) 의거하면서 자유주의부터 신자유주의까지의 공통점과 차이점을 묘사해 보자.[16]

a) 신자유주의적 논의의 일반적 형태

경쟁적으로 최적화를 이루려는 시장관계 및 행동이 통치적 개입의 한계를 규정짓는 데 그치지 않고 통치 그 자체를 합리화하는 원리로 기능할 수 있는 것은 어느 정도인가. 이와 같은 물음 속에서 시장 관념을 참조하며 통치를 합리화하려는 원리가 모색된다. 초기 자유주의와 다른 것은, 이들이 시장을 이미 존재하는 준자연적 현실로 간주하지 않는다는 것이다. 오히려 시장은 통치(정부)에 의해 적극적으로 구성되어야 할 특정한 정치적·법적·제도적 조건으로 존재하거나 그러한 조건의 근원으로만 존재할 수 있는 것이다.

b) 개인의 행위^{conduct}와 그에 맞선 행위(지도)^{conduct}의 결합

• 초기 자유주의: 적절한 통치란, 통치되는 개인의 자유로운 행위^{conduct}의 합리성과 통치 활동의 합리화 원리를 결부시키는 것이었다. 즉 통치의 합리적 행위(지도)^{conduct}는 자유로운 시장에서 교환하는 개인의 사적 이익에 따르는 자연적 동기에 의한 행위와 내재적으로 결부되어 있어야 한다. 왜

---

16) 신자유주의라 불리는 조류에도 다양한 버전이 있기 때문에 ——통상 오르도(Ordo)학파[질서자유주의], 오스트리아학파(멩거, 하이에크) 그리고 시카고학파의 세 조류를 들 수 있다 ——, 쉽게 그 보편적인 특징을 말할 수 있는 것은 아니다. 푸코는 미국의 시카고학파와 구 서독의 오르도학파 두 조류에 초점을 두고 분석을 한 것 같다.

냐하면 이러한 개인적 행위conduct의 합리성은 바로 시장이 그 본성-자연에 따라 가장 잘 기능할 수 있게 하기 때문이다.

통치는, 통치되는 개인의 합리적이고 자유로운 행위를 거절할 때 필경 그것이 생산하고자 하는 효과를 토대부터 파괴하고 만다.

• 신자유주의 : 통치활동을 규제하고 한계 짓는 합리적 원리는, 자유롭고 기업가적이며 경쟁적인 경제적-합리적 개인의 행위conduct의 인공적으로 배치된 혹은 고안된 형태를 참조함으로써 결정돼야 한다. 여기서 다시금 통치의 합리성은 통치되는 자 자신의 합리적 자기-지도self conduct의 형태로 결부돼야 한다. 그러나 그것은 단지 주어진 인간의 본성이 아니고 의식적으로 고안된 행위conduct 유형이다.

c) 자유주의의 통치적 합리성을 규정하는 통치의 문제-공간

• 초기 자유주의 : 스스로의 종별적인 자기 규제적 원리와 역학을 가지고 있는 하나의 준-자연과 같은 대상-영역과의 관계에서 어떻게 통치할지에 대한 문제를 규정한다. 이 자연적인 영역은 통치되어야 하는 것이기도 하고, 통치가 생산해 내야 하는 것 혹은 적어도 자연적인 것의 최적 조건을 유지하는 것 모두를 포함한다. 시민사회는 통치의 대상인 동시에 목표인 것이다.

• 신자유주의 : 초기 자유주의가 규제적, 입법적, 창조적 통치활동을 거절한다거나 방기하려는 의도가 있는 것은 아니었던 것처럼, 신자유주의도 통치활동을 위한 적극적인 과제를 규정하고 있다. 여기서 그것은 기업가적 행위conduct의 인공적이고 경쟁적인 게임을 가장 효과적으로 할 수 있기 위해서 법적·제도적·문화적 조건을 구성하는 문제가 된다. 시카고학파의 자유주의 경제학의 경우에, **경제 자체를 넘어서** 합리적-경제적 모델을 확대하는 것, 그리하여 통치 활동을 한계 짓는 동시에 합리화하기 위한 원리로 일반

화하는 것이 문제다. 통치는 시장 경쟁의 게임을 위해서, 그리고 하나의 기업 그 자체로 작동되어야 한다. 일찍이 '경제적인 것'의 외부에 있거나 그것과 적대적이라고 간주되기까지 했던 생활 영역의 내부에서, 실천적 시스템의 새로운 준-기업가적이고 시장적인 모델이 개인, 집단, 제도의 행위(지도)conduct를 위하여 발명되었어야 했던 것이다. 그러므로 '국가 개입 비판'이라는 세찬 수사rhetoric에도 불구하고, 신자유주의는 특정한 형태의 경제적 자유가 개인의 자율과 기업활동 및 선택형태에서 실행 가능한 분야를 확대하기 위해서, 일련의 조직형태, 기술적 방법을 발명 혹은 준비할 것을 제기한다. 그렇지만 거기에서 사회는 이미 불필요하다. 우리가 '사회'라고 부르는 것은 불필요한 통치적 개입의 생산물이다. 사회보장, 실업, 복지급여, 사회복지사업, 국가교육 등 복지국가와 결부된 모든 '사회적' 제도가 '사회' 속에 내포되어 있는 것이다. 그렇지만 이들 장치는 경제적 수행performance의 고비용이라는 장애로 작용하여 통제불가능할 정도로 국가를 비대화한다.

2) 철회와 구축 ― 몇몇의 논점과 사례

a) 호모 크리미날리스homo criminalis에서 호모 에코노미쿠스homo oeconomicus로 ― 범죄정책에 따라

이상과 같은 앎의 동향이 신자유주의 통치 실천에서는 **구성과 철퇴**의 양의적인 활동으로 나타난다. 대처리즘은 하이에크와 오르도학파[질서자유주의]의 '통치적 구성주의' 또한 통합하고 있었다.

한 사례로 신자유주의의 일부 조류가 제기하는 형사정책을 들어 보겠다. 이와 같은 신자유주의에 있어 주체가 '문제화'되는 변화 과정은 형사정책을 둘러싼 변화와 결부되어 있다고 할 수 있다. 이에 대해 '4장'에서도 도시의 변모라는 관점에서 다루고 있는데, '환경 설계에 의한 범죄방지'

(Crime Prevention through Environmental Design, 이하 CPTED) 혹은 '상황적 범죄예방'이라 불리는 정책이 중요하다. 이 범죄정책에 대해 책에는 다음과 같이 나와 있다. "금세기 범죄학자가 취해 온 범죄방지에 관한 주류적 접근법approach은, 범죄의 '상황'이 아니고, 범죄자가 죄를 범하는 경향이 있다는 관점에서 사회의 다른 사람과는 기본적으로 다름을 전제하고 있다. 이런 접근법을 통해 범죄자가 갖는 소질을 정확하게 확인할 수 있다면 범죄방지 수단도 고안될 수 있다고 할 것이다"(Poyner, 1983). 실로 '소질' 있는 범죄자, 즉 호모 크리미날리스homo criminalis를 기축으로 하는 발상 자체가 이제는 방기되지 않으면 안 된다고 말하고 있는 것이다. 이 새로운 범죄학은, 시카고학파의 범죄학과 근본적 발상을 공유하고 있다고 할 수 있다. 일찍이 푸코는 강의(『생명정치의 탄생』)에서 시카고학파의 경제학자 게리 베커에 대해, 그가 범죄에 대한 논의에서 심리학적·생물학적 요소를 일절 추방하면서, 19세기적 호모 크리미날리스homo criminalis를 호모 에코노미쿠스homo oeconomicus로 대체하고 있다고 평가한다. 즉 이 호모 에코노미쿠스는 아담 스미스가 묘사한 것과 같지 않으며, 초기 자유주의가 '재활성화'되는 동시에 '근본적으로 전도'되고 있다는 것이다(Gordon, 1991 : p. 43). 아담 스미스 혹은 스코틀랜드 계몽학파에게 주체란, 그 활동에 정부가 일체 간섭해서는 안 되는 것이었다. 한편 베커 혹은 시카고학파의 신자유주의에서 주체는 보다 비가역적인 요소가 된다. 결국 그것은 "행동주의와 손을 맞잡는다". 호모 에코노미쿠스란 조작가능한 인간이고, 쉽 없이 그 환경의 쇄신에 대응하는 인간인 것이다.

'환경에 의한 범죄예방' 혹은 그 연장선상에 있는 상황적 범죄예방은, 이러한 인간의 '문제화'를 실질화한 하나의 범례가 된다. 이 전략의 핵심 개념은 '방범공간(방어 가능한 공간)defensible space이다. 원래 이 개념은 미국의 건축가 오스카 뉴먼의 착상에 따른 것인데, 이는 1970년대에 제기되자

마자 큰 반향을 일으켰다.[17] 거기서 뉴먼이 어떤 안전security 본위의 도시 만들기를 제기했는지 그리고 그것이 현대도시공간의 편성을 둘러싼 권력의 전략에서 어떻게 코드화되고 있는지에 대해서는 '4장'에서 더욱 자세히 다루기로 하고 여기서는 핵심만 정리해 보자. '방범공간' 개념의 핵심에는, 도시환경의 설계·관리가 범죄와 크게 관련돼 있으며 그로 인해 환경의 설정 자체에 따라 범죄가 증감한다는 발상이 자리잡고 있다(Newman, 1972; Poyner, 1983; Crow, 1991). "다소 세속화된"(Poyner, 1983: p. 14) 인류학, 행동주의의 영향을 받으며 뉴먼은 영역성, 자연스런 감시, 이미지, 환경이라는 네 가지 점에서 범죄의 리스크 떨어뜨리기 위한 환경의 구축을 제안한 것이었다. 이 '방범공간'이란 발상을 축으로 제시된 범죄정책·도시정책이 CPTED이고 상황적 범죄예방[18]인 것이다. "인간에 의해 만들어진, 환경의 적절한 디자인과 효율적 사용에 의해 범죄에 대한 불안감과 범죄의 발생을 감소시키고 삶의 질을 향상하는 것이 가능하다"(Crow, 1991). 실제로 CPTED에 대한 제안은 거리와 도로 등의 분할에 의한 영역성 획득에 그치지 않고 조명, 온도 등에 사람이 어떻게 영향을 받는가에 대한 보고로 넘치고 있다.[19] 이런 환경 조작에 따라 "범죄와 범죄에 대한 불안감을 감소시키기 위한 행동적 효과behavioral effects를 만들어 낸다……"(Crow, 1991).

---

17) 이 급속한 영향의 전파는 통상, 그 범죄에 대한 실효성에서 찾을 수 있다. 하지만 오말리(O'Malley)는 이런 논란이 사실 무엇이 성공했고 무엇이 실패했는지에 대한 정의를 둘러싼 정치적 투쟁이라고 말한다.
18) 상황적 범죄예방은, 미합중국은 물론 영국, 호주를 시작으로 세계의 형사정책에 거대한 영향을 주었다(O'Malley, 1992:p. 261). 그 특성을 다음과 같이 정리할 수 있다.
 · 범죄학자의 주된 관심사는 예방이(지 갱생이 아니)어야 한다.
 · 법률위반자를 교정할 수 있는지 아닌지는 누구도 알 수 없다.
 · 형벌 그리고/혹은 투옥은 특정 법률위반자의 통제에 중요할 것이다.
 · 범죄행위는 첫째로 잠재적 피해자의 환경을 직접 변경함으로써 통제할 수 있다.
 · 범죄통제 프로그램은 사후적인 것이 아니며, 그것이 생기기 전으로 초점을 두어야만 한다.
 · 범죄 기회가 한정되면 그만큼 범죄자의 수는 줄어든다.
19) Poyner, 1983; Crow, 1991. 특히 후자를 보라. 이 저작의 거의 절반이 조명에서 건축에 이르기까지 인간의 오감을 일탈저지의 배치로 편입시키기 위한 구체적 예로 가득 차 있다.

CPTED, 상황적 범죄예방에는 ['선택' 개념이] 합리적 선택이론, 공공선택이론 등과 공통되게 신자유주의 패러다임에서의 '선택'choice 개념으로 변경되고 있다. 초기 자유주의에서 선택이란 자신의 자연적인 이익계산에 대해 경제적 행위자가 행위를 실현할 때 행해지는 합리적 반응이었다. 그러나 신자유주의의 경우, 환경이나 공간에 작용을 가함으로써 계산 가능하며 조작될 수 있는 인간의 근본적 능력으로 파악된다(Dean, 1999 : p. 159). CPTED, 상황적 범죄예방이란, 실로 이러한 인간상을 중핵으로 포착하고 있던 것이다.

이 범죄정책·도시정책은, 순식간에 세계로 확대되었는데, 팻 오말리Pat O'Malley는 이 상황적 범죄예방을 '보험수리적'保險數理的인 것이라고 특징짓는다. 그러나 중요한 점은 다음에 있다. '4장'에서 언급하겠지만, 일찍이 '보험수리주의'는 '사회적인 것'과 밀접히 연관되어 있었다. 그리고 그 연관 안에 '교정주의'가 자리 잡고 있었다. 하지만 그와는 반대로 범죄예방 프로그램은 이미 사회적 원인론을 회피하고 있다. 그것은 신자유주의 일반이 그러하듯, "인문·사회과학의 인간학적 범주나 틀을 일소한다"(Gordon, 1991). 환경범죄학은 법률위반자에 대해 관심이 없으며, 일반적으로 교정주의에 적대적이다(O'Malley, 1992 : p. 262). 그리고 그 배경에는 '사사화私事化된privatized 보험수리주의'로의 (부분적) 전환이 있다. 이를 어떻게 볼 것인가?

일찍이 보험수리 기술은, '사회적인 것'의 탄생을 가능하게 했다. 피에르 로장발롱Pierre Rosanvalon이 지적했듯이, (아마 폴리차이국가에 해당될) '보호자국가'를 '복지국가'로 전환시키기 위해서 통계 기술의 활용이 이루어졌는데, 이때 보험수리 기술은 '연대' 관념의 성립을 토대로 하여 리스크의 사회화를 가능하게 했다. 이를 통해 푸코가 이전에 '범죄학의 미궁'이라고 불렀던 딜레마를 해소하려 한 것이다. 범죄에 [어떤] 원인이 있다 함은, [개인의] 책임을 감소시킨다. 그런데 사법의 담론에 있어서 범죄는 책임과 연관될 필요가 있다. '2장'에서 말하겠지만, 일찍이 이 딜레마는 민법영역에서 발전한 리스크 관념을 매개로, '사회적 책임'이라는 이념을 거쳐 존재와 책임을 결합시킴으로써 해소되었다. 어느 쪽이든 동향은 교정이라는 목표——규율권력을 떠받치는 이념——와 관련하게 되고, 형벌적 측면은 희박하다고 할 수 있다. 그에 비해 사사화된 보험수리주의에 있어 리스크는 사회화되는 것이 아니라 개인이 처리해야 할 요소(사적으로 선택해 가입하는 보험, 사적으로 구입하는 시큐리티 상품 등등)가 된다. '새로운 신중주의'new prudentialism가 탄생한 것이다. 상황적 범죄예방과 그 배경에 자리한 사사화된 보험수리주의 범죄학 앞에서 [범죄의] 원인 관념 그 자체를 우회함으로써 [개인의] 책임이 그리고 개인의 중요성이 부활되고 있다. 그래서 이 상황적 범죄예방은 '올바른 응보'에서 기인하는 형벌적 정책 혹은 '법과 질서'의 접근법과의, 즉 신자유주의 혹은 신보수주의와의 친화성이 매우 커지는 것이며(O'Malley, 1999:p.xvi) 더욱이 한편에서는 이러한 '신중주의', 개인주의적 차원의 강조와 병행해 '사회적인 것'에서 철퇴된 리스크 개념에 따라 리스크 집단을 범주화하고 예방을 강화할 수 있게 한다.[20]

b) 뉴라이트—신보수주의와 신자유주의

'서장'에서 멘털리티리는 측면에서 다뤘던 '뉴라이트'에 대해 다른 관점에서 생각해 보자. 즉 신보수주의와 신자유주의의 결합[21]에 대한 이야기이다. 여기서는 특히 중요하다고 생각되는 점에 한해 언급하고자 한다.[22] 대처리

---

20) 이에 대해서는 '4장'에서 다시 다루고자 한다.
21) "뉴라이트를 부각시키는 것은 자유경제의 전통적 자유주의와 국가 권위의 전통적 보수적 옹호의 통합이다"(Gamble, 1988).
22) 신자유주의와 신보수주의의 연관은 도저히 여기서 논할 수 있는 과제가 아니다. 일단 이들 요소를 딱 잘라 분리할 수 있는 게 아니라는 점을 지적할 수 있다. 하지만 이를 더 파고 들어간 검토는 다음 기회로 미루고자 한다.

즘의 배경에 하이에크 사상이 있음은 주지의 사실이다(Gamble, 1988). 그 런데 신자유주의와 신보수주의가 결합하는 양상을 알기 위해서는, 대처주 의자들이 받아들인 하이에크의 논리구조를 이해해야 한다.[23] "사회 같은 것 은 없다"고 드높여 선언하는 대처에게 '사회'란, 자유freedom를 배반하는 것 이었다. 하이에크에게 법의 지배란 법실증주의 비판을 함의하는 것이라고 앞서 서술했지만, 거기서 법이란 자연법도 아니고 실증주의 법학이 말하 는 주권자가 명령하는 법률thesis도 아니다. 그것은 자생적인 것으로서의 법 nomos이었다. 하이에크가 말하는 자유란 문화적 진화 과정에서 생성되는 것으로 이 문화적 진화가 시장 가치와 규칙을 결정해 온 것이다. 여기서 하 이에크, 시카고학파, 오르도학파에게 공통적인 자유 관념의 '반자연성'을 찾을 수 있다. 신자유주의가 곧잘 문화적으로 극히 보수적인 입장을 제시 하거나 그러한 담론과 결합하는 사태 이면에는, 자연도 아니요 '사회'라는 인공성·창설성도 아닌 제3의 차원, '문화'를 중시하기 때문이다. 즉 문화와 하이에크의 자유란 불가분인 것이다. 자발적 사회질서의 진화 과정에서 발 전해 온 행위의 가치와 규칙이 문제적인 것이며 신자유주의가 보수적 요소 와 친화적인 이유는 '자발적 사회질서'라고 간주되는 질서들, 그 중에서 시 장과 결부된 가치와 규칙의 부활을 계획하기 때문이다.

그렇지만 뉴라이트의 존립성에 대해 조금 더 생각해 봐야 한다. 왜 신자 유주의의 에토스는 보수적임과 동시에 '급진적'radical인가. 그 이유는 미첼 딘Mitchell Dean이 지적한 "이중화와 포개짐의 과정에 의해 그것이 고유한 도 구와 에이전시를 가지던 신규의 영역으로 이러한 가치와 룰을 다원화해 분 기시키기" 때문이다(Dean : p. 162). 아마 이 점이, 대처리즘이 하이에크와 동시에 오르도학파의 '구축주의'도 겸비하고 있는 이유일 것이다. 더욱이

---

23) 역시 유명한 이야기지만 하이에크 자신은, 자신이 보수주의자가 아니라는 입장을 기술한 논문을 썼다.

대처리즘을 넘어서 현재 전체 자유주의가 공유하는 새로운 경향을 표현하고 있다는 의미에서 이 지적은 매우 중요하다고 본다.

c) 실업정책 — 실업자에서 구직자 job seeker로

대처리즘을 필두로 실제 헤게모니를 잡은 신자유주의 통치는 "통치의 일반적인 목표로서 보자면 하이에크와 공통되지만 그 특정한 전술은 하나의 통치적 구성주의이다."(Dean, 1999 : p. 161) 서독의 전후 부흥에 한몫한 '네오리버럴'의 한 버전인 오르도학파에 대해 푸코는 1979년의 강연에서 다음의 두 가지를 지적했다고 한다(Gordon, 1987). ① 구성주의적, 반反자연주의적 측면의 강조. 오르도학파에게 시장은 자율적이지만 자기 유지적인 질서로 간주되지는 않는다. 시장을 유지하기 위해서는 적극적인 개입정책이 요구되며, 이 과제가 통치적 활동의 근본적 합리성을 구성하고 있다. ② 반숙명주의적 성격과 관련된 강조점. 수많은 주석자가 베버의 탈마술화라는 주제에서 발견하는 문화적 페시미즘을 결여하고 있는 베버주의의 한 버전. 요컨대 근대적 대중사회의 도덕적 공허·방향상실이란 자유주의 경제 시스템의 직접적인 귀결이라는 테제. 푸코에 따르면 오르도학파는, 주로 좀바르트 Werner Sombart로 소급할 수 있는 이 테제에 격렬하게 적대하는 자이다. 이 현상은 오히려 근대 독일의 모든 정치적 체제에 의해 성공적으로 실천된 반자유주의 정책의 귀결이라고 그들은 생각했다. 여기서 ①이 중요하다. 가령 오르도학파의 레푸케에 의하면, 경제적 자유주의의 오류는 시장이나 경제가 필연적으로 도덕적 전제를 산출한다고 보는 것에 있으며, 도덕적 전제는 시장이나 경쟁의 외부에서 주어져야 한다. 이는 '시장의 비대칭성'Asymmetrie des Marktes(古賀, 1985)이라는 인식과 연결되어 있다. 시장은 사회 전체의 일부라는 것이다. "오르도학파에 있어…… 주요한 사회정책의 문제는 경제적 시장의 반사회적 효과가 아니라 사회의 반경쟁적 효과이다.

현실 세계에서 경쟁이 기능하기 위해서는 특정 장치의 적극적이고 실증적인 제도, 법적 제형태 즉 자본주의 **시스템**이 필요하게 된다".

'이중화와 포개짐'에 의해 시장의 힘을 지금까지 생각 못한 영역으로까지 확대하는 것은, 푸코가 시카고학파에 대해서 내렸던 정의와도 맞아떨어진다. 아니 그보다 어떤 의미에서 시카고학파는 오르도학파를 넘어섰으며 더군다나 더 나아갔다. 오르도학파보다 더 야심찬 시카고학파의 시도에 대해 푸코는 "'사회적인 것'을 '경제적인 것'의 형태로 포괄해 다시 쓴 것" (Gordon, 1991 : p. 43)이라고 규정한다. 시카고학파의 문제는, 앞에서 다뤘듯 경제 자체를 넘어서 합리적-경제적 모델을 확대하는 것, 그리고 이를 통치적 활동을 한계 짓는 동시에 합리화하기 위한 원리로 일반화하는 것이다 (Becker & Becker, 1997 ; Friedman & Friedman, 1980). 그리고 이 신자유주의에 의한 (준)시장원리의 전면적 증식을 향한 충동의 배후에는 다음과 같은 과제가 제기돼 있다는 점이 매우 중요하다. 이 점은 신보수주의와 신자유주의와의 연관을 고찰하기 위해서도 중요하다. 미국의 신보수주의가 제기한 '부富와 덕德'에 대한 오랜 문제의 새로운 버전이 그 과제이다——**통치당하는 자가 유덕한 존재가 아닐 경우, 그 자율을 통해 통치하기 위해서는 어떻게 해야 할까**". 부패한 정치가, 관료, '대항문화' 등의 위험하고 사악한 발상, 개인 책임 등의 규율을 가르치지 않는 학교, 관용적인 도덕, '안이한' 이혼, 복지 프로그램과 같은 의존증의 온상이 되는 그런 사회적 정책 등등이 타깃이다. 이 점에 대해 신자유주의와 신보수주의는 [문제의] 진단을 공유하여 다음과 같은 문제를 [다시] 정립한다. "이러한 무리가 자신의 책임을 받아들이고, 다시금 덕德 있는 시민으로 인도될" 필요성이 있다는 것(Dean, 1999 : p. 163). 그리고 덕 있는 시민으로 이끌기 위해서, '하나의 문화혁명'이 문명화의 진화 과정과 결부된 여러 가치, 특히 시장(그리고 가족)과 한데 묶여 도입되었다.

이 지점이 바로 오르도학파와 하이에크, 시카고학파가 한데 묶여 '신자유주의적 통치 합리성'이라고 불릴 만한 일반성을 갖게 되는 장소이다. 그리고 이는 또한 네오 사회민주주의의 '윤리적'인 요소가 얽히는 장소이기도 하다. 한편에서 긴축재정·적자감소·규제완화를 명목으로 하는 통치·정부의 후퇴. 다른 한편에서 정부(통치)에 의한 시장의 적극적인 구축. 하이에크에 있어서 본래 비판의 대상이었을 터인 오르도학파의 '통치적 구성주의'constructivism가 여기에서 교차되며 이는 시카고학파의 제안을 발판으로 [더욱] 나아간 것이다.

이에 대해 딘이 소개하는 오스트레일리아의 실업정책의 예가 참고가 된다. 이 움직임에는 두 단계가 있다. 먼저 제1단계, '실업자'는 복지정책 속에서 응석받이로 방치된 의존증적 인간이라 낙인 찍히며 시장과 관련된 가치들에 의해 다시 단련돼야 한다(이는 '실업자'가 현재의 포스트포디즘이라는 조건 속에서 주어진 의미와도 관련되어 있다). 1983년부터 96년까지 권좌에 올랐던 노동당정부는 실업대책으로 '케이스 매니지먼트' 접근법을 도입하고 실업자의 자기책임을 강조하면서 시장지향의 목표를 도입해, 실업자는 이제 '구직자'job seeker가 되는 것으로 '문제화'된다. 실업 상태의 주체는 호모 에코노미쿠스로서, 즉 개인의 선택과 라이프 스타일의 결과 실업을 감수 중인 인간으로 파악되는 것이다.[24] 정부는 어느덧 실업 상태의 인간을 그가 단순히 나라의 구성원, 시민이라는 이유로 보호하지 않게 된 것이다. 따라서 실업자는 자립생활지원이나 케이스 매니저 등의 도움을 빌려 스스로 활동해야 한다.

이 배경에는 신자유주의하에서 '실업자'를 둘러싼 보다 일반적인 정책

---

24) 오늘날 영국에서 노숙인은 '러프 슬리퍼'(rough sleeper)라 불리고 있다. 이 또한 홈리스 상태를 자발적 선택의 결과로 '문제화'하는 방법이다.

의 전환이 있다. 이제 실업은, 거시경제 수준뿐 아니라 실업자 자신의 행동 수준에서도 개인의 구직활동을 활성화시킨다. 개인은 끊임없이 일자리와 고용기회를 얻는 데 필요한 기능을 연마하고 적극적으로 매진해 이를 관리·체크받으며 통치된다. 곧 "통제 체제에서는 무엇이든 끝이 없는 것이다"(Deleuze, 1990 = 1994:194쪽). 개인은 자신의 존재를 자본화함으로써, 자신에 대한 경제적 통치를 적극적으로 소화하는 에이전트로서 파악된다. 이와 병행하여 직장 내에는 자신의 기능, 자격, 기업가정신entrepreneur-ship을 고양하는 데 필요한 자기 경영/관리와 관련된 말과 설비가 등장한다. "이러한 사태는, 노동을 통해 자기 고양과 자기실현을 원하는 노동자 혹은 경영자의 욕구와, 유연화flexibility·경쟁력 향상·행동의 기민성·창조성 등 기업의 니즈needs를 연결하려는 시도로 볼 수 있다"(Rose, 1996:p. 339). 노동은 이미 헤겔의 논의와는 대조적으로 "사회적 의무로는 해석되지 않으며……노동의 습관의 사회적 효과에 의해 개인을 집단과 결부시키는 역할을 주요하게 맡고 있다고 보이지 않는다". 이 논리는 신자유주의뿐 아니라 신자유주의가 파괴한 커뮤니티의 활성화를 주창하는 네오 사회민주주의의 도시의 지역경제활성화 논리 저반에까지 관통하고 있다. 경제적 황폐를 막기 위해 기능과 유연성을 동반한 기업가entrepreneur적 개인의 활동을 활성화시켜, 자기 프로모션에의 열의를 고양하는 일련의 시도가 필요하다고 간주되는 것이다.

다시 오스트레일리아 노동당의 실업정책으로 돌아가면, 그곳에서 실업자는 '자유'를 특정한 방법[으로 사용하는 한에서], 즉 적극적인 구직자로 행사하는 한에서 그에 대한 보상으로서 직업소개를 받거나, 직업훈련의 기회를 제공받는다. 여기서 자유의 에토스는 다음과 같다. "우리의 방식대로 자유를 행사하는 한에서 당신은 당신의 자유를 행사할 수 있다."

다음으로 두번째 단계. 1996년에 정권을 잡은 자유당과 국민당의 신보수주의 정부는 노동당 정부가 개시한 신자유주의 개혁을 한층 진척시켜, 취업보장이라는 관념 자체를 폐지하고 공적인 원조에 의한 고용형성과 고용촉진조성계획에서 '손을 떼었다.' '직업소개업자'의 완벽한 경쟁시장을 설립하고자 한 것이다. 정부의 에이전시조차도 시장에서의 경쟁자로 재구축되었다. "국가와 구직자 사이의 계약은 구직자와 경합하는 '직업소개업자' 사이의 엄청난 계약을 대신했다." 여기서 앞서의 에토스는 다음과 같이 변형된다. "당신이 자유를 행사하는 데 지도와 훈련이 필요하다면, 우선 그러한 지도와 훈련으로의 접근access을 확보하기 위한 고용 서비스의 소비자로서 당신의 자유를 행사하라"(Dean, 1999:p. 161).

이상의 움직임을 다음과 같이 정리해 두자. 이 신자유주의의 변이체 variante는 지금까지 시장이 존재하지 않던 장소에까지 시장을 구축했다. 사실 이것은, 경쟁적 시장의 작동을 위해 사회적 환경을 구축하는 데서 멈추었던 오르도학파의 구축주의도 알지 못했던 작용이다. 오히려 여기서 우리는 앞서 기술한 시카고학파의 계획, 곧 경제 자체를 넘어 합리적–경제적 모델을 확대한다는 계획, 통치는 시장경쟁의 게임을 위한 그리고 하나의 기업 그 자체로서 작동되어야 한다는 계획, '경제적인 것'의 외부에 있거나 그와 적대적이라고까지 간주되던 생활의 영역 내부에서, 활동 혹은 실천적 시스템의 새로운 준–기업가적·시장적 모델을 구축한다는 계획과의 친화성을 발견해야 할 것이다(cf. Becker & Becker, 1997). 실업자도 '인적 자본'이며, 스스로 투자해 취업능력을 고양시켜야 할 기업체이다(cf. 澁谷·酒井, 2000). 그런 의미에서 실업자는 현명하게 서비스를 선택하고 효과적인 서비스를 구입하는 '신중한' '소비자'가 되어야 한다(Rose, 1999:pp. 164~165). 문제는 이미 정치적·사회적 목적을 위해 기업이나 사적인 서비스 제공 기관 등을 활용하는 것이 아니라, 사회적 통치 구조를 서비스·공급·전문적 기술분야의 시장과 결합하며 재구성하는 일이며, 시장 내부에서 실업자를 소비자로서 재구성하는 일이다(Dean, 1999 : p. 161). '노예에서 소비자로'——이것이 네오리버럴(진보된 리버럴advanced liberal)에 따른, 복지수급자의 주체성(의 부활) 이미지의 전환을 집약하는 표어이다.[25]

d) 구축과 철퇴——바우처voucher 방식과 준-시장의 구축

정부 자신의 에이전시조차 시장의 경쟁자로 재구축되는 이 '이중화와 포개짐'의 작용. 다음은 이 작용이 적용된 영역이 아니라, 그 적용을 가능하게 하는 기술의 하나에 주목해 보고자 한다. 이는 일본과 크게 관련된 것이다. 그를 위해서 여기에서는 '바우처(voucher, 증표·증명서·교환권·요금 보관표 등의 함의를 갖는다) 방식'에 주목하고 싶다. 이 구조를 제안한 것은 시카고학파의 밀턴 프리드먼이다(Friedman & Friedman, 1980).[26]

먼저 프리드먼은 교육에서 '과잉통치 사회의 병리'를 비판한다. 그 병리란, 부모 선택권의 상실, 즉 자신의 자식이 어떤 종류의 학교교육을 받는가, 어떤 학교로 진학하는가에 대한 선택권의 상실, 학교에 대한 권력이 부모에서 직업적 교육자의 손으로 흡수되는 것 등(Friedman & Friedman, 1980)이다.

이러한 '과잉통치 사회의 병리', 즉 통치와 자유가 배반되는 이른바 폴리차이적 과잉통치를 타파하기 위해 제안된 것이 쿠폰권 및 바우처 제도라 불리는 기술을 통한 새로운 통치양식이었다. 즉 지금 중앙 및 지방 정부가 학교교육에서 시행하고 있는 재정보조를, 교육을 받고 있는 아동이나 학생

---

25) '새로운 신중주의' 혹은 신자유주의에서 소비는 매우 중요하다. 일본에서 이전까지 거의 고려된 바 없던 소비사회론은, 이 신자유주의의 통치술 안에서 평가될 필요가 있다. 로즈는 다음과 같이 말한다. "그것 [새로운 신중주의—인용자]은 소비의 기술——광고, 시장 조사, 니치 마케팅 등——을 활용해, 특히 자신의 미래와 가족의 미래에 대한 불안을 부추겨 자신의 개별적 상황에 맞춰 계획된 보험을 구입함으로써 자신들의 운명을 지배하기 위해 투자하도록 촉진하는 것이다"(Rose, 1999 : p. 159).

26) 하이에크도 이 바우처 제도에는 찬성하고 있다(古賀, 1985 : p. 313).

들의 인원수대로 나누어서 쿠폰으로 지급하는 것이다. 그리고 이 쿠폰을 사립학교뿐만 아니라 공립학교에서도, 지역을 가리지 않고 이를 받아들이는 모든 학교에서 사용할 수 있는 자유가 부모에게 주어져야 한다. 이러한 예가 중요한 이유는 이 쿠폰권이 학교 밖의 제도에도 널리 응용되어, '사회적인 것'을 통한 통치로부터 시장 혹은 '준시장'을 통한 통치로의 변환shift에 주가 되는 기술을 구성하고 있기 때문이다.

특히 일본에서 그 의의는 중대하다. 일본에서 1990년대부터 진행되고 있는 사회복지 기초구조개혁을 보면, 조치제도[27]에서 계약제도로 바뀌는 흐름 속에서 한 나라가 급속히 신자유주의적인 선진국과 거의 같은 길을 걸어가고 있는 것을 볼 수 있다.[28] 그 이행의 요체가 바로 이 바우처 방식인 것이다.[29] 우리는 여기에서 바우처 방식이 어떻게 응용되고 있는가를 살펴봄으로써, ⓐ기존의 의미에서의 '사회적' 제도——국가나 국가에 속하는 전문가(공무원)의 역할——를, 시장원리를 통해 (준)사적인 제도로 어떻게 바꿀지 그리고 ⓑ나아가 기존의 '사회적' 제도와 관련 맺던 주체가 어떻게 변화되고 있는가에 대해 고찰해 보기로 하자. 그 전에 우선 바우처 제도란 무엇인가부터 알아보자.

신자유주의의 한 핵이 되는 기술이 바로 바우처 방식, 바우처권이다.

---

27) 조치(措置)제도란, 아사이(淺井. 2000:p. 71)에 의하면 ① 헌법 25조, 13조에 기초한 사회복지권, 행복추구권을 구체적으로 보장하는 시설 입소 서비스 제공을 위한 공적 책임 시스템이며, ② 사회복지권의 내셔널 미니멈을 필요한 모든 주민에게 보장하는 제도, ③ 민간사회복지사업을 조치위탁이라는 형태로 지급해, 사업전개를 재정적으로 보장하는 제도이다. 시바타(芝田. 2001:pp. 28~32)도 참조하라.

28) 2000년에는 '사회복지 증진을 위한 사회복지사업법 등의 부분 개정안'이 성립되고 있다. 여기서 사회복지사업법, 신체장애자 복지법 등의 관련 8법이 개정 대상이 되고 있는데, 사회복지사업의 '사회복지법'으로의 명칭변경은 상징적이다. 개칭 이유를 (당시) 후생성의 사회·원호(援護)국장은 다음과 같이 말하고 있다. "지금까지 사업자·제공자 중심이던 복지를 이용자 중심의 관점으로 바꾸어 사업자와 이용자를 대등하게 놓는다……"(芝田. 2001:p. 26). 시바타는 또한 이 개정의 특징을 다음과 같이 정리하고 있다. ① 조치제도 해체에서 계약제도로의 전환, ② 재계로부터의 요청에 응하는 형태의 사회복지 서비스 제공에서 공적 책임의 방기, ③ 공적 책임의 재정 지원으로의 왜소화.

29) 바우처 방식은 고령자 복지뿐만 아니라 유아보육에서의 활용도 제안되고 있다.

현재 이 바우처 방식에는 ① 공적 조성액분만큼 저렴한 값의 바우처를 받아, 자기부담분을 가산해 직접 지정사업자와 계약체결을 밟는 경우. ② 현금 조성을 받은 후, 자기부담분을 가산해서 복지서비스를 선택하는 경우. ③ 바우처를 받은 뒤 복지서비스를 사업체로부터 매수하는 경우 등의 패턴이 있다. 앞의 두 가지에 초점을 맞춰 검토해 보자.

ⓐ우선 '특수법인화'를 거론해야 한다. 바우처 제도에서 사업체는 독립채산방식으로, 또한 공적 기관은 개인과 사업자 간 계약의 코디네이터의 기능으로 한정되어야 한다. 바우처 방식에서는 이렇게 해서 국가로부터 '사회적' 장치가 분리될 수 있게 된다. 왜냐하면 민간기업에 대한 공적지원이 현행의 사업자 보조방식으로는 불가능하기 때문에, 바우처 방식을 통해서 공적지원을 이용자 보조로 변환시킴으로써 기업을 지원할 수 있기 때문이다. 요양보험에 대해서 경단련經團連의 1996년 보고서[30]는 다음과 같이 서술하고 있다. "간호가 필요한 고령자 본인에 의한 서비스의 선택, 서비스 사업주체 간의 경쟁을 통해서 효율화를 꾀한다는 이 관점에서, 시정촌市町村[한국의 시市, 구區, 동洞에 해당]은 간호서비스 구입을 위한 바우처를 교부한다".

ⓑ자기책임화. 바우처 방식은 사회복지제도를 조치 방식에서 계약 방식 중심으로 전환한다. 이를 통해 일찍이 조치제도 방식에 포함된 행정기관, 서비스제공자, 이용자 간의 권위적 위계를 수평화한다는 의도를 내걸고 있다. 일본에서 매우 잘 쓰이는 말이 '성숙사회'인데, '성숙사회'에서 개인은 자립해야 하며, 이를 행정기관·서비스제공자가 촉진해야 한다는 내용이다. 그렇기에 조치에서 계약으로, 이용자와 행정, 서비스제공자 간의 관

---

30) 일본경제단체연합회(經團聯), 「국민의 신뢰를 얻을 수 있는 의료보험제도의 재구축」(淺井, 2000 : p. 37에서 재인용).

계를——(준)시장화에 의해 소비자와 기업과 같은 관계로—— 재설정함으로써 이용자의 선택가능성을 높이고 서비스 내용의 정보제공을 충분하게 해 위계적 관계를 평등하게 만든다고 되어 있다.

이러한 추세에 맞춰 공적 기관은 '조치의 실시자'에서 코디네이터의 기능으로 전환되고 있다. 거칠게 정리하자면 "시정촌은 이용자에게 복지서비스의 상담과 정보를 제공함과 동시에 필요에 따라 알선 또는 조정 등을 행한다"(淺井, 2000:p. 59). 이전 조치제도에서 각 자치부의 역할은 '조치의 실시자'였지만, 기초구조개혁에서는 개인과 사업자 간 계약의 알선·중개역할로 조정된다.

이는 '준시장'quasi-market 구축을 통한 통치라고도 할 수 있다. 다른 하나, 영국의 예를 들어 보자. 1990년의 '보건 서비스와 커뮤니티 케어에 관한 법률'에 의해, 영국에서 지역보건국은 서비스 구입 당국이 되었다. 이제 병원을 운영하거나 지역의료를 직접 제공하는 곳이 아니게 된 것이다. 이때 쓰인 것이 바로 '준시장'이라는 운영방식이었다. 준시장은 다음과 같이 설명된다. "정부는, 이 영역에서 시장의 실패, 즉 이용자 측 정보가 모자라고, 이기적인 제공자가 그들의 지식을 독점적으로 이용할 가능성이 있는 그런 영역에서 시장은 실패한다는 경제학자의 논의에 주목해, 거기서 선택된 기구가 '준시장'이었다. 이 시장에서 서비스에 대한 자금을 제어하는 국가의 권한은 유지된다. 서비스의 배분과 자금의 배분을 분리하고, 그에 따라 전자가 더욱더 공평하게 배분되도록 한다. 그러나 국가는 서비스를 제공하는 대신 고객을 찾아 서로 경쟁하는 독립 제공자의 손에 서비스의 제공을 맡긴다. 국가는 이 서비스를 구입하는 이용권을 개인에게 주거나 이용자 대신 서비스를 구입해 주는 대리인을 지명하거나 해서 거기에 자금을 제공한다"(Le Grand, 2000:p. 35. 芝田:p. 42에서 재인용).

3) '사회적' 기술과 전지구화

이상의 신자유주의 패러다임은 일반적으로 '제3의 길'이라고 명시되는 네오 사회민주주의와 대부분을 공유하고 있는 것인데, 신자유주의에서 개인이 강조된다면, 네오 사회민주주의는 여기에 커뮤니티를 더함으로써 자신의 독자성을 그려 내려 하고 있다. 이른바 '중도좌파'까지 거둬들임으로써 '헤게모니화한 신자유주의', 혹은 '완전히 정착된 신자유주의'는 오늘날 '진보된advanced 자유주의'라고도 불리고 있다. 이렇게 되면 자유주의와 공동체주의란 공히 '포스트모던 국가'의 권력배치를 두 측면에서 반영한 것에 지나지 않는다는 네그리 등의 비판이 중대한 의미를 갖게 된다. 신자유주의뿐 아니라, 오늘날 공동체주의적인 패러다임을 배경으로 하면서 (일견) 신자유주의적인 것의 대항원리로 대두되고 있는 네오 사회민주주의도(분권에 의한 지역 활성화, 시민의 지역정치 참가, 자원봉사자 주체와 행정이 제휴해서 이뤄지는 지역복지 등등, 커뮤니티를 축으로 한 시민사회 활성화라는 비전을 포함) 같은 경향 속에서 파악할 수 있게 된다. 어느 쪽 세력도 우선 '사회적인 것'을 통한 통치로부터의 이탈shift을 지향한다는 점에서 공통된다는 점을 확인해 두자. 통치성론에서 볼 때, 이러한 이탈은 '사회적인 것'을 통한 통치에서 '개인'과 '커뮤니티'를 통한 통치의 변환이라고 요약된다. 외적인 힘들을 매개하는 장치이던 복지 제도, 혹은 여러 전략이 '사회적인 것'('시민사회')을 통해 통치하고자 하는 기획에 맞서, 이 네오 사민주의적 자유주의까지 포섭하는 개념인 '진보된 자유주의'의 통치전략은 다음을 문제로 삼는다. '사회' 없이 통치하는 것, 즉 자율적인 에이전트——시민·소비자·부모·피고용자·경영자·투자가——가 규제되고 또한 설명책임accountable이 있는 선택을 통해 통치하는 것, 이는 신자유주의에서 이미 질문이 됐던 것이다. 게다가 진보된 자유주의는 특정 '커뮤니티'에의 충성을 고양하고, 거기에 작용함으로써 통치하는 것이 가능한가에 대해 물음으로서 이와 같은 신자유주의의 과제를 보강하려 한다.

이 경우 '자유'는 어떻게 활용돼야 하는가. 여기서 상세한 검토는 다음 기회로 미룰 수밖에 없겠다.[31] 종래 국가 개입의 스태프로 간주되던, 공과 사의 틈에서 사회적인 것을 구성해 왔던 전문가의 배치전환에 특히 주목하여 고찰하는 니콜라스 로즈Nikolas Rose의 견해를 먼저 따라가 보고자 한다.

a) 전문가와 정치의 관계 변화

시장화에 의해 자유를 활용하라. 이 명령을 받아들여, 많든 적든 복지국가에서 직접적으로 정치적 통치(정부)의 기구와 목표에 자리잡고 있던 전문가를 시장 메커니즘에 위임하고, 정부와 전문가 간의 거리를 만드는 사태. 국가장치로부터 복지기구의 분리, 사유화('민영화')로 드러나는 사태이다.

여기서 분리에 대해서 하나의 관리(감시) 권력이라고 해도 좋을 기술이 수반되고 있다는 점에 주목해야 한다. 복지의 기술이 전문가에게 하사한 권력은, 전문가로 하여금 폐쇄구역을 형성할 수 있게 했다. 그들의 권위는 그들의 결정이나 활동을 지배하고자 하는 외부의 정치적 시도로부터 차단됨으로써 방어되어 왔던 것이다. 그와는 대조적으로, 진보된 자유주의의 통치양식은 하나의 '형식적인' 특성을 갖고 있다. 이전에 인간의 행동에 대한 실정적인 앎에서 유래한 권력이, 이제는 회계나 재무관리와 같은 평가제도에 위임된다. 이제는 권위에 대해서 비판적인 조사를 가하기 위한 일련의 새로운 기술——감사·회계사무 등——이 전문가의 방어벽을 돌파한다. 그리고 이러한 앎 또한 진리를 천명하지만 그 성격은 사회·인간과학의 그것과는 다르다. "이러한 '그레이 사이언스'gray science, 수치화·계산, 모니터링, 평가의 노하우는 신중함과 동시에 전능하고, 한정되어 있지만 일견 무한정

---

31) 시부야와 사카이(澁谷·酒井, 2000)는 불충분하지만 그러한 시도의 첫걸음을 시도하고 있다.

하다. 그것은 의료 수속의 적절성에서 대학 학부의 존속 가능성에 이르기까지 다양한 문제에 적용 가능한 것이다"(Rose, 1996b : p. 54).

b) '사회적' 기술의 새로운 다원화

이전 복지국가에서 사회적 시민과 그들의 상호의존이 만들어 내는 사회의 관련을, 책임 있는 개인과 그들이 자기 통치하는 커뮤니티 간의 관련으로 변환하는 것. 좌우를 막론하고 모든 정치적 입장들이 이를 위한 사회적 기술의 재구축을 위해 그 프로그램을 공유하고 있다. 이 변화의 과정에서, 20세기 정치장치에 수렴되도록 기능하는 단일 네트워크에 편입되어 있던 갖가지 규제적 기술이 그로부터 떨어져 나오고, 그 대신 여러 가지 자율적인 요소──가령 기업·조직·커뮤니티·전문가·개인──의 힘과 의지의 형성을 통한 통치 형태가 채택되고 있음을 볼 수 있다. 여기에 수반되는 것이 바로 특정 산정양식을 여러 에이전트 속에 '위치시키는' 것, 헌신과 봉사 같은 유의 규범norm을, 경쟁·퀄리티·소비자의 요구 등과 같은 규범norm으로 치환하는 것이다. 또한 거기에는 다양한 설명책임의accountable 네트워크 확립, 설명책임accountability과 책임의 흐름에 대한 근본적인 쇄신이 동반된다. 가령 전술했듯이 거기에서 '특수법인화'라 간주되는 현상을 볼 수 있다. 현재, 준자율적 비정부조직이 증식하고 있다. 그것은 독자적인 재정부문을 안고 보전이나 투자를 규제/조정하는 등의 규제적인 기능이라든지 도시지역의 통치 및 재생을 위한 새로운 기관의 대두에서 볼 수 있는 그런 계획기능planning, 나아가 학교졸업자의 트레이닝을 공급할 책임을 지니는 조직의 대두에서 볼 수 있는 교육적 기능을 스스로 갖추게 되어 있다. 게다가 행정활동·감옥·경찰의 민영화 등도 수반되고 있다. 이러한 움직임은 바우처 제도에 대해 봤듯이, 이들 기관의 통치를 위한 수단의 발명과 배치와 연결되어 있다. 계약·목표·지표·작업효율의 척도·모니터링·평가 등이 이들 기관의 활동을 통치하기 위해 사용되고, 다른 한편 그것들 앞에 자신의 활동을 위한 결정력과 책임의 자율을 내려준다. "여기에 함의된 정치권력의 배치는 이미 국가와 시장의 대립으로 생각해도 이해할 수 없다. 정치적 권위들에 의해 형성되고 프로그래밍된 이 새로운 메커니즘은 여러 조직의 이질적 배열의 계산과 활동을, 규제된 자율적 수단화를 통해서 '원격조작'하여 통치함으로써 정치적 목표와 결부되게끔 활용된다"(Rose, 1996b : p. 157).

이러한 전문가와 정치의 변화, '사회적' 기술의 다원화는 전지구화에 대한 대응, 즉 순응의 집약적 형태이며, 그 전략에서의 차이가 신자유주의(진보된 자유주의)의 여러 버전을 규정하고 있다고 할 수 있을지도 모른다. 이 논점에 대해서는, 앞서 언급한 몇 가지 메모식 지적으로 그치겠지만, 여기에서 우리는 다음과 같은 두 가지 대조적 극에 속하는 논의는 피하고자 한다. 우선 말할 것도 없는 것이지만, 전지구화가 국민국가를 무화無化하고 있다는 것이 그 중 하나다.[32] 다른 하나는 비판적 조류에서 자주 볼 수 있는 입장으로서, 즉 국민국가의 '허구성'과 강력함을 강조하는 것이다. '국민국가비판'에 강하게 구애될수록, 전지구적 수준에서의 자본·'사회적' 제도·국제금융기관 그리고 특히 법·권력의 체제의 변형 ——거기에는 놀랄 만한 질質이 있을 터인데 ——을 누락시켜 보게 만든다.

우선 현재, 사회적인 통치하에서의 '사회적인 것'과 '경제적인 것'의 상호 상승의 존재가 부정되고, 오히려 [양자가] 적대관계에 있다고 간주되고 있다. 롤스에서 시작된 자유주의 논쟁을 촉발하고 있는 사태이기도 하지만

---

32) 예를 들어 오마에 겐이치(大前研一)의 『보더리스 월드』(新潮文庫)를 보라. 하지만 이런 담론의 조류에는 다국적 자본의 이해(利害)에 따라, 나아가 그 이해를 촉진하기 위한 규제 완화를 촉진하려 하는 요구가 들어 있는 경우가 많다. 또한 네그리와 하트의 『제국』(Negri & Hardt, 2000)과 같이 전지구화 속에서의 세계 편성에 대한 적극적 분석의 구축 시도에 대해, 곧바로 '마이너스식'의 비판이 이루어지는 경우를 특히 일본에서 잘 볼 수 있다. 하지만 우선 거기에 우리가 시도해 보지도 않았던 거대한 결락, 우리의 '마이너스'를 보아야 하는 것은 아닐까. 적극적인 구축에 대해서는 적극적인 구축으로 응해야 하는 것은 아닐까.

공평성과 효율성이란 이미 상보적인 관계에 있지 않은[않다고 보는] 것이다. 이는 이제 경제적인 것이 '사회적인 것'과 중첩된 국민경제로서는 그려지지 않는 사태와 관련되어 있다. 이것은 국가의 쇠퇴가 아니라 영토의 위치 변화를 시사하고 있다. 전지구화라고 불리는 사태에서 중요한 점은, 흐름의 공간에서 이미지화된 이 경제가, 그 중계점으로 국지적인 것을 요청하고 있다는 것이다(Castells, 1997 ; Sassen, 1996). 요컨대 전지구화 속의 네트워킹의 중계점으로서 복수·다원적인 통치의 재편성이 요청되고 있다는 것이다. 이것이 '통치의 탈국가화'라는 것이다. 즉 거기에서는 "국민경제라는 이름하에서의 사회적인 것의 통치를, 지역과 국경을 가로질러 흐르는 경제순환의 이익에 따른 특정한 지대 ──지역·거리·여러 섹터·커뮤니티 ──의 통치가 대신한다. 국경 내부의 시민들의 경제적 운명은 서로 분리되고 이제 각 개인 특유의 기업가정신·기능성·창의성·유연성이 어느 정도인지에 대한 함수로 이해되고 통치된다"(Rose, 1996b). 통치는 국가와 포개진 '정부'가 아니며, 특별히 '사적인' 차원을 향해서 이전하면서 다원화하고 있는 것이다. '민영화'에서 사스키아 사센Saskia Sassen은 소유제도의 변화 이상을, 즉 통치에 관련한 변환을 보고 있다. "그것은 공적 부문에서 사적 기업부문으로 이행하는 조정과 통치기관의 민영화이다. …… 중요한 논점은 정부관료제도 속에서 작동해 온 규제기능의 기업세계로의 이전이다. 기업세계에서 이러한 규제기능은, 기업의 경영관리기능 혹은 전문화된 기업 서비스로 재현되는 것이다"(Sassen, 1996).

또한 앞서 회계나 재무관리와 같은 평가제도에 대해서 언급했지만, 오늘날 신용평가기관과 같은 민간의 감시기관의 중요성이 부각되는 것은, 사센의 말처럼 종래 국민국가 내부의 법적 체제, 공적 규제를 민간 기능으로 변환시키는 기능까지도 달성하는 것이며, 여기에서 주권 기능의 커다란 변화를 발견해야 한다. "이러한 기관은 바야흐로 전지구적 자본시장의 질서와 투명성을 만들어 내는 데 열쇠가 될 기구機構이며, 그리하여 정부부채를 평가할 경우에는, 이러한 기관의 권위가 주권국가에 대해 커다란 힘을 가지게 된다. 국경을 넘은 기업 간의 분쟁을 처리하기 위한 주요한 방법으로서 국제상업중개의 발흥 또한, 이러한 사건——이런 종류의 사법의 민영화——에 의해 국가의 재판소가 중요성을 잃고 있음을 의미한다. 게다가 1998년, 1999년에 실시될 금융보고와 회계보고에서의 새로운 국제 룰은 국가 기능의 한 부분을 민영화된 국제 시스템으로 바꾸게 된다"(Sassen, 1996).

아마도 이러한 전지구화의 동태에 신자유주의가 제시한 자유주의의 합리성의 여러 버전이 접촉해, 새로운 권력의 전략지도를 그려 내고 있다고 할 수 있을 것이다. 국가의 통치화·통치의 국가화라는 과정process은, 주권·통치·규율이라는 세 가지 이질적인 권력 기술의 복합체로서 정의되고 있지만, 여기서는 특히 주권의 변모에 따라, 주권과 통치의 관계가 변화되고 있다. 그리고 그 동태 속에서, 규율권력의 위치저하로 보이는 현상이 생겨나고 있다고 할 수 있지 않을까.

마지막으로 이 장에서 확인해 두어야 할 것은, 신자유주의가 야기한 위와 같은 동향이 모두 '나쁘다'고 말할 것이 아니라는 점이다. "모든 것이 나쁘다는 것이 아니라, 모든 것이 위험하다는 것이다"라는 푸코의 말을 여기서 깊이 새겨 볼 만하다. 서장에서 보아 왔듯 우리는 이러한 신자유주의 혹은 네오 사회민주주의를 포함하는 진보된 자유주의가, 과잉된 여러 힘을 조정하는 하나의 조정 형태임을 인식하고 있다. 이러한 권력의 전략 전환은, 그렇기에 동시에 새로운 자유의 편성과 예속의 편성을 함께 품고 있는 것이다. 가령 일본에서 학교의 자유화는 이른바 '격차의 확대'와 시장 논리로의 한없는 예속을 야기하고 있지만[33], 다른 한편 우리 [일본의] 교육에서 자유의 영역을 확대할 잠재적 가능성을 품고 있다. 경제동우회經濟同友會의

'합교론'合校論[34]을, 포스트포디즘의 (과잉) 착취와 유연성flexibility을 통한 복종에서, 해방과 자유의 구성의 집단적 실천으로 전환하는 것도 충분히 가능할 것이다. 문제는 자유와 예속이라는 이와 같은 게임의 지도를 그리는 것이지, 성급하게 대안을 제시한다거나 행동을 지도하는 것이 아니다. 이에 대해서는 마지막 장에서 다루게 될 것이다.

---

33) 오우치(大內. 2001)의 정리는 매우 유익하다. 대학 개혁을 중심으로 한 일본의 교육 개혁은 야마네(山根. 1999)가 세심히 분석하고 있다.

34) [옮긴이] 경제동우회는 일본경제단체연합회 등과 같은 전국적 기업인 조직이다. 1995년 경제동우회가 발표하고 제안한 '합교론'은 정부에서 적극적으로 검토할 정도로 어느 정도 공론화된 제안이다. 이 제안에 따르면, 기존에 학교에서 전일적으로 맡던 교육은 이제 민간단체와 분담함으로써 기능화되고 효율화되어야 한다. 다시 말해 학교는 '기초교실', '자유교실', '체험교실'의 기능 중 '기초교실'의 기능을 맡아 주로 언어능력과 논리적 사고 및 국민적 전체성 교육에 주력하고, 나머지는 학교 바깥 기관에 맡기는 것이다. 따라서 자연이나 예술과목 및 사회적 체험을 위한 행사 기획 등은 학교 밖 문화교실 등이 담당한다. 학교의 역할을 최소화 시키고 민간기업의 역량을 강화시킬 수 있는 경제인 단체의 제안이 실제로 국가의 공적 기관인 학교를 움직일 수 있다는 점은 시사하는 바가 크다.

삶과 포개진 죽음
: 권력론

삶과 포개진 죽음 _권력론

1977년, 푸코와 데이비드 쿠퍼 등은 소비에트 연방에서 정치범을 정신병원에 감금하는 것에 반대하는 캠페인을 배경으로 한 대담(「감금·정신의학·감옥」)에서, 형사적 사법이 보안처분화하는 경향에 관해 다음과 같은 대화를 하고 있다(1977d:p. 341).

> **쿠퍼** 정식은 아직 이렇습니다. "타자에게 위험한가, 혹은 그 자신에게 위험한가."
>
> **푸코** 비꿔 말한다면, 그가 "타자에게" 위험하다는 것을 증명할 수 없다면 그는 "그 자신에게" 위험한 것입니다.

당신은 위험하다, 누구에게 위험하냐고? 바로 당신 자신에게. 그래서 우리는 당신을 당신으로부터 보호해야 한다(「자해타해自傷他害의 우려가 있는 자는……」). 그런데 이 도착된 논리는 근대 주체의 존재방식을 그 안쪽에서 비추고 있다고 할 수 있다. 나는 나에게 수수께끼이고, 또 그러한 나는 수수께끼를 해독할 수 있는 타자에 의해 보호받아야 한다, 설령 그것으로 내가 희생할지라도. 주체가 그 존재를 긍정받는 동시에 타자에게 양도되는, 보호 및 보장과 강제가 한데 포개지는 위태로운 장면을 여기에서 ——통상 우리 눈앞에 드러나던 경계를 붕괴시킴으로써 —— 발견할 수 있다. 근대적 주체가 자신 안에 끌어안은 불투명성 ——우리는 자신도 건드릴 수 없는 불투명성 ——을 품고 있고, 이는 반드시 이해해야 하며, 이해하기 위해서는 나의 외부에서, 진리의 심급에서 물어야 한다. 이렇게 해서 타자의 통제에 스스로 복종하는 주체가 형성된다. 이 메커니즘에 의해 해당 주체가 법의 경계까지 끌려 들어가는 것. 이른바 보안처분이 처벌을 대신하는 것과 같은 사태. 이 치환의 경향이 근대사회 안에 일관되게 상존한다는 관측이 푸코의 전제이다. 그리고 이 경향을 가능하게 하는 권력과 지식이 엮어 내는 배치야말로 『감시와 처벌』 이래 푸코의 권력론이 향하는 주요 장소이자, 이후 푸코의 온갖 관심 문제를 저류에서 떠받치는 한 참조축이라 보인다(인터뷰, 신문에 기고된 짧은 텍스트 등에서, 죽음 직전에 이르기까지 이 주제는 몇 번이고 다시 제기되었다). 여기서 근대사회에 대한 푸코의 관점이 응축되어 나타날 것이다. 또 그 장소를 실마리로 삼는다면 푸코가 사회 동향의 변화에 따라 미묘하게 문제를 전위轉位시켜 가는 움직임도 뚜렷이 드러날 것이다.

이와 같은 가정하에서 이 장에서는 푸코의 권력론과 그것에 내재한 (근대적) 주체에 대한 비전을, 이미 포스트-푸코적인 상황이라 해도 좋을지 모르는 현대의 움직임에 비추어 가면서, 가능한 한 분절화해 보고 싶다.

1. 처벌이란 무엇인가?

1) 심판하는 것의 불안

처벌이란 무엇인가? 사실 자명해 보이는 이 물음은 오늘날에 이르기까지 명확한 답을 찾지 못한 상태이다. 우리는 무엇을 처벌하고 있는가? 어떠한 근거로? 푸코는 이 불안과 고뇌가 처벌하는 측의 이들에게서 갈수록 격화되고 있다고 말한다. 사형제도의 유지/폐지 문제도 이 불안과 결코 무관한 것이 아니다. 사형폐지가 사형이 [범죄에 대한] 억제력을 갖는다는 실증적 영역에 관련된 초점뿐만 아니라, 우리의 형벌체계가 무엇을 처벌하는가라는, 형법의 원리를 건드리는 근본적 물음과 관계된다는 것만은 확인해 두자. 1977년 '심판의 불안'이라는 제목의 좌담회에서 로베르 바댕테르^{Robert} Badinter^{1}와 푸코 그리고 장 라플랑슈$^{Jean\ Laplanche}$ 사이의 논쟁에서 드러난 커다란 간극의 원천은 여기에 있었다.

이 대화는 라플랑슈와 바댕테르 간에 논점이 전혀 일치하지 않는 논쟁을 축으로 진행되었다. 라플랑슈는 자신이 사형 폐지에 찬성하고 있음을 먼저 밝힌 다음, 바댕테르에게 의문을 제기한다. 첫번째 의문은 바댕테르가 사형 폐지의 논거로 삼고 있는 '공리주의'에 대한 것이다. 여기서 '공리주의'란 앞서 서술한 것처럼 사형이 [범죄] 억제력이 없다는 근거를 통계학적 증명에서 구하는 것에 대한 비판이다. 사형이 야기하는 공포만으로 제대로 된 논의가 어떻게 가능할지, 만일 사형의 억제적 효과를 증명하는 통계가 나온다면 어떻게 할지, 그래도 바댕테르의 신념은 흔들리지 않을지, 라플랑슈는 의문을 제기한다(1977b : p. 282). 그러나 이보다 더 중요한 것은 또 하나의 비판, 즉 바댕테르의 모순된 입장에 대한 비판이다. 이를 요약하면, 변호사 바댕테르가 사법의 언어와 동시에, 그것의 성립조건 자체에 저촉되는 언어를 사용하고 있다는 비판이라 할 수 있다. 선의라고는 해도, 바댕테르의 행위가 무자각적인 인도주의에 의해 법적인 것의 근거를 스스로 무너뜨리고, 쉽사리 넘어서려 하는 것은 아닌가 하는 의구심이 거기 깔려 있다.

---

1) [바댕테르는] 말할 것도 없이 이후 미테랑 정권 시대에 법무부장관에 등용되어, 프랑스에서 사형 폐지의 주역이 된 인물이다. 일본어로 읽을 수 있는 문헌으로는 후지오카 마리코(藤岡眞利子)가 옮긴, 『死刑執行』(新潮社, 1998)이 있다.

푸코는 이 지점에서 논의에 개입한다. 바댕테르의 실천적 노력에 찬사를 보내면서, 푸코는 사형이 가능한 조건으로서, 오직 법규만 따르는 사법을 상정해 보자고 요청한다. "훔치면 손목이 절단되고, 부정不貞을 저지르면 성기가 찢기고, 살인을 범하면 머리가 절단됩니다. 여기에는 행위와 형벌 사이의 독단적이고 강제적 관계의 시스템이 있습니다. …… 그렇기 때문에 사형을 선고할 수 있습니다"(1977b : p. 288). 여기서 푸코가 조금 과장해서 논의의 구도를 정리하고 있다고 말할지도 모른다. 다시 말해 푸코는 언제나처럼 **법률적인 것**과 **규범**norm**적인 것** 내지 **규율적인 것을 구별해서** 문제를 정리하고자 하는 것인데, 여기서는 이른바 '절대적 응보원리'가 사법적 원리와 등치되어 있거나, 전형적인 것으로 [간주]되고 있다. 사형을 정당한 것으로 생각할 수 있는 것은 (행위자를 거치지 않고) 행위에 형벌을 고르게 대응시키는 응보라는 틀 안에서뿐이라는……. 여기에는 어떤 함의가 있는 것일까? 형법학에서는 고전학파(구파)라 불리는 패러다임에 자리매김된 P. J. A. 포이어바흐나 칸트에서 전형적으로 나타나는 이 응보원리의 논리적인 구성을 조망해 봄으로써, 우선 푸코가 '법률적인 것'juridique이라 부른 담론의 편제가 갖는 특성의 일단一端을 살펴보도록 하자.

응보원리란 그 이름처럼, 범죄와 등가적인 것으로 정해진 형벌을 기계적으로 대응시키는 것으로, [범죄의] 해악害惡에 등가의 해악·고통으로 응답하는 이른바 '범죄와 형벌의 등가교환'을 전제로 하고 있다(Pashukanis, 1967 ; 佐藤, 1989 ; 足立, 2000). 기본적으로 법률위반자의 개별적이고 구체적인 환경·상황이 어떻든 간에, 범죄행위에 대해 그것과 등가라고 간주되는 형벌을 대응시키는 것만이 거기에서는 문제인 것이다. 이 원리의 중핵을 구성하는 것이 자유의사와 책임이다. 특정 범죄행위에 그것에 상응하는 형벌을 부여하기 위해서는, 행위를 주체의 책임으로 귀속시킬 필요가 있다. 이때 특정 행위를 특정 주체에 귀속할 수 있기 위한 조건에는 그 행위가 자유의사에 근거한 선택이라는 계기가 존재한다. 즉 다른 행위도 할 수 있음('타행위가능성'他行為可能性)이 필요하다. 그 패러다임 내부에서의 차이는 어느 정도 존재하기는 하지만, 여기에는 계몽주의 혹은 고전주의 시대의 앎의 배치가 상정한 인간의 형상, **추상적 이성적 인간상**이 존재함을 알 수 있다. 예를 들어 칸트는 개인이 다른 개인의 목적을 위해 수단이 되어서는 안 된다는 주지의 원칙에 따라, 형벌에 어떠한 목적을 부여하는 것을 배제하여, 이른바 '동해보복론'同害報復論[2]에 근거한 절대적 응보론을 주창했다. 다른 한편 포이어바흐는 칸트 논의의 연장선상에서, 칸트 논의의 추상성을 비판하고 그 형벌의 자기목적성을 받아들이지 않고, '일반예방'을 형벌의 목적으로 설정했다. 포이어바흐에 의하면, 형벌법규는 특정 범죄의 결과로 어떠한 해악이 자신에게 부가되는지를 사람들에게 알려 줌으로써, '위협' 효과에 의해 범죄를 심리적으로 억제하는 효과를 갖는다. 하지만 물론 이 일반예방론은 응보론적 패러다임을 구성하고 있는 '등가교환'의 논리를 보증하는 것이고, 어떤 의미에서는 그것을 완성시키고 있다. 포이어바흐의 이론적 기초는 공리주의이다. 그렇다고 한다면 인간의 행위원리인, 행위가 가져올 쾌락快과 고통苦의 계산에는 '거래조건의 명시'가 불가결할 것이다. 행위의 귀책歸責가능성의 전제인 자유의사에 따른 선택 가능성이 보증되기 위해서는 말이다. 이쨌든 여기에서 볼 수 있는 것은 주어진 데이터에 따라 고르게 이익을 계산하는 이성을 갖고 있다고 간주된 '시민'이다. 이는 파스키노Pasquale Pasquino가 말하는 '일반인간학'의 대상이다. 다시 말해 고전학파에게 범죄를 범한 자는 동시에 시민이기도 한 것이다. 파스키노는 여기서 부

---

2) [옮긴이] 칸트는 실천이성의 지상명령을 어긴 범죄인에 대해 범죄인에게 그가 행한 죄에 상응하는 형벌을 가해야 한다고 말한다. 그에 따르면 형벌의 근거는 실천이성의 지상명령이다. "범죄인을 처벌하는 이유는 그가 타인의 자유를 침해하지 않을 약속을 위반하고 실천이성의 지상명령을 위반하여 국민으로서의 자격을 상실했기 때문이다. 형벌은 정의라는 목적 이외에 다른 목적을 갖고 있지 않고 그 자체로 선한 것이다."

상하고 있는 인간의 형상을 호모 페날리스homo penalis(형벌인)라고 부른다. 이는 호모 에코노미쿠스와 마찬가지로, 자의적인 국왕의 권력행사를 제약할 필요라는, 그리고 시민사회의 기반인 법적 계약을 존중해야 한다는 만인萬人의 의무를 확인할 필요라는 이중의 역사적 움직임에 대응하고 있다(Pasquino, 1991:p.237). 더욱이 여기서 작동하고 있는 논리연관을 파스키노는 '법-범죄-처벌의 삼각형'으로 정리하고 있다. 주의해야 할 것은, 그곳에 법률위반자는 있어도 '범죄자'라 불리는 자가 존립할 여지는 없다는 것이다. (위법) 행위자는 행위와 법의 대조 과정을 거친 후에, 이런 조작적 과정의 효과로 비로소 나타나는 것이며, 형벌이론의 고전적 체제하에서 논리적으로 행위자, 즉 호모 페날리스는 행위 뒤에 처음으로 나타나기 때문이다. 나아가 이상과 같은 고전학파의 논의가 이른바 '죄형법정주의'에 밀접히 결부된다는 것은 이해하기 쉽다.

이렇게 끝까지 파고 들어가면 "눈에는 눈, 살인에는 살인"이라는 기본적으로 단순한 조응의 논리가 사형을 사고할 수 있게 만들고, 실행할 수 있게 만들었다. 그렇기에 푸코에 따르면, 사형이 부조리한 것으로 경험되기 위해서는 고유의 사법적 담론의 바깥으로, 더 특정화하자면 고전적 법체계(응보론적, 혹은 공리주의적 문제설정) 밖으로 나와야만 한다. 뒤에서도 좀더 상술하겠지만, 이전 형법학의 문제설정 틀 내에서 이 문제를 정리하자면, 구파 형법학(고전학파)에서 신파 형법학(근대학파)으로, 응보형에서 목적형 ──이는 형벌 정당화의 근거를 '법 질서 유지의 필연성'에서 구하며, 형벌을 '사회를 위한 방어수단'으로 위치 짓는다── 으로, 형벌에서 처우로의 이행('진보')이라고 해도 좋을까? '새로운 형벌 합리성'은 어떤 식으로든 사법적 주체의 평면에서 추상적 개인만을 대상으로 삼던 고전적 형법전에서 탈각을 꾀해, 구체적 개인에게 조준하고, 나아가 범죄 원인의 인과적 추구로 나아갔다. 처벌의 '개인화'가 사법개혁의 기치가 된다. '사실'의 영역에 대한 탐구를 사법적 평면 위에 등록하는 것, 처벌을 '사실'의 본연의 모습(법률위반자의 유전적 기질·성격·정신건강·사회 환경 등)에 종속시키는 것, 범죄의 사실적 원인을 규명해 내 거기에서 구제하는 것. 이것이 체사레 롬브로소Cesare Lombroso를 효시로 하는 실증주의 범죄학으로부터 신파 형법학으로[의 이행]라는 흐름에 집약된, '새로운 형벌 합리성'을 구성하는 지적 배치가 선회하고 있는 주제이다. 말할 필요도 없이, 이 새로운 지적 배치가 새로운 실천 체제의 대두와 맺는 관련이 푸코가 『감시와 처벌』에서 다룬 큰 주제 가운데 하나였다. 거기에서 그려진 그림에 따라 말하자면, 19세기에는 감옥이라는 장치에서 '가장 격한 강렬함'을 띠고 행사되는 규율권력, 그리고 그에 따라 형벌의 장이 자유의 박탈과 함께 '기술에 의한 개개인의 변화'까지 담당하게 되는 사태, 그것이 새로운 형벌 합리성이 형성되게 된 배경에 있는 것이다. "그러나 사법이 개인의 교정에 상관하게 될 때, 그를 바로잡기 위해 그 영혼의 깊은 곳까지 파악하는 데 관심을 가질 때, 모든 것이 달라집니다. 누군가를 심판하는 것은 인간이고, 사형은 부조리합니다"(1977b:p. 288).

처벌이란 무엇인가, 형벌에 근거는 있는가, 무엇을 벌하는가? 이러한 물음이 심판에 관한 불안이나 고뇌와 함께 솟아오르고 있는 것이다. '심판한다는 것의 불안'은 정말로 리플랑슈의 말처럼(1977b), 사형뿐 아니라 처벌하는 것 자체가 자칫하면 부조리로서 나타날지도 모를 현상으로부터 생긴다. 그리고 이 불안은 법의 외부에, '진리'의 심급에 판단을 위임함으로써 해소된다. 「처벌이란 무엇인가」라는 제목의 만년의 인터뷰에서 푸코는 다시금 형사사법의 정신의학화라는 주제를 들고 있는데, 거기서 인터뷰는 문제의 소재를 간결하게 정리하고 있다. "……우리는 처벌한다는 것이 무엇인가를 정확히 알고 있지 않을 뿐만 아니라, 처벌하는 것을 대단히 꺼리는 것처럼 보이기도 합니다. 사실 재판관은 점점 처벌을 회피하고 있습니다.

흡사 억압을 행사하는 것에서 벗어나려는 듯이, 그들은 배려하고, 치료하고, 재교육하고, [또] 치료하는 것을 목표로 하고 있습니다. ……오늘날에는 정신의학·심리학·사회복지에 호소하는 일이 형사·민사와 마찬가지로 처음부터 정해진 사법상의 사실입니다"(1984h : p. 642).

"정의의 형성자는 이미 진리의 주인이 아니"라는 것(『감시와 처벌』), 심판이 불안한 나머지 형벌이 스스로 자기 영역 밖의 '진리'를 향해 호소하는 것, 이러한 법률적인 것과 정신의학적인 것 간의 연관을 형성하는 것이, 법-범죄-형벌의 회부 속에서 소거되었던 심판받는 인간의 형상을 전면에 내세운다. 여기에서 호모 페날리스를 대신하거나, 혹은 그것에 통합된 형태로 호모 크리미날리스homo criminalis(범죄인)의 모습이 부상한다. "심판자들은 피의자를 잘 모르고 있는 게 아닐까", "[잘] 모르는 인간을 심판해 죽음을 부여하는 것에 대해 양심은 [어째서] 괴로워하지 않는가"라는 통절한 외침을 사형제도를 향해 외치는 바댕테르는, 푸코가 보기에는 '영혼의 깊은 곳'까지 손을 뻗어 거머쥐기를 바라는 근대의 일관된 지배적 형벌 실행의 움직임에 대해 다소 무방비한 것이었다.

"범죄자는 어떤 자인가"라는 물음[3] ──위험은 오히려 여기에 있다. 앞에서 서술했듯이, 푸코가 『감시와 처벌』 이래 몇 번이나 회귀할 때마다 의구심을 표명한 것은, 인간 존재의 탐사 분류 구분에 권력이 집착을 보이면서, 그 존재만을 근거로 법 앞으로 끌어내어 그 반대편에 매장해 버리는 사태, 요컨대 "너는 존재 자체가 범죄다"라는, 농담이 농담으로 끝나지 않는 사태의 진행이었다. 너는 위험하다, 범죄를 저지를 성격이다라는 식의 예측이 '과학적' 진리의 탈을 쓰고 처벌의 근거가 된 사태. 보안처분이 형벌

---

3) 바댕테르의 주장은 1978년의 중요한 텍스트 「19세기 사법 정신의학에서 '위험한 개인'이라는 개념의 진전」(1978a)에서 볼 수 있는 인상적인 모두 진술에, 즉 침묵하는 피의자에 대해 "너는 어떤 사람인가"라는 재판관의 집요한 질문과 서로 반향되고 있다.

로 변하는 사태. 「위험, 주의하라」라는 제목으로 1978년 『리베라시옹』에 실린 텍스트에서 그는 다음과 같이 말하고 있다. "오늘날 형사사법은 점점 '위험한 인간'으로 통합되고 있다. 이는 '위험성'을 하나의 범주로 삼고 있는 것이다. …… 소비에트 연방처럼 그 인간이 위험하다는 이유만으로 유죄판결을 내린다는 일은 이젠 있을 수 없다. 하지만 위험성, 즉 사람이 여러 개인들에게 부여하는 이 암울한 특성이, 지금 법률 위반행위에 부가되려고 한다. 우리는 심리학적 위반행위, '성격범죄'를 만들고자 하고 있는 것이다. 너는 있어야 할 자가 아니다, 그렇기에 나는 너를 벌하는 것이다" (1978b : p. 507).

2) 괴물에서 위험한 인간으로

"너는 있어야 할 자가 아니다"라는 판단, 그것은 어디에서 오는 것일까? 푸코는 다음처럼 정리하고 있다.

…… 전후의 일입니다만, 행정에 의한 어떤 통고가 있었습니다. 그것에 따르면 정신의학자는 사법에 대해서 세 가지 물음──그전부터 있었던 "그는 심신을 상실한 상태인가?"에 덧붙여──에 답해야만 합니다. "① 그 인물은 위험한가? ② 그 인물은 형벌적 제제를 받을 수 있는가? ③ 그 인물은 치료 가능한가, 혹은 재적응가능한가?" 이 세 가지 물음은 하나같이 모두 법률상의 의미를 결코 갖지 않습니다. 법은 결코 '위험하다'고 해서 처벌하거나 하지 않으니까요. 법은 범죄를 일으킨 자라는 이유로 처벌하는 것입니다. 정신의학의 평면에서도 그것은 의미가 없습니다. …… '위험'은 정신의학적 범주도 아닙니다. 덧붙이자면 '재적응 가능성'이라는 개념도 그렇습니다. 여기에는 기묘한 담론의 혼합체가 나타나고 있습니다. 거기서의 문제는 단 하나, 사회에 있어서의 위험입니다. (1977b : p. 295)

법률적인 것의 평면에도 정신의학의 평면에도 자신의 유래를 갖지 않는 '위험성', 이것이 등록되는 공간이란 어떤 것일까? 푸코는 이에 대해 간결하게 표현하고 있다. "오늘날에는 두 가지 시스템이 상호 중첩되어 있습니다. 한편에서 우리는 아직도 낡은 전통의 시스템에서 살고 있습니다. 이 시스템은 이렇게 말합니다. 우리는 법이 있기 때문에 처벌한다고. 더 나아가 거기에 덧붙여 새로운 시스템이 이전의 시스템을 관통하고 있습니다. '우리는 법에 따라 처벌한다, 하지만 [그것은] 교정하고, 갱생시켜, 치료를 베풀기 위해서다, 이는 우리가 일탈자, 비정상인을 다루고 있기 때문이다' 라고 하는 시스템"(1977b). 이 이질적 시스템이 포개진 곳 속에서, 보안처분적 테마, 즉 존재와 법의 단락短絡[4]은 이해할 수 있는 것·수용 가능한 것이 된다. 그러나 위험성이란 무엇에 있어서의 위험인가? 어떻게 그 위험의 정도를 측정할 수 있는가? 위에서 인용한 바 있듯이 여기에서 위험성이란 '사회'와 관련된 것임을 명시해 둘 필요가 있다. 법률위반자이든 비정상성을 보이는 인물이든 그/그녀들이 선험적으로 위험과 결부되어 있다는 식의 일은 있을 수 없다. 법은 물론 정신의학도 심리학도 위험성이라는 개념을 자신의 체계 속에 갖고 있지 않다. 일탈·비정상이 위험한 것이 되는 것은 사회에 있어서이다. 그러나 여기서 말하는 '사회'란 19세기에 들어 겨우 부상한 역사를 가진 대상이며, 이 '사회'의 성립 가능성이 없다면 위험성도 있을 수 없다. 또한 '있어야 할 것'이라는 관념도 이 '사회'의 성립 가

---

4) [옮긴이] 단락은 쇼트 서킷(short circuit)의 번역어이다. "전위차를 갖는 회로 상의 두 부분이 피복의 손상 등의 이유로 전기적으로 접촉되는 현상"을 뜻하며 "사물의 본질을 무시하고 전제와 결론을 성급하게 결부시키는 일"로도 쓰인다. 가령 발리바르는 정치와 경제의 관계를 논의하면서 이 용어를 사용하고 있다. 전통적인 맑스주의 해석에서 정치는 경제에 의해서 규정되는 것, 즉 토대에 의해 결정되는 상부구조의 일환으로 사고되었다. 하지만 발리바르는 정치와 경제의 관계를 '단락'으로 파악하고 있다. 즉 양자는 서로 환원될 수 없는 특성을 가지고 있으나 서로 무관하게 분리되어 있는 것이 아니라 다양한 마주침의 계기에 의해서 서로에게 영향을 미치는 관계를 형성하곤 한다는 것이다. 위의 용법을 따라 이 글 또한 '단락'이라는 용어를 그대로 사용하겠다.

능성의 지평 안에 매몰되어 있다. 그것은 근대적 자연법의 문제설정 내부에서 계몽주의가 도달해야 할 이념으로서 제시한 '완성'이라는 관념이 아니다.(Ewald, 1986 : p. 160) '있어야 할 것', 그것은 지금은 '정상성/규범^{norm}성'이다. '완성'이 미래를 지향한다면, '정상성'은 결코 미래가 아니라 현재——눈앞에 사실적으로 있는 사태에서 도출된 규범이라는 것——에 파묻혀 있다(Ewald, 1986 : p. 160). 이 규범의 성격이 '사회'의 윤곽을 그려 낼 수 있게 하는 것이다. 이른바 이 규범-사회-위험성이라는 요소가 핵심이 되어, 새로운 형벌적 합리성의 틀이 설정된다.[5] 사법적 장치와, 규범을 참조하면서 감시·조사·교정을 행하는 규율 장치, 그리고 그것과 상관적인 담론——특히 정신의학——이 그 경계를 접하면서, 그리고 한 인간을 서로 각각의 담론과 실천의 체계 속에서 다른 주체로 대상화하면서 [그런 주체를] 서로 회부시킴으로써, 서서히 뒤얽혀 상호 관통하는 그 과정, 근대에 대한 푸코의 시각은 이질적인 장치의 이러한 혼합과 착종 그리고 모순이라는 관점에 의해 크게 규정되고 있다.

여기서 우리는 두 가지 이질적 장치를 법률적인 것과 규범적인 것 $normatif$이라는 구분을 축으로 생각하려고 한다. 『감시와 처벌』에서 명쾌하게 구분되었듯이, 법률적인 것이 대상으로 삼는 것은 법률위반자^{infracteur}이고, 감옥, 즉 규율 장치가 대상으로 삼는 것은 비행자^{délinquant}이다. 법률위반자와 비행자는 법과 관여하는 벡터가 역방향이다. 즉 법률위반자는 법적 주체이며, 범죄행위 후에 부상하는 형상이다. 한편 비행자는 "복잡한 요소들(본능·충동·성향·성격)의 전체적인 결합을 통해 범법행위와 연결된다는 점에서 단순한 범법자와 구별된다"(1975 = 2003 : 387쪽). 곧 (생득적으로 혹

---

5) "'사회적' 혹은 '실증적' 법학파는 두 가지 중요한 축, 즉 범죄자와 사회를 둘러싸고 조직된다."(Pasquino, 1991 : p. 238)

은 환경에 의해 규정된) 존재에 앞서 비행성이 묻혀 있고, 그 내적 경향성 때문에 범죄와, 나아가 법과 만난다는 것이다. 고전파 형법학의 법-범죄-처벌의 삼각형이 거치지 않았던 행위자가 오히려 전면에 부상한다. 특히 형벌이론이 그 주변을 선회하는 형상, 고전적 형법전이 알 수 없었던 호모 크리미날리스homo criminalis가 말이다. 법을 참조하는 것으로는 드러나지 않는, 결코 형법전에서는 찾아낼 수 없는 이 비행자의 형상, 그것을 생산하는 것은 정신의학·범죄학·사회학과 같은 인문과학의 담론이고, 그것이 실증적으로 도출한 '정상성'의 규준이다. 교정·규율은 이 규범을 향한다. 사법이 교정에 관심을 갖는 것. 그것은 결코 법률적인 것 내부의 논리에서는 도출될 수 없다. 여기에는 이질적인 담론편제, 정신의학적인 담론편제의 개입이 필요하다. 19세기 후반 이후의 형사사법의 동향을 지배하는 것이, 이 두 가지 이질적인 체제의 접합과 융합이다. 이 과정에 대해서 『감시와 처벌』은 다음과 같이 기술하고 있다.

> 18세기에 개혁자들이 확정한 형사사법이 범죄자의 가능한 두 가지 객체화의 방향, 그러나 서로 상반되는 두 방향을 제시했는데, 하나는 사회계약 밖으로 벗어나는 도덕적 또는 정치적 '괴물들'의 계열들이었고, 다른 하나는 처벌에 의해 다시 자격을 부여받는 법적 주체의 계열이었다는 점이다. 그런데 '비행자'라는 개념을 이용하면, 그 두 방향이 적절하게 일치될 수 있고 의학, 심리학, 또는 범죄학의 보증 아래, 법률위반자와 학술적 방법의 대상이 ── 거의 완전하게 ── 중복되는 개인을 설정할 수 있다. …… 감옥으로 인하여 형법은 '진실'의 일반적 지평 위에서 기능할 수 있게 되었다는 점이다.(1975 : p. 297 = 2003 : 391쪽)

괴물이라는 테마는 '비정상인들'Les anormaux이라는 1975년 콜레주 드 프랑스의 강의에서도 전개되고 있다. 비정상인이란 19세기가 끝날 무렵에 테마화되어 공포의 타깃이 되었던 이미지, 앎의 대상·이미지의 복합체이다. 이 강의에서 그 이미지·담론을 형성하는 복수의 계보를 거슬러 올라갈 수 있는데, 그 하나가 '인간 괴물[기형]'이라는 테마이다. 이 괴물/기형의 담론은 일찍이 자연법과 실정법의 구분 이전, 자연과 사회의 구분이 애매한 영역에 등록되어 있었다. 이른바 **자연 위반, 자연으로부터의 일탈**이 동시에 사회로부터의 일탈이기도 한 그런 영역에 말이다. 이것이 "인간 괴물은 불가능과 금지를 결합시킨다"(1975e : p. 823 = 2001 : 388쪽)라고 말하는 이유다. 괴물을 괴물답게 만들고 있는 것이, 상궤常軌를 벗어나 있다는 점, 예측이 불가능하다는 점(자연에서 일탈하고 있기 때문에), 규칙의 외부에 있다는 점이라는 그 형상의 특성이라고 한다면, 괴물은 법적 주체로서는 드러날 수 없다. 괴물성이라는 특성은 사법의 체계와는 상반되는 것이다. 이렇게 이야기하는 것은 "사회계약의 바깥으로 불거져 나와 버린", 이성의 바깥에 있는, 자유의사와는 무관한 인간에게는 책임도 있을 수 없고, 형벌도 곤란하기 때문이다. 그러나 괴물의 계열을 법의 계열과 묶는 일, 이것이 진정으로 19세기에 커다란 과제로 부상했던 것이다.

19세기에는 괴물은 광인이 되고, 동물우회집에서 신체장애인을 위한 시설asylum로 이송移送되었다. 그것은 1820년대에 프랑스에서 빈발했던 괴물적 사건이나 동기動機 없는 커다란 사건의 결과, 정신의학자나 법률가가 출판하기 시작한 팸플릿 전체에 등장하게 되었다.(Pasquino, 1991 : p. 244)

가령 19세기 전반에 사용되었던 '살인편집광'monomanie homicide이라는 개념은 동기를 극히 확정하기 힘든 괴물적 범죄에 직면해, '범죄 그 자체인 광기', 즉 범죄의 순간에만 드러나는 광기를 상정함으로써, 법과 괴물성을

어떻게든 화해시키려고 한 불완전한 시도였다(1978a :p. 453).[6]

이러한 화해하기 힘든 이질적인 두 개의 객체화의 계열이, 비행자라는 형상에 의해 결합되었다고 푸코는 말하고 있다. 그것은 규범이 개재된 효과라고도 할 수 있다. 비정상인-비행자-위험인물이라는 계열은, 그것들이 규범이라는, 법과는 구별되는 비교, 계층구분을 위한 코드에 의해 규정되었다는 점에서는 일치하고 있고, 각각이 드러나는 장면은 미묘하게 다르지만 서로 연결되어 있다. 비행자·위험인물도 결국은 비정상인──규범이나 정상성에서 일탈한 자──이라는 함의로 귀착된다.

그런데 여기서 규범에 대해 조금 더 명확히 해두자. 우선 규범과 규칙 일반은[7] 엄밀하게 구별될 필요가 있다. 프랑수아 에발드는 다음과 같이 말하고 있다. "19세기 초엽 이래로, 규칙rule과 규범norm의 관계에 하나의 대변동이 생겨났다. 규범은 더 이상(이미) 규칙의 다른 이름이 아니고, 특정 타입의 규칙과 그것을 만들어 내는 방식, 그리고 아마도 무엇보다 우선 평가의 원리를 가리킨다. 규범은 항상 규칙에 따르는 것, 규칙과의 간격을 갖는 것의 평가에 봉사하는 척도이다. 그러나 그것은 이미 올곧은 것과 (바로) 연결되지 않는다. 그 준거점은 정규定規가 아니라 평균이다. 규범은 이제 곧 그 가치를 정상적인 것normal과 비정상적인 것abnormal의 대립, 혹은 정상적인 것과 병리적인 것 사이의 대립의 게임에서 얻는 것이다"(Ewald, 1992:p. 202).

---

6) 여기에만 국한되지 않고 본고가 제기하는 테마에서, 앞서의 텍스트(1978a)는 특히나 중요한 의의를 지닌다. 이미 일본에서도 간결하게 요점을 알려 주는 소개가 있다. 가나모리(金森. 1994), 시케타(重田. 1997).

7) [옮긴이] 원문에는 '놈(norm)과 규범일반'이라고 되어 있는데, norm을 '놈'으로 번역하는 게 여러 가지 문제가 있어서 '규범'으로 일관되게 번역했다. 그 경우 이 부분은 '규범과 규범일반'이 되지만, 바로 뒤에서 규범과 규칙을 대비하여 서술하고 있기 때문에, '규범일반'이란 말을 여기선 '규칙 일반'으로 번역했다. norm이란 말은 이 장에서만 보아도 매우 빈번히 반복되어 나오지만, '규범일반'을 뜻하는 '규범'이란 단어는 뒤에 거의 나오지 않는다(나올 경우 특별한 문제가 없는 한 '규칙'으로 번역할 것이다). 따라서 이후 나오는 '규범'이란 말은 norm의 번역어이다.

정상-비정상(병리)과 평균, 이 두 개의 요소가 대략 규범적인 것의 공간을 그려 낸다. 여기에서는 간단하게 두 개의 계기契機로 그 공간을 규정해 두고 싶다(cf. Hacking, 1990).

ⓐ 우선 브루세François Broussais에서 콩트로 이어지는 선. 즉 생리학의 영역에서 브루세가 발견한 정상과 이상/병리의 연속성(캉길렘이 말한 '브루세의 원리' ——"병리적 상황은 정상적/건강한 상태의 단순한 양적 변이이다"), 그리고 사회학에서 콩트에 의한 그것의 응용.

ⓑ 그리고 다른 하나는 이 발견의 연장선상에 있는 규범과 평균의 연결.

이 두 개의 계기로 열려진 앎의 공간으로 인해, 이미 18세기 이래로 권력의 관심 이동shift과 인구를 표적으로 한 권력의 대두와 더불어 '사회'가 부상한다. 즉 고유의 규칙성·리듬을 갖는 집합적 신체(사회체)를 완전하게 표현하는 기술이 주어지게 된다. 다시 말해 자연 개념처럼, 집단·사회의 외부의 형이상학적 요소를 참조하는 일 없이 '사실'에서 도출된 평균에 기반하여 규범을 설정하는 일이 가능하게 된 것이다. 그리하여 규범은 계몽주의적·근대 자연법적 형이상학의 공간에서도 단호히 손을 떼고, 세속화를 완성시켜, '사회'라는 폐쇄구역을 형성할 수 있게 되었다. '바깥'을 상정하지 않고, 집단과 개인을 연결하는 기술.

규범은 무엇인가? 집단이 자신만을 순수하게 참조하는 것, 거기에서 형성된 비교의 원리, 비교가능성의 원리이고 공통척도이다. 집단은 이미 자신과의 관계 말고는 어떤 것과도 싸우지 않게 된 것이다.(Ewald, 1992 : p. 209)

연속성이라는 관념은 중요하다. 비정상인의 계보학에서 '퇴화'[8] 개념이 중요한 까닭은 그것이 이 연속성의 문제설정 속에 기입되어 있기 때문이다. ──"[불분명하고 혼란된 비정상인 무리는─인용자] '퇴화'의 카테고리 안에 거의 완전히 흡수"될 것이다(1975e, p. 823 = 2001 : 387쪽). 이로써 괴물이라는, 표상가능성의 한계에 있는 비정상적인abnormal 한 존재를 정상-비정상의 연속체 안에서 해소할 수 있게 되었다. "규범적 개인화는 …… 외부를 갖지 않는다. 비정상적인 것은 정상적인 것과 성질을 달리하는 것이 아니다. 규범, 규범적인 것의 공간은 외부를 알지 못한다. 규범은 그것을 넘고자 하는 모든 것을 통합한다"(Ewald, 1992 : p. 209). **자유의사와 괴물성은 같은 사고의 틀 안에 속한다.** 즉 그것들은 완전히 결정된 물질적인 인과성의 공간과는 분리된 불가지不可知 영역의 존재를 긍정하고, 그 장소에 자리잡고 있기 때문이다. 그런데 19세기에 나타났던 인간상人間像에서 이미 인과성을 면할 수 있는 것은 아무것도 없다. 인간은 결정적으로 '사회'에, 역사에 귀속해 있고, 적어도 얼마만큼은 그것에 의해 결정되어 있다.[9] 신파 형법학의 이른바 의지결정론을 가능하게 만든 것은, 이러한 이를테면 '약한' 결정론이었고, 그 객관성을 확립한 앎·기술의 형성이었다. 그것은 역설적이지만 기존의 고전적 인과성·결정론의 쇠퇴와 더불어 부상해 왔다고 할 수 있다. 요컨대 통계학과 확률론이 19세기에 결부되면서 수립한 통계학적 인과성으로, 일찍이 인과성의 외부에 놓여 있던 영역도 인과연관을 상정할 수 있게 되었다. 엄격하게 인과성에 복종하는 영역과 그것 이외의 영역 ──자유의사와 괴물성이 함께 기입되어 있는, 자연의 인과성의 바깥 영역 ── 간의 구별이 애매하게 되는 사태. 푸코는 완전히 이질적인 앎의 편제인 까닭에 좀처럼 친숙하지 않았던 범죄인류학의 테제가 사법에 받아들여진 하나

---

8) [옮긴이] 프랑스어 'dégénérescence'는 국내의 경우 '퇴화', 일본의 경우 '변질'(變質)로 번역된다.
9) "그것[신파新派 형법학─인용자]이 사회를 논하기 위한 이론적 기초, 그것은 이미 법리론이 아닌 '역사사회학'이다"(Pasquino, 1991 : p. 244).

의 커다란 계기로서, 민법 영역에 존재하던 '과실 없는 책임'이라는 관념('자유 없는 책임'이라고 할 수 있겠지만)이 형법의 영역으로 도입된 것을 주목하고 있다(1978a :pp. 460~461). '1장'에서도 다뤘지만 19세기의 중반부터 19세기 말 무렵에 걸쳐서 민법에서는, 재해와 법적 책임을 둘러싸고 기존의 원칙에 중대한 변화를 맞이하고 있었다. 재해란 독자적인 법칙(통계학적 법칙)을 가진 '사회'에 어느 정도 규칙적·정상적이고 필연적으로 내포된 '리스크'라고 하는 관념을 기초로 해서, 개인들에게만 배분되던 책임-의무의 체계를, '사회'를 거침으로써 완화했던 것이다.[10] 거꾸로 본다면, 리스크의 관념을 도입함으로써, 사법의 영역에서 자유의사/행위와 책임의 연결을 끊고, 위험성-존재와 책임을 결부시킬 수 있었던 것이다(단순한 개연성이 객관적 근거를 가지고 있기 때문에). 그리고 이렇게 함으로써 열린 공간이 실증주의적 범죄학이 등록된 담론의 공간에 적합했던 것이다. 가령 책임 개념은 "신파新派에 의해 성격책임으로 전화轉化되고, 그 '사회적 책임'이라는 명칭에도 불구하고, 실제로는 범죄인의 반사회적 성격의 위험성 때문에 일정 정도의 부담을 지지 않으면 안 된다는 의미만을 갖는 게 되어 버렸다"(中義, 1984 :p. 89). 그러나 "'사회적 책임'이라는 명칭에도 불구하고"라기보다는 "책임과 사회적인 것이 결부되었기 때문에"라고 생각해야 할 것이다. 신파 형법학을 대표하는 리스트Franz von Liszt에게 형벌이란 반사회적 행위에 대한 사회의 특정한 반응일 뿐이었고(사회보호防衛론), 법은 이 '반응'을 조정하기 위한 것이었다. 그렇기에 형벌은 범죄자가 사회에서 갖는 위험성에 따라서 배분되어야 한다(부정기형不定期刑은 이러한 발상에 근거하고 있다). 어쨌든 이 반사회성이라는 점이 핵심이기에, 실제로 리스트가 생각하고 있었

---

10) 이에 대해서는 에발드(Ewald, 1986), 시게타(重田, 1997)에서 상세히 다루고 있다. 또 이 책의 '3장'에서도 약간은 상세히 다루고 있다.

듯이, 그것과 상관적으로 규정된 책임이 개인의 소질과 사회 환경의 쌍방 사이에서 진동하는 것은, 혹은 [둘 사이에] 양다리 걸치고 있는 것은 필연적일 것이다. 그렇기에 이 새로운 형벌 합리성의 공간에서 성격책임과 사회적 책임은 [그다지] 첨예하게 상충되지 않는다.

2. 위험성의 전위?

푸코는 1974년 정신의학에 대한 대담('정신감정에 대한 원탁회의')에서 다음과 같이 말했다. "결국 위험성, 제재로의 접근access 가능성, 치료가능성과 같은 개념은 어디에서 온 것일까? 법·권리droit도 아니고 의료도 아니다. 바로 규율이다"(1974c:p.672).

이 시점에서 푸코가 위험성의 개념을 규율의 권력 속에 위치짓고 있음은 명확하다. 사법과 정신의학이 서로 꿰뚫고 들어갈 가능성을 연 실정적 받침대의 윤곽을 규율권력이 그려 내고 있다고 볼 수 있다. 이는 이탈리아 학파, 특히 체사레 롬브로소의 '생래적 범죄인'born criminal 형상으로 집약된 극단적인 생물학적 범죄론에 단서를 갖는 것이다. 그들이 연 실증주의적 범죄학——(범죄) 행위를 그 행위주체인 호모 크리미날리스homo criminalis의 인간성 속에서, '영혼의 깊은 곳'에서 구하는 인과적 탐구가 그 핵심을 형성하고 있는데, 이는 생물학에서 인과성을 구하고 있는 것으로, 이 경우 사회학·심리학에서 구해지는 인과성은 부차적인 것이다——의 분야는 격렬한 논쟁 끝[11]에 '사회'라는 테마와 명시적으로 결부되게 되는데, 그것이 인도주의적인 개혁사상의 벡터 속에 자리 잡게 된다는 것은 말할 나위도 없다.[12]

---

11) 이 논쟁의 경위는 다몬(Darmon, 1989), 해리스(Harris, 1989)에서 상세히 다루고 있다.
12) 19세기 말 미국에서는 인간이 놓인 환경, 상황을 되돌아보지 않는 고전적 형법의 추상성, 획일성이 비인도적인 것으로 받아들여지면서 수용자의 개별화가 인도주의적 개혁의 키워드 중 하나가 되었

실증주의 범죄학이 연 공간 속에서, 당시의 형법적 담론(나아가 사법적 담론 일반)과 명확하게 구별되는 담론적 편제로서 자신을 드러냈던 신파 형법학의 사회보호론은, 종래 고전파 형법학에 대한 인도주의적인 대안으로서 등장했던 것이다.[13] 사회보호론을 집약한 것은 스웨덴 형법학자 카를 슈타리의 유명한 말 "감옥에서 인간의 그림자를 없애자"이다. 이 말이 가장 잘 보여 주는 것은 "형법전이라는 말이 사회보호법전 혹은 보호법전이라는 말로 교체됐다는 것"(Ancel, 1966)이다. 형법이 아니라 보호·치료·처우로. 바로 이 충동·경향적 행동이야말로 처벌에의 불안에까지 관철되고 있었던 것이다.

그런데 우리가 여기서 주목하고 싶은 것은, 근래에 들어와 이 위험성 개념을 둘러싼 담론 배치의 변환shift이 있는 것처럼 보인다는 것이다. 특히 영국과 미국을 중심으로, 1970년대 중반경부터 위험성 개념은 형사사법의 영역에서 다시금 초점화되고 있다고 한다. 그러나 여기서 위험성이라는 동일한 언표가 담론상의 전략적 배치의 변환 속에서 기능을 바꾸고 있는 것처럼 보인다.[14] 이 위험성 개념의 재부상은, 이론상의 친화성을 갖고 있다고 할 수 있는 형사사법에서 케인스주의적 자유주의의 퇴조, 그리고 그것에 수반된 엄벌 정책get tough policy의 우세화, '응보주의적 회귀'라는 상황 배치 속에 자리 잡고 있다.[15] 종래에는 규율의 테마 계열 ——교정·갱생·사회복귀——에 속했던 위험성[개념]이, 사회복귀이념 및 그것을 큰 틀에서

다. 이러한 상황 속 19세기부터 20세기 초의 미국의 형사 시스템이 자리잡는 시기에는, 생물학파의 우생주의 사상마저도 개별화에 이바지한다고 하는 의미에서 개혁적 이미지를 갖고 있었다(藤本 編, 1991 : p. 184).

13) 예를 들어 장 앵베르는 다음과 같이 기술하고 있다. "사회보호론은 결코 책임관념을 방기하고 도덕적 가치를 위험에 처하도록 하는 것이 아니라, 이를 구하고 옹호하는 것이다. 중요한 것은 한편으로는 [범죄]행위를 비난하고 이를 처리하며, 다른 한편으로는 행위자에게 이치에 맞는 사회복귀를 가능케 하도록 하는, 사람마다의 제재방법을 추구하는 것이다"(Imbert, 1993).

14) 미야케(三宅, 1988 : 1989), 플라우드 & 영(Floud & Young, 1981)을 참조하라. 또한 후지모토(藤本 編, 1991 : pp. 89~91)에 그 동향이 간결하게 정리돼 있다.

지탱하고 있는 형사정책의 '의료모델'이 쇠퇴하면서 새로이 부활하고 있는 것이다. 그것은 [위험성 개념이] 교정·사회복귀가 아니라, 단적인 배제·감금인 격리·무력화incapacitation·억제deterrence와 같은 전략 안에서 통합되도록 하는 것이다. 1970년대 초엽 감옥폭동이 이어지는 가운데 사회복귀이념에의 '환멸'이 짐짓 선동되고 있다는 사정이 배경의 하나가 되고 있지만, 이 경우 위험성은 그런 범주화된 개인을 사회로의 전략적 내포를 위한 기점이 아니라, 배제·격리·무력화를 위한 척도로서 요청하고 있다 할 수 있다. 여기에서는 그 움직임의 특질을, 다이애나 고든Diana Gordon이 '정의의 저거노트'juggernaut라고 명명한(Gordon, 1995) 최근의 형사사법 관련 프로그램에 내포된, 두 개의 "대단히 다르지만 상보적인 트랙" ——엄벌 정책'get tough' approach과 컴퓨터화를 동반한 행동 감시 기술의 발달'check'em out' approach ——을 실마리로 하여, 이 두 축이 상보적으로 포개지는 장면을 간단하게나마 조망하고 싶다.

　1970년대부터 시작된 응보주의로의 회귀는 물론 뉴라이트 혹은 신자유주의 대두와 궤를 같이 하고 있다. 아니 그렇다기보다는 이 범죄정책과 그러한 우익세력의 대두는 밀착되어 있다(酒井, 1998). 그것은 예컨대 실천적으로는 감옥문제, 형무소문제로 드러나고 있다. 그러나 응보의 요소가 우세한 상황에 있다고는 해도, 앞에서 썼던 19세기적 사법원리로 회귀하는 것일 리는 없다. 기묘한 것은 실천적으로는 이 19세기적 자유주의에의 회귀 움직임이 꼭 철저한 것이라기보다는, 오히려 얼핏 보면 역방향의 움직임을 수반하고 있는 것처럼 보인다는 점이다. 그 징후는 고전적 형법체계의 핵심에 있었던 법과 행위의 연관이 아주 간단하게 절단되어 있는 것처

---

15) 이런 움직임은 미국 내 범죄율 상승 대비 감옥 수의 현저한 증가, 사형 '부활' 동향에서 현저히 드러난다. 1987년을 예로 들면, 이 해 사형집행 건수는 25건이다. 이 수는 1976년(이 해 연방대법원은 다시금 사형이 합법이라는 판결을 내리고 있다) 이래의 사형 집행 총 수에서 사분의 일을 넘는 숫자다.

럼 보인다는 점에서 드러난다. 그것에 대해서는 특히 미국에서 최근 20년 정도의 기간 동안에 수정 헌법 제4조가 겪었던 운명을 눈여겨보면 명확해 질 것이다.

수정 제4조는 부당한 체포·수색·압수를 금지하는 조항인데, 그 전문全 文은 아래와 같다. "[사람의] 부당한 수색·체포, 또는 압수를 거절하여 자기 의 신체·주거·서류 및 소유권의 안전을 확보할 권리를 침범해서는 안 된 다. 또한 선서나 단정적인 증언에 의해 입증된 상당한 이유가 있는 경우를 제외하고는, 또 수색하는 장소와 체포해야 할 용의자의 사명 또는 압수해 야 할 물건의 이름을 구체적으로 명기한 경우를 제외하고는, 어떠한 영장 도 발행해서는 안 된다".[16] 그런데 과거 20년간, 미국의 대법원은 수정 제4 조의 의미를 대폭적으로 바꾸고 말았다('마약과의 전쟁'의 큰 맥락을 제공했 다).[17] 특히 '상당한 이유'probable cause에 많은 예외가 부가된 것으로 말미암 아 더 그렇게 되었다. 레이건이 [연방법원 판사로] 지명했지만 결국은 의회 의 승인을 얻지 못했던 매파의 저명한 판사 로버트 보크Robert Bork는 다음 과 같이 말하고 있다. "대법원은 전적으로 헌법의 기초자들의 '원래의 의 도'만을 고려해야 한다." 왜냐하면 "일단 대법원이 '적합한'reasonable이라는 이유를 판결에 이용하기 시작한다면 …… 판사 자신의 개인적 견해를 정당 화하는 일을 피할 수 없게 되기"(Bork, 1990 : p. 64) 때문이다. (자유주의자들 처럼) 자신의 이데올로기, 자의적인 해석에 재판을 맡겨서는 안 된다. 즉 자 유주의자들의 '사법 적극주의'에 결연하게 저항해야 한다는 것이다. 그런 데 공화당 정권하에서의 연방대법원은 스스로 정당한 이유의 조건을 버리

---

16) 번역은 도비타 시게오(翼田茂雄) 『미합중국 헌법을 영문으로 읽다—국민의 권리는 어떻게 수호돼 왔는 가』(中公新書, 1998), 171~172쪽을 참조했다. 또한 이 저작에서는 (헌법)수정조항이 아니라 보정조항이 라 번역해야 한다는 주장이 있으나, 이 논문에서는 관례에 따랐다.
17) 이에 관해서는 사카이(酒井, 1997)와 루잔(Lusane, 1991)을 참조하라.

고, 탐색의 '적합성'을 기초로 해서 차례로 사례를 판결하기 시작했다. 요컨대 피의자의 프라이버시 침해의 범위는, 법에서 정한 수속이나 정당한 절차가 아니라, "특정한 현실 혹은 상상된 악에 대항해 사회를 보호해야 할 정부의 책임 사이의 밸런스"(Davey, 1995:p. 121)로 결정되었다. 의심스런 인물의 차를 수색하고, 익명의 정보만으로 가택을 수색해도 된다는 승인. '상당한 이유' 없이 얻은 것을 재판에서 처벌의 증거로 채택하는 일의 당연시. 일반적 직장에 대한 약물 복용 검사의 도입. "20년 전까지는 전략항공총군戰略航空總軍의 폭격기 조종사나 가석방 중인 인간만이 그런 검사에 따라야 했음을 사람들은 잊어버린 것 같다"(Davey, 1995:p. 134). 또한 이 같은 움직임은 다음과 같은 상황에도 허용될 수 있다. 가령 "처벌이 우선, 그후에 재판"이라고 표현되기까지 한(원래는 화이트칼라의 조직범죄에 맞선 조직적 범죄 대책법) RICORacketeer Influenced and Corrupt Organization Act의 규정——판사의 허가로 재판 전에 '의심스런' 조직의 소유물을 압수할 수 있다——의 활용. 인디애나 주의 RICO의 규칙은 대상물이 외설인가에 대한 심판이 나기 전에 외설이라고 간주된 소재를 경찰이 압수할 수 있다고 허가한다(그것은 연방대법원도 합헌이라고 하고 있다). 이밖에도 여러 가지가 있다.[18]

그런데 여기서 가장 주목하고 싶은 것은, '사회의 보호'를 명목으로 행해지는 정당한 절차의 경시, 법의 능가 경향이 '모니터링 기술'의 변화를 뒷받침하는 듯 보인다는 점이다. 즉 행위를 특정特定하기 전에 이루어지는 '적합한' 규준의 변화, 위험한 요소를 확인하기 위한 기술의 변화가 그것이다. 예를 들면 마약 밀수와 관련해 '프로파일'만을 근거로 점차 구류를 허용하게 된(레이건이 연방대법원에서 3명의 지명자를 추가함으로, 그 경향은 1989년에

18) 그 밖에도 이 동향에 대해서는 이루 다 말할 수 없다. 한 예로, 원래는 피의자 보호를 목적으로 하고 있던 보석금제도의 의미가 피의자의 사실상의 예방구금이 보증된 것으로 변경된 것 또한 착목해 볼 만할 것이다(Gordon, 1990:pp. 30~31 ; Davey, 1995:p. 108).

이르면 결정적이게 된다[19]) 현상은 상징적이다. 즉 마약밀수에 관여했던 인물을, 프로파일과 관련된 여러 사실들에 해당된다는 이유만으로 구류시켜 조사할 수 있게 된 것이다. 가령 마이애미로 단기여행을 떠난 자일 경우, 티켓을 현금으로 구입했고, 짐은 슈트케이스뿐이고, 혼자 여행을 떠난 참이며, 게다가 검은 점퍼에 금장신구를 몸에 걸쳤고, 가장 이른 혹은 가장 마지막 편 비행기를 탔다. …… 이러한 몇 가지 요소의 복합으로 사회에 대한 위험 인물로 특정되고, 그/그녀는 구류에 처해진다. 그 배경에는 컴퓨터화된 범죄기록 시스템이 있다(Gordon, 1995: pp. 42~91). 그것이 범죄예방을 범죄정책의 중심부분으로 밀어 올리고, 나아가 그 존재방식을 전환시키고 있다는 것이다(O'Malley, 1992 ; 1999).

이 예방정책의 전환에는, 리스크를 기초로 기술에 의해 위험성을 반복하여 파악하려는 움직임이 수반된다고 생각된다. 로베르 카스텔은 프랑스와 미국의 사회사업social work이나 정신의료의 장면에서 동일한 움직임을 확인하는 한편, 그 동향에서 위험성 개념이 리스크 개념으로 치환되는 경향을, 혹은 이러한 개념들이 새로이 관계를 다투어 수정하는 경향을 보고 있다. 일찍이 고전적 정신의학에서 위험성은 "수수께끼에 싸여 있고, 깊은 역설을 안고 있는 개념"이었다. 왜냐하면 그것은 "주체에 내재하는 질의 묘사(그는 위험하다)와 동시에, 행위가 실제로 발생한 후 위험 증명이 사후적으로 증명될 수 있으리라는 단순한 개연성, 불확실성의 양까지도 함축하고 있기"(Castel, 1991 : p. 282) 때문이다. 그렇기에 위험한 인물은 끊임없이 특정한 전문가와 제도 앞에 폭로되고, 감시되고, 교정돼야 할 필요가 있다. 그

---

19) [옮긴이] 미국의 헌법에 따르면 미국 대통령은 "미국 상원의 권고와 동의에 따라" 대법관을 임명할 수 있다. 대통령은 주로 자신의 정치적 성향과 맞는 이를 대법관으로 지명하며, 지명자는 상원의 청문회를 거쳐 비로소 임명된다. 대법관은 "행동이 선량한 동안에는 직위를 유지할 수 있"기 때문에 종신재직권을 갖는다고 할 수 있다.

런데 이 역설은 위험성을 리스크로 기초 지음으로써 해소된다. 감시가 향하는 것은 이제 언제 발현할지 알 수 없는 위험성을 내재한, 날것의 신체의 개인이 아니다. 이제는 의심하기 위해서 위험성이나 비정상성의 증후가 실제로 드러날 필요는 없다. "예방정책의 규정에 책임이 있는 전문가가 작성한 리스크 요인의 특징이, 어떤 것이든지 간에 드러나 있기만 하면 되는"(Castel, 1991 : p. 288) 것이다. "리스크는 구체적 개인이나 집단에 체현된 특정 위험의 현전에서 생기는 것이 아니다. 그것은 바람직하지 않은 행위의 여러 양태의 발생[가능성]이 많든 적든 있을 수 있다고 볼 수 있게 해주는 추상적인 여러 요인의 결합의 효과이다"(Castel, 1991 : p. 283).

이미 감시는 '영혼의 깊은 곳'을 거치지 않는다. 감시가 향하는 것은 주체가 아니기 때문에. "이제 곧 감시는 조사의 대상인 주체와의 어떠한 접촉도 없이, 혹은 그것을 직접적으로 표상하는 일조차 없이 실천될 수 있다. [물론] 경찰이 진작부터 그들의 비밀 파일을 갖고 있었음은 틀림없다. 그러나 그러한 은닉된 한 건의 서류dossier의 논리는 이제 곧 '과학적' 예비탐색이라는 세련된 형태를 취한다. 그것은 보란 듯이 선언되었다"(Castel, 1991 : p. 280). 컴퓨터화된 방대한 데이터베이스와 그것의 통계학적 처리에 기반을 둔 리스크의 분석·계산이 '자동화된' 감시의 평면을 형성하고 있다. 이는 근자에 자주 원용되는 브뤼노 라투르Bruno Latour의 언어로 말한다면, '원격통치'governance at a distance이다. 기묘하게도 위험성은 (리스크 개념과 다투는 새로운 관계를 통해서) '사실'의 영역, 적어도 이전의 '실증주의적' 영역으로부터 멀어지고, 또한 이전의 형이상학적 추상성과도 다른 (디지털화된?) **추상적 평면**에 뿌리를 내리고 있는 것 같다.

이상과 같은 움직임과 상응해, 범죄나 형법을 둘러싼 담론 배치의 변형이 나타난다. 그 움직임은 교정·사회복귀라는 이념과 결부되어 있던, 범죄에 대한 케인스주의·자유주의적 접근의 후퇴, 범죄의 사회-심리적 인과성

독해의 후퇴와 결부되어 있다. 그리고 그것과 병행해서, 형벌이론의 영역에서는 생물학적 접근이 주류를 계속 점하고 있다고 한다(藤本, 1988:pp.99~100). 이것은 기존의 움직임에서 본다면 기이한 것이라 하지 않을 수 없다. 금세기 형사사법의 동향을 규정하고 있는 신파 형법학적 문제설정의 우세화는, 고전파적 테마의 후퇴를 (결코 말살하지는 않았다 해도) 동반하고 있었기 때문에 그렇다. 예컨대 현재 미국의 지도적 범죄학자이고 전체 사상계에도 은연 중에 영향력을 미치고 있다는 제임스 윌슨James Q. Wilson(마지막 장에서 다시 그의 '활약'상을 다루고 싶다)과 리처드 헌스타인Richard Herrnstein은 미국의 전통인——2차 세계대전의 승전국이기에 독특한 형태로 살아남은——'과학적 인종주의'적 사고의 프레임 내에서 독자적인 범죄학을 형성하고 있다. 미국의 이론적 인종주의의 현저한 특징은 지능지수가 중시되는 것인데,[20] 헌스타인은 '4장'에서 언급할 현대의 '언더클래스' 개념[21]의 기초를 형성한 찰스 머레이와 함께 인종과 지능지수 간의 필연적 관련성을 집요하게 '과학적'으로 논증해 베스트셀러가 된 저작 『벨 커브』*The Bell Curve*로 유명하다. 쉽게 상상할 수 있듯, 그들에게 인종과 지능의 연관은 범죄의 필연성과 결부되어 있다. 그러나 거기에는 일찍이 '퇴행'의 테마나 그것에 깊은 영향을 받았던 (당시에는 받지 않는 것이 곤란했지만) 이탈리아학파처럼, 직접적으로 유전적 요소와 비정상성을 연결하는 '심층적deep 인과

---

20) 본래 지능지수를 '발견'한 것은 프랑스인 알프레드 비네이며, 독일의 심리학자 빌리암 슈테른(William Stern)이 정식화했다. 당시 유전과 결부된 유럽 태생의 지능지수와 그 테스트 방법은, 이민관리 방법으로서 미국에 뿌리내리게 된다(20세기 초에는 우생학적 견지에서 지능지수가 낮은 이민자의 이주 금지가 제창되기도 했다). 나아가 2차 세계대전 후에도 환경결정론과 유전결정론 사이의 진폭을 가지면서도 지능지수 개념은 강고하게 살아남는다.

21) 머레이는 '언더클래스' 개념을 이렇게 정의한다. "내가 '언더클래스'라는 말을 쓰는 경우, 그것은, 장기 실업에 의해서가 아닌 것으로, 주어진 환경에 대응하는 한심스런 행동, 예를 들어 직업이 있는데도 일하려 하지 않는 등에 의해 정의되는 형태의 가난한 사람들을 가리키고 있다"(Murray, 1990:p. 68). 이때 암묵적으로 시사되고 있는 것은 미국에서라면 당연히 흑인이다. 따라서 이 개념이 계급과 문화적 에토스 '빈곤의 문화', '의존의 문화'와 인종 사이 교착점으로 간주되고 있다는 것, 요컨대 문화적 계기에 의해 굴절된 인종주의적 함의(이른바 '계급의 인종주의')를 내포하고 있음에 주의하기 바란다.

성'이 주장되고 있는 것은 아니다. 발리바르가 지적한 신인종주의의 특징이 여기에도 들어맞는다. "그러나 문화의 생물학적(또는 생물심리학적)인 원인과 결과, 그리고 다른 문화에 대한 생물학적 반응이 존재한다"(Balibar & Wallerstein, 1991:p. 26). 요컨대 그들에게도 **문화가 생물학적 결정론을 완화시키기 위한 쿠션이 되는 것이다.** 가령 이런 식으로 이야기한다. "지능이 낮아서 위법행위의 귀결점이 위험이라는 것을 인식할 수 없게 된다"(Dumm, 1994:p. 102). 그렇기에 흑인들은 자유주의적 법치국가에 문화적으로 친숙해지지 못한다는 식의 이야기가 성립한다. 생물학적 특성 그대로가 아니라, 문화[라는 요인]를 개입시켜, 문화에 대한 위험이라는 형태로 위험성과 결부시키는 것이다. 또한 여기에서는 행위가 야기한 비용과 이익을 비교, 리스크를 계산하고 스스로 그 결과를 받아들이는 자유의사와 책임을 가진 인간상과의 상응 속에서, 인간이 정상화normalize되고 있음을 알 수 있다.

덧붙여 이 움직임은 최근 신자유주의적인 마약정책과 평행성을 갖는다고 할 수 있을 것이다. 그 정책에서 보자면, 이전에 필연적으로 사회적인 것, 병리적인 것과 결부되었고 사회복귀와 교정의 이념과 접합되어 있던 '중독'addiction 개념은 이미 초점이 되지 않고, 그 대신에 '리스크 감수'risk taking 관념이 핵심이 된다. 즉 마약 상습자는 자신의 의사로 리스크를 받아들이는 '리스크 감수자taker'로서 객체화된다. 그것으로 그들은 삼엄한hard 감시의 대상이 되기도 하고, 또한 높은 위험도high risk를 지닌 개인·그룹으로서 통상적인 것보다도 엄한 처벌의 대상이 되기는 하더라도 '정상화'를 위해 사회가 개입할 필연성은 어디에도 없게 된다(Bunton, 1998).

어쨌든 생물학적 접근은 자유의사-책임과 같은 고전적 자유주의의 발상을 배제하지 않고, 오히려 적극적으로 접합하고 있음을 알 수 있다.[22] 이

---

22) 머레이(Murray, 1997)를 보라.

러한 생물학적 접근의 대두는 사회복귀 이념과 밀접하게 결부되어 있는 사회와 개인의 인과성 탐구의 후퇴를 의미하고 있고, 교정 불가능성을 생물학적인 수준에서 과학적으로 보증함으로 엄벌정책을 정당화하는 배경이 되어 있다.

롬브로소류의 생물학적 결정론과 벤담을 흉내 낸 자유의사/책임론의 접합? 그리고 그 '혼합체'는 새로운 감시 기술에 의해 새로운 질을 획득하고 있는 것처럼 보인다. 이것이 여기에서의 논의의 잠정적인 가설이다. 다만 이 움직임은 갖가지 이질적인 요소가 서로 섞여 착종하고 있어서, 아직 그 전모를 조망하는 것은 어렵다고 할 수 있을 것이다. 현재 특별히 개개의 움직임을 일관된 전략 속에 위치짓는 것은 곤란하다. 다만 [지금까지 서술한] 그 광경을 단순한 변덕에 맞춘 절충이라고 할 수는 없을 것이다. 설사 개개의 움직임은 일시적인 것이고 주류가 될 수 없다고 하더라도, 그 배경에는 권력 기술과 앎이 짜낸 배치에 무시할 수 없는 지각변동이 일어난 것이라고 할 수 있지 않을까.

3. 생명의 공간에 포개진 죽음

1) '사회를 보호해야 한다'

이상의 점을 염두에 두면서 다시 푸코로, 콜레주 드 프랑스에서 강의하던 그에게로 돌아가자. 지금까지 유일하게 간행된[23] 1976년의 강의록 『'사회를 보호해야 한다'』는 푸코의 이론전개에서 미묘한 위치를 차지하고 있는 것처럼 보인다. 강연이 있었던 시기가 『감시와 처벌』과 『앎의 의지』의 출판

---

23) [옮긴이] 본서 『자유론』은 2001년에 간행되었으며 2011년 현재 푸코의 저서와 강의록은 일역과 국역 모두 많이 간행되어 나와 있다.

사이에 위치해 있다는 것도 관련이 있겠지만, 거기에는 이론적인 전위轉位의 움직임이 어느 정도 명확한 윤곽을 갖고 떠오르는 것처럼 생각되기 때문이다. 이 전위는 말하자면 권력의 미시적 수준에서 거시적 수준의 작동으로 초점이 이동함에 따른 **규율권력의 상대화**라고도 부를 수 있을 것이다. 그것을 보여 주기 위해 가장 적절한 것은 규범 개념에 주목하는 일일 것이다. 도식적으로 말한다면, 거기서 일어나고 있는 이동은 **주권과 규율의 대립에서 법과 규범의 대립으로 강조점이 변경된 것**이라고 말해도 좋을 것이다. 이 이동이 권력의 미시적인 행동에서 포괄적인global 행동의 탐색으로의 시점의 이동과 연결되어 있으며, 『'사회를 보호해야 한다'』가 『감시와 처벌』은 물론이고 『앎의 의지』와도 구별된 특이한 위치값을 갖고 있다면, 그것은 푸코가 포괄적인 권력의 행동을 바라보는 그 장소의 특이성이다.[24]

이 강의는 그때까지 감옥·형벌실천과 이론적 담론·정신의학, 비정상인을 둘러싼 개별영역에서 진척된 탐구를, 다시 한 번 개괄적으로 재정리하는 성격을 갖고 있다. 전년도의 강의록인 『비정상인들』 요약 말미에는 다음 해 과제가 다음과 같이 기록되어 있다. "1970년 이래 일련의 강의는 형벌의 전통적인 사법절차에 기반을 둔 규범화의 지식과 권력이 서서히 형성되어 온 과정을 다루어 왔다. 1975~76년의 강의는 19세기 말 이래 사람들이 '사회의 보호'를 공표한 메커니즘을 연구함으로써 이 사이클을 끝맺고 싶다"(1975e : p. 828 = 2001 : 393쪽). 거기서의 초점은 두 가지로 말할 수 있을 것 같다.

① 전쟁 담론의 계보를 거슬러 올라감으로써 권력이론을 다시 마무리하는

---

24) 이 포괄적인 권력의 기능은, 이어지는 1978년 강의 '안전, 영토, 인구' 그리고 다음해의 강의 '생명정치의 탄생'으로 이어지며 다듬어진다. 이에 대해 이미 출판된 일부 강의록과 강의요약을 제외하면 고든(Gordon, 1991)과 요네타니(米谷, 1996)가 상세히 다루고 있다.

것. 즉 권력론 수준에서의 방법론적 과제. 그리고,

② 19세기의 사회보호 담론의 탄생·국가인종주의의 탄생을 다루는 계보학적 과제.[25] 후자는 미시적인 개별의 신체에 관련된 담론편제와 권력의 기술로부터, '사회'(인구)라는 집합적 신체에 관련된 담론·권력 기술로의 상승이라는, 시점의 변경도 함의하고 있다.

이 양자에 관해 수준이 다른 탐구가 얼마간 서로 얽혀 있어서, 이 강의는 실로 아슬아슬한 전개를 보이고 있다. 이에 대해서는 상세하게 검토할 여유가 없다. 여기서는 풍부한 함의를 일부 잘라 버리면서 생각나는 대로 지금의 논의에 필요한 것에 한정해서 논점을 제기하고 싶다.

• 「강의요약」에 따르면, 강의의 테마는 다음과 같이 요약할 수 있다. "어떻게 전쟁(과 그 다양한 측면 ——침략·전투·정복·승리·정복자와 피정복자의 관계, 약탈과 착복, 폭동)이 역사, 그리고 일반적인 의미에서는 사회관계의 분석틀로서 이용되고 있는가?"(1976b : p. 128 = 1998 : 310쪽) 권력분석을 주권적·법적 모델에서 전쟁모델로 이동시키는 것. 이 전쟁모델을 갈무리해 내는 것.

• 여기에서 방법론적 과제가 계보학적 테마와 접합한다. 왕정, 군주제를 정통화하기 위해 주권적·시법적인 테마의 주위에 형성된 철학 – 역사적 담론의 외부에서, 전쟁을 독해의 격자로 삼는 담론은 왕정 비판세력과 더불어 17세기 이래 서양 담론에서 하나의 조류에 새겨져 있다. 이는 17세기 초엽에는 영국의 부르주아혁명의 주위에서, 그리고 그 세기가 끝날 때에는 절대주의 왕정에 대한 귀족의 저항 주위에서 명확하게 드러난다.

---

25) 이 후자의 논점을 정면에서 논하는 것은 최종 강의(『'사회를 보호해야 한다'』, 1976년 3월 17일의 강의 — 옮긴이]뿐이다. 또한 「강의요약」에서는 전자의 논점에 비해 후자는 거의 강조하고 있지 않다.

• 이런 [전쟁의] 담론에서는 자연법의 픽션이나 법의 보편주의에 반하여 정복의 역사가 모습을 드러낸다. 사회의 기원에 있는 것은 전쟁인데, 정복의 역사에서 그려지는 항쟁은 홉스의 사회계약론에서처럼 주권으로 수렴되어 회유되는 일이 없다. 자연권의 이양에 의한 평화의 확보 같은 경로는 픽션일 수밖에 없고, 사회는 항상 이 두 인종 간의 전쟁에 의해 관철된다. [그] 역사가 끊어진 적 없는 씨실로서의 전쟁이라는 관념은 인종들 간의 전쟁이라는 형태로 드러나고([이는] 이후, 모든 사회적 전쟁 형태가 참조하는 모태matrix가 된다) 이는 사회체를 이원적 대립도식으로 파악하는 방법을 제시한다.

• 인종들의 전쟁 담론은 주권국가에 봉사하는 역사적 담론으로 표상/대표되는 권력의 단일한 파악에 대한, 왕을 정점으로 한 사회체의 거대한 위계로 그려진 담론에 대한 최초의 '대항 – 역사'contre - histoire이다.

• 시대가 흘러 역사 – 정치의 담론, 전쟁 담론이 부르주아화되게 된다. 거기에서는 내셔널한 보편성 원리에 의해 역사적 분석이 결국은 배제된다. 이는 전쟁이란 테마를 길들이는 것이고, 변증법의 탄생이다.

• 그런데 여러 인종의 전쟁이라는 테마는 소실되지 않고, 국가인종주의라는 완전히 다른 형태로 다시 권력 장치 속으로 코드화된다. 생물학적 의미에서의 근대적 인종주의의 탄생. 인종전쟁의 담론을 한편에서는 계급투쟁으로, 다른 한편에서는 생물학적 인종주의로 고쳐 쓰는 것transcription, 혹은 재코드화하는 것.

왕이나 군주의 형상에 뿌리를 두고 있는 주권 – 법의 강력한 제휴를 통해 형성되는 물음의 장 외부에서 나타나 지배적 담론·권력편제에 대항하는 장소를 차지하고 있는 사회·역사적 독해의 격자로서 인종간 전쟁 담론은 지배적 권력의 전략 속에서 재코드화된다. 이른바 탈중심적 담론이 지배 전략의 중핵에 등록된다는 것, 이 주변이 중심으로 이동하는 반전의 역동성은, 강의가 의외의 [방향으로] 전개된다는 인상과 관련되어 있다.

여기서 우리의 흥미를 야기하는 것은 역시 마지막 논점이다. 근대의 인종주의에 대해서는 마지막 강의(1976년 3월 17일)에서 집중적으로 논해졌는데, 이 강의는 같은 해에 간행된 『앎의 의지』, 그 중에서도 특히 마지막 장과 테마가 대폭 겹치면서 논해졌다. 그러나 강의에서는 『앎의 의지』 마지막 장이 약간 건드렸을 뿐인 인종주의라는 테마에 논의의 초점을 맞춰 가지만, 미묘하게 포인트가 어긋나는 주장이 전개되고 있다. 푸코에 의하면, 19세기에 인종 테마가 사라지기는커녕, "국가인종주의라는 완전히 별개의 형태를 취하여 재출현한다"(1997:p. 212 = 1998:277쪽). 게다가 이 국가인종주의라는 "근대적 인종주의의 종별성을 형성하는 것은 망탈리테心性나 이데올로기, 권력이 만든 허위와는 관계가 없다. 그것이 관련하고 있는 것은 권력의 테크닉, 권력의 기술이다"(1997:p. 230 = 1998:297쪽). 이전에는 오히려 주권 공간의 주변에 드러난 반주권[적]−국가적인 위치를 차지한 인종들 간의 전쟁 담론이 권력의 기술과 연결되어 국가와 접합한 것이다.

그러면 왜 19세기인가? 푸코에 따르면 19세기의 근본적 현상은 다음과 같이 정리될 수 있다. "권력에 의한 생명의 장악, 바라건대 살게 만드는 것인 한에서의 인간의 장악이라고 부를 수 있는 것, 생물학적인 것의 일종의 국가화, 혹은 최소한 생물학적인 것의 국가화라고 명명할 수 있는 것으로 나아간다……"(1997:p. 212 = 1998:297쪽). 이전의 주권이론에서의 "죽게 만들고 살게 내버려두는"faire mourir et laisser vivre이라는 법률적 권리droit로 코드화된 권력의 작동에서 "살게 만들고 죽게 내버려두는"faire vivre et laisser mourir이라는 권력의 작동으로의 반전. 이 유명한 문구는 이 마지막 강의에서도 몇 번이나 반복되었다. 주지하듯 『앎의 의지』 마지막 장에서 전개된 '생명−권력' 입론의 요체가 여기에 있다. 『앎의 의지』에서 주권적−법률적 권력 표상은, 최종적으로는 죽음과 결부된 (칼의 모습으로 드러난다) 부정적인 (금지·억압·배제 등) 권력의 기능으로서, 근대의 권력을 잡기에는 상당히 조잡한, 혹은 오히려 주요한 권력의 작동을 은폐하는 것으로 작동하는 모델로서, (규범의 측에 있는) 생산적인 권력의 움직임에 대해 항상 대치되고 있다.

다만 『앎의 의지』와 1976년 강의 간의 차이는, 후자에서는 인종주의에 역점이 주어졌고, 게다가 그것이 전쟁 담론의 회귀라는 맥락 속에서 논의되었다는 점이다. 말하자면 삶 속에 죽음이, 생명과 그것의 증진을 주요 목표로 하는 권력 바로 그 안에 죽음이 포개어진 그 계기가, 『앎의 의지』에서보다 [좀더] 확실하게 권력의 메커니즘으로서 다루어지고 있는 것이다.[26] 강의와 비교하면 『앎의 의지』에서는 이 점이 약간 모호하다. 그래서 푸코는 생명-권력 속에서 죽음의 회귀를 인종주의와 사형에서 예를 취해 논하고 있는데, 모든 예에서 알 수 있듯이, 이론적으로는 적극적으로 생명에 관여하는 것에 자신의 존립근거를 두는 권력장치 속에 죽음[사형]을 도입하는 것이, 단순한 생명-권력의 이면, 생명-권력의 연장[선상]에서 부차적인 효과로 드러나는 한계limit로만 그려지고 있는 것이다. "사형의 집행은 그와 같은 권력[생명-권력—인용자]의 한계이고 동시에 추문이자 모순이다. 그래서 사형집행은 터무니없는 범죄 자체보다는 극악무도하고 교정 불가능한 범죄자와 사회보호를 내세움으로써만 유지될 수 있었을 뿐이다"(1976 = 2004 : 154쪽). 예를 들어 이것에 대해서 앤 스톨러는 다음과 같이 서술하고 있다. "『성의 역사』(『앎의 의지』)에서 인종주의는 섹슈얼리티의 기술이 고안되고 적용된 몇 개의 가능한 영역 가운데 하나로서, [그 책의] 드라마틱한 마지막 장에서 드러난다. 강의에서 국가인종주의는, 단순한 효과가 아니라 사회의 내적 분

---

26) 제임스 밀러와 같이 최종 강의가 『앎의 의지』 최종장에서 드러난 생명-권력론의 심화라고 할 수 있을지는 검토의 여지가 있으나, 적어도 역점의 이동은 있다고 할 수 있다.

열을 이항대립에 던져 넣는 전략이고, 사회가 그것에 대해서 자신을 보호해야 할 '생물학화된' 내부의 적을 만들어 낼 수단이다"(Stoler, 1995:p. 95). 사형이든 인종주의이든 근대적 전쟁이든 권력의 작동의 "죽게 내버려두는" 측면은, 실천적으로는 그저 특정한 인간이 버림받았다거나 방치되었다는 그런 형태로는 드러나지 않을 터이다. 그것은 복잡한 배제의 실천, 전략이나 폭력 행사를 정당화하는 전략, 담론으로서 드러날 터이다. 그런 의미에서 1976년의 강의는 이 생명 - 권력의 작동 안에서의 [부정적인 작동을], 특히 현대[사회]의 밑에서 올라오고 있는 권력의 부정적인 작동을 해명하기 위한 실마리를 제공해 준다.[27]

그런데 강의에서 보이는, 전쟁 담론 기능의 탈중심화로부터 중심화로라는 이러한 반전은, 어떤 의미에서 『광기의 역사』의 주제인 이성과 비이성 간의 담론상의 분할, 그리고 그것과 결합된 광인의 '대감금', 배제의 실천이라는 테마가 회귀한 것이라고도 평가할 수 있을 것이다. 푸코가 『광기의 역사』에서의 분할·배제라는, 기본적으로 부정적인 함의를 가진 테마에 대한 불만으로 인해 생산적이고 적극적인 기능을 갖는 권력[개념]을 다듬어 내고자 했다는 것은, 『감시와 처벌』에 대해서 푸코 자신이 기회가 있을 때마다 반복했던 주석적 발언에서 잘 알 수 있다. 그 전형적인 것이 바로 「아티카Attaica 형무소에 대해서」라는 제목의 1974년 인터뷰에서의 발언이다. 아래에 인용해 둔다.

그때까지 나는 사회로부터의 배제를 하나의 일반적인 기능으로서, 다소 추상적인 것으로 생각하여 서술하고 있었고, 그 기능에 대해서도 사회를 어

---

27) 폭력의 회귀라는 현대적 맥락 속에 푸코를 재배치하는 시도는 일본에서 이미 미즈시마 카즈노리(水嶋, 1997)가 선구적으로 행하고 있다.

떤 식의 형태로든 구성하는 것으로 생각하고 있었습니다. 요컨대 각각의 사회는 수많은 사람들이 그 사회로부터 배제된다고 하는 조건하에서만 기능할 수 있다고 상정했던 것입니다. …… 어떠한 배제의 시스템을 통해서, 누구를 선별함으로써, 어떠한 분할을 만듦으로써, 어떠한 부정이나 거절의 게임을 통해서 사회는 비로소 기능할 수 있는 게 아닌가라고. …… 내가 지금 자신에게 던지고 있는 질문은 그것과는 반대되는 것입니다. 즉 감옥은 너무 복잡해서, 순수하게 배제라는 네거티브한 기능으로는 완벽하게 환원될 수 없는 조직입니다. 감옥의 비용, 그 중요성, 감시에 쓰이는 배려, 사람들이 부여하려는 정통성 등은 오히려 감옥이 포지티브한 기능을 갖고 있음을 보여 주는 것으로 생각됩니다.(1974b:pp. 527~528)[28]

물론 『'사회를 보호해야 한다'』에서 우리가 간취看取한 것이 『광기의 역사』에서 본 주제의 직접적 회귀는 아니다. '사회 기능의 조건'으로서의 배제가 『광기의 역사』의 테마라고 한다면, 여기에서의 문제는 말하자면 우선 **첫째로 포함을 작동의 조건으로 하는 권력의 전략 안에서의 배제의 조작·분할선의 도입**이기 때문이다. 즉 '외부 없는 권력'의, 혹은 생명으로 충만한('생물학적 연속체', 1997:p. 227 = 1998:293쪽) 권력의 작동 내부에 외부, [즉] 죽음이 포개지고, 코드화되고, 정당화되는 그 양상이다. 그러나 물론 인종들 간 전쟁 담론이 이전의 이성과 비이성의 분할, 광기의 배제에 관계한다고 말하는 것은 아니다. 오히려 문제는 비주권적(=비지배적·저항적)·대항-역사적 지식의 역할을 맡고 있던, 사회에 대해 어디까지나 주변적으로만 있을 수 있었던(이데올로기적으로만 있을 수 있었던) 담론이, 특정 시대에는 지배적 권

---

28) 이 부분은 야마모토(山本), 다키모토(瀧本), 사코(佐후)가 옮긴 『최후의 푸코』(『最後のフ - コ -』, 三交社, 1990)의 연보에서 인용된 번역에 의거했다.

력의 전략 안에서 코드화되고, 다시 주권과 '규범화하는 국가의 생물학화된 권력'과 결부된다는 것(인종 [간] 전쟁에서 국가인종주의로), 즉 부정적인 권력작용의 행사라는 역할을 맡는다는 데 있다.

이미 서술했듯이, 이원적 구조, 즉 비주권적인 전쟁의 이원적 구조가 사회를 관통하고 있다고 하는 파악[방식]이 여러 인종의 전쟁 담론을 특징짓고 있다(1997:p. 44 = 1998:69쪽). 예전의 인종 간 전쟁의 담론에서 사회적인 장場의 균열은, 주권·법에 의해 지탱되는 통일체라는 사회의 정적 이미지에 대항해서, "두 개인·집단·군대"의 영속하는 전쟁으로 코드화되었다. 다시 말해 사회는 항상 전쟁에 의해 관통되고 분열되어 있다는 점에서, (인종 간) 전쟁 담론에는 항상 "사회는 존재하지 않는다". 그런데 근대사회는 인구와 관련한 생명–권력에 의해 자기 언급적으로 갇혀 있는 '사회'(동즐로가 말하는 "사회화된 사회")이다. 그렇다고 한다면 거기에는 본래 오직 하나의 살아 있게 하는 존재의 연속체만 존재할 수 있다고 말해야 한다. 이렇게 생각한다면, 도대체 인종은 어떠한 형태로 출현하게 되는 것일까.

> 이원적 균열로서의 사회의 양극은 상호 외부적인 두 종족의 대치가 아니라, 하나의 똑같은 종족이 상위인종sur‐race과 하위인종sous‐race의 둘로 나뉜 것이다. 또는 한 종족의 과거가 다시 나타나는 것이다.(1997:p. 52 = 1998:80~81쪽)

이러한 지점에서 "우리는 사회로부터 자신을 보호해야 한다"라는 귀족들의 인종 간 전쟁 담론은 "우리는 사회를 보호해야 한다"라는 인종주의 담론으로, 좀더 종별적으로는 신파 형법학으로 흘러가는 사회보호론의 담론으로 반전한다. 즉 "이 이질적인 인종, 이 하위–인종, 우리가 의도하지 않았음에도 형성되고 있는 대항–인종의 생물학적 위험"(1997:p. 53 = 1998:81쪽)에 대해서 사회를 보호하는 것이 문제가 되었던 것이다. 사회는 여기에서 자신을 분할한다. 인종주의는 사회를 사회 자신에 대해서 대립시킨다, 혹은 사회가 사회 자신의 내부에 있다고 말하는 외적 계기로서 작동하는 것이다. 그러나 하나로 있을 수밖에 없는 사회 안에서, 사회의 바깥, 반사회적인 요소가 어떻게 가능한 것일까? 여기에서도 또한 '퇴행'의 테마가 중요하게 된다. 이 패러독스의 해소를 위해 중요한 역할을 달성한 것은 바로 당시의 유전학, 사회진화론과 결부된 '퇴행' 개념, 혹은 '퇴행' 개념과 연결된 여러 가지 테마이다. 다시 말해 "자신의 과거로서의", 퇴화로서의 위험한 인종이라는 형태로 객관화하는 것이다. 이 퇴행이라는 테마가 복수의 일탈자라는 테마를, 규범에 반하는 자로, 즉 '비정상'이라는 개념어^{term}로 집약하기 위한 중요한 기능을 하게 되는 것은 『비정상들』에 대한 「강의요약」에서 확인할 수 있다. 다만 문제는 여기에서는 비정상인의 형상과 결부된 위험성이, 인구·'사회'라는 포괄적인 레벨에서의 권력의 작동과 결부되어 있다는 것이다. "만약 이 [생명-권력—인용자]의 메커니즘이 작동할 수 있다면, 그것은 정치적인 의미에서의 적이, 말살할지 여부로 문제가 되고 있는 적을 뜻하는 것이 아니기 때문이다. 그것은 내부의 적이든 외부의 적이든 인구와 관련했을 때의 적이고, 인구에서의 적이다"(1997:p. 228 = 1998:294쪽).²⁹ 여기에서 위험성은 반드시 개인의 신체에 구애된 미시적인 규율권력의 상관물이 아닌 것이다.

더 나아가 이 강의에서는 위험한 적의 배제·말살을 위한 전략적 수단으로서 법률적·주권적 권력의 작동이 재귀한다고 명시되어 있다. 이 점에서도 역시 『앎의 의지』 마지막 장과 미묘하게 어긋난다. 거기에서는 법

---

29) [옮긴이] 국역본은 다음과 같다. "이 메커니즘이 작동할 수 있다는 것은 제거해야 할 적이 정치적 의미의 적수가 아니라, 인구 전체의 내부적 혹은 외부적 위험이기 때문이다. 다시 말하면 생물권력 체계 안에서 죽음에의 강제는 그것이 정적(政敵)에 대한 승리가 아니라 생물학적 위험의 제거, 즉 제거의 직접적인 결과로서 종(種) 혹은 인종의 강화를 지향할 때만 수락할 수 있는 것이다"(294쪽).

은 법률적인 것의 영역으로부터 후퇴해 규범의 영역에 재등록되는 경향이 있는 것으로서만 등장하고——"법은 마침내 규범으로서 기능한다. ……" (1976 = 2004 : 161쪽)——,[30] 죽게 하는 권력의 작동은 나치의 우생학 등과 관련된 맥락에서 "피의 테마 계열의 재활성화"라고 다소 애매하게 말하고 있다. 그런데 강의에서는 다음과 같이 말하고 있다.

> 나치 사회의 특이한 점은 생명권력과 **사람을 죽일 수 있는 지상권이 사회 전체에 확산된** 사회라는 점이다. 시민을 마음대로 죽이고 살릴 수 있는 권한을 국가에게 허용하는 고전적이며 구시대적인 메커니즘과 규율 및 조절 주변에 형성된 새로운 메커니즘, 즉 생명권력의 메커니즘이 정확하게 한데 합쳐져 있다.(1997 : p. 212 = 1998 : 299쪽)

그러나 이 생명–권력과 주권 권력의 포개짐은 나치 사회에서 극단적인 형태로 드러났다고는 해도, 그것의 고유한 특성인 것은 아니다. 푸코는 근대적 인종주의의 첫번째 특징을 다음과 같이 서술한다. "그것은 권력이 책임을 떠맡은 생명의 영역 안에 어떤 단절을 도입하는 수단이다. 즉 살아야 하는 것과 죽어야 하는 것 사이의 단절이다. …… 이 모든 것은 권력이 떠맡은 생물학적 영역을 조각내는 방법인 것이다"(1997 : p. 227 = 1998 : 293쪽). 국가와 관련해서 말하자면, "인종주의는 주권적 권력을 행사하기 위해서, 인종, 인종의 배제 및 인종의 순화를 이용하려고 하는 부득이한 국가의 작

---

30) 그런데 이 점은 푸코와 법을 생각할 때 중요한 논점이다. 푸코는 법이 규범(norm)에 의해 능가되어 사라지는 경향에 있다고 말하고 있는 게 아니다. 오히려 실제로는 이른바 '현대화' 과정에서 법은 증식하는 경향이 있음은 '법화'(法化)라는 특별히 독일에서 성행하는 주제를 본다면 확인하다(하버마스의 '생활세계의 식민지화'테제를 떠올려 보자). 푸코가 볼 때, 문제는 법이 법률적인 것의 영역으로부터 규범(norm)의 영역으로 이동하는 경향이 있다는 점이다. 이에 따라 그때까지 시민법으로부터 사회법으로라는 형태로 정식화되어 있던 현대의 법의 종별성 혹은 포스트–근대 법의 동향 연구를 위한 영역이 개척되었던 것이다. 에발드(Ewald, 1986)와 헌트 & 위컴(Hunt & Wickham, 1994)을 참조하라.

동과 결부되어 있습니다. 생명-권력과 죽음의 법-권리라는 오랜 주권적 권력의 병치, 혹은 오히려 생명-권력이 개재된 주권적 권력의 작동, 그것은 인종주의의 작용이나 배치, 활성화를 의미하고 있습니다"(1997:p. 230 = 1998:297쪽).[31]

2) 규율, 규범norm, 시큐리티

그런데 인구와 관련한 포괄적인global 권력의 작동에 대한 분석에서 열쇠를 쥐고 있는 것은 규범이라는 개념일 것이다. 흥미롭게도, 강의의 구성을 보면, 규범이라는 하나의 개념을 둘러싸고 푸코 자신이 분석을 행하는 시각축에 변화가 새겨져 있는 것처럼 보인다. 그것은 거칠게 말하면 규율이라는 테마 계열에 매몰되면서 부차적인 역할을 하고 있던 규범이라는 개념이, 오히려 규율을 정복한 주요한 개념으로 부상하는 과정이었다고 할 수 있다. 이 문제설정의 미묘한 변화를 개관하기 위해서는, 우선 두번째 강의(1976년 1월 14일)를 주목할 필요가 있다.

두번째 강의는 이제까지의 5년간의 강의의 개요를 푸코 자신이 요약하는 작업에 할당되어 있다. 푸코는 이 강의를 하나의 이론적 전환점으로 간주하고 있는 것이다. 다만 거기서의 전환이란 지금 시점에서 보자면 1980년대에 명확하게 되었던 주체화-자기의 테마 계열로의 이행이 아니라 규율로부터 전쟁으로의 전환이라고 정리할 수 있는 것이다. 어떻든 간에 이 강의를 관통하는, 하나의 권력행사의 양태를 둘러싼 구분이 있다. 규율권력과 주권권력이 그것이다. 예를 들면 이 강의의 끝부분에서 최근 수년간의 강의 테마를 다음과 같이 정리하고 있다.

---

31) 필자가 인용한 문장 중 강조 부분을 살리기 위해 일역본을 따랐다. 국역본은 다음과 같다. "인종주의는 자신의 절대권을 행사하기 위해 인종과 인종 제거·인종 순화 등을 이용해야만 하는 한 국가의 기능과 연관이 있다. 삶과 죽음에 대한 전통적인 절대권과 생물권력의 병렬 혹은 생물권력을 통한 구(舊)절대권의 행사는, 인종주의를 작동시키고 정비하며 활성화함으로써 가능한 것이다"(297쪽).

인간과학의 담론을 근본적으로 가능하게 했던 과정은 서로 완전히 이질적인 두 형태의 담론의 대립과 병렬이라고 나는 생각한다. 한편에는 주권 주변에 법의 조직이 있고, 다른 한편에는 규율들에 의해 행사되는 강제들의 기제가 있다. 우리 시대에 권력이 이 법과 기술들을 통해 행사된다는 것, 규율에서부터 생겨난 이 담론들과 규율의 기술들이 법에 침투해 들어간다는 것, 규범화의 과정이 점점 더 법의 과정들을 식민화한다는 것, 이것이야말로 내가 소위 '규범화normalisation 사회'라고 이름짓는 것의 전체적 기능을 설명해 주는 것이다.(1997: pp. 34~35 = 1998: 58쪽)

푸코는 이어지는 문장에서 "규범화, 즉 규율적인 규범화"라고 바꿔 말하며, 규범화를 규율의 침투와 완벽하게 등치하고 있다. 이 인용문에서 주의하고 싶은 것은, 이 규율권력과 주권 이론과의 혼합체·착종체를 분석하는 것을 통해 근대사회, 즉 "규범의 사회"의 '포괄적인global 기능'까지도 설명할 수 있다고 푸코가 서술하고 있다는 점이다. 그러나 이 점이야말로, 일련의 강의 후에 문제가 된 것이다. 왜냐하면 거기에서 '포괄적인 기능'은 규율권력으로는 설명할 수 없다는 것이 푸코의 문제의식이었기 때문이다. 그것에 대해 이 시기부터 공동연구자였던 파스키노는 다음과 같이 증언한다.

규율에 대한 담론은 막다른 길에 빠져 버려 이미 앞이 보이지 않는다. 이것은 70년대 후반에 우리가 나눴던 토론 속에서 명확해졌다. 무엇보다도 우선 그 담론이 권력 ——억압의 모델을 따라서 이미지화된 ——의 완전한 거부로 나아가 버릴 우려가 있다는 점, 이론적인 관점에서 보자면 이 점이 우리에게는 불만이었다. 규율의 상세한 분석이 권력의 메커니즘을 이해하기 위한 원리로서의 경제적 착취라는 맑스주의의 테제에 대립한다고 해도, 이 분석 자체는 불충분하다. 이 문제를 파악하는 양식과 마찬가지로 사회의 조정/규제나 질서지음이라는 포괄적인global 문제의 탐구가 필요하게 된 것이다.(Pasquino, 1993:p. 79)

규범화 사회의 포괄적인 기능을 설명하기 위해서는, 규율과도 주권과도 다른 권력행사의 양태가 도출되어야 한다. 규율권력을 상대화하지 않으면 안 되었다. 이 물음과 더불어 다시금 부상한 것이 '규범'norm, '규범화'라는 개념이다. 앞서 시사해 왔듯이, 적어도 두번째 강의(그리고『감시와 처벌』)까지 푸코는 규범, 규범화라는 테마를 규율이라는 테마의 우위 아래에 종속시켰다. 이 테마를 규율이라는 테마군에서 독립시키는 것, 그리고 또 하나의 권력 기술과 규율 사이를 순환하게 하는 것, 이것으로 포괄적인 기능의 문제는 일단 해소된다고 할 수 있다. 이 점은 마침내 그의 마지막 강의에 이르러서야 명확하게 되었다.

푸코의 생명-권력론이 두 축을 갖는다는 것은『앎의 의지』의 독자라면, 누구나 다 알고 있을 것이다. 한편에는 "'규율'을 특징짓는 권력절차, 즉 '인체의 해부-정치'"가 있다. 다른 한쪽 끝에는 "인구의 생명-정치학"이 있다(1976 = 2004:155~156쪽). 섹슈얼리티는 이 두 개의 벡터가 교차하는 곳에서 특별히 중요한 위치값를 부여받았던 것이다. 이렇게 더욱 넓은 시야에서 섹슈얼리티가 차지하는 장소가 거기에서 재포착되었을 터이다. 포괄적인 기능을 명확하게 할 수 있게 해 주었던 것은 집단적 현상을 그 집단 고유의 규칙성·특성을 통해 포착하여 개입하는 권력[개념], 즉 '인구의 생명-정치학'이다. 푸코는 마지막 강의에서『앎의 의지』전체를 총괄하는 이론적 프레임을 반복하고 있지만, 거기에서는『앎의 의지』보다도 규율과 조정/규제 간의 차이와 상호 작용을 더욱 강조하고 있다. 가령 푸코는 다음과 같이 서술하고 있다. 18세기 후반에 규율과는 다른 별도의 새로운 기술이 나타났다. 그것은 규율의 기술을 배제하지 않는다. 오히려 "그것을 끼워 넣고 통합하고 부분적으로 수정하여 자기 안에 그것을 이식해서 사용하고, 그 앞서의 규율적 기술 덕분에 거기에 효과적으로 고착되는 그런 기술이다. 이 새로운 기술이 규율적 기술을 배제하지 않는 것은 이것이 전혀 다른 차원, 전혀 다른 수준에 있는 것이기 때문이다. 이것은 적용 범위가 다르고, 전혀 다른 도구들의 도움을 받는다"(1997 : pp. 215~216 = 2004 : 280쪽).

그러면 왜 이 맥락에서 다시 규범이 부상한 것일까? 그것은 규범이 이 질적이고 작동의 평면을 달리 하는 이 두 개의 권력 사이를 순환하고 접합하기 때문이다.[32]

규율에서 조절로 마음대로 넘나들고, 육체에 적용되는가 하면 인구에도 적용되고, 육체의 규율적 질서를 바로잡는가 하면 생물학적 다수의 우연적 사건들도 통제하는 그 요소는 바로 '규범'norme이라고 할 수 있다. 규범, 그것은 권력이 길들이고자 하는 한 육체에 적용될 수도 있고, 권력이 조절하기를 원하는 한 인구에 적용될 수도 있다. 이런 조건이라면 규범화 사회는 규율적 제도들이 한없이 증식하여 마침내 공간 전체를 뒤덮어 버린 그런 총체적 규율화의 사회가 아니다. 규율이 일반적인 현상이 된 이런 사회는 규범화 사회의 이념을 초보 단계에서, 그러나 불충분하게 해석한 사회일 뿐이다. 규범화 사회는 규율의 규범과 조절의 규범이 직각으로 교체되는 그러한 사회이다.(1997 : p. 225 = 2004 : 291쪽)

게다가 이러한 이론의 전위 속에서, 시큐리티sécurité라는 테마가 부상하고 있음에 우리는 주목해야 한다. 다음의 인용은 앞서 사회체에 내재하는

---

32) 파스칼레 파스키노와 더불어 강조해 두자. 『감시와 처벌』과 『앎의 의지』의 공통주제는 규범화의 프로세스에 있다고(Pasquino, 1986 : p. 98).

위험이라는 테마와 이 포괄적 권력의 관계를 보여 준다.

인구에 반드시 나타나는 집단적 효과들을 재구성하고, 거대한 생체 안에서 일어날 수 있는 우연한 사건들의 시리즈를 통제하려 들며, 그 개연성 probabilité을 통제(결국 수정)하고 그 효과들을 보상하려는 기술이다. 개인의 훈련에 의해서가 아니라 글로벌한 균형에 의해 항상성, 다시 말해서 그 **내적 위험에 대한 전체의 안정**sécurité을 수립하려는 기술이다. 그러므로 훈련의 기술은 안정sécurité의 기술과 확연히 구별되는, 그것과 정반대의 기술이다.(1997: p. 222 = 2004:287쪽)

이 부분은 중요하다. 무엇보다도 위험성이 확률과 결부되어 있다는 점에서 말이다. 앞에서 서술했듯이, 인구와 관련 있는 포괄적 권력이 발판을 두고 있는 것은 '약한' 인과성, 확률로 정의된 인과성이었다. 그것은 위험을 모두 말소하고자 하지 않고, 오히려 위험을 측정하고 어느 범위 안에서 유지되도록 통제하는 것이었다. 나아가 시큐리티라는 말이 포괄적인 권력의 기능을 맡는 기술을 표현하는 말로서 사용되고 있다는 점에 주목하자. 확률적 인과성을 구비한 인구/'사회'가 필연적으로 낳는 내적인 위험과 포괄적인 권력의 관련을 집약한 것이 이 '시큐리티'라는 말이다. 1976년의 강의에서 '시큐리티'라는 용어는 거의 등장하지 않았지만, 여기에서 이 용어가 갖는 위치는 결정적이다. 즉 1976년 강의의 특이성을 형성하고 있는, 19세기 이후 생명-권력으로의 전쟁의 코드화, 삶에 긍정적으로 관계하는 권력 안에서의 부정적 기능의 전략적 작동이라는 도면 위에서 '시큐리티'라는 테마가 부상했던 것이다.[33] 보다 상세하게 분석하자면,

---

33) 이 강의에서 대부분 가벼운 언급만을 하고 있는 이 '시큐리티의 기술'에 잘 알다시피 이윽고 중대한 초

생명을 유지·증진하는 작동과 위험한 요소를 죽음[의 형태]으로 배제하는 이중의 작동이 서로를 동반하며 나타나는 장소에서 시큐리티 기술이 부상한다는 것이다. 게다가 이 시큐리티를 둘러싼 삶과 죽음의 교차는 다음과 같은 형태로 제시되었다. 이 논의는 『앎의 의지』 마지막 장에서도 다뤄지고 있는 것인데, [이] 강의에서는 인종주의의 두번째 정의를 통해 시사되고 있다. 즉 "삶에 내재하는 위험을 배제하면 배제할수록 우리의 삶은 점차 고양될 것" (1997 : pp. 227~228 = 2004 : 294쪽)이라는 논리가 그것이다. 여기에서도 전쟁 담론의 전위를 확인할 수 있다. 즉 "살기 위해서는 적을 해치워야 한다"라는 이전의 전쟁 담론이, 생물학화된 국가 안에서는 "열등한 인종이 좀더 사라지고, 비정상의 개인들이 좀더 제거된다면 種의 퇴화를 좀더 잘 막을 수 있고, 그렇게 되면──개인이 아니라 種으로서의── 나는 좀더 강하고, 활기차게 살아남아 많은 후손을 번식시킬 수 있을 것"이라는 형태로 바꿔어 쓰였다.

이 점에 대해서 조금 더 생각해 보자. 『감시와 처벌』에서는 생명을 유지·증진시켜 관리하는 권력의 모습이 그것 그 자체로서 테마화되어 나타나지는 않았다. 그러나 삶과 죽음이 배분되는 형태는 꽤 명료하게 드러나 있는 것처럼 보인다. 즉 거기에서 **죽음은 거의 항상 과거의 것으로서 배분**되었다. 가령 책 시작 부분에서는 강렬한 인상을 주는 다미앵의 찢겨진 신체, 즉 전前규율적 권력이 행사하는 스펙터클한 사형·신체형이라는 형태로 드러난다. 다른 한편 파놉티시즘으로 대표되는 감시와 규율의 공간의 경우는 기묘하게도 죽음이 없는, 그렇다고 농밀한 삶이 있는 것도 아닌, 말

─────────────

점이 부여된다. [이번] 강의와 『앎의 의지』에서 포괄적인 수준에서 작동하는 인구의 생명-정치라 명명되었던 것이, '시큐리티, 영토, 인구'라 명명된 다음 번 강의에서는 '통치'권력이라 불리며 상세한 계보학적 시선을 받게 될 것이다. 국가이성, 폴리스라는, 인구를 대상으로 하는 앎과 실천의 부상 그리고 자유주의의 탄생이 거기서 중요한 논의의 대상이 된다. 이 책 '3장'도 참조하라.

하자면 희박화되고 연기되는 생명의 공간이라는 인상이 지배적이다. 그것
은 비행성에 대한 분석에도 해당할 것이다. 주지하듯, 푸코에 따르면 감옥
의 실패는 비행자라는 범주를 형성하고, 예측할 수 없는 무질서와 반란으
로 인도할지도 모르는 '불특정 다수의 무리들', '불특정한 방랑자의 무리들'
(1975:p. 324 = 2007:423쪽)을 특정한 분할배치의 전략에 의해 코드화함으
로 관리할 수 있게 한다는 점에서 역설적으로 성공이었다. 일찍이 그 괴물
성 때문에 모호한ambiguous 형태로 질서의 바깥에 있기에 그저 두려워해야
했던 범죄자마저도 그 자리에서 비행자의 계열로 내던져지고 '무해무독無
害無毒하게 되었다'(1975:p. 332). 그들은 결국 낙인 찍혀 관리된다. 그러나
거기에 그려진 비행자의 모습은 모두 살아 있다고 해야 할까 살려 됐다고
해야 할까? 요약하면 권력은 그들을 돌봐주고 있는 것이다(예를 들면 푸코가 빈
번히 인용하고 있는, 경찰의 개-밀정密偵으로 기능하는 비행자의 모습을 보라). 죽
음은 이전의 권력 형태와의 비교를 위한 증거로, 화려한 신체형의 스펙터
클 속에, 그리고 접촉 그 자체가 엄격하게 단절되고 배제된 나병환자의 형
상 안에 가두어진 것처럼 보인다. 푸코는 신체형의 스펙터클이 후퇴함과
더불어 형벌적 억압의 주요한 조준점으로서의 신체는 사라진다고 말한다.
그러나 조이 제임스Joy James가 지적하고 있듯이, 푸코가 대상으로 삼고 있
는 것과 같은 시기 프랑스의 식민지 지배 아래 있던 세네갈 인이나 마르티
니크 노예들의 입장에서 본다면, 지금까지 고문을 당해서 절단된 신체는
엄연하게 일상적인 존재였다. 또한 남북전쟁 후의 미국에서조차 20세기 중
반까지 처벌되어 찢어진 신체는 "의례화된 린치의 야만적이고 난폭한 각
인"(James, 1996:p. 29)이었다.[34]

---

34) 제임스(James, 1996:pp. 28~33) 참조. 여기에서의 논의는 제임스의 책 제1장에서 매우 계발적인 비
    판에 우선 기대고 있다. 제임스는 푸코의 『감시와 처벌』의 논의가 인종적 관점을 결여하고 있고(race
    blind), 젠더 관점을 결여하고(gender blind) 있으며, 이로 인해 여전히 활발히 사용되고 있는 노골적인

그렇다고 해도 여기에서 제임스가 푸코의 것으로는 19세기를 분석할 수 없다고 지적하고 있는 것은 아니다. "푸코가 과거의 현상으로 일반화한, 국가에 의한 폭력적인 처벌이 우리 포스트모던 시대의 정책에서 재부상하고 있다"(James, 1996 : p. 28)는 관점에서, 푸코가 도마 위에 올랐던 것이다. 『감시와 처벌』에서 푸코가 주시한 권력의 작동을 집약하고 있는 전형적인 객체화−주체화의 전략은 다음과 같은 비행자의 형상을 둘러싼 담론에서 드러난다. "악인을 교정하는 것만이 중요하다. 이러한 교정이 일단 이루어지면, 죄인은 사회로 돌아가야 한다"(푸코가 인용한 19세기 초엽의 담론)(1975 = 2007 : 371쪽). 이것과 현대의 전형적인 범죄정책의 담론을 맞추어 비교해 보자. "사악한 자는 존재한다. 그런 무리를 무구한 인간으로부터 분리하는 것 이외에는 효과적인 방법이 없다"(Wilson, 1985 : p. 260).

푸코의 전개를 보면 역설적으로 생명이 논의의 핵심을 차지하는 것에 동반하여 죽음도 (재)부상한다. 인구 혹은 '사회'의 수준에서 작동하는 포괄적인 생명−정치'학'이, 혹은 시큐리티의 기술과 규율권력이 착종하는 그 틈에, 그 휨에, 나아가 주권이 포개지는 장소에 죽음이 혹은 배제가 내포되어 있다. 이 두 권력의 기능──규율과 시큐리티──이 이전의 긴밀한 연관을 중단할 때 다시금 죽음과 배제가 서서히 떠오르게 될 것이다. 『감시와 처벌』이후 푸코의 권력분석은 바로 이 '현행성'actuality을 징후적으로 시사하고(혹은 '진단'하고) 있는 것은 아닐까.

이상의 논점을 다음과 같이 확인해 두자. 규율의 기술과 규범 내지 규범

권력의 드러남, 폭력의 스펙터클을 지나쳐 버리고 있다고 한다. 결국 푸코는 "국가의 억압을 살균하고(sanitizea) 있는 것"이다. 제임즈의 푸코 비판은 분명 『감시와 처벌』이 일반적으로 읽히던 방법 혹은 특별히 이 시기 푸코의 작업에서 맑스주의와 대결하기 위해 "막대를 반대방향으로 구부리려 하기" 때문에 발생하는 문제성을 적절히 지적하고 있다고 생각된다. 그러나 『감시와 처벌』 제4부는 매우 미묘한 이론적 함의를 갖고 있는 것이 아닐까? 제임스의 푸코 비판은 『감시와 처벌』 제4부의 좀더 심층적인 독해를 요청하고 있는 것이 아닐까? 이 책의 마지막 장에서는 이에 대해 언급하고자 한다. 또한 미치바(道場, 1999)도 『감시와 처벌』의 이러한 문제에 치고 들어가는 것으로 유익하다.

화, 나아가 시큐리티의 기술은 반드시 선험적으로ᵃ ᵖʳⁱᵒʳⁱ 결합되어 있지 않다는 것, 생명-권력은 오히려 후자와 결부되어 있다는 것, 푸코의 관심은 그 해의 강의를 전환점으로 해서 명확히 후자를 향하고 있다는 것, 나아가 거기에는 시큐리티의 기술이 우위를 점한 입장에서 규율의 기술을 자신의 작동 내에 편입해 간다는 시대인식이 있다는 것이 그것이다.

4. 시큐리티의 강화

푸코가 시큐리티의 기술에 착목했던 것 이면에는, 이미 서술했듯이 권력론이 전개되는 데서 발생하는 문제와 동시에, 현실에서 발생하고 있는 법률적인 것의 후퇴 그리고 규범과 결부된 시큐리티 권력의 강화가 그 배경으로 자리잡고 있을 것이다. 거기에는 앞에서 서술한 정신의학에 의한 사법의 식민화라는 푸코의 의구심이 한편에 있고, 다른 한편에는 보다 거시적인 국가의 수준과 관련하여 시큐리티가 강화되는 움직임이 있다. 미시적인 수준에서의 법률적인 것의 후퇴는 거시적인 수준의 그것과 병행하고 있다. 그러한 상황에 대한 푸코의 관측을 제목에서도 단적으로 보여 주는 것이, 1976년 강의가 있었던 다음해인 1977년 『르 마탱』에 기고한 「앞으로는 시큐리티가 법을 능가할 것이다」(1977f)라는 기사이다. 마침 1977년 유럽에서는 붉은여단Red Brigades이나 독일 적군파RAF; Red Army Faction에 의한 테러리즘이 정점에 이르고 있었다. 문자 그대로 "사회를 보호해야 한다"는 미디어의 외침과 그것에 공명한 경찰력의 강화가, 사회 전체에 짙은 어둠을 드리우고 있던 시대이다. 그러한 가운데 푸코는 프랑스 정부가 독일 적군파의 안드레아스 바더Andreas Baader 등의 변호사 클라우스 크로이산트Klaus Croissant ——그는 프랑스로의 정치적 망명을 희망하고 있었다——를 독일로 강제 귀환시키려는 강행 정책에 대해서 강력하게 항의 활동을 벌이고 있었다. 이러한 형태로 테러리즘과 그것을 둘러싼 미디어·여론·정부의 상궤를 벗어난 격렬한 동요에 상당히 깊이 개입하게 된 푸코는 앞의 기사를 필두로 하여 몇 개 중요한 텍스트를 발표했다.[35]

그 중에서도, 본고의 맥락과 연관지어 보자면, 시사적인 색깔이 다소 약화된, 상황에 대해 이론적 고찰을 덧붙인, 「시큐리티와 국가」(1977g)라는 제목의 1977년의 인터뷰가 중요할 것이다. 거기에는 1978년의 강의를 선취하는 몇 개의 논점이 제시되어 있다. 즉 법률적인 것·주권적인 것과 시큐리티의 기술이 대비되면서 논의가 진행되고 있다. 푸코는 다음과 같이 말한다. 일찍이 국가와 사람들과의 관계는 영토의 계약으로 형성되었다. 권력은 이렇게 말한다. "나는 당신들에게 영토를 주겠다", 혹은 "나는 당신들을 국경 안에서 평화롭게 살아갈 수 있도록 보장하겠다"라고. "중세부터 16세기까지 공법에서 주권을 규정한 법 원리"(「통치성」, 1978f: p. 643)라고 푸코가 다음해 강의에서 평가한 바 있는 주권권력——주권은 무엇보다도 우선 영토에 대해, 그리고 그 결과로서 거기에 살고 있는 주민·신민에 대해 행사된다——의 묘사가 여기에서 이뤄지고 있다고 할 수 있다. 또한 나아가 고전파 형법학적인 행위주의의 원칙도 거론되었다. "일찍이 합법성의 시스템은 다음과 같이 말할 수 있었습니다. '괜찮습니까? 당신은 어떤 일을 한다면 처벌당할 것이고, 그것을 하지 않는다면 벌 받는 일은 없을 것입니다'". 이러한 일련의 법률적·주권적 권력의 작동에 '시큐리티의 계약'(협정)pacte de sécurité이 대치된다. 현재 우리는 '시큐리티의 계약'이라고 불러야 할 것 속에 던져져 있다. 그곳에서의 통치 목표는 인구와 그것과 상관하는 모든 사상事象을 배려하고 보호하는 일에 다름 아닐 것이다. 따라서,

---

35) 이에 대해서는 이치노카와 야스타카(市野川, 1997)가 대단히 자극적인 고찰을 하고 있다.

그 특징이 예외적이고 법을 초월한extra-légal 종류의 개입은 결코 권력의 자의성의 징후나 과잉으로 드러나서는 안 되고, 거꾸로 배려sollicitude의 징후로서 드러나야 한다. '우리는 법 혹은 판례/법해석jurisprudence 같은 오래된 관습 등과 상관없이, 예외적 사태가 생길 때 당신을 보호할 준비가 되어 있다. 우리는 필요하다면 모든 수단을 다해서 개입하겠다'. 모든 장소에 관심을 갖고 두루 살피는 이 배려라는 면을 높이 쳐들면서 국가가 눈앞에 등장한다. 지금 전개되고 있는 것은 진정 이러한 권력의 양상이다.(1977g:p. 385)

물론 '배려'가 동반되는 코드는 법이 아니라 규범이다. 정상상태를 일탈한 비정상적인 '예외상태'가 테러리스트와 같은 사회의 적, 내부의 적에 의해 발생하고 있다. 이 위험한 요소를 배제해서 정상상태로 되돌려야만 한다. 다른 차원에서 형벌에 대한 불안과 부인이라는 형태로 드러나고 있는 사법 원리의 후퇴와 규범적인 것의 우세라는 사태는, 푸코의 시각에서 보자면 시큐리티가 법을 능가한다는, 국가의 수준에서 발생하고 있는 동향과 나란히 가고 있는 것이다.

그러나 푸코가 '처벌에 대한 불안'에서 봤던 권력의 움직임과 그의 1977년의 관측——"시큐리티의 국가가 대두하고 있다"——은 조금 벡터를 달리 하고 있는 것처럼 보인다. 왜냐하면 마침 1970년대 형사정책의 영역에서 응보관념이 대두하고 있었던 것처럼, 오히려 국가도 복지국가적 인도주의의 양상을 벗어던지기 시작했고, 혹은 적어도 '배려'의 범역範域을 크게 한정하기 시작하고 있었기 때문이다. 물론 푸코 자신은 「시큐리티와 국가」의 담화 안에서 국가 발전의 역설——시큐리티 국가의 전개가 국가의 팽창이 아니라 국가장치의 축소로도 보이는 '가소성'可塑性을 갖고 있다——을 지적하고 있다(1977g:p. 388). 그러나 그 가소성이 그때마다 취한 형태의 종별성이야말로 문제일 것이다. 또한 전체적으로 보면 시큐리티의 국가라는 것에 대해 말할 때 푸코는 역시 사회보장적 국가를 모델로 하고 있는 것처럼 생각된다.

이듬해의 강의(「통치성」)에서 푸코는 근대에서 지금에 이르는 권력 장치의 존재방식을 권력 행사의 3개의 이질적인 양태인 '주권-규율-통치'의 삼각형 내지 착종체錯綜體로 정의하고 있다. 그리고 더 나아가 시큐리티를 기술로 구비한 통치적 권력의 우월성이 근대사회의 전개에서 [드러나는] 일관된 경향이라고 끝맺고 있다(1978f:pp.654~655). 시큐리티장치가 규율장치와 서로 다투는 식의 연관을 완화하고, "규범화normalization 영역의 내부에서 변환shift이 발생할"(Dumm, 1996:p.131) 때, 바로 규범화는 단적인 격리/무해화無害化와 배제를 위한 척도로서 기능하게 될 것이다. 강화되는 시큐리티 국가가 한편에서는 팽창된('사회'적 기능을 달성한) 행정장치를 삭감하기 시작하는 역설적인 움직임이 시작될 것이다. 그렇다면 시큐리티장치의 강화와 법에 대한 [그것의] 우월성은 양적인 변화뿐만 아니라, 질적인 변화까지 품고 있는 것은 아닐까?

교묘하게도 푸코는 이 인터뷰에서 '시큐리티의 계약'이라는 말을 사용하고 있다. 확실히 사회보장social security이나 복지국가는 근원적으로 우리와 계약을 맺는다고 가정되어 있고, 사회법에서도 '계약' 개념은 여전히 중요시되고 있다. 그러나 이 어법은 푸코가 1976년 강의에서도 주권적·법률적 문제설정에 귀속시켜 물리쳤던 홉스의 『리바이어던』의 이론구성을 방불케 한다. 원래 시큐리티의 기술은 기본적으로는 법률 내지 주권의 문제설정에 속하는 의미에서의 계약·협정주체를 거치는 일이 없었다. 그 기술과 관련 맺는 것은 인간적 자연으로부터 자유의사에 근거해 계약하는 주체가 아니라, 고유의 규칙성과 특성을 갖고 있는 집합적 신체·인구이거나, '사회' 속에 결정적으로 던져져 있고, 사회화되고, 역사화된 주체였다(cf.

Ewald, 1986). 사회보장은 이 '사회'에 결정적으로 귀속된 개인이라는 주체의 형상에 뿌리를 내리고, 그것을 근거로 해서 형성되었을 터이다. 그런데 현재 시큐리티는 본래 그 문제설정과는 이질적인 선을 따라 추구된 사법적인 계약주체와 (다시금) 다시 접합하기 시작한 것 같다. 오히려 시큐리티는 개인의 자유의사에 기반한 계약에 의해 비로소 얻어질 수 있는 것이 되고 있는 것이다. '조치措置제도에서 계약제도로'('1장' 참조)라는, 일본에서도 진행 중인 현대사회의 커다란 흐름을 보자. 앞에서 서술한 형법에서의 위험성과 응보라는 테마가 부활하는 상황도 이러한 움직임과 평행한 것은 아닐까. 복지국가·사회국가적 체제regime에서, 혹은 '사회적인 것'의 문제설정에서 시큐리티의 기술이 이반離反되고 있는 상황을 푸코가 어디까지 파악하고 있었는지는 알 수 없는 일이다. 그러나 이미 20세기에 독일의 바이마르 체제에서 처음으로 헌법에 등록된 생존권과 그것을 근거로 권리화된 복지에 대한 요구에서 더욱 잘 드러나는 하나의 생명-권력의 공간적 형상을 여기에서 확인하는 일은 어렵다. 이미 인간이 살아 있다는 것 그 자체로는 시큐리티 기술의 개입(혹은 그 요구)의 근거가 되지 않는 것이다. 이러한 사회에서 시큐리티의 계약을 맺을 수 없다면, 시큐리티 시스템에 접근할 수 없다면, 간단하게 죽음으로 계속 방출될 것이다. 현대도시가 대량으로 안고 있는 '버려진 인간들'을 보라.

지금까지 'sécurité'에 대해서 굳이 '시큐리티'라는 표현을 선택해 왔는데, 여기에는 이유가 있다. 물론 애초에 푸코가 이 시큐리티라는 관념이 사회보장social security으로 전형적으로 표현되는 그런 복지국가의 테마 계열에 속한다는 것을 [염두에 두고] 의도적으로 사용하고 있음은 확실하다. 그러나 복지국가 시책이 후퇴일로를 걷는 지금, 기묘하게도(그렇기 때문에) 사회정책·범죄정책뿐만 아니라, 우리의 일상생활의 깊숙한 곳까지 시큐리티에 대한 의식은 불안과 더불어 만연해 있다. 그 시큐리티라는 테마가 형성한 연속체를 사회보장이라는 함의의 영역에 붙잡아 두는 것은 지나치게 협소한 것이라고 할 것이다. 푸코는 앞의 인터뷰에서 테러리즘과 더불어 현대사회를 뒤덮고 있는 시큐리티에 대한 불안을 강조하고 있다. 그 인시큐리티insecurity의[라는] 불안이 바로 우리 세계의 존재론적 지평을 규정하고 있는 것이다(Nettleton & Burrows, 1998). 우리는 현재 기존의 사회보장의 분야뿐만 아니라 모든 장소에서, 리스크 요인을 사전에 포착해서 (보험 등에 의해) 시큐리티를 확보해야 한다는 명령에 노출되어 있다. 컴퓨터 네트워크에서 새롭게 생기고 있는 갖가지 리스크와 시큐리티의 요청, 사적인 재산보호(집이나 토지구획·건축물 등)나 사적인 정보에 이르기까지 강박관념obsession이 되어 버린 시큐리티, 자기 신체의 어느 한 부위에 관한 시큐리티. 특히 현대도시가 "도시의 자유라는 오랜 관념을 시큐리티와 교환하고 있는"(Davis, 1992a) 현상은 주목해야 할 것이다. 이웃의 '새로운 위험한 계급'의 침입으로부터 시큐리티를 확보해야 한다. 그 보장된 공간을 갖가지 모니터링 기술과 네크워크가 개입된 정보 시스템에 의해 확고해지는 사적인 시큐리티와 경찰에 의한 시큐리티의 연관에 의해 요새화되어 가는 교외도시에서 잘 볼 수 있다. 거기에서 역점은 위험한 개인보다도 '행동의 요소들에 대한 매스 컨트롤'에 놓여진다. "시큐리티 전략으로서의 규범화는, 모니터링·측정 그리고 행동을 분류하여 수립하는 그 이외의 여러 규범을 통해 이루어지는 많은 수의 인구에 대한 통제 시도를 통해, 규범의 개별적 개입으로부터 철수하는 것을 가능하게 하고 있다"(Dumm, 1996 : p. 131). 모니터링 기술이 '정상적인 요소'와 '비정상적인 요소'의 분할을 순식간에 행하고, 감시하고, 경우에 따라서는 폭력적으로 배제하는 움직임을 개인을 거치지 않고 매스mass 수준에서 행사하는 것이다.

시큐리티의 장치와 규율의 장치의 접합이 풀리고, 시큐리티의 강화와 더불어 그것에 종속되어 강화되고 있는, 사법적 죽음으로 적극적으로 내모는 기능이 착종하는 시기로서의 현재. 아주 작은 단서에 지나지 않지만 현재의 동향을 이렇게 정리할 수 있지 않을까?

5. 행위·쾌락·욕망

푸코의 논의 속에는 말하자면 '행위가 존재로 압축·환원'[36]되는 사태에 대한 혐오와 저항이 일관되게 깔려 있다. 존재의 동일성으로 행위를 모두 처넣어 버리는 '호적戶籍의 권력'에 대한 저항. 그 배경에는 주체화의 프로세스를 이중화하는 것, 즉 종속주체에는 귀속하지 않는 주체화의 프로세스를 발견한다는 동기가 있지만.

예를 들어 푸코는 만년에 행해진 래비노우Paul Rabinow 등과의 인터뷰 「윤리의 계보학에 대하여」(1983b : p. 400)에서 행위-쾌락-욕망의 삼항을 조합시켜 가면서 시대 및 지역별로 자기self의 존재방식을 도식화한 바 있다. 그러나 거기에서는 고대 그리스('행위-쾌락-(욕망)'이라고 정식화되었다)에서처럼 쾌락을 벗 삼아 행위를 음미함으로써 자기를 단련하는 방법에 대해 그가 선호하고 있음은 명확한 것으로 보인다(푸코는 쾌락 속에 행위를 매몰시켜 버리는 중국의 '성애술'[ars erotica, 방중술]은 아마도 좋아하지 않았을 것이다). 부정적으로 해석된 것이든 긍정적으로 해석된 것이든, '영혼의 깊이'와 교차/교제하며 주체의 형상을 그리는 욕망과 달리, 결코 하나의 장소에 집약되는 일이 없고, 부분적·분산적으로 일시적인 쾌락을 기점으로 하여 행위를 단련시키고 자기를 형성하는 것. 푸코의 이러한 만년의 전망이, **법에 대한 어떤 호의**(이 법에 대한 호의를 감히 하이에크적인 것으로 불러도 좋을지도 모르겠다. 푸코가 옹호하는 것은 실증주의적 법이 아니다. 그러나 푸코는 하이에

---

36) 여기에서 '존재'란 '넌 대체 뭐하는 자인가' 정도의 의미이다.

크처럼 자유가 자생적 법과 결부되어 '전체주의'화를 방해하는 '법의 지배'라는 지점에서 멈추지는 않았지만 말이다. 이에 대해서는 '최종장'을 보라)가 되어 나타난 것은 이해할 수 있을지도 모르겠다. 가령 지금까지 참조해 왔던 「처벌이란 무엇인가」에서 푸코는 다음과 같이 서술하고 있다.

> 내 생각에, 사실 형법은 우리 사회의 사회적 구조의 일부이고, 그것을 덮어 가릴 이유는 없다. 이것은 이 사회의 일부인 개인이 서로를 법의 주체로, 그 자신이 만약 법을 침해했을 때 처벌되고 소추될 수 있는 그런 법의 주체로 승인해야 한다는 것을 의미하고 있다. 생각건대, 이 점에 대해서는 어느 무엇도 스캔들적인 부분은 없다. 그러나 구체적인 여러 개인이 실제로 서로를 법의 주체로 서로 인정할 수 있도록 활동하는 것은 사회의 의무이다.(1983b:pp. 645~646)

여기에서는 법의 주체·책임·형벌과 같은 용어term가 긍정적으로 말해지고 있다. 물론 그렇다고 해서 푸코가 이전의 자유주의적 형사사법으로 회귀하면 좋을 것이라고 말하는 것은 아니다. 푸코는 다른 곳에서 '정당한 응보'just desert를 기치로 하는 응보형으로 회귀하려는 움직임도, 신파 형법학이 잉대한 형벌올 치우로 치환하려는 동향도 어느 것이나 모두 위험하다고 강조하고 있다(「처벌은 더할 수 없이 곤란하다」, 1981d). 문제는 당면하고 있는 이 양자의 움직임의 사이에서 형벌이란 무엇인가를 새롭게 재고하는 일이다. "(지금 상황의 악화는 피할 수 없습니다. 순수하게 사법적/법률적인 것, 절대적 제재로 향하는 것 …… 순수하게 인간학적인 것, 불확정한 제재로 향하는 것이 그렇습니다). …… [양자의—인용자] 변동폭의 내부에서 [다른 가능한 시스템은 있는가라는—인용자] 과제를 받아들이지 않으면 안 됩니다"(1981d:pp. 208~209).[37] 그러나 범죄정책의 영역에서는 이 양극의 어느 쪽으로 순화해 가는가를 말하기보다는, 다시금 '기묘한 혼합체'가 형성되고 있는 중인 것처럼 보인다. 이것은 푸코가 관측한 경향성과는 다른 궤적을 걷고 있다고 할 것이다.

어쨌든 행위를 존재로 던져 넣기 위한 경첩이자 교환 장치였던 사회적 인과성에 관한 지식은 이전에 누렸던 중요성을 잃고 있다. 그것에 대응하는 것처럼, 우리는 스포츠·미디어·텔레비전·드라마·대중가요를 필두로 문학에 이르기까지 모든 장면에서 **치료법**^{therapy} 언어의 만연을 목격하고 있다. 인간은, 한편에서 인문과학이 그 주변을 선회하며 또한 권력과 연합해 그에 개입하는 지레였지만, [지레였던 인간은] 그 불투명함을 잃고, 합리적인 행위의 예측하에서, 리스크 관리를 떠맡은 자유의사의 주체가 된다. 다른 한편 권력에게 개인은 리스크 계산의 단서인 사실^{fact}들의 집합체로서, 데이터 안에서 단편적으로 부침하는 것에 지나지 않는다. 권력은 행위와 주체를 하나로 묶기^{bind} 위해 개인을 계속 응시하면서 **규격화하기 위해 개입하는 것과 같은 비용**^{cost}**이 드는 작업에서는 손을 떼기 시작했다.** 이 존재와 행위의 흐트러짐, 이 기묘한 자유의 감각과 참을 수 없는 속박의 감각이 공존하는 가운데 생명과 죽음은 그 희박함을 서로 공유하는 것 같다. [한편에서는] 민족분쟁에 의한 대량 살육, (국가에 의한 것도 포함하는) 테러리즘에 의한 대량 살인, 도심^{inner city} 속에 버려져 폭력에 내맡겨진 사람들, 그리고 다른 한

---

37) 푸코는 생전에 시큐리티 연구 후의 작업을 법사상 연구로 생각하고 있었던 것 같다. 이 또한 고려해 볼 때 특별히 다음을 강조해 두고 싶다. 즉 푸코는, 하나의 래디컬리즘에 특유한 '법 니힐리즘'과 하나의 포스트모더니즘이 형성하는 담론의 배치(법은 권력이다 혹은 게임이다)와는, 적어도 70년대 후반의 시점에서는──푸코는 1970년대 전반에는 확실히 좀더 '과격'하다──관련이 없다는 것이다('법 니힐리즘'이라는 말을 비롯해 이 논점에 대해서는 사사누마 히로시笹沼弘志 씨와의 대담에 기대고 있다). 또 이번에는 언급할 수 없었으나, 푸코는 1983년의 인터뷰「무한한 요구에 직면한 유한한 시스템」에서 사회보장제도에 대해 적극적으로 발언하고 있다. 거기에서는 케인스주의적 복지국가시스템에 특징적인 시큐리티와 의존의 연관을 끊어 내고 '시큐리티와 자율을 쌍방 모두 확보하는 것'이 푸코에게는 하나의 긍정적인 전망이 되고 있다. [이에 대해서는] 윤리에 대한 푸코의 테마와 시사적 발언을 맞추어 가며 생각해 가야 할 필요가 있을 것이다.

편에서는 엄중한 사적 시큐리티 기술에 보호된 디즈니랜드화되고 요새화된 교외의 풍경이, 삶과 죽음이 포개져 있는 이 평면 위에 나란히 병존하고 있는 것이다.

'휨'(이 또한 하나의 '주름'일 것이다) 속에 퍼져 가는 죽음의 공간이, 다시금 삶을 개시할 기회가 되는 것일까?

적대의 전위
:법·규범론

적대의 전위 _법·규범^{norm}론

1. 적대의 전위—사회체의 해체와 근대

루이 알튀세르에게 주체란 휴머니즘의 문제설정의 핵심을 구성하는 것이
었다('인간의 본질=주체성'). 게다가 휴머니즘은 자기 본질에 주어진 제약을
시간과 역사 속에서 해방, 극복함으로써 자신을 실현한다는 주제와 분리
될 수 없는 것으로 간주되었다. 즉 역사주의와 휴머니즘은 분리해서 생각할 수
없는 것이었다. 따라서 '이론적 휴머니즘'의 비판은 동시에 역사주의, 넓게
는 주체의 문제설정에서 벗어나, 역사의 이론을 재구성한다는 작업을 요청
하는 일이었다. 그것이 알튀세르로 하여금 사적 유물론의 재구축으로 향하
게 만들었던 모티브였다고 말해도 좋을 것이다. 그러나 역사의 초월적 시
니피에인 인간-주체에서 사회를 해방해, 그것을 여러 실천적 편제의 통합
적^{conjunctual} 결합이 만들어 낸 앙상블이라 보고 인간-주체라는 형상을 역
사의 무대에서 내쫓더라도, 역사를 움직이기 위해서는(즉 그때마다의 지배적
상황을 변혁할 수 있도록) 그 동인動因을 찾아야 한다. 구조(간)의 인과성은 반
드시 결정을 함축하고 있는 것은 아니다. 맑스주의에서 비결정론·불가지론은

논외로 치더라도, 구조적 인과성의 내부에서 결정불가능성·불확정성이 작동하지 않으면 역사(그리고 혁명)는 있을 수 없다. 요컨대 역사(의 구조)가 완전하게 결정되어 있으면 역사는 있을 수 없다. "비역사적인 구름이 없으면 어느 것도 생겨날 수 없다"(니체). 그렇다면 이 역사 안의 비역사적인 요소를 어떻게 생각할 것인가? 알튀세르의 질문은 이를 둘러싸고 맑스주의의 임계선상에서 선회하고 있었다고 할 수 있을 것이다. 그것은 우리가 지금 여기서 어떻게 지배적 시스템에 대한 저항이나 투쟁을 조직하고 자유를 실현해 갈지, 어떻게 역사의 흐름에 항거할 수 있을지라는 현행적인actual 물음과 밀접하게 관계를 맺고 있고, 그러한 현행성actualité에서 멀어지는 한쪽의 맑스주의를, 그 내부에서 현실 쪽으로 다시 끌어들이고자 하는 실험이었다.

이러한 물음에 대한 하나의 대답은 포스트 알튀세리안인 지젝Slavoj Žižek이나 그와 밀접한 이론적 관계에 있는 조안 콥젝Joan Copjec 등의 라캉주의자들이 제시한 것이다. 그 대답은 알튀세르 등이 내쫓은(구조의, 혹은 이데올로기의 생산물로서의) '주체'라는 형상을 [다시] 취하는 것이었다. 알튀세르 등이 야기한 절단 이후에[도], 그들이 보기에 주체란 반드시 역사주의라는 개념에 통합되어 있는 것은 아니었다. 그들에게 역사주의란 휴머니즘의 그것이 아니라, 담론의 게임이나 표상적 실천의 여러 계열 속으로 주체를 해소해 버리는 것, 주체를 '법'이나 규칙rule의 실현realization으로, 즉 종속/구성의 산물로 파악해 그 자체의 '의의'를 말살해 버리는 지식의 현재 지배적 형태──여기서 말하는 역사주의는 구성주의와 동일한 이론적인 구조를 지시한다고 생각해도 좋을 것이다──이다. 지젝이든 콥젝이든(편의상 사소한 차이는 우선 무시하고, 여기서는 정리하여 '반역사주의적'──이것은 상투화된 표현일지도 모르지만── 라캉주의자라고 부르고자 한다), 문제는 담론이나 권력의 구성물로 화석화된 주체에 다시금 주권을 되돌려주는 것이 아니고, 역사와 주체의 인과관계를 다시 전도시키는 것도 아니다. 오히려 정신분석의 주체, 분열된 주체를——정신분석을 권력의 산물로서 역사화하는 것이 아니라—— 역사나 사회의 한계/막다른 길을 지시하는 지표로서, 그리고 그와 동시에 역사 자체의 조건이기도 한 비역사적 요소로서 다루는 것이다. 주체란 그것이 없으면 사회가 자신과 완전히 포개지고 마는, 요컨대 사회가 자신의 실현을 완전히 달성해 역사를 잃어버리는 요소이다. 그런 의미에서 역사주의historicism는 주체와 함께 역사도 희생시켜 버린다. 그렇기 때문에 반역사주의가 꾀하는 것은 역사의 부정·소거가 아니다. 오히려 필요한 것은 역사주의를 역사성historicity에서 잘라내는 것이고, 역사나 사회를 열려진 생성의 길 위에 있는 것으로 고찰할 수 있게 하는 방법을 정신분석을 통해 드러내는 일이다.

이하에서는 역사주의의 결정론으로부터 비역사적인 요소를 '지킨다'는 반역사주의적 라캉주의의 기본적 자세stance를 공유하면서, 그들의 푸코 비판을 검토하고자 한다. 우선 역사주의의 대표격이라고 간주된 푸코에 대해서 그들의 비판 근거를 확인하고, 그것이 근대사회 평가를 둘러싼 차이로 드러나는 것을 보자. 다음으로 푸코에 대한 그들의 비판을 좀더 비판적으로 검토해 보자. 그리고 끝으로 자크 알랭 밀레Jacques-Alain Miller의 논의를 실마리로 하여 푸코에게 근대란 어떤 것이었는가를, 그리고 그러한 파악방식이 권력과 자유에 대한 푸코의 비전과 어떻게 관련되어 있는가를 고찰하고자 한다.

1) 파놉티콘은 근대사회의 특권적 형상일 수 있는가?

a) 눈과 응시의 분열 그리고 욕망의 주체

휴머니즘과 손을 잡은 역사주의는 주체와 구조란 기본적으로 서로 용납하지 않는다고 생각한다. 주체란 자신의 피규정성을 극복하는 활동 속에서 드러나므로, 혹은 **그런 활동 자체이므로**(헤겔). 한편 주체를 휴머니즘이라는 테마의 계열로 귀속된다고 보고 부정하는 역사주의도 동시에 주체를 구조의 효과로서만 인정할 것이다. 반역사주의적 라캉주의자의 용어로 말하자면, 여기에서 응시regard를 둘러싸고 사르트르와 푸코가 기묘하게도 교착된다. 사르트르가 논한 객체화하는 응시, 주체를 "즉자卽自의 부동不動의 덩어리로 던져 넣는" 응시란, 또한 파놉티콘에서 수인囚人의 신체를 겨냥하여 던져지는 응시가 아닐까?

사르트르에게서도 푸코의 파놉티콘 장치에서도 응시와 주체는 일치한다. 혹은 적어도 일치 가능성이 상정되어 있다. 그것에 의해 '외양'appearance으로 '존재'being를 환원하는 일이 일어난다(Copjec, 1994:p. 14). 콥젝은 이러한 파놉티콘의 논리를, 라캉의 영향하에서 논의하는 크리스티앙 메츠Christian Metz나 장 루이 코몰리Jean-Louis Comolli 등의 영상이론film theory 영화장치 논의까지도 공유한다고 간주한다. 하지만 예를 들어 크리스티앙 메츠에 의하면, 주체는 우선 영화에서 카메라/'응시'에 동일화하여 자신을 오인/재인식하고, 그런 다음에 스크린의 표상에 동일화한다. 혹은 메츠의 동일화를 두 개의 단계론으로 설정하는 것을 비판하면서, 거울로서 스크린과의 동일화에서 주체를 구성하는 것(주체효과)과 주체에 이미지가 귀속되는 것(현실효과) 양자가 이루어진다는 논의도 있다. 그러나 어쨌든 응시는 세계/표상의 경험이 거기로 수렴하는 초월적 주체의 응시, 혹은 '모든-것을-보고-있는'all-seeing 원근법의 기하학적 점[소실점]인 응시와 동일화되는 것이고, 그것을 점유함으로써 주체로 구성된 표상 이미지가 주체에 귀속하는 것으로 이루어진다고 한다. 여기서 요체는 무엇일까? 응시가 시니피앙 전체에 대해 하나의 시니피에로서 기능한다는 것이다. 원근법의 기하학적 점이란 왜곡 없는 전망이 가능하게 되는 지점이다. 요컨대 응시를 통해 나는 자신과 세계의 이미지를 충분하게 파악하고 있다. 따라서 영상이론은 '존재와

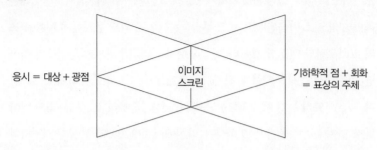

이미지
스크린

응시 = 대상 + 광점

기하학적 점 + 회화
= 표상의 주체

의미'가 일치하는 궁극의 지점을 응시로 본다고 할 수 있다. 그것은 '외양'
과 그 의미가 서로 결합되는 지점, 즉 가지성intelligibility과 가시성visibility이
섞이며 주체를 둘러싸는 지점이다. 가시성 영역에서 응시는 시니피앙의 연
쇄가 "나는 보고 있다. 그러므로 알고 있다"라는 수행적인 언표를 동반하며
통합되는 초점으로서 기능한다. 가지성과 가시성에 의해 주체를 완전히 포
함하기 위한 초점으로서 응시 ──이 구도는 파놉티콘에서 던져지는 응시
의 그것과 동일한 것이다. 말하자면 영상이론이나 푸코에게 응시는 존재를
'외양'으로 환원하기 위한 매개로서 작동하고 있는 것이다.

이러한 논의에서는 '기하학적 원근법이 그린 단일한 삼각형' ──광학
의 질서에 따르는──만 상정되어 있고, 삼각형의 한 점을 주체가 오인하
여 차지하는 상상적인 동일화가 문제화되고 있다. 그리고 응시의 대상은
모든 것을 파악 당하고, 객체화되어 버린다. 그런데 라캉의 경우에는 그
삼각형에 다른 하나의 삼각형이 끼어든다(〈그림〉). 그것은 시니피앙에 의
해 잘렸기 때문에, 빛이 굴절되고, 산란되는 양상을 그린 것이다(Copjec,
1994:p.33). 여기에서 시니피앙의 물질성, 불투명성은 첫번째 삼각형이 수
립했을 세계 질서에 균열을 내고, 주체로 하여금 항상 그 [질서의] 배후에 무
엇인가가 있다고 상정하게 함으로써, 이미지에서 그 확실성을 뺏는다.

구체적으로 나르시시즘 현상이 이미지와 주체의 이와 같은 관계를 보

여 준다(Copjec, 1994:p. 37). 나르시시즘의 경우 주체는 자신의 이미지와의 관계 속에서 어떤 과잉(혹은 과소)을 발견한다. 상술한 영상이론의 입장에서 보자면, 나르시시즘이란 주체와 주체 이미지의 거울 관계이고, 그것에의해 주체가 장치에 사로잡히는 매개 작용이다. 여기[앞서 응시에 대해 말한것]에서 나르시시즘은 사회적 관계와 모순적이지 않다고 하기보다는 사회적 관계에 완벽하게 적합화되어 있다고 해야 한다. 그런데 지젝이나 콥젝에게 나르시시즘이라는 상상적 관계는 단순히 승인·오인·앎의 장만은 아니다. 주체는 거울의 작용 속에서 자신의 모습을 과부족 없이 발견하고, 완전히 덫에 걸리는 것이 아니다. 주체는 오히려 그 이미지, 외양의 반대쪽에서 자신의 존재를 구하고자(발견하고자) 한다. 나르시시즘이란 [그] 이미지에서 항상 불완전성/비정합성을 발견하여, 자신의 존재를 찾아 내 주어진이미지를 초월하려는 운동(욕망)을 지칭한다. 그렇다면 나르시시즘과 사회적 관계는 반드시 적합적·적응적 관계가 아니라 오히려 대립 관계에 있다고 생각해야 한다.

이렇게 나르시시즘을 파악하는 것은 정신분석 고유의 것이라기보다, 특히 라캉에 있어서도 후기에나 명확히 분절되었던 것이다. 초기 거울단계론에서는 대상 a가 상상적인 것의 영역에 있던 데 비해, 후기 라캉은 상상적인 대상이던 a를 실재적인 것의 영역에 위치 짓는다. 주체의 상관물인 대상 a는 이미지가 아니고, 오히려 이미지에서 탈락해 버린 것, '거울 이미지를 형성할 수 없는 것'unspeculative이다. 〈도식 L〉L schema에서의 m-i(a) 사이의 상상적 관계 a-a'가 아니라, 거울 이미지에서 탈락된 a, 불가능하기에 욕망의 대상/원인이 된 이미지의 영역에서 달아나 버린 대상 a.[1] 주체가 드러

---

1) [옮긴이] 〈도식 L〉은 (대문자) 타자(A)와의 관계 속에서 주체와 자아의 분열을 주체가 극복하여 동일성을 갖게 되는 것을 보여 주는 라캉의 도식이다.

나는 것은 이 대상 a와의 상관 속에서이다. 그것은 우리 세계의 내부에서는 왜곡·얼룩으로서만 드러날 수 있다. 거꾸로 말해, 우리가 '존재하고 있는' 한, 표상이나 시니피앙으로는 충분히 표상불가능하고 알 수도 없을 어떤 점·얼룩이 반드시 포함되어 있다고 해도 좋을 것이다. 라캉에게는 이 얼룩이야말로 응시이다[2]——"나 자신의 거울 이미지에서 잃은 부분은 나 자신의 응시이고, 나를 거기에서 보고 있는 대상-응시이다"(Žižek, 1992 : p. 126). 가시성/가지성의 원천이 아니라 그 한계에서 응시가 드러나며, 또한 그것은 가시성·가지성의 편제에서 한계를 꿰뚫고 있다. 주체는 가시성/가지성의 편제, 즉 법에 의해 생산되는 것이 아니라, 거기서 한계를 발견하고 뛰어넘으려고 하는 운동으로 존재하는 것이라고 할 수 있다. 요컨대 (욕망의) 주체의 원인cause은 법이 아니고, 법의 반대쪽으로 주체를 드라이브하는 대상 a인 것이다.[3]

주체는 광경을 보기 이전에, 광경에서 응시를 받는다고 라캉은 말했다(Lacan, 1973 : p. 71). 주체는 보는 자임과 동시에 (혹은 그 이전에) 절대적으로 보이는 자이다. "응시란 그로 인해 빛이 육신을 이루고/구체화되고,

---

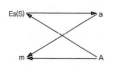

이 도식에서 S는 주체(Sujet), a는 욕망의 대상을 표시하는 '대상 a'(objet a), m은 자아(moi), A는 대문자 타자(Autre)를 뜻하며, A →S가 상징적 동일시의 벡터를 표시한다면, a →m은 대상 a와 자아 m의 상상적 동일시를 표시한다. i(a)는 타자(a)로서의 이미지인데, 이 이미지와 나(m)의 동일시가 바로 상상적 동일시이다. 이 도식에서 대상 a는 한편으론 욕망의 대상, 타자(어머니, 아버지, 법 등)로부터 인정받고자 하는 방식으로 형성되는 욕망의 대상인데, 이 대상에 대한 상상적 동일시를 통해 자아의 동일성을 형성하는 과정을 매개한다. 이를 저자는 후기 라캉에서 주체의 분열을, 혹은 얼룩을 뜻하는 것으로 새로이 정의되는 대상 a와 대비하여 설명하고 있는 것이다.

2) 지젝은 얼룩 자체와 응시를 동일시하는 경우도 있지만, 얼룩과 응시를 구별하여 얼룩의 의미를 판별할 수 있는 심급으로 응시를 평가하기도 한다.

3) "······ 이리하여 주체는 법의 침범——순종이라기보다는——으로 나타나게 된다. 주체가 자신의 것으로 받아들이는 것은 법이 아니라 법 속에서의 과실(過失)이다. 법적인 죄의 무게를 짊어짐으로써 주체는 법을 넘어서는 것이다"(Copjec, 1994 : p. 37).

나아가 그것에 의해 내가 사진-찍히는$^{je\ suis\ photo\text{-}graphié}$ 바의 도구이다"(Lacan, 1973 : p. 98). 그러나 응시되고 '사진-찍히게' 함으로써 주체를 하나의 스펙터클로 만드는 이 응시는, 사르트르나 파놉티콘에서 말하는 응시라는 의미에서 주체를 구성하는 게 아니다. 오히려 이 보임(응시)의 비환원성이, 나를 표상 속으로 충분히 구성할 수 없는 잔여로, 질서·주체의 수수께끼로서 나를 사로잡는다. 혹은 본래적으로 표상에서 어떤 지지대도 갖지 않는 나에게 존재의 안감을 제공한다고 말해야 할지도 모른다. 이런 의미에서 보고 있는 나(눈)와 응시는 분열되어 있다. 앞의 〈그림〉^{4}도 이 응시와 눈의 분열과 교차^{chiasm}^{5}를 나타낸다(결국 영상이론도 푸코도 이 분열과 교차를 간과하고 있다고 할 것이다).

　[〈그림〉에서] 스크린^{écran}과 이미지^{image}가 포개지는 장소를 주목하자. 눈 쪽에 속하는 이미지와 응시 쪽에 속하는 스크린이 교차된다는 점에서, 이를 하나의 (이데올로기적) '시각적 분절'의 장소로 읽을 수 있다(Silverman, 1992 : p. 150). 스크린에는 문화적·사회적 표상이 투사되어 있고, 우리는 모방/의태^{mimicry}에 의해 그것을 수동적으로 떠맡음으로써, 그 ('이데올로기적') 표상을 제 것(이미지)으로 생각한다(현실효과와 주체효과). 그러나 주체는 이 모방 혹은 동일화를 통해 완전히 이데올로기의 주체가 되지는 않는다. 라캉은 표상의 인수라는 의미에서의 모방에 또 하나의──인간 주체에게 고유한── 모방/의태를 덧붙인다. 이 모방은 라캉이 '변장·위장^{camouflage}·위협' 등과 연결 짓는 것으로, 이 모방/의태의

---

4) 자클린 로즈가 라캉 그림의 수정판(Rose, 1986 : p. 193)을 더 변경하여 사용한 것이다.
5) [옮긴이] 교차는 본문의 '키아슴'(chiasm)이라는 말을 번역한 것이다. 키아슴은 수사학에서 두 단어를 바꾸어(교차하여) 대비되는 문구를 만드는 방법을 뜻한다. 가령 "먹기 위해 사는 게 아니라 살기 위해 먹는 것이다"라는 문장에서 '먹다'와 '살다'의 교차가 그것이다. 참고로 'chiasma'는 생물학에서 염색체의 교차나 시신경의 교차 같은 현상을 지칭한다. 여기서는 눈과 응시의 위치가 바뀌는 교차를 지칭하고 있는 듯하다.

수준 덕분에 "인간 주체만이 상상적 미끼에 완전히 기만당하는 일이 없다"고 한다. 인간 주체만이 스스로 존재와 외양으로 분열되어 있음을 알고, 그렇기에 '외양'(스크린)의 기능을 분리할 수 있다. "인간은 그곳을 넘어서 [있는], 응시가 있는 곳에 있는 가면과 조롱의 기술을 알고 있다"(Lacan, 1973 : p. 99). 존재와 외양의 분열은 인간에게서 보자면 기회이기도 한데, 거기에서 어떤 종류의 (역사주의가 생각할 수 없는) 정치학의 가능성이 생겨날 수도 있을 것이다.[6]

b) '사회는 존재하지 않는다'—근대와 민주주의

따라서 정신분석의 주체(욕망의 주체)는 법의 실현realization, 즉 법에 의해 구성된 것으로서 존재하는 것이 아니다. 그것은 법의 필연적인 실패로서, 요컨대 법의 효과effect로서 생산된다. 주체가 법/권력의 실현이 아니라 법의 효과라는 점에서, 법이 부여하는 여러 가지 아이덴티티(외양)로 주체(의 존재)가 흡수돼 부서져 버리지 않는다. 오히려 이러한 실정성 부여의 잔존물로, 실정성으로부터의 잉여로, 그 한가운데 균열로 드러나는 것이 정신분석의 주체인 것이다. 주체를, 나아가 욕망을 법의 실현이라는 방향으로 환원해 버림으로써, 푸코는 정신분석뿐만 아니라 근대적 민주주의의 주체가 진정으로 이 법의 효과/실패로서의 주체라는 것을 간과하고 말았다고 콥젝은 말한다. 파놉티시즘에 집약된 근대의 형상이 민주주의까지 삼켜 버리지 못하도록, 오히려 파놉티시즘이 내포하고 있는 편집증paranoia적 권력 이미지의 한계를 뚫고, 그것과의 적대관계에 있는 것으로 민주주의를 고찰하는 것, 이것이 반역사주의적 라캉주의자의 문제[의식]인 것이다.

---

6) 이에 대해서는 실버만(Silverman, 1992) 외에 주디스 버틀러(Judith Butler)와 호미 바바(Homi Jehangir Bhabha)의 저작을 참조.

근대적 민주주의는 주체에게 '외양'과 '존재' 사이에 균열을 낸다는 점에서, 게다가 그 균열의 봉합을 허락하지 않는다는 점에서 특이한 제도다. 콥젝이나 지젝이 빈번하게 언급하는 클로드 르포르Claude Lefort는 다음과 같이 민주주의를 정의하고 있다. "민주주의 사회는 유기적 전체성의 표상을 허락하지 않는 사회로서, 신체 없는 사회로서 창설되었다." 민주주의에서 타자A의 장은 항상 빗금 쳐져barré 있다.[7] 따라서 권력의 장소는 누구도 [독] 차지할 수 없다. 그곳을 차지했다고 참칭하는 인간은 "항상 사기꾼으로 드러나지" 않을 수 없다.

한편 응시를 징표적인 장치로 환원하면서 응시와 눈의 분열이 간과됨에 따라, 푸코가 근대 사회권력의 모델로 삼았던 파놉티콘은 근대적 민주주의와 정신분석이 개척한, 주체를 위한 ' / '이라는[빗금친] 공간을 다시 봉합해 버린다. 푸코가 말하는 파놉티콘에서, 감시자와 감시당하는 자 사이에는 어떤 (메를로 퐁티와는 다른 형태로) 상호적 교차가 있는데, 그것이 콥젝의 말처럼 푸코의 "누구도……없다"를 민주주의의 권력[독점]의 불가능성을 뜻하는 "누구도……없다no one"와 거리를 두게 하고 있다 (Copjec, 1994 : p. 159). 즉 푸코에게 "누구도 …… 없다"란 "누구라도 가능하다"로 쉽게 반전되는 것이며, 이 동일화 가능성 때문에 그 권력의 실효성 또한 담보되어 있던 것이다. 푸코는 다음과 같이 말한다.

사회의 어떤 구성원이라도 [그 장치에— 인용자] 직접 방문해서 학교나 병원, 공장이나 감옥이 어떻게 돌아가고 있는지 자기 눈으로 확인할 권리를

---

7) [옮긴이] 타자A의 장이란 말은 대문자 타자(Autre)의 장이란 말이다. 라캉에게서 이는 보통 법, 질서가 작동하는 장을 뜻한다. 라캉은 이 타자나 주체의 분열을 표시하기 위해 '빗금'을 친 기호를 사용한다. 빗금 쳐진 타자(A)는 분열된 타자를, 균열을 포함하는 질서를 뜻하고, 빗금 쳐진 주체(S)는 분열된 주체를 뜻한다. 분열된 타자가 빗금 쳐져 있다는 것은 법적 질서가 항상 균열을 포함하고 있음을 뜻한다.

갖는 것이다. 따라서 일망 감시장치[파놉티콘—옮긴이]에 의한 권력의 강화는, 폭정의 상태로 변질될 위험이 없다. 규율의 장치는 민주적으로 통제될 수 있다. 왜냐하면, 그 장치는 "세상에서 가장 큰 재판위원회"로 계속 회부될 것이기 때문이다.(1975 = 2007:320쪽)

이 인용에서 '민주적'이라는 말이 콥젝 등의 논의를 보충해 줄 것이다. 여기서 '민주적'이란 누구라도 권력의 장을 차지할 수 있음을 뜻한다. 그것은 권력의 주체는 익명의 교환가능하고 일반적인(리얼리즘적) 주체임을 말하는 것이다. 한편, 보통선거제도에서 가장 잘 드러나듯이, 근대 민주주의에 있어서의 "누구도……없다"란 결정적으로 부정적인 것이다. 다시 말해주체는 그 장소를 결코 차지할 수 없다. 차지할 수 있더라도 그것은 일시적이며 지위 또한 항상 불확정적인 것이다. 요컨대 그 장소를 차지하는 주체는 항상 결여를 안은 부분적 주체로만 있을 수 있고, 또한 그것은 항상 특정한 실체적 주체에서 사회의 총체를 표상-대표하게 만드는 것을 금지하고있다. 이 권력의 장소의 부재화는, 끊임없이 실제의 권력 형태를 의문에 붙일 여지를 준다. 〈타자〉[8]는 항상 빗금 쳐져 있고, 또한 그것과 상응하여 주체도 빗금 쳐진다(선거에서 주체는 수數로 환원된다). 주체는 〈타자〉에게서 자신에 대한 궁극의 보증을 부여받는 일이 없기 때문에 그렇다. 진정 이런 의미에서 민주주의의 주체란 히스테리적 주체이다. 이 점에서 민주주의와 파놉티시즘이 서로를 용납될 수 없는 정치 형태라는 점 또한 판명된다. 히스테리[적 주체]는 이른바 파놉티시즘에 저항하는 주체이다. 왜냐하면 가시성과 가지성이 교착돼 주체에 완전한 동일성을 부여하는 장소-신체에서, 그 [신

---

8) 저자는 〈 〉 괄호의 의미를 명시하고 있지 않다. 하지만 라캉의 개념적 용례나 그것을 번역하는 일반적 양상을 생각해 보면 〈타자〉는 대문자 타자, 즉 Autre를 뜻하는 것으로 보인다. 〈권력〉이나 〈주체〉 역시 마찬가지로 판단된다. 따라서 이 장에서는 이 번역어들의 경우 그대로 표시하겠다.

체의] 일부가 해당 주체 자신의 암소暗所가 되고(마비·경련), 그로 인해 파놉티콘의 모든 것을 관통하는 밝은 곳에 신체로서 저항하고 있기 때문이다. 그것은 시니피앙에 의해 '외양'이 구성되는 것에 대한, 속성이 부여(호명/부름)되는 것에 대한 저항이다. 따라서 민주주의의 〈타자〉는 끊임없이 주체에게 "당신이 원하는 것은 무엇인가?", "당신 스스로 바란다고 말하는 것은 진정으로 바라는 것인가?(Che vuoi?)"라고 묻는다. 한편 주체는 불확실하고 불투명한 〈타자〉에 직면해, "〈타자〉가 진정으로 자신에게 바라는 것이 무엇인가?"라고 묻게 된다. 거기서 '외양'과 '존재'는 분열한다. 이렇게 해서 근대적 민주주의는 자신 속에 비가지성을 짊어진다. 그것은 불확정성 혹은 한계가 각인된 시스템이라고 할 수 있을 것이다.

이에 대해서는 레나타 살레클Renata Salecl의 정리가 명쾌하다. 그녀는 민주주의란 사회가 자신을 충분히 실현시키고자 하는 (전체주의적인) 모든 실험을 자신에게 금지하고 있는 사회라 보고, 그 민주주의에 의한 사회의 자기제약 기능을 '자기-구속'self-binding이라 명명하였다(Salecl, 1994: p. 93). 푸코의 오류는 근대적 민주주의가 수립한 사회의 자기-구속을 파놉티시즘으로 집약되는 권력 기술 안에 포섭해 버렸다는 점에 있다. 요컨대 푸코는 권력으로서의 법(파놉티시즘)과 자기-구속이 실상 적대관계에 있다는 것을 간과했다. 이 자기-구속의 예로는, 앞에서 들었던 보통선거제도라든지 법 아래로의 정의의 종속(전체주의는 법의 형식적 한계를 실질인 정의에 의해 초월하고자 한다)을 들 수 있다. 여기에 덧붙여 중요한 것이 인권개념이다. ("누가 시민인가가 아니라 시민이란 누구인가"[를 물었던]) 발리바르Étienne Balibar를 비틀어, 인권의 주체가 누구인지를 묻는다면, 그것은 모든 실정성을 괄호 친 '공허한 주체', 데카르트적인 코기토에 다름 아니다. 인권 그 자체가 역사의 산물이라 하더라도, 그것의 함의를 특정한 역사 속에 묻어 버려서는 안 된다. 오히려 거꾸로 인권개념의 수립은 그것을 기점으로 이후의 역사가 작동하는, 하나의 제로zero 지점으로 작동하고 있다고 말해야 좋을지도 모른다(쾌락원칙과 단순히 대립하는 것이 아니라 오히려 쾌락원칙의 지배 원칙으로서 죽음충동이 작동하고 있는 것처럼). 그것은 '전체가-아닌'not-all 보편성을 사회의 편제원리로서 이념적으로 부과하여, 항상 현실과의 (칸트가 '정념적' pathologisch이라고 명명한 것과 같은) 낙차를 낳는다. 주체는 항상 현실의 사회질서에서 왜곡을 발견할 수밖에 없는 동시에 끊임없는 분열을 피할 수 없는 욕망의 주체이다. 이 분열, 어긋남이야말로 현존 질서를 변화시키는 힘이 되는 것이다.

2) 사회체의 해체와 '사회'의 탄생

a) 법과 권력

푸코의 오류는 주체(욕망)를 법(권력)의 실현으로 생각한 점, 요컨대 권력을 생산의 기능으로만 생각했다는 점에 있다. 콥젝에 따르면, 푸코에 의한, 포지티브하고 생산적인 기능을 달성한 것으로서 법의 정의는 다음의 두 가지를 함의한다.

①법은 무조건적이며 [무엇이든] 거기에 종속해야 한다. 왜냐하면 법이 허용하는 것이 곧 존재할 수 있기 때문이다——정의상 존재란 종속이다.

②법은 조건 지어져 있지 않다. 왜냐하면 법에 앞서는 어떠한 욕망도, 그 무엇도 없기 때문이다.

또한 살레클도 다음과 같이 정리했다. "정신분석에서의 법 개념은 푸코의 그것과는 완전히 다르다. 그는 법을 권력에 의해 기초 지어진 규칙으로 파악했다. 푸코는 법의 부정적 힘을 부정한다. 즉 그는 그것을 금지·검열이 아니라, '구성'의 긍정적 힘으로 파악했다"(Salecl, 1994 : p. 95).

그러나 휴머니즘과 역사주의 양편에 거리를 두고 표상의 체제 내부에서 위상학적topological인 왜곡/'표면'(Copjec, 1995)으로서 '바깥'을 발견하려는 이들의 논의에 대해, 문제 구성 자체에는 친근성을 느끼면서도 의문이 남는 지점은 여기다. 푸코가 법을 부정적(금지나 억압의) 기능으로 환원하는 방식을 비판하면서, 그것에 생산적·구성적 기능을 부여했다고 하는 지젝이나 콥젝 등의 전제는 타당한가? 애초에 푸코는 생산-구성으로서의 법이라는 문제설정 역시 명확히 비판의 사정권 안에 두고 있었다. 이는 반역사주의적 라캉주의자와 선을 긋는다고 할 수 있는 주디스 버틀러 등에게서도 마찬가지로——선의와 악의를 모두 담아—— 집요하게 반복되는 푸코의 권력론의 요약[방식]이다. 즉 푸코는 주체도 욕망도, 법에 의해 (완전히) 구성된 것이라고 주장한다. 그런데 푸코는 다음과 같이 말하고 있다.

그런데 이 [권력의] 분석학은 불필요한 것을 버리고, 권력에 대한 어떤 종류의 표상으로부터, 즉 내가——그 이유는 뒤에서 쓸 테지만—— '법률적/담론적'이라고 부른 권력의 표상으로부터 자유롭게 되는 것을 전제로 해서만 성립할 수 있다고 생각한다. 이러한 관념이야말로 억압이라는 테마의 계열과 **욕망을 성립시키는 법**이라는 이론을, 둘 모두 통솔하고 있기 때문이다. 다시 말해, 본능의 억압에 기초한 분석과 욕망의 법에 기초한 분석을 구별하는 것, 그것은 확실히 **충동의 본성과 역학을 생각하는 방법**이지 권력을 생각하는 방식은 아니다. 그 어느 것이든 권력의 표상이라는 점에서 같은 모습을 취하고 있지만, 이는 권력의 이용방법과 욕망과의 관계에서 권력에 부여하는 위치에 따라 서로 대립하는 결과를 초래한다. 즉 욕망에 대해서 권력이 외적인 개입력만 갖고 있다면, [그것은 쉽사리] '해방'의 약속이 될 것이고, 그게 아니라 권력이 욕망 그 자체를 구성하는 것이라면, 어쩔 도리없이 당신들은 이미 덫에 걸려 있음을 시인하게 된다. 따라서 이 표상형식이성에 대한 권력의 관계를 묻는 사람들에게 고유한 것이라고 상상하는 것을 그만두자. 그것은 사실 훨씬 더 일반적인 것이다. 그것은 권력의 정치적 분석 안에서 누차 발견되는 것이고, 아마도 서양세계의 역사에 깊이 뿌리박은 것이다.(1976=2004:103~104쪽)

푸코가 법과 욕망의 관계에 대한 자신의 문제설정을 부정성과 관련된 테마 계열과 긍정성-생산성과 결부된 테마 계열 모두와 구별하고 있음은 분명하다. 따라서 푸코가 정신분석에서의 법을 일면적으로 금지-억압이라 환원한다고 하면서, 정신분석도 푸코와 마찬가지로 법을 (일단은) 생산적인 것이라고 본다는 비판은 전제부터 핵심과 빗나가 있다. 푸코는 명확하게 라캉파의 정신분석 또한 염두에 두면서, 법의 긍정적인 기능에 대해서까지 자신의 문제설정을 구별하고 있기 때문이다.[9] 또한 콥젝 등의 비판은 생산성의 기능에 주목한다는 점에서 푸코와 정신분석의 방식이 법을 파악하는 데 공통된다고 해도, 자신들과 푸코를 나눌 차이점은 바로 법이 주체(의 욕망)를 충분히 생산할 수 있는지, 결정할 수 있는지에서 찾고 있다고 할 수 있다. 오히려 정신분석에서 주체는 법의 한계에서, 법의 효과로 생산되는 것으로 보인다. 그러나 푸코는 권력이 욕망을 구성한다는 논법에 대해서도 분명히 비판적이다. 푸코는 권력이 욕망을 구성한다고 주장하지 않는다. 이 점은 최근 구성주의 논쟁에서도 종종 오해를 불러일으키는 것을 볼 수 있는데(거기서 푸코는 종종 욕망의 역사성/구성성을 인정하는 강고한hard 구성주의자로 분류된다)[10], 처음부터 푸코는 욕망/충동에 대해 어디까지 역사

---

9) 억압이라는 테마의 계열과 욕망을 성립시키는 법의 이론 양자 모두를 통합하고 있는 것이 '법률적-담론적' 권력 표상이며, 욕망에 대해 권력이 외적으로 개입한다고 하면 그것은 '해방의 약속'(억압이라는 주제의 계열에 속하는)이 되지만, "혹은 권력이 욕망 그 자체를 구성하는 것이라면, 어차피 당신 편은 이미 덫에 걸려 있음을 시인하는 것이다"(1976=204:103쪽).
10) 스타인(Stein, 1990) 등을 보라.

성/구성성을 수용할 수 있는가와 같은, 기본적으로 '충동의 본성과 역학'에 관한 문제설정 그 자체를 자신의 권력개념과 관련이 없다고 주장했다.

이러한 푸코의 주장은 부정적 함의뿐만 아니라 적극적 함의도 있다고 할 수 있다. 푸코가 존재를 종속으로 포착한다고 비판하는 콥젝은 기본적으로 푸코가 권력이 욕망을 구성한다고 생각한다는 점에서 타당성이 없다고 봤지만, 푸코의 『앎의 의지』 이후의 '막다른 길'(들뢰즈)에 비추어 생각해 보면, 그리고 말년의 주체화라는 주제로의 이행까지 가지 않아도, 그러한 비판은 적절하지 않다고 할 수 있다. 왜냐하면 푸코는 충동이나 욕망, 쾌락과 같은 영역 그 자체는 권력에 의해 구성된 것이 아니며, 그러한 것들은 일단은 권력과 구별되며 [다만 권력과] '접촉'하는 것이라고 보았기 때문이다. 무릇 권력은 인간의 힘 모두를 뒤덮어 그것들을 결정·구성하는 게 아니라, 그것들과 접촉해 어떤 특정한 형식으로 나아가게 할 수 있을 뿐이다. 요컨대 푸코에게 주체는, 완벽히 구성될 수 없으며 따라서 저항이 있음 또한 자명한 전제이다. 단지 『감시와 처벌』이나 『앎의 의지』 등에서는 이러한 것이 주제로 설정되지 않았을 뿐이다.

이에 대해서는 잠시 접어 두고, 푸코의 입장에서 보자면, 법은 생산적으로 욕망에 작용한다고 생각하는 정신분석의 일부의 입장이 권력을 생각하는 방식으로서는 부적절하다. 그러나 이렇게 보는 것이 반드시 법과 권력의 연관을 부정하지는 않는다. 권력과 법을 구분하고, 권력과 법의 관계를 다시 새로이 포착해야 한다. 그렇게 하지 않으면 보지 못하는 무언가가 있다는 것이다. 물론 푸코가 말하는 권력은 어떻든 코드에 의해서 작동하는 것임에는 변함이 없고, 그 때문에 결국은 정신분석에서 말하는 법으로 환원할 수 있다고 할 수 있을 것이다. 그런데 이러한 도식화, 단순화가 무언가를 희생하고 있는 것은 아닐지 의문은 남는다. 결국 콥젝 등은 푸코가 행한 권력분석을 법의 테마 계열에 곧바로 환원하고, 푸코가 권력 일반의 움직임에서 구별하여 법의 특성을 파악하고자 했던 의도를 전혀 고려하지 않은 채로 환원하였다. 이처럼 콥젝 등이 푸코를 비판하면서 말하는 [법으로의] 환원은 근대사회 이미지를 단순화하고, 나아가 자신들의 역사주의 비판의 의미를 거꾸로 잃고 마는 위험을 갖는 게 아닐까? 이 지점에서 잠시 멈춰 생각하는 것은 충분히 의미 있다.

'법=권력=생산성'이라는 등치의 배경에는, 법이든 권력이든 어떤 규정적 힘이 모두 상징적인 법과 등치되는 점에 있다고 보인다(상징적인 것의 영역을 도식화하고, 단순화하는 것이 지젝 등의 경향적 특징이지만. 실제의 여러 코드의 종별성을 파악하기 위해서 상징적인 것을 라캉주의자의 문제설정 내부에서 차이화하는 방법은 있을 것이다). 가령 지젝은 최근 푸코의 권력분석의 문제설정을 단순히 상징적인 것과 관련짓지 않고, 이른바 "〈타자〉 없는 상징계", 즉 라랑그$^{la\ langue}$의 유비^{analogy}로 해석한다(Žižek, 1996:pp. 106~109= 2010:178~180쪽). 이에 따르면 기존 권력론의 문제영역에서 볼 때 푸코에게 "〈권력〉은 존재하지 않는다". 기존에 권력이 〈타자〉, 분산된 관계의 집합을 '전체화하는' '예외'로서 '일자'의 심급을 지시해 왔다면 말이다.

나아가 라랑그와 결부되어 있는, 여성적인 '비-전체'$^{not-all}$ 논리를 이 점과 합쳐 생각해 보면 어떻게 될까? 남성의 공식이 시니피앙의 연쇄에서 '예외'를 공제해^{subtracted} '전체'^{all}의 영역을 확보하는 것과 대조적으로, 여성적 논리는 '전체'를 형성하지 않는다. 물론 여성도 '남근'^{Phallus} 함수에 완전히 지배되어 있고, 하나의 폐쇄구역을 형성하고 있음은 틀림없다. 그러나 '비-전체'라는 내재화된 한계——남성의 경우에 한계는 예외자에게 외재화된다——때문에, Φ^{11}는 불가능성의 은폐, 즉 "〈타자〉의 〈타자〉"의 부재, 〈타자〉의 무능의 은폐를 구분해서 폭로할 수 있다. "'남근'에 대

---

11) [옮긴이] 라캉의 이론에서 남근을 표시하는 기호.

한 예외가 결여되어 있다는 바로 그 사실로 인해, 여성의 리비도 경제는 정식을 벗어나 히스테릭한 것이 되어 도리어 '남근'의 지배가 위험해진다"(Žižek, 1996:p. 248). 권력의 네트워크는 담론간, 실천간의 모순이 아니라, '비-전체'라는 성격 때문에 사회는 불가능하다는 명제를 취하는 것이라 할 수 있는 게 아닐까?

혹은 푸코가 파놉티콘을 추상적-이념적 다이어그램이라고 봤던 점에 주목할 수도 있을 것이다. 요컨대 파놉티콘은 어디까지나 (들뢰즈/가타리라면 추상기계라고 부르는) 이념적인 장치로 그것을 '현실'과 혼동해서는 안 된다. 이 또한 지젝의 지적이지만, 파놉티콘은 푸코에게 유령spectre이며, 그것은 주체나 사회를 미시적인 권력 실천으로 해소하는 작업이 도달하는 막다른 길이며, 잔여라고 생각할 수 있을 것이다. 그것은 현실에서 효과를 산출하지만, 어디까지나 '총괄적統整的 이념'으로서 그런 것이고, 사람들이 욕망을 실현시키는 방식을 보여 주고 있을 뿐인 '환상'이라고도 할 수 있을 것이다(Žižek, 1994:p. 13).

b) 한계와 경계

근대 민주주의는 사회 내부의 핵심에 한계/적대를 새겼다. 그것은 권력의 장의 부재로 인한 사회의 불가능성을, '예외'의 설정에 의해 가능성으로 전화하는 것을 금지한다. 즉 근대 민주주의는 배제에 의한 외부의 설정으로 내부의 경계를 획득한 정치와는 메커니즘 면에서 본질적으로 다르다고 할 수 있다. 오히려 민주주의를 이렇게 이해함으로써, 민주주의가 내포하는 정치를, 한계 외부를 향한 전환에 기반을 둔 경계의 설정에 의해 동질성을 획득하듯, '사회의 가능성'을 전제로 한 (전체주의적) 정치와는 구별해야 한다. 그러나 이러한 안과 바깥을 나누는 경계의 설정, 배제/부정에 의하지 않는, 이른바 한계의 포함에 의한 정치의 논리는 푸코가 근대의 것이라고도 생각했던, 권력의 미세한 작동 양식과 기본적으로 다르지 않다.

법과 권력을 일괄했을 때 보이지 않게 되는 것은, 근대 권력이 작동하는 양식을 가능하게 하는 코드의 특이성과, 그로 인해 나타나는 사회의 특이성이다. 지젝의 도식에 따라, 그 특이성의 일단을 살펴보자. 통상 (상징적) 법에 대해 말하는 이미지는, 역시 기본적으로는 '예외'의 설정에 기초를 둔 남성의 논리에 기초한 것이다. 그러나 지젝을 따라, 푸코의 권력은 '예외' 없이 '비-전체'라는 논리에 따라 작동하고 있다고 하자. 이 점을 일단 인정했을 때, 푸코는 엄밀하게 정신분석을 법과 권력의 교착 속에서 어떻게 평가할까. 푸코는 정신분석을 반드시 근대적 권력의 논리 내부에만 위치 짓고 있는 것은 아니다. 푸코에 따르면, 사회와 섹슈얼리티 장치가 반드시 조응하는 것은 아니다. 오히려 푸코는 근대사회가 섹슈얼리티 장치를 특징짓는 권력의 작동과 증식을 두려워한다고 말한다("이 사회는, 그러한 [섹슈얼리티의] 권력의 기술 작용과 증식을 두려워하여……")(1976). 이 공포는 권력의 기술을 다시금 법의 영역으로 코드화함으로 일정한 해결을 본다. 구체적으로 말해, 섹슈얼리티 장치는 끊임없이 결혼 장치에 의해 "법이나 법적인 것의 차원"으로 옮겨지고, 재등록되어야 하는 것이다. 여기에서 정신분석이 담당하는 역할은 명백하다. [그것은] "섹슈얼리티 장치를 결혼 시스템 위에 포개는 기획을 유지 시키는" 것이다. 이로써 "섹슈얼리티가 본성상, 법과 이질적인 것으로 드러나는 위험이 없어진다. …… 정신분석과 더불어 섹슈얼리티 쪽이, 결혼의 규칙에 있어서 그것을 욕망으로 충만하게 만들며 거기에 신체와 삶을 부여한다"(1976).

이런 생각에서 보면, 푸코에게 오이디푸스의 법과 근대 권력의 논리는 반드시 들어맞지 않으며 오히려 대립을 내포한다는 점을 알 수 있다. 프로이트가 말하는 아버지의 형상이 표상하는 법의 권위는, 향락의 금지에서 벗어나 향락을 독점하는 '예외자'로서 원초적인 아버지의 형상에 의해 지탱된다. 이와 같은 '예외'의 설정에 따라 무한한 분류와 다양성의 등록을 임무로 하는 '비-전체' 권력이, 항상 법이 구성하는 질서를 교란시키려는 경향을 띠게 되는 것이다.

여기서 법과 규범norm의 구별에 주의해야 한다. **지금까지의 적대는 법과 규범 간의 것**——혹은 주권(초월적 차원)과 (생명 권력적) 내재적 차원과의 적대——이라고 정리할 수 있다. 사실 푸코가 법에 대치시키는 것은 엄밀히 말해 규범이다. 그렇다고 전자는 권력의 은폐에 지나지 않고, 후자야말로 권력과 결부되어 있다고 말하는 것은 아니다. 이 두 가지 코드의 양태는 권력 행사의 서로 다른 두 양태이고, 근대에는 후자가 우세해진다——혹은 엄밀히 말해, 전자가 후자의 원리에 따르게 된다(이른바 '사회법'의 종별성이 여기에 있다)고 푸코는 서술하고 있다. 푸코는 이렇게 말한다.

'생명권력'의 이와 같은 발달의 또 하나의 결과는 규범이라는 것의 작동-기준이, 법이 가진 사법적 시스템systéme juridique de la loi을 대가로 갈수록 중요해진다는 것이다. …… [이 권력은] 규준이 되는 규범 주위에 배분하는 작업을 한다. 나는 법이 소거된다고, 재판의 여러 제도가 소멸하는 경향에 있다고 말하려는 게 아니다. 그게 아니라 **법은 갈수록 규범으로 기능한다**고 말하는 것이며, 사법제도는 조정기능을 전담하는 일련의 기관(의학적·행정적 등등의)의 연속체로 점차 편입되어 간다는 것이다. 규범화를 취지로 하는 사회는, 삶에 중심을 두는 권력 기술의 역사적인 작용-결과이다. 18세기까지 우리가 알고 있던 사회에 비하여 우리는 **사법적인 벡터가 퇴행하는** 단계에 들어서고 있다.(1976: p. 189)[12]

---

12) 이처럼 규범(norm)은 법 그 자체와 대립하는 게 아니라 '법의 사법적 시스템'과 대립하고 있는 것이다. 사법적인 것(juridical)이란, 군주권력의 외양으로서의 법제도이며, "최종적으로는 죽음을 행사하는" 부정적인 코드이다. 이에 반해 규범은, 당초 그러한 사법적 시스템과의 대조 속에서 '반(反)-법(法)'(『감시

c) 법/권력/규범

미시적 차원에서 작용하는 규율·훈육 질서 내부의 규범이, 인구라는 거시적 차원에 작용해 전역의 관리/조정 수단으로 이용되면서 '생명 정치적인 것'의 총체가 구성되고 조직된다. 이때, 이 국소적인 작용을 사회 전역의 관리 수단으로 끌어올린 것이 '보험'이다. '보험'이란 에발드에 따르면, 우선 "보험 통계의 관점에서 리스크를 견적 내는 기술"인데, 여기서 흥미로운 점은 리스크의 기술과 사회보험제도가 "정치를 둘러싼 새로운 사고법의 기초를 형성"해, "단순히 국가에 종속된 하나의 기능이 아니라, 해당 국가의 본질을 건드리는 국가편제상의 한 부분"이 된다는 점이다. 다시 말해 "국가 그 자체가 거대한 사회보험 시스템"이 된다는 것이다. 규율·훈육사회의 탄생과 약간 어긋나면서, 19세기 중반에 성립된 보험업이, '사회체의 해체'로 인한 부정확성이 낳은 갖가지 문제들에 대한 미시적 층위의 응답이 되기도 했다. 일단 여기서 우리는 근대적 민주주의 이념이 사실과 법의 간극을 낳았다는 점, 그것이 사회총체의 적대를 초래하는 해결불능의 문제로 인도되었다는 점을 확인해 두도록 하자(동즐로는 '권리라는 테마의 좌절'로 요약하고 있다). 이에 대한 하나의 해답이 사회보장이었으며, 그에 기반을 둔 국가편제의 변형이었다——발리바르를 따라 여기서는 '국가의 사회화' 혹은 '국민국가와 사회국가의 결합'(Balibar, 1992: p. 116)이라고 해두자. 보통선거의 점진적인 제도화는 이러한 국가의 변화(맑스적으로 말하면 '모순'의 치환) 과정과 함께 놓고 볼 수 있다.

여기서 우리가 주목하고 싶은 바는, 이러한 보험 기술이 실제 역사에서 전개된 양상이 아니다. 우리는 리스크의 기술이 민주주의와는 또 다른 방

와 처벌」에서의 외양)으로 나타나며, 이윽고 입법 그 자체의 기준이 된다. 이것이 사회국가의 밑에서 사회권과 평행하게 제도화되는 사회법이다.

법으로 사회체의 '실질'을 붕괴시키고, 사회에 '부정확성'을 가져오게 된 방식을 볼 것이다. 콥젝 등은 보통선거권의 도입과 함께 사람들이 숫자로 환원됨으로써 '체'體로서의 사회 형상이 해체되었으며, 사람들의 정체성이 붕괴되고 '확실성의 지표 붕괴'가 일어났다고 봤다. 또한 이들의 비판에 따르면, 푸코와 푸코의 논의틀의 주장에서 이 불확실성은 근대의 '법'(권력), 즉 규율 메커니즘에 의한 견고한 주체의 구성 속으로 포섭되고 마는 것이었다. 그러나 규범이란 이러한 '불확실성의 지표 붕괴'를 결코 단순히 재건하는 게 아니다. 규범 또한 사회에는 내적 한계가 있음을 알고 있고, 결코 그것을 은폐하려 하지 않는 것이다. 여기서는 리스크의 기술이 본질적으로 우연이라는 범주와 관련된 기술임에 주목해야 한다. 이에 대해서는 콥젝이 비판적으로 언급한 이언 해킹Ian Hacking을 위시하여, 푸코의 문제설정 내부에서 생명권력론을 전개시킨 사람들의 논의[13]를 참고할 수 있다.

우선, 해킹의 『우연의 길들임』*Taming of Chance*의 주요 논점은, 결정론의 쇠퇴와 우연의 자율성 획득 그리고 그에 따른 (인간본성의 논의가 해체된 뒤의) 규범norm 혹은 '정상성'normalcy 개념의 대두를 새로운 인식론epistemology과 사회 현실의 조응 속에서 본다는 점에 있다. 해킹에 의하면, 마침 보통선거제도가 사람들을 숫자로 환원/추상화한 것과 마찬가지로 나폴레옹 시대 말기부터 '숫자의 붕괴'가 시작됐다. 이때는 오로지 '일탈행위'가 셈해졌는데, 본래 자유의지의 영역에 귀속되어야 할(따라서 규칙성과 상관이 없어야 할) 자살·살인 등의 현상이 놀라울 정도로 규칙성을 띠며 드러났던 것이다. 이러한 통계학적 법칙은 초기 심층의 결정론적 인과성에 따라 설명 가능하다고 간주되었지만, 얼마 안 있어 그 자체로 자립성을 띠는 것으로 고찰되었다. 이를 위해서는 통계학이 확률론과 결부될 필요가 있었다(Ewald, 198

---

13) 이 작업의 한 단서를 알기 위해서는, 고든(Gordon, 1991)이 도움이 된다.

6:pp. 143~145 ; Rosanvalon, 1981:pp. 20~32). 이에 따라 18세기까지만 해도 생각할 수 없던 우연과 질서의 요소가 결부되었다. 이제 우연성은 고유의 법칙성을 가지는 것이 된다.

이 우연성의 법칙성을 사고할 수 있게 만드는 개념이 규범이다. 우연한 사고accident는, 결정론적 인과법칙에서 '예외', 혹은 비정상abnormal에 속하는 것이다. 그런데 우연/사고(자살과 같은)가 규칙적으로 나타날 때 그것은 더 이상 예외가 아닌 '정상'normal이라 불러야 한다. 모든 사건과 개체의 편차는 정상normal과 비정상abnormal의 단계적 변화gradation 속에 녹아 없어진다. 사회의 표상가능성의 한계이던 우연이, 규범norm에 의해 마술처럼 법칙으로 전환된다. 이렇게 우연과 규칙성이 맞부딪치는 장소가 바로 '규범'이다. 그리고 우연성이 규칙이 되어 등장하는 장소, "18세기까지는 생각지도 못했던" 질서, 이것이야말로 '사회'학이 말하는 '사회'이다. 부분들의 총합 이상의 고유한 질서(집합표상)로서의 사회라는 뒤르켐의 개념은 자칫 신비한 것으로 관념화되기 쉬우나 그건 오독이다. 그것은 "수가 고유한 능력을 가지는 장소"이며, 수로 환원되어 실질적인 동일성을 잃은 군중, 다수성에 의해 구성되는 장소이다. 사회학은 혁명 이후, 인권선언 이후의 앎이다. 그것은 산업화의 진전이라는 상황 속에서, 근대 민주주의가 야기한 균열·적대를 단순히 은폐하는 게 아니라——대립을 정상/비정상의 지표 속에 포섭함으로써—— 전위轉位시킨다. 그것은 미시적 수준에서의 인구의 관리·조정을 위한 기술의 매트릭스를 구성하는 앎이고, 그 기술의 진전은 '사회국가'로 국가를 재편성하고 동시에 보통선거제 실시를 가능하게 하는 조건을 구성한다——계급투쟁의 제도화와 맞바꿈으로써 말이다(Ewald, 1986 ; Balibar, 1992).

리스크의 기술이 실제로 어떻게 이용되었는지 하나의 예를 들어 보자. '사고'accident 개념의 변화가 그것이다. 맥락은 다르지만 폴 비릴리오는 다음과 같이 썼다. 고전적인 아리스토텔레스 철학에서 물질이 필연이고 사고는 상대적이고 우발적이지만, 현재 이는 역전돼 있다. 요컨대 사고가 필연이 되는 한편, 물질은 상대적으로 우발적인 것이 되어 간다. 사고란, 그 자체를 예측할 수 없는 우연의 사건이다. 그러나 이 우연은 질서와 대립하지 않는다. 오히려 우연성의 규칙성으로서 사회의 자립성이 뚜렷이 보이듯, 사고란 기본적으로는 (개인이 아닌) 사회로 귀속되는 것이다. 가령 노동재해를 개인의 책임으로 볼 수 있는가에 대해서는, 지금껏 계급투쟁이 빈발해 오던 문제의 지점이기도 한데, 이 사고의 장을 사회로 전위하는 것이 보험의 기초에 깔린 리스크의 기술이다. 다시 말해, 근본적으로 노동재해에서 그 책임은 적어도 노동자와 자본가에게 있는 게 아니다. 그것은 특정 사회의 필연적/정상적인 현상이다. 따라서 사고는 배제 가능한 악이 아니며, 문제는 사회 전체가 짊어지는 이러한 리스크에 대해 그 부담을 어떻게 배분하는가에 있는 것이 된다.

이와 같이 미시적인 수준에서 규범이 전개될 때 하나의 중요한 핵심이 되는 것은, 그것이 사회총체로 확대하는 과정에서 통계학과 확률론이 접합해 '정상' 개념이 '평균' 개념과 결부된 사실이다. 이때 중요한 역할을 한 사람이 바로 벨기에의 천문학자이자, '사회생물학'의 제창자인 아돌프 케틀레이다. 케틀레는 사회적 사실에 관한 통계적 데이터로부터, 대량으로 관찰해 보면 사회적 사실에 관해서도 이른바 '이항분포'의 극한으로서 '정규분포'normal distribution가 도출된다는 점을 밝혀내, 천문학에서 측정의 오차법칙으로 사용되던(가우스) 정규분포를 사회에도 적용할 수 있다고 보았다. 이 정규분포로 도출된 '평균치'를 전부 겸비한다고 상정된 인간을 케틀레는 '평균인'homme moyenne이라고 부르며 하나의 이상적 인간상으로 생각했다(Hacking, 1990:pp. 105~179 ; Ewald, 1992:pp. 143~170). 이 평균인 개념에 의해, 사회는 자신을 조직하는 코드를 자신의 외부(인간의 본성 등 도덕적·형이상학적 척도)에 호소할 필요가 없어졌다. 에발드에 의하면, 그것으로 이 평균인의 이론은 다음과 같은 의미에서 '사회학적 사고'라고 불리는 매트릭스를 형성하게 되었다. 즉 거기에서 문제 설정 방식은 **현실적 차이와 불평등에도 불구하고, 사회적 혹은 집단적 동일성이 존재하는가**가 된다. [그것은] 이 문제를 주체의 형이상학적·도덕적 선험성을 가정하지 않고, 현실 자체에서 도출하는 일이다.

> …… [계몽주의적—인용자] '완성'은, 만약 그것에 역사의 도식 혹은 진보의 매트릭스를 적용한다면, 결코 현전하지 않고, 실현되지 않는다. 그것은 완성을 향한 무한 과정의 끝에 있다. 그러나 사람은, 개인이나 그 관계, 동일성을 이미 바람직한 미래와의 관련에서가 아니라, 그 현재의 엄밀한 현행성actuality에서 생각하고 있기 때문에, 완성은 그 자체로 현실적인 것이 된다. 그것은 항상 실현되고 있다. …… 우리가 이상으로 삼는 것의 표상은 항상 사회적인 것의 표상에 지나지 않는다. 평균인의 이론은, 완성이 정상성normalité과 일치하는 시대[의 도래], 사회적인 모럴의 대부분이 규범화되는 시대를 고하고 있다.(Ewald, 1986:pp. 160~161)

'완성'과 평균이 포개질 때, 근대시민법이 초래한 사실/현실과 규범의 해소될 리 없는 균열은, 사실과 규범을 순환시키는 방법을 확립함으로써 그때마다 (완전히는 무리겠지만) 해소된다. 그에 의해 가령 평등의 문제는 다음과 같이 전위된다.

규범은 '평등의 문제를 생각하는 종별적 방법, 평등과 불평등을 구성하는composer 방법'이다. 다시 말해 그것은 근대 민주주의를 기초 짓는 근대 자연법에서의 형식적 평등(이것이 사회에 환원불가능한 균열을 가져온다)과 관련해서가 아니라, 평등의 문제를 평균moyenne과 균형의 관계에서 고찰하는 방법이다. 사실을 넘어 형식적·보편적 평등과 자유의 이념을 기초로 하는(그것이 계급투쟁을 사회 해체로까지 이끌던) 근대시민법과는 달리, 규범은 사실, 나아가 불평등의 영역을 떠나지 않는다. 에발드도 말했듯이, "규범은 사실을 따르며, 그 차이·간극·위계를 중시한다"(Ewald, 1986 : p. 584). 그러나 규범은 단순히 자신의 주변에 개체를 차이화해 배분하는 데 만족하지 않는다. 이 점이 중요한데, 규범에 있어 문제는 그렇게 함으로서 불평등을 드러내고, 또한 ('비정상'이라고 보았던) 불평등과 싸우기 위해 그 불평등을 동태화動態化하는 일이다. 그것은 어디까지나 근대 민주주의가 도입한 균열을 전제로 작동하는 것이다.

또한 대립도 사회가 존재하는 핵심에 자리 잡고 있다. 규범은 '대립 사회의 딸'이다. 그것은 대립의 종식을 목표로 하지 않는다. 집단 간, 개인 간 마찰과 항쟁은 사회가 존립하기 위해 필연적인 것이고, 어떤 문턱을 넘지 않는 한 정상적인 것이다. 요컨대 규범은 대립을 조정하고 규제한다. 항쟁을 내포하는 동시에 존재하는 유대—사회 유대의 이러한 존재양상을 사회학에서는 '연대'solidalité라 부른다. 이 유대는 한계를 어떤 외부 존재에 집약해 배제하는 것이 아니라, 자신 속에 포함시킨다. 거기서는 모든 장소, 모든 인간, 인간관계가 우연으로 가득 찬 것으로서, 나아가 적대로 발전할 수 있는 가능성을 간직한 것으로 인식된다.

규범은 사회 성원에게 공통의 무언가를 지시하는 것이 아니라, 여러 사회 세력 간의 관계의 특정 상태를 드러낸다. 규범은 연대하고, 서로 적대하는 여러 집단 간의 운동하는 경계로서 존재하는 것이며, '적대적인 요소'와 '연대적 요소'로 나뉜 사회가, 총체적인 연대의 사실을 표상할 수 있는 장소이다. 그렇기에 규범은 '연대 상태의 지표indicator'이기도 하고, 또한 연대가 작동하는 도구이기도 하다.(Ewald, 1986 : p. 584)

이렇게 규범은 인간 및 사실을 완전히 범주화할 수 있다고 가정하지 않는다. 거기에는 항상 어긋남이 있으며, 채 길어 낼 수 없는 '잔존물'이 있다(에발드에 따르면, 통계학자는 "정연한 세계관이 사실과 사건의 끝없는 잉여로 소실될 수도 있는 그런 불분명한 경계선에 발딛고 있어야 한다"고 말한다). 따라서 콥젝의 말처럼, 푸코 등이 분석하는 권력이 결코 근대 사회체를 '굳어진' 것, '시체'로서 상정하는 것만은 아니라고 볼 수 있다. 문제는 "사회는 존재하지 않는다"라는 명제, 외부를 상실한 내재의 평면으로서 시작한 근대사회가, 어떻게 자신을 여러 코드로 통합하려는 시도를 하는가이다. 콥젝 등의 어휘를 사용하면, [그것은] 근대사회가 겪은 '근원적 거세'를 전제하면서, 그 균열을 단순히 봉합하지 않은 채, [그것이] 어떻게 전위되어 가는지를 분석한다는 점에 있는 게 아닐까. 법과 권력, 나아가 규범이 구별된 의미를 갖는 점은 그 지점이 아닐까.

2. 안티 폴리차이의 사고思考 —— 행위·쾌락·욕망

이상 콥젝 등의 논의에서 문제는, 주로 『감시와 처벌』에 초점을 맞췄던 것이고, 그 후 푸코의 우여곡절에 대해서는 다루지 않았다. 푸코의 규율권력 분석은, 당초 폴리차이와의 연속성에서 나왔다. 이를 생각한다면, 주되게 규율권력 혹은 파놉티콘이라는 형상을 주목하는 콥젝 등의 작업이, 근대사회를 보다 복잡한 층위에서 그려 낸 푸코와 그 동료들의 작업을 포착 못한 것으로 보이는 게 사실 무리가 아닐 것이다. 후에 푸코는 규율권력을, 일반적으로는 절대주의 국가에 조응하는 '행정국가'에 대응시키고 있다——"……15세기와 16세기에, 이미 봉건적이지 않으며 변경邊境적 형식의 영토성에서 탄생해 규제règlemrnts와 규율의 사회와 대응되는 행정국가가 있었다"(1978f:p.656). 푸코는 하나의 실정성(상징적인 것)에 대하여 그 외부를 교란적인 것으로 대립시키는 (초기에 그 자신도 무기로 삼았던) 사고법을 경계했다. 그는 '현실적인 것'에 내재하면서도 다음과 같이 복잡한 전략을 개시하기 시작했다. 이에 대해서는 다음과 같은 흐름을 따른다고 설정해 두자(Negri, 1992:p. 41).

① 현실적인 것을 탈구·분산시키는désarticule 과정을 비판적인 방법으로 개시하기. 고고학·계보학의 작업이 이에 해당될 것이다.
② 다음으로 이 분해/분산작업을 포지티브한 조건으로 전환하는 새로운 과정을 개척. 처음에 필연의 왕국 안에서 그려졌던 길이, 자유의 과정을 위한 공간을 만들어 낸다. 계보학이 이끌려가게 될 귀결.
③ 나아가서 제3단계, 푸코는 주체성의 패러다임을 저항과 공공공간의 재구성의 장으로서 전개한다. 나아가 윤리학으로.

푸코의 통치성론은 규율권력의 계보학에 내재하던 그 잠재적 힘이 필연적으로 펼쳐진다는 인상을 주며, 자유의 공간을 향해 발걸음을 내딛었다. 서술했듯이, 그것은 주체화=종속이라는 등식을 푸는 일로 드러나, 구체적으로는 자유주의가 거시적인 수준에서 힘의 행사 과정을 이중화하는 데 주목하는 것으로 나타났다. 아래는 그러한 전망을 근거로 나아가 시간·역사에 대해서 생각해 보기로 하자.

1) 정신분석의 두 장소

'정통' 라캉파인 자크 알랭 밀레는 푸코가 죽은 뒤에 개최된 콜로키움에서 정신분석과 푸코와의 연관에 대해 흥미로운 보고를 했다. 이는 정신분석에 대한 푸코의 '태도변경'을 둘러싼 것이었다. 이 태도변경은 거의 180도라 할 수 있는 반전으로 평가되었다. "『말과 사물』에서 인문과학의 고고학이나 인문과학을 고고학의 대상으로 간주한 관점은, 정신분석 혹은 정신분석과 인류학에 의해서 완벽하고 명백하게 인도되고 있다. 인류학과 정신분석이 동등하게 평가된다고 하면서도 호의는 정신분석 쪽으로 기울어 있었지만"(Miller, 1989: p. 77). 확실히 정신분석은 인류학, 언어학과 더불어 '인간'에 근거하지 않으며 오히려 '인간'의 성립조건을 그 바깥에서 구하는 앎이기 때문에, 인문과학에 대한 '대항과학'일 수 있다고 간주되고 있었다. 밀레는 당시 푸코의 작업이 정신분석, 혹은 라캉에 의해서 이끌렸을지도 모른다고까지 말하고 있다. 그것이 비록 과대평가였을지라도 확실히 후기에 이르기까지 푸코가 프로이트와 라캉에 대해서 일정하게 적극적인 평가를 하는 태도는 일관된다. 가령 1978년의 대담(「철학의 무대」)에서 푸코는 이렇게 말하고 있다.

…… 데카르트에서 사르트르까지 주체는 근저根底적인 어떤 것으로 사유되어 왔는데, 그것은 사람이 손 댈 수 없고, **문제화**될 수 없는 사항이었습니다. 그로부터, 라캉이 매우 명료하게 보여 줬던 것의 의미도 알 수 있었고, 또 반대로 사르트르가 프로이트적인 의미에서의 무의식을 결코 인정하려고 하지 않았던 것도 알 수 있을 것입니다. 즉 주체란 근저적이고 근원적인, 시초의 형태 등이 아니며, 주체는 몇몇 작용으로 형성되어 있는데, 그 작용은 주체성의 차원의 것이 아니라, 명명하고 드러내기는 어렵지만, 어쨌든 주체성이라는 것보다는 상당히 근저적이고 근원적인, 시초에 있는 그 무엇이라 생각됩니다. 주체는 생성과 형성의 과정을 갖는 것이고, 역사를 갖는 것이지, 시초에 있는 어떤 것이 아닙니다.(1978d :p. 590)

이는 프로이트도 말하고 있지만, 그것을 명확히 한 것은 라캉이었다고 덧붙이고 있다. 요컨대 주체의 '비근원적인 성격'의 폭로, 그것이 인문과학의 언표 집합이 수렴하는 지점인 '인간'의 형상 비판을 함의하고 있음은 명확하다. 인문과학, 나아가 '인간'을 향한 '반격의 거점'으로서 이러한 주체비판이 이뤄지고 있는 것이다.

밀레에 의하면 푸코의 경우『말과 사물』에 이르기까지, 정신분석은 인문과학의 고고학에서 거의 '지도원리'였는데, 마침내 거꾸로 고고학의 객체로 변화되어 갔다. 밀레는 그 변화에 수반된 절차에 대해 주목한다.『말과 사물』에서 그것은 '추출'extraction이라고 요약된다. 즉 푸코는 이 저작에서 인간이라는 관념을, 여러 인문과학의 총체적 맥락 속에서 모든 인문과학이 자명하다고 간주하는 것으로 규정했다. 그러나 한편『앎의 의지』에서 푸코는 '내포'inclusion라고 요약되는 절차와 더불어 분석을 진행해 갔다. 요컨대 어떤 앎의 총체 속에서 추출되지 않고, 정신분석을 기초로 하면서도, 그것이 확대되어 정신분석까지도 포섭하게 된 폭넓은 **집합체**assembly**를 발명**invente하는 것이다. 밀레에 따르면, 푸코는 우선 정신분석을 중심으로 그로부터 특정한 열쇠가 될 요소를 하나 꺼내 이를 반환점으로 삼아 "여러 형태를 취하는 앎·실천·제도·행동거지의 형식"을 집합시켰다는 것이다.[14] 그렇다면 그 열쇠가 되는 요소는 무엇인가. 바로 '성sex에 대해 말하기parler du sexe'이다. 그리고 '성에 대해 말하기'라는 신태그마syntagma로 집약된 여러 요소의 집합에 부여된 이름이, 주지하듯 '섹슈얼리티의 장치'이다. "고전주의 시대부터 발전돼 온 섹슈얼리티의 장치, 그 역사는 정신분석의 고고학으로서 가치를 가질 수 있을 것이다"(1976). 밀레는 푸코의 이러한 말의 배후에서, 그와 반대되는 논리, 즉 정신분석의 고고학을 위해 섹슈얼리티의 장치를 발명하려는 의도를 발견하는 듯하다.

---

14) 이와 같은 불만을, 1977년 밀레는 푸코를 앞에 두고 터트리고 있다. "당신은 단번에 거대한 양을 수용하는 것을 만들고는…… 그것으로 중요한 변화가 프로이트 곁에 오지 않도록 충분히 신경을 쓰고 있는 것이죠"(「미셸 푸코의 게임」, 1977c).

그런데 밀레는 정신분석을 기초로 푸코가 발명한 이 대상이, 서서히 푸코 자신의 고고학의 틀을 침식, 붕괴시키고 말았다고 한다. 푸코가 자신의 논리에 충실히 따름으로써 어떤 미끄러짐의 운동을 시작하였다는 것이다. '성에 대해 말하기'는 다른 저서를 통해 잘 탐지할 수 있었던, 전후를 좁혀 오며 대상의 현전現前/부재不在가 배분되었던(18세기의 '인간' 혹은 임상의학처럼) 단절점을 발견하지 못한 채, 점차 '끝이 없고 머무는 일 또한 없는' 시간을 거슬러 올라가기 시작한 것이다.

> '섹슈얼리티'는 18세기의 중반에 나타났다. 그러나 푸코는 말한다. 그것은 17세기 이래 점차 팽창해 갔다고. 그로부터 토렌토공회의로, 고해의 실천으로, 양심의 조사로 그리고 정신의 지도로 거슬러 올라갈 필요가 생기기 시작한다. 그리고 그로부터 나아가 정신의 지도는 그 자체 역사를 갖고 있기 때문에, 고고학자는 자신이 사용하는 고고학의 형태에서 탈선하며 불가항력적으로 그리스인, 로마인 쪽을 향해 올라가는 것이다.(Miller, 1989 : p.80)

이와 유사하게 자크 데리다Jacques Derrida가 푸코 안에서 프로이트의 위치에 대해 고찰한다. 밀레와 미찬가지로 데리다도 프로이트를 향한 푸코의 태도가 흔들리는 지점에 착목하지만, 밀레가 정신분석에 대한 평가의 저하라는 형태로 흔들림을 통시적 축 위에서 고찰한다면, 데리다는 오히려 공시적 축 위에서 고찰한다. 그는 『말과 사물』 이전, 『광기의 역사』라는 초기 텍스트까지 거슬러 올라 그 안에 각인된 프로이트의 위치의 '진자의 흔들림'——그 후의 저작에 일관되게 내재하는——을 측정해 냈다. "푸코는 안정화할 수 있고 고정할 수 있으며 그리하여 일의적 파악으로 떠오른 역사적 장소에 프로이트의 위치를 설정하려 하고 그와 동시에 설정하려 하지 않는다"(Derrida, 1992). 밀레를 따른다면 『광기의 역사』에서부터 푸코에게 프로이트는 '지도指導원리'(데리다는 이렇게 말하지 않지만)와 [비판적 분석] 대상 사이를 일관되게 흔들리고 있다. "……끝없는 교체운동, 열 것인지 닫을 것인지, 가까이 갈 것인지 멀어질 것인지, 기각棄却할 것인지 받아들일 것인지, 감금할 것인지 들어갈 것인지, 헐뜯을 것인지 정당화할 것인지, 통제할 것인지 해방할 것인지 ……"(Derrida, 1992). 요컨대 프로이트는 푸코가 그를 기입해 넣고자 하는 "여러 가지 계열에 속함과 동시에 속하지 않는다". 한편으로 프로이트는 아르토, 니체, 횔덜린과 같은 인문과학의 닫힌 지대를 돌파하고, 푸코의 탐구의 '기점이 되는 장'을 구성하는 사람들 측에 등록된다. 근대심리학에서 광기를 병으로 파악해 대화를 단절하는 것이 아니라, 다시 한번 고전주의 시대로 '회귀'해, 이성과 비이성이라는 분할에 잠입해 들어가 광기와 대화를 재개해 그 분할을 요동치게 한 사람이 바로 프로이트인 것이다. 프로이트에게 상당히 호의적이던 1964년의 보고(「니체·프로이트·맑스」)에서 프로이트는 푸코가 간결하게 정리한 것으로 보이는 '중간지대'에 놓여 있다.

> …… 자신 위에 자신을 끌어들이는 어떤 해석학은, 끊임없이 자신을 접어 계속 주름을 만드는 언어활동들의 영역으로, 광기와 순연한 언어활동 사이의 저 중간지대에 들어갑니다. 여기서 니체의 모습을 확인할 수 있는 것입니다.(1967)

2) 고백/욕망/쾌락

그렇다면 여기서 푸코가 자신의 '기점이 되는 장'이 아니라, 대상으로 삼는 특정 역사적 배치, 여러 계열의 장 속에서 프로이트 혹은 정신분석을 기입하고 마는 방식을 조망해 보자. 우선 밀레를 따라가 본다면, '성에 대해 말하기'의 핵심 개념이 구체적으로 '고백[고해]'이라는 기술과 맞아떨어진다는 점은 명확하다. 그러나 고백을 다루기 전, 먼저 보다 초기의 문헌으로 거슬러 올라가 살펴보자.

데리다도 말했듯, 『광기의 역사』에서 정신분석은 한편으로 기입된 측에 묻혀 버리는데, 요점은 정신분석이 근대에서 '광기의 인간화'가 지니고 있는 지배의 과정, 혹은 도덕적 요청을 과학적 베일로 가리는 기만의 연장 위에 있는 것에 지나지 않는다는 데 있다. 요컨대 피넬Phillippe Pinel이나 투크William Tuke에 의해 감금의 속박에서 해방된 광인이라는 신화를 상대화해, 감금이 다른 형태로 계속되고 있음을 논증하기 위한 하나의 소재에 지나지 않는 것으로 취급되는 것이다. 우선 고전주의 시기의 '대감금'에서 근대까지 광기의 '경험'이 어떻게 변화되었는지 '광기의 인간화'라는 관점에서 간단히 정리해 보자.

고전주의 시대에 광기는 '비이성'이라는 범주에 묶여 불행히 그 범주에 묶인 여러 하위범주들——병자·빈민·범죄자·방탕인 등——과 구별되거나 차이화되는 일 없이 배제·감금되었다. 그러나 19세기가 끝날 무렵, 광인은 다시금 독자적 범주가 되어 감금의 빗장에서 '해방되었다'. 하지만 '광인의 인간화'라는 외관 아래, 다른 형태의 감금이 형성되었으며 이 과정에서 정신분석이 자리매김하게 된다. 이때 새로운 감금이란 어떤 장치로 이뤄진 것인가? 그것을 위해서는 먼저 '광기의 인간화'가 중요한 인식상의 변화를 가져왔음을 보아야 한다. 광기는 이전처럼 인간적 경험을 넘어선 불가사의하고 비밀스러운 세계에 기반을 두는 것이 아니라, 인간의 마음이나 욕망, 상상력에 기숙하는 인간적 경험의 형태에 지나지 않는다는 인식의 변화가 일어났다. 이로써 광기는 동물성으로 포착되어 손쓸 수 없다고 간주되던 고전주의 시기와 달리, 개선 가능한 도덕적 결함이 되었다.

이처럼 해소 가능한 인간의 도덕적 실패로 광기를 포착하는 의식과, 광기가 인간화된 데 대한 대가로 공중이 갖게 된 광기의 공포는 다시금 광기를 감금하는 방법을 발명하게 만들었고, 몇몇 모델이 경합한 끝에 마침내 병원모델이 채용되었다. 그래서 근대에 야기된 과학적·실증적인 의학적 인식은 광인을 취급하는 특정 방식으로 귀결되지 않았고, 의사가 정신병원을 지배하게 된 경위 또한 그가 가진 과학적·의학적 지식 때문이 아닌 도덕적 권위에 근거하였다. "에스키롤[15]조차 최초에는 병원에 의사가 아닌 감시인으로 등장했다"(Didi-Huberman, 1982). "의사의 의료실천이 매우 오랫동안 질서, 권위, 징벌의 낡은 의례儀禮에 주석을 붙이기만 하는 것이었기 때문에, 의사는 처음부터 아버지 겸 재판관, 가족 겸 규범임에 따라서만 보호소 세계에 절대적 권한을 행사할 수 있었다"(1972 = 2001 : 770~771쪽). 푸코는 다음과 같이 단정한다.

"피넬이 생각한 의료인은 질병의 객관적 정의定議나 분류적 진단에 입각해서가 아니라 가족, 권위, 처벌, 사랑 등 비밀을 간직한 그러한 마력魔力에 기대어 처신하게 되어 있었다는 것이 사실이고, 의사가 의료능력을 한쪽으로 제쳐 놓는 그러한 갑작스러운 암시적 어법語法에 의해 치유의 거의 마술적 실행자가 되고 기적을 행하는 자의 모습을 갖추는 것은 바로 이러한 마력을 작용하게 하고 아버지와 심판자의 가면을 씀으로써"이다. "[여기서] 부르주아 사회와 부르주아적 가치관의 커다란 덩어리 구조, (……) 소우주적小宇宙的 구조"가 태어난다. 광기는 의사-환자라는 조합couple, 혹은 '공모관계'로 이동하는데, 그 관계 안에는 위와 같이 후에 '권력의 전략'이라 명명되는 작용이 관통하고 있다. 푸코에 따르면, 프로이트는 이 실증주의

---

15) [옮긴이] Jean-Étienne Dominique Esquirol(1772~1840). 프랑스의 정신의학자. 정신질환의 임상 증상에 대해 최초로 통계분석을 시도한 인물로, 피넬의 뒤를 이어 파리에 있는 살페트리에르 병원의 과장이 되었다. 그는 정신질환과 구별되는 정신지체를 처음으로 세밀하게 기술했으며, '환각'(幻覺)이라는 용어를 처음으로 사용했다.

적 속임수의 베일mystification를 걷어치우고, 나아가 그 관계를 순화시켜 강화시킨 일을 한 것에 지나지 않는다. 그는 기만을 걷어 내고 그 대신에 "의료인을 포함시키는 구조를 이용했고, 의료인의 전능全能에 거의 신적 기위를 마련함으로써 기적奇蹟 실행자로서의 의료인상醫療人像을 확대시켰다"(1972 = 2001 : 776쪽).

『앎의 의지』에서는, 피넬이나 투크에 의해 창시되고 프로이트에 이르러 강화된 의사와 환자의 마술적 관계가, '고백'을 기축으로 다시금 포착된다고 할 수 있다. 『앎의 의지』에서 정신분석이 어떤 위치를 점하는지 여기서 조금 더 언급해 두고자 한다. 우선 '성에 대해 말하기'란 요소가 욕망이란 중요한 요소에 접합하고 있음을 명기해 두자. 요컨대 성에 대해 말한다는 것은 욕망에 대해서 말한다는 것이다. 가령 호모섹슈얼을 예로 들어 보자. 푸코는 일찍이 남색sodomy 개념을 '극히 혼란스러운' 혹은 '규정이 애매한' 카테고리라 말했다. 이는 남색을 호모섹슈얼의 조야한 선구관념으로 간주해서는 안 됨을, 그 어긋남에 바로 문제가 숨어 있음을 시사한다. 근대 이전에 광기가 비이성 아래 다양한 범주 속에 처했던 것과 마찬가지로, 남색은 '전체로서의 위법성'un illégalisme d'ensemble(1976 = 2004 : 58쪽) 안에 묻혀 있었다. 요컨대 "음란한 행동(혼외 관계)·간통·미성년자 유괴·근친상간·남색·수간" 등은 그 중요도가 달라도 위법성으로 한데 묶였으며, 성에 관한 일탈은 무엇이든 사법적 코드로 편제되어 있었다. "성에 관한 금지명령은, 근본적으로 사법적 성질의 것이었다"(1976 = 2004 : 58쪽). 여기서 사법과 행위가 서로에게 없어서는 안 될 조합을 이루고 있음을 짚어 둘 필요가 있다. 요컨대 사법이라는 코드의 성격으로 보아도, 여러 쾌락을 찾는 위법 행위가 존재하며 비로소 인간은 재단되어 배제되기 시작한 것이다.

그런데 섹슈얼리티 장치는 '욕망에 내재하는 법칙'을 분리시켜, 사법의 영역 ——여기서는 '결혼의 자연법'으로서 드러난다——과 독립된 평면을 형성했다. 하지만 그것은 어떤 특정 조건 속에서 고백이라는 기독교 의식儀式으로 거슬러 올라가는 장치가 전면화되는 것이다. 이 의식은 종교개혁을 거치며 그 범위가 확대되었다. 다시 말해 일찍이 금욕적인 수도원의 전통 속에서 형성되던 성의 '담론화'는, 17세기에 만인의 규칙으로 확대되었다. 여기서 '내면성'의 모든 미세한 움직임은 의식儀式을 거쳐 어떤 심급에 수렴되었다.

> …… 모든 것이 고백되어야 한다. 이중의 운동을 통해, 육욕이 모든 죄의 뿌리가 됨과 동시에, 그 [죄의] 가장 중요한 지점이 **행위 그 자체로부터 욕망의 혼란**이라는, 지각하거나 언어로 드러나기 곤란한 영역으로 이동하는 것이다. …… 자신의 욕망을, 자신의 모든 욕망을 말하려고 노력해야 한다.(1976: p. 28=2004: 40쪽)

행위에서 욕망으로, 이 이동을 명기해 둘 필요가 있다. 또한 다음의 지적, "쾌락의 작용과 관계의 가능한 모든 것을 말할 것, 영혼과 육체를 통해 성과 관련된 무수한 감각과 상념을 말할 것, 자신에 대해 타자에 대해, 더구나 이를 가능한 한 자주 말하는 거의 제한 없는 의무"(1976: p. 28=2004: 41쪽). 여기서 의식이란 정신분석임이 분명한데, 이 인용에서 앞의 행위와 욕망에 더하여, 쾌락이라는 요소에 주목해 볼 필요가 있다. 고백을 통해 다양한 쾌락을 욕망으로 수렴시키는 것, 또한 그를 통해 특정 행위의 다발, 쾌락의 다발을 정상성/비정상성이라는 욕망의 스펙트럼 안에 놓고 개인과 결부시키는 것 ──여기서 욕망은 비로소 엄격한rigid 지향성orientation이 되며 행위자의 정체성을 그려 낸다. "예전의 남색가는 일시적인 탈선자였으나, 오늘날 동성애자는 하나의 부류이다". 앞서 거론한 욕망·쾌락·행위라는 세 요소로 말하자면, 쾌락이나 그와 관련된 행위는 다시금 욕망을 기초로 하여, 즉 욕망의 외양으로 재등록되는 것이다. 이 동향을 규범화normalisation[규격화/정상화]에 의한 개별화 작용이라고 바꿔 말할 수 있을 것이다.

이러한 푸코의 파악 방식은 욕망 그 자체를 회피하는 것으로 흐른다. 가령 푸코는 욕망의 이른바 '탈정신분석화'를 실험한다고 할 수 있는 들뢰즈 등의 작업에도 부정적이다. 1983년의 인터뷰(「구조주의와 포스트구조주의」)에서 들뢰즈와의 친근성이 그의 '생산하는 욕망'이라는 개념까지 도달하는가에 대한 물음에 푸코는 "절대 있을 수 없는 일"이라 단언했다. 흥미로운 점은 들뢰즈까지 포함해 현대 사상 사조가 전면적으로 욕망에 관심을 갖는 데 비해 푸코는 이와 대치한다는 점이다.

> 생각건대, 그[들뢰즈]의 과제는 적어도 어떤 장기간 동안 욕망의 문제를 정식화하는 것이었습니다. 그리고 명확하게 니체와의 관련에서 오는 귀결을 그의 욕망에 대한 이론에서 간파할 수 있습니다. 그러나 제 자신의 문제는 항상 진리였습니다. 즉 진리를 말하는 것, Wahr- sagen, 그리고 진리를 말하는 것과 반성성, 자기에 대한 자기의 반성성의 형식들의 관계가 항상 문제였던 것입니다.(1983b :p. 445)

푸코의 문제는 욕망이라는 포지티브한 심급으로 회귀하는 게 아니었다. 확인해 두고 싶은 것은 다음과 같다. 즉 욕망에 초점을 맞추는 것이, "진리를 말하는 것 그리고 자기의 자기에 관한 반성성의 형식의 관계"라는 과제와 배반된다는 것. 이 또한 푸코는 말년의 인터뷰에서 정신분석에 대한 태도의 변천을 『광기의 역사』의 논의를 반복하며 다음과 같이 말하고 있다.

"정신분석이란 원시사회의 주술사와 몇몇 공통되는 특징이 있다. 만약 환자가 주술사가 실천하는 이론을 신뢰한다면 그는 구원될 것이다. 이를 정신분석에도 마찬가지로 적용할 수 있다. 왜냐하면 정신분석은 항상 신비화와 함께 작동하기 때문이다. 그들을 믿지 않는 인간을 구원하기란 그들도 불가능하기 때문에. 이는 크든 작든 위계적 관계가 있음을 시사한다"(1984i :p. 666). 그러나 여기서 미묘한 이동이 더해진다. 정신분석은 과학이라고 할 수 없지만, "그것은 고백에 기반을 둔, 자기에 대한 자기 작용travail의 기술이다. 그것은 마찬가지로 성적 욕망désir sexuels의 주변에 구조화된 인격을 창조한다는 점에서 관리의 기술이다"(1984i :p. 666).

자신에 대한 작용이라는 요소가 여기에 삽입되어, 비로소 그 과정이 관리의 기술과 묶인다. 정신분석의 실천이 이 이중의 과정으로 재분절되어 있음을 간과할 수는 없다. 『앎의 의지』와는 미묘하게 어긋난 그림이 그려져 있고, 여기에서 발리바르가 '전략적 시간의 팽창'이라 부른, 말년의 푸코의 동향을 알 수 있을 것이다. 그것은 타자의 행위를 통제할 뿐 아니라, "타자와 여러 가지 관계로 접합하는 자기에 의한 자기의 통치"(「주체성과 진리」, 1981e :p. 213)라 불리는 지점에 권력 분석을──혹 그것은 '통치' 분석이라는 편이 정확한데── 재설정하는 푸코의 실험에 동반해, 정신분석을 재설정할 것을 시사하는 것이다. 요컨대 그것은 진리를 자기의 자기에의 관계와 타자에의 관계 간의 필연성 없는 연결 속에서 재설정하는 것이다.

3) 반격을 위한 거점Le point d'appui la contre-attaque

그런데 선술한 밀레의 보고에는 다음과 같이 쓰여 있다. 푸코의 『성의 역사』는, '성에 대해 말하기'라는 정신분석에서 분리된 하나의 핵심 요소를 떠받치기에 너무도 취약하다. 그렇기 때문에 이 무제한의 소급[16]을 회피하

---

16) 푸코 자신은 이 소급의 운동에 대해 다음과 같이 기술하고 있다. "7, 8년 전, 『성의 역사』 제1권을 썼을 때, 16세기부터의 섹슈얼리티에 대한 역사를 썼고, 19세기까지의 이 앎의 변화를 분석하려는 군은 의도가 있던 것은 사실입니다. 잘 풀리지 않는다는 것을 깨달은 것은 이 작업 중의 일이었습니다. 중요한 문제가 남아 있던 것입니다. 왜 우리는 도덕의 문제를 설정하기 시작했는가라는 점을 말입니다. 저는 여기서 멈춰 세워, 17세기에 대한 작업을 방기한 채 시간을 거슬러 올라가기 시작했습니다. 기독교

기 위해, 거기에는 또 하나의 다른 관념이 중첩되어 간다.

> 흡사 '성에 대해 말한다'는 핵심적 개념이 고고학의 프로젝트를 떠받치기에는 너무 취약하다는 게 판명이라도 난 것처럼, 다른 하나의 개념이, 즉 '자기에 대해 말한다'는 새로운 개념이 서서히 그리고 점차 전자로 중첩되어 간다.(Miller, 1989 : p. 81)

섹슈얼리티의 '고고학'의 실패와 자기라는 문제설정으로의 이행(『쾌락의 활용』, 『자기에의 배려』라는 저작에서 드러난) 간의 관련에 대한 이 진단이 적절한지는 잘 모르겠지만, 푸코는 단절을 설정하면서 특정한 담론적 편성의 외부를 그에 대한 반격의 장으로 설정하는 작업 그 자체를 적어도 계보학에서는 취하고 있지 않다. 밀레가 권력분석에 대해서도 일관되게 고고학이라고만 명시하고 있는 점에 주의하고 싶다. 밀레는 '성에 대해 말하기'라는 개념의 단절을 찾아내지 못한다면, 그리고 그런 형태로 '외부'를 발견하지 못한다면 정신분석을 역사화, 혹은 권력 기술화하는 실험이 좌절된다고 말하려 하는 듯하다. 이 점에 대해 보다 섬세한 독해를 하고 있는 텍스트가 있다. 에티엔 발리바르가 푸코와 맑스와 관련해 행하는 작업이 그것이다.

발리바르는 푸코의 '전략적 복잡성'이, 푸코의 작업에서 나타난 각 국면의 '단절'로부터 '전술적 동맹'une alliance tactique이라는 움직임을 만들어 내는 지점에 있다고 지적한다(Balibar, 1997 : p. 300). 고고학은 단절이고 계

라는 경험의 발단을 보기 위해 우선 5세기로, 다음으로 이 직전 시기, 즉 고대 말기로, 마지막으로 3년 전에 기원전 4세기의 섹슈얼리티에 대한 연구를 매듭지었습니다. 당신은 이런 질문을 할지도 모르겠습니다. 초기의, 내 단순한 부주의 때문은 아니었는지 혹 제가 숨겨 마지막에 폭로한 은밀한 욕망이 아니었냐고요. 저도 잘 모르겠습니다. 솔직히 말해 알고 싶지 않습니다. 『성의 역사』는 몇몇 사람들에 의해 섹슈얼리티가 어떻게 다뤄지고, 살아 숨쉬고, 바뀌었는지를 볼 목적으로, 고대에 일어난 일을 더듬어나가는 길로밖에, 아마 제대로 쓸 수가 없었다는 편이 지금 제가 생각하는 한에서의 제 경험입니다" (1984j : pp. 704~705).

보학은 전술적 동맹이라고 기계적으로 나눌 수 없다 해도, 아마 발리바르의 의도를 따라 보면 푸코는 그 용어에 대한 거리에도 불구하고 고고학이 '단절'을 축으로 고찰하고 있다고 말하고 싶었던 것이리라. 발리바르의 논의는, 프로이트가 아닌 맑스와 푸코의 관련성을 두고 이루어지지만, 그 양자의 처우를 둘러싼 진폭은 닮아 있다. 확실히 맑스는 『말과 사물』에서 '이론적으로'는 포괄적으로 19세기에 갇힌 채 매장되어 있었다. 반면 그 이전 『광기의 역사』에서는 대부분 사적유물론의 도식이 전제되어 있었으며, 『감시와 처벌』이후에는 적극적으로 '부분적인 활용'이 이루어졌다. 이는 계보학이 발견한 대상, 즉 '장치'의 복합성에 기반하고 있다. 앞서 거론했듯이, 이 전략은 분해/해체를 포지티브한 조건으로 전환하는 새로운 과정, 필연의 왕국 속에 그려진 길이었던 것이, 자유의 과정을 위한 공간으로 전환하는 경향과 대응될 것이다. 밀레가 고고학에 구애되어 보지 못한 것이 이 지점에 있지 않았을까.

밀레의 의도가, 푸코의 애매함을 굳이 강조함으로써 프로이트의 단절적 성격을 옹호하는 데, 곧 정신분석의 특권성을 옹호하는 데 물들어 있었다고 해도, 푸코의 작업이 항상 '반격反擊을 위한 거점'Le point d'appui la contre-attaque의 모색과 더불어 이뤄지고 있다는 밀레의 지적은 결정적으로 중요하다. 가령 『말과 사물』에서 인문과학을 향한 반격의 거점은, 언어학·인류학 그리고 정신분석의 삼각형이었다. 인간이라는 관념의 '부재' 혹은 '우회'가 그 반격의 거점이 되는 지반이 되었다. 그렇다면 『앎의 의지』에서 섹슈얼리티 장치에 대한 반격의 거점은 어디에 있는 것일까. 이 텍스트에서 거의 유일하게 섹슈얼리티 장치로부터의 탈출구를 시사한 부분을 들어 보자.

성의 다양한 메커니즘을 전술적으로 반전시킴으로써 권력의 발판에 대해 육체, 쾌락, 앎의 다양성과 저항 가능성을 내세우고자 한다면, 바로 섹스의 심급으로부터 해방될 필요가 있다. 성의 장치에 대한 반격의 거점은 욕망으로서의 섹스가 아니라 육체와 쾌락임이 틀림없다.(1976:p. 208 = 2004: 175쪽)

욕망으로서의 성이 아니라, 복수의 신체와 쾌락. 서술했듯 섹슈얼리티의 장치는 욕망과 신체를 결부시킨다고 할 수 있다. 즉 나의 욕망은 이것이다라고 말하게 함으로써, 신체에 동일성을 들여 넣고 종속시키는 장치. 이때, 행위와 결부돼 있던(타자와의 관계 속에서 촉발되는 일 없이는 불가능한) 복수의 쾌락은, 고백이라는 의식儀式을 통해 욕망과 그것이 그려 내는 인격의 동일성identity과 연결되어 한계 지어져 버린다. 이에 대해 신체를 욕망에서 단절시켜 쾌락——후술하듯 푸코에게 쾌락은 욕망과 대조적으로, 주체 바깥의 사건이며 분산적이고 유동적이며 결코 동일성에 귀착하지 않는다——과 결부 짓는 것, 이 신체를 둘러싼 이코노미의 재편성이 푸코가 그리는 저항의 전망을 시사한다.

'하지만', 밀레는 다시 질문을 던진다. 푸코는 여기에서 다시금 정신분석에 갇힌 것은 아닐까? 다시 말해서, 이 '성'의 바깥에서 신체가 누릴 수 있는 쾌락이란, 거세의 통합적 지배에는 의존하지 않을까? 그것은 『앎의 의지』 자신이 그려 낸 도착의 일부분이 되지 않을까? 이 질문에 대한 옳고 그름의 여부는 차치하더라도, 여기서 간단히 제시되기만 하는 전망인, 신체와 쾌락은, 반격의 거점으로 삼기에 너무나 취약하다. 푸코가 자신의 초기 의도를 방기하면서까지 시간을 거슬러 올라갔던 것은, 이 반격의 거점, 다시 말해 "지금이라는 시대에 그가 필요로 하고 있는" 반격의 거점이었다. "삶을 걸고" 그리고 말년에는 죽음이라는 절박함 속에서도 푸코는 이것을 추구했다.

'거세 없는', 혹은 초월성 없는 쾌락과 신체. 이를 '광기 혹은 죽음' 이외의 형태로 드러내 보일 수 있을까. "권력과의 관계, 그리고 자신과의 관계, 이 모든 것이 삶과 죽음, 광기와 새로운 이성의 문제였다"(Deleuze, 1990 = 1994:105쪽). 푸코에 따르면, '성에 대해 말하기'는 오랫동안 진리의 게임이었다. '성에 대해 말하기'라는 행위는 그것을 기점으로 현전·부재를 배분할 수 있는 시간성 속에는 없는 장기 지속을 그리고 있었다.[17] 들뢰즈는 이렇게 말한다.『앎의 의지』의 말미에 아무렇지 않게 등장했던 '신체와 쾌락'이라는 돌파구는, 시간축을 따라 푸코의 탐구를 고대로 향하게 함과 동시에 탐구 차원의 축까지도 변경시켰다. 요컨대 그것은 푸코의 탐구 대상이던 앎과 권력과의 연관 속에서, 또 하나의 별도의 축으로 이전할 것을 강요한다. 바꿔 말하면 그것이 '자기' 혹은 '주체성'의 축인 것이다.

'성에 대해 말하기'와 '자신에 대해 말하기'(밀레의 용법에서 보면), 이 두 가지 요소를 갈라 놓는 한편 포개 놓는 것. 이로 인해 타자가 타자의 행위에 대해 통제하는 과정과 병행되고 포개지면서도, 자기가 자기를 통제하는 과정이 독립된 것으로 추출될 때, 진리의 담론과 그와 결부된 권력의 관계가 형성되는 과정은 서로 겹치면서도 항상 자율적인 존재성을 가지는 진리와 자기의 관련이라는 것이 발견되었다. 여기서 **과거를 향한 작동이 현재의 접히**

---

17) 푸코는 프랑수아 에발드와 함께 쓴(모리스 플로랑스Maurice Florence 명의의) 철학사전 중 자기 항목용으로 나온 작은 텍스트에, 그들 작업의 간결하지만 극히 귀중한 총설을 하고 있다. 우선 푸코는 자신들의 작업을, **그것을 통해 주체가 앎의 대상이 되는 진리의 게임이 얼마나 다양한 것인지를 발견하는 것**이라 요약하며, 이를 위한 분석 방법을 두 가지로 분류하고 있다. 이에 대해서는 거칠게『말과 사물』에서의 고고학, 그리고 또 하나를『광기의 역사』,『감시와 처벌』등의 계보학이라고 정리할 수 있을 것이다. 이에 대해 푸코는, 지금 이 일반적 계획 속에서 대상으로서의 주체가 그 자신을 둘러싸며 구성되는 방식의 연구를 향해 있다고 말한다. "요컨대 그것은 '주체성'의 역사이다"라고. 주체성이라는 말은 여기서 엄밀히 정의된다. "거기서 자신이 자기와 관계하는 장소인 진리의 게임 속에서, 주체가 자신을 경험하는 양식"이 주체성인 것이다. 그런데 중요한 것은 이 탐구에서 성과 섹슈얼리티의 위치이다. "푸코에게 성과 섹슈얼리티의 문제는 유일하게 가능한 사례는 아니라는 게 확실하지만, 적어도 그것은 꽤 특권적인 사례인 것처럼 보인다. 실제로 기독교 전체를 횡단해, 아마도 동시에 그것을 넘어서, 개인들이 쾌락, 욕망, 미혹의 주체로 자신들을 인식하도록 소환되어, 다양한 수단(자기 함미, 정신적 단련, 고해, 고백)에 의해 자신과 관련하여 그리고 무엇보다 은닉된 채, 가장 개인적인 그들 주체성의 부분과 관련해 진위의 게임을 전개하도록 내몰리는 것은 이 지점에서이다"(1984c:p. 633).

고 펼쳐지는 작동을 촉발한다. 타자의 행위를 통제하는 권력의 작동은, 시간을 거슬러 오름으로써 자유를 내포하는 이중의 과정이 된다. 비교적 자율적인 이 과정이, 시간을 거슬러 오름으로써 고대 그리스의 '생존의 미학'에서 발견되는 것이다(1984A).

다른 말로 바꿔 보자. 타자를 통제하는 권력은 늘 자기가 자기에게 접해 포개지는 힘을 거치지 않고는 행사될 수 없다. 그렇기에 타자의 행위를 통제하기 위한 특정 규칙적 코드(가령 근친상간 금지)는, 그것이 '보편적'이라 해도 항상 고스란히 자기 속에 기입돼 살아간다고는 할 수 없다. 주체화란 항상 타자에 종속되어 드러난다는 것이 권력론의 딜레마였다면, 이러한 타자의 통제로의 종속과 겹치면서도 어긋나는 자기의 자기에의 통제 과정을 편제함으로써, 이 딜레마를 피할 수 있다는 것이다.[18]

4) 포스트폴리차이의 사고

앞서 통계학적인 앎에 의한 근대사회에의 균열에 대해서 서술했다. 이는 가령 푸코에 가까운 연구자인 피에르 로장발롱 등에 따라 다음과 같이 정리할 수 있는 사태일지도 모른다.

---

18) 이 주요한 권력의 선에 자신의 선이 포개지는 결정적인 예를 현대에서 살펴보자. 푸코가 즐겨 말하는 SM플레이의 예이다. SM은 하나의 반차별적 담론이 말하는, 단순한 현실의 권력관계의 모방이 아니다. 또한 이는 심층적 욕망의 표출도 아니다. SM은 현실의 권력 관계에서 행사되는 힘을 비틀어 이를 생각지 못한 방향으로 향하게 만드는 것이다. 즉 섹슈얼리티를 통한 욕망과 신체의 연결을 흩트려, 욕망과 결부된 쾌락을 해방시켜 새로운 자기, 쾌락, 관계성의 창조로 향하게 하는 기술(쾌락의 탈성화脫性化)인 것이다. 게다가 그것은 결코 정체성으로 귀착되지 않는 쾌락에 발을 둠으로써 귀결될 역할의 유동화에 의해, 곧 자유 영역의 확대에 의해, 권력의 전략의 비교적 강한 구속("권력관계의 한가운데에서 가능성은 한정돼 있다")을 완화한다. 그리고 이에 따라 '주체화'의 과정, 자기 힘을 우선 자신에게 포개 넣는 과정을 도입하고 확대하는 것이다. "여기서 SM게임이 흥미로운 것은, 그것이 전략적 관계이긴 하나, 늘 유동적이라는 점 때문입니다. 물론 역할은 있지만 역할을 교환할 수 있다는 것은 주지의 사실입니다. …… 혹은 역할이 고정된 경우에도 그것이 늘 게임이라는 것은 인정돼 있습니다. 규칙이 깨질 때도 있고, 언어로 돼 있든 그렇지 않든, 어떤 경계선이 있다고 알아채게 만드는 합의가 있는 경우도 있습니다. 신체의 쾌락의 공급원으로서 이 전략적 게임이 행해지는 것이 흥미롭습니다. 이것이 에로틱한 관계에서 권력구조의 재현이라는 것은 아닙니다. 이는 섹스의 쾌락이라든지 신체의 쾌락을 부여해 주는 전략적 게임에 의해 힘관계를 행하고 외화하는 일인 것입니다"(1984k:pp. 742~743).

① 근대국가는 근본적으로는 보호자국가$^{\text{État - protecteur}}$로서 정의된다.

② 복지국가$^{\text{État - providence}}$는 보호자국가의 확장이자 심화이다.

③ 보호자국가에서 복지국가로의 이행은, 사회가 신체의 모델로서가 아니라 시장의 양식에 기반을 두어 파악되는 움직임과 병행한다.

④ 보호자국가는 종교적인 구제의 불확실성을 국가에 의한 구제의 확실성으로 대체할 것을 지향한다.

⑤ 구제의 이념이 실천적으로 국가와 통합되게 만들고, 이론적으로 사고될 수 있게 만드는 것은 통계학적 확률개념이다.(Rosanvalon, 1981 : pp. 27~28)

그런데 로장발롱(이든 에발드든) 등이 풍기는 어딘가 기술관료적인 냄새와 푸코는 미묘하게 길을 달리하는 기분도 든다.[19] 가령 푸코 자신[의 생각]은 법(권리)의 위치설정을 둘러싼 변화(이 책의 '최종장')에서 나타나듯, 보다 복잡한 것으로 보인다. 푸코는 권력 기술의 전환이나 강도의 강화로서뿐만 아니라, 자유주의에 접근함으로써, 폴리차이 속에서 발견된 생명권력의 작동을 이중화했다. 그것이 법에 대한, 혹은 자유에 대한 접근법의 변화가 되어 드러난다고도 할 수 있다. '최종장'에서 보다 상세히 서술하겠지만, 푸코는 1978년 즈음에 지금까지 언급한 것처럼 하이에크를 학생에게 추천하면서 동시에 이란 혁명을 지지했다. 여기서 알 수 있는 푸코의 [입장, 즉], '자유의 신중한 행사'를 뜻하는 이른바 자유주의적 '신중주의'^{prudentialism}와 봉기 및 반란의 동시적 긍정은, "조건과 변혁 간 거리의 최소한의 압축"을 포착하려 하는 [태도의] 위태로운 귀결이 아닐까?(Balibar, 1997) 이에 따라 푸

---

19) 푸코의 이 결정적인 '과잉'이 희박하다는 점의 귀결이, 오늘날 에발드의 '전신'(轉身)(?) '경영자의 벗, 미셸 푸코'가 되어 나타난 것일지도 모른다. 이에 대해서는 라차라토의 글(Lazzarato, 2001)을 필두로 하는 『멀티튜드』(Multitudes)지 4호(numéro 4)의 글들을 보라.

코는 폴리차이에서 안티 내지 포스트 폴리차이로서 자유주의로의 전환에, "아무것도 변한 것은 없다. 혹은 모든 것이 변했다"(Balibar, 1993)[20]라는, 발리바르가 강조한 "'근대'라고 불리는 것의 모든 수수께끼"를 사고하고자 했던 것은 아닐까. 근대(포스트폴리차이) 사회가 불가피하게 내포하고만 반란과 정치체의 구성 내지 조건의 모순적인 동시존재.[21]

그런데 정신분석은 포스트폴리차이의 앎이다. 움직임이 둔한 주권의 손에서 떨어져 나와, 본원적 축적이 진행됨과 함께 풀려난 여러 흐름에 내재하며 부드럽게 촉수를 뻗기 시작한 생명권력은, 이른바 쉬이 잡히지 않는 삶의 다양성과 충돌하면서 경악과 동시에 호기심에 넘치며 이를 추구했던 것이다. 그 추구의 주변 여기저기에서 '정상/비정상'의 경계는 동요하기 시작하는 것이다. 이를 추구하는 자 자신의 욕망까지도 포함해서 말이다. 다시 한 번 정신분석에 관해 『앎의 의지』가 행한 지적을 반복하기로 하자.

한 세기 이상에 걸쳐 서양이 근친상간의 금지[터부]에 그토록 많은 관심을 보이고 또한 거기서 사람들이 대부분 인정하는 형태로 인간사회 속에 보편적인 요소[로 본 것], 문화상태로의 불가피한 통과점 중 하나로 본 것은, 근친상간적 욕망으로부터 자신을 지킨다는 것이 아니라, 이미 설치해 놓은 이 섹슈얼리티의 확대와 그것이 내포하는 귀결에 대해 자신을 지킬 방법을 거기에

---

20) "혁명의 사건과 함께, subjectus는 불가역적으로 **시민**에게 그 장을 넘기고, 외적 혹은 내적인 '주인'의 '목소리'를 듣던 자의 순순한 복종은 원리상 집단적 입법자의 자율에 장을 넘깁니다. 그리고 이 단절은 '평등자유의 숙명'의 반란적인 **부정성** 속에 '권리상의 사실'로서 그리고 '진리의 효과'로 기록돼 있습니다. 이후 이 기록은 그것이 고발될 때조차 소거할 수 없는 것으로 되고 있습니다. 그럼에도 불구하고 **무엇 하나 변한 것은 아닙니다. 혹은 아주 조금밖에 변하지 않았습니다**"(Balibar, 1993).

21) 발리바르는 푸코의 주제를 '인간과 시민의 등치가 가져온' 단절, 이른바 사회체의 해체 **이후**의 '종속 양식'의 분석('유물론적 현상학')으로 보고 있다. 아마도 여기서 '이후'의 의미는 진지하게 받아들여야 할 것이다. 인권선언 이후, 절대주의 주권자의 상관물이던 신민(subjectus)은, 시민과의 상관성이 강한 주체(subjectum)로 이행하고 있다. 하지만 발리바르가 말하듯, 동시에 "주체" 안에는 '신민'이 늘 집요하게 잔존해 왔다'. 이를 푸코는 생명권력을 자유와의 관계에서 복잡한 작동으로 재배치해 파악하는 것이다.

서 찾았기 때문은 아닐까. 왜냐하면 이 섹슈얼리티 장치는 많은 이점 외에 한 가지 불편한 점, 바로 혼인이 법과 법률적 형태를 무시한다는 점에 있었기 때문이다. 어떤 사회든 사회는 모두, 따라서 우리 사회도 이 규칙 속 최대의 규칙이라 할 만한 것에 따른다는 주장은, 이 섹슈얼리티 장치라는 그 기괴한 작용을 사람들이 이미 조종하기 시작하던 바의 장치가——그 안에는 가족공간의 정동적 강도화-농밀화라는 점이 있었는데—— 혼인이라는 고래의 위대한 시스템으로부터 달아날 수 없다고 보증하는 것이었다. 이리하여 법률적 권리는 새로운 권력 메커니즘 내부에 있어서도 무사히 지켜질 터이다. 실로 이것이 18세기 이래 법률적 권리와는 이질적인 권력 기술의 작용과 증식을 꺼려, 그것들을 다시금 법률적 형태로 코드에 편성하려고 한다.(1976 = 2004 : 129쪽)

이렇게 해서 섹슈얼리티의 장치는 욕망의 정상과 비정상을 나누는 초월적 선분을 곧잘 희미하게 만들면서, 내재적 평면에서 증식하게 된다. 이러한 비전과 대응되는 것이, 아마 성해방 투쟁에 대한 푸코의 다음과 같은 견해이다. 푸코는 성해방의 담론을, 고백의 권력 기술에 용해시켜 완전히 부정하고 있다고 하는 『앎의 의지』에 대한 해석에 다음과 같이 반론한다.

이른바 '성해방' 운동은 섹슈얼리티 '로부터 나온' 긍정의 운동으로 이해되어야 한다고 생각합니다. 이는 두 가지를 의미합니다. 하나는 성에서, 아니 그보다 우리가 그 안에 편제돼 있는 섹슈얼리티라는 구조에서 출발해, 그 구조를 최대한으로 발휘시키고 있는 것이 이 운동이라는 것입니다. 그리고 다른 하나는 그와 동시에 이 운동은 그 구조에 대한 관계를 비틀어 내고, 거기에서 **빠져나와** 흘러 넘쳐 간다는 것입니다.(「성의 왕권에 거부를」, 1977a : p. 260)

정신분석은 "군주(아버지)의 목을 벤" 이후의, 다시 말해 포스트폴리차이의 권력 – 앎의 복합체이다. 그렇기에 다수와 일자의 긴장으로 들어가 봉합하려는 노력에서 항상 불거져 나오는 것이다. 프로이트의 셀 수 없는, 탈구축에 최적인 여러 모순도 여기서 하나의 이유를 찾을 수 있는지도 모른다. 샤르코Jean Martin Charcot를 필두로 정신의학자들은 하염없이 다양하며 폭넓은 '도착'을, '쾌락'과 더불어 추구했다. 권력은 그 자체가 '도착'을 시작하는 것인지도 모른다. 이렇게 규범 중심의 장치와 법 중심의 장치가 혼성되는 장에 정신분석이 위치하며, 거기에는 항상 균열이 있다. 이는 앞서 서술했듯, 필연인 것을 해체함으로써, 필연을 자유의 과정의 조건으로 전환시킨다는 절차에 해당될 것이다.

그러나 푸코는 근대사회의 뒤얽힌 다수–일자 복합체를 '탈구축'하는 것을 출발점 삼아 '도착'의 방향으로 향함으로써 이 복합체로부터 빠져나가려 하는 것은 아니다. 복수의 '쾌락과 신체'라는 대안도, 그러한 탈출의 애매함을 씻을 수 없었다. 그러한 감각, 혹은 수사는 이미 '포스트모더나이즈'된 사회에서는 흔하디 흔한 것이라 유효성이 거의 없다. 푸코는 [그것을] '수사적 방법'이라고 본다. "지금까지 저작에서 장애가 돼 왔던 것은, 제3의 경험을 고려하지 않고 최초의 두 가지의 경험을 고찰하고 만 것입니다. 이 최후의 경험을 떠올림으로써, 경험의 근본적인 세 영역 중 하나를 회피하는 자신을 정당화기 위한, 어떤 **수사적 방법에 기대기**를 요하지 않는 논리가 거기 있는 것으로 보인 것입니다(「도덕의 회귀」, 1984d : p. 697). 아마도 이런 진단이 1970년대 들어 푸코가 60년대와 같이 문학적 텍스트로 몰입하기를 거의 반복하지 않은 이유가 아닐까. 68년 이래, 거리를 스스로 사고의 원천으로 삼은 사상가에게, 문제는 '냉소가'들의 비비 꼬는 화려한 수사에 가담하는 데 있지 않았다. 탈중심화·분산·'자기로부터의 이탈'과 같은 '바깥'의 (비)경험이 그대로 현실로 살아숨쉬는 '거리'에서, 그러한 경험의 장을 새롭고 긍정적 관계성을 낳는 생산의 장으로 바꾸는 것은, 특히 그 안에서 살아가고 있는 사람들에게는 선택의 여지가 없는 생존의 수단이었기 때문이다. 문제는 바로, 그러한 '바깥'을 죽이지 않는 것, 행위를 부여해 나아가 거기서 '주체'를 구성하는 과정, 또는 '자기'를 위치 설정하는 것이다. 가령 푸코의 정의에 따르면 쾌락이란 주체 바깥의 경험이기 때문에,[22] 거기에서 거의 불가능해 보이는 사회성 혹은 공공공간을 구축할 수 있다고 말하고 있다. 푸코는 쾌락과 신체의 다수성을, 거세 없는 쾌락에의 몰입이나 교란적인 '바깥' (비)경험에 대한 칭송이 아니라, 오히려 '금욕적 실천'의 '행위'로 나아가 그것이 구성하는 공공성의 구축 소재로서 제시한다. 주먹 삽입fist fuck조차 색다른 국면의 출발점이 되는 것이다. "실제 주먹 삽입에 대해 푸코를 가장 고민하게 만든 것은, 규범에서 벗어난 어떤 성행위가 어떻게 일견 별개의 사건, 수제빵 판매 모임이라든지 커뮤니티의 기금모금 파티라든지 동네의 축제 등의 출발점이나 기반이 되는가였다"(Halperin, 1995). '이면'의, '지하'의 공공성 ——이렇게 해서 푸코는 근대의 정상궤도를 달리는 사고와 결별하고 공공성을 그 '지하성'의 '어둠'으로부터 정의하는 것이다.

---

22) "[욕망에 대해—인용자] 한편에서 '쾌락'이라는 말은 처녀지로서, 사용되지 않아 거의 의미를 빼앗기고 있습니다. 쾌락의 '병리학'은 존재하지 않으며, '정상이 아닌' 쾌락도 없습니다. 쾌락은 '주체 외부의' 사건이며, 그렇지 않더라도 주체의 한계 안에서의, 어떤 신체도 영혼도 아닌 것, 내부도 외부도 아닌 것에 일어나는 사건, 요컨대 어떤 원인이라고 생각할 수 없으며, 생각할 수도 없는 개념인 것입니다."

2부

시큐리티와 자유

'시큐리티'의 강화
: 현대도시격리론

'시큐리티'의 강화 _현대도시격리론

무국적 군사 계급의 적은 오늘날 시민사회뿐입니다 …… 자신의 시민
사회뿐인 것입니다.— 폴 비릴리오

나는 시큐리티를 원해. 누가 뭐라 해도 원해. 돈 따위 필요 없어. 고통
따위 필요 없어. 그건 이미 넘칠 만큼 가지고 있으니까.— 오티스 레딩

1. 시큐리티와 분해되는 '시민사회'

1) 시민사회, 서서히 죽어가다 dying slowly

'시큐리티'가 강화되고 있다.

시큐리티의 논리는 인시큐리티의 불안을 부추기는 미디어 스펙터클의
강화와 비례하여 '고삐'라도 풀린 듯 현대사회를 뒤덮고 있다. 그런데 폭주
를 막아 주던 이 '고삐'란 무엇이었을까? 여기서는 우선 '시민사회'의 그것
이라고 해두자. 일본은 제145 통상국회를 정점으로 일련의 맹렬한 법제화
의 움직임 속에 중요한 적을 마주했다. 이 적은, 헤겔이 정식화하고 20세기
사회·정치 공간마저 지배하던 '조직되지 않은 사회경제적·법적 교환, 적대,
분쟁이 표현 및 조직되는 역동적인 장소'(Negri & Hardt, 1994 : p. 258)로서
의 '시민사회'이자, '내-외'l'en-dehors의 변증법 혹은 교섭negotiation의 장으로
서의 '시민사회'이다.

조직적 범죄대책법은 미국의 RICO법을 모범으로 삼아 마침내 근대법
의 핵심을 형성하던 무죄추정주의라는 사법주의를 노골적으로 내팽개쳤

다.[1] 법과 질서의 상극相剋은 근대시민사회의 실정적 윤곽을 그려 내어 근대사회의 총체를 규정하였다(이 책의 '최종장'). 그러나 이러한 상극은 자신의 존재 조건이던 것을 망각이라도 한 듯 질서(보전)의 논리, 즉 시큐리티 논리의 우위에 따라 결정이 내려지는 것 같다. 주변사태법[2]을 필두로, 법은 먼저 위엄을 저버리고, 애매함·그레이존을 대폭적으로 품으면서 시큐리티의 작동영역을 열어젖히며 그 유연한 행사에 봉사하기 위해서 제정되어 있는 것 같다. 그것은 오늘날 경비·공안경찰과 형사경찰을 융합해야 한다는 논의가 성행하는 것만 보아도 알 수 있다(폴리차이의 부활?)[3]. 근대 형법의 원칙

---

1) 조직적 범죄 대책법은 몰수와 추징의 보전에 대해, 공소 제기 후로 그치지 않고 기소 전이어도 검찰관 및 경부[警部, 한국의 경감에 해당—옮긴이] 이상 경찰관의 요청에 의해 재판소로부터 몰수 보전 명령과 추징금 보전 명령을 발할 수 있게 되어 있다. 이 점에 대해서는 가이토(海渡. 1996)를 참조하라.

2) 1999년 5월 24일, 일본 의원에서는 미일 방위협력을 위한 지침 관련법으로 주변사태법, 자위대법, 미일 물품용역상호제공협정(ACSA) 개정협정이 있었다. 후자의 두 법은 개정법이고, 주변사태법은 1999년 법률 제60호(5월 28일 공포)로 제정된 것이다. 원명은 "주변사태시에 일본의 평화 및 안전을 확보하기 위한 조치에 관한 법률". 아래 제1조를 병기한다.

제1조 (목적) 이 법률은, 그대로 방치하면 일본국에 대한 직접적 무력공격에 이르게 될 우려가 있는 사태 등 일본국 주변 지역에서 일본의 평화 및 안전에 중요한 영향을 미치는 사태(이하 "주변사태"라 한다)에 대응하여 일본이 실시하는 조치, 그 실시의 절차와 기타 필요한 사항을 정하고 일본과 미국 간의 상호협력 및 안전보장조약(이하 "미일안보조약"이라 한다)의 효과적인 운용에 기여하며 일본의 평화 및 안전 확보에 이바지하는 것을 목적으로 한다.

3) 예를 들어 『아에라』(アエラ)의 기사 「형사와 공안의 융합은 가능한가」(1995년 6월 19일)를 보라. 이 기사에서는 전직 경찰청 장관 고토다 마사하루(後藤田正晴)와의 대담이 실려 있다. 그는 이렇게 말한다. "종전 후 지금까지 혁명세력의 폭력적 행동을 감시하고 단속하는 일은 공공의 질서 유지를 위한다는 점에서 의미가 있었습니다. 하지만 이데올로기의 대립이 대부분 해소되고, 새로운 국제적 범죄나 약물 사건, 우익과 구분되지 않는 폭력단 등이 공안 질서를 위협합니다. 이에 대응해야만 합니다. 조직의 참된 존재 방식에 대한 검토는 (경찰청에서) 나리우치(城内) 전 장관 시대부터 착수하여, 구니마쓰(国松) 장관도 경비, 형사경찰의 개혁을 위해 노력해 왔습니다. 경비와 공안은 경찰청이 전국적으로 컨트롤할 수 있지만, 형사경찰은 그렇지 않았습니다. 이제부터는 형사경찰의 대상이라 해도, 사건의 성질에 따라서는 지휘 및 조정에 있어서 상시 경찰청의 광역적인 제휴를 통한 운영으로 바꿔 나갈 필요가 있습니다".

여기에서 '공공의 질서'가 주되게 무엇을 통해 정의되는지, 그 변화가 단적으로 드러나 있다. 그것은 정치, 이데올로기적 '파괴행위'라기보다는 주로 범죄행위를 향한다. 이 발언에서는 '국제적 범죄', '폭력단', '약물'이라는 형태로, '마약 2법', '폭력단 대책법' 그리고 '조직적 범죄대책법'이라는 90년대의 새로운 치안입법 대상이 명단에 첨가되고 있는데, 예를 들면 조직적 범죄대책법의 자금 세탁 단속 및 물의를 빚은 '도청법'에서 나타나듯, 그것은 주민의 생활 전체를 포괄하는 것이다. 전지구화로 인해 불가피하게 불거진 '경계의 불안정'은 '시민생활' 전반을 위험으로 내몬다. 때문에 경찰은 보다 널리(국경과 지자체 경찰의 경계를 넘은 제휴), 보다 깊이 침투해 (지역·생활에 뿌리내릴 것), 모든 곳에서 '공공질서'를 보호해야만 한다—'보더리스(borderless)'라는 용어는 90년대 『경찰백서』의 핵심어이기도 한데, 이러한 인식은 90년대의 경찰에 의한 문서에서 부단히 강조되는 구도이다. 이 지점에서 (경찰청의 지위 강화를 통해) 형사경찰과 경비·공안경찰이 서로의 영역을 넘나들기 시작하는 것이다. 이러한 동향은 '공공의 질서'를 뒤흔드는

이 범죄행위에 대한 사후적 개입('2장')에 있으며, 그 원칙으로 인해 폴리차이의 기능이 분화되고 사법적 경찰화가 진행되었다면, 현대의 움직임은 분명히 이 근대화를 역방향으로 (차원 역시 달리하면서) 되짚어 가고 있으며 심지어 그 움직임이 가속화되고 있다. 이를 다음과 같이 바꿔 말할 수 있을 것이다. 즉 그것은 보안처분의 도입을, 차원을 달리하여 인구 전반을 향해 제기하려는 움직임이다. 그 배후에서 쉼 없이 다시 그려지는 권력의 다이어그램에 의해 권력은 인구 전체를 (그 집합성에 따라 언제나 병이 전파될 수 있는 무방비한 신체의 잠재적 병인이 아닌) **잠재적 범죄자**로 가정하며 작동하고 있는 것 같다. 이에 따라 근대화의 동력이면서 그 고삐 풀린 작동을 저지 받아 오던 시큐리티장치의 충동은 한층 강도를 더해 가며 풀어헤쳐지고 있는 것이다.

영국의 범죄학자 조크 영Jock Young은 현대를 '다양성'diversity과 '곤

온갖 사태를 '위기'로 파악해 그 총체를 '위기관리'라는 형식으로 재포착하려는, 70년대 후반부터 그려진 비전(통합안전보장정책)과 쌍을 이룬다.

이 일과 관련해 다음 점에 대해서는 명기해 둘 필요가 있으리라. 지하철 사린 사건(地下鐵サリン事件)이 일어나기 일 년 전에는 '생활안전경찰'을 내건, 경찰법의 커다란 개정이 진행됐다. 여기서 주목할 점은, 생활안전국이 신설됐다는 점이다. 종래, 범죄예방과 보안을 위한 경찰 활동을 총괄해 온 경찰청 형사국 보안부가 독립해 하나의 '국'(局)으로 승격한 것이다. 이와 더불어 그 장악 범위는 '범죄, 사고 그 밖의 사안에 관련한 시민생활의 안전과 평화에 관한 것'이라는 항목이 더해짐으로써 압도적으로 확대되고 있다(小林, 1998:pp. 134~145). 또한 '광역범죄'화를 둘러싼 내용이 각별히 문제화되고 있나는 점도 주목하사. 1984년의 구리코(グリコ) 모리나가(森永) 사건에서는 '경찰청 지정 114 사건' 곧 '광역사건'으로 경찰청 형사국이 지휘권을 쥠에 따라 공안경찰적 수법의 강압이 현장에서 혼란을 만들어 사건의 해결을 놓치고 말았다는 비판이 있었는데, 이 비판은 경찰관계자도 합세하여 끈질기게 이어졌다. 하지만 상급 경찰들은 이 실책을 경찰청의 개입, 지도, 감시 부족으로 해석하고, 언론의 논조도 거기에 보조를 맞추었다. 상급 경찰은 자신이 초래한 실책을 호기(好機)로 바꾸어, 전후 지자체의 경찰로 이어지는 전통 속에서 비상급 경찰의 헤게모니의 근간에 있는 형사경찰의 특정 영역을 와해시키려 하였다. 여러 지자체 경찰이 경찰청에 하나로 포섭되게 하려 한 것이다. 이러한 경향은 상급 경찰의 권한 확대를 둘러싼─더욱이 그 후 냉전의 붕괴로 인해 경비·공안경찰의 지반침하 예측과 함께 형사경찰에 대한 지배력을 강화하고자 하는─ 욕구와 한데 어울려 90년대에 한층 심화되어 간다(小林, 1998:pp.88~126).

여기서는 상급 경찰의 권익 유지, 확대에 그치지 말고 권력의 전략 이동을 보아야 할 것이다. 거기에서는 이미 경비·공안경찰과 형사경찰 중 한 쪽에 비중이 있는가를 둘러싼 접근법을 찾아볼 수 없다. 일본 근대 경찰의 '행정경찰'화를 향한 충동, 즉 전쟁 후 저변에 감춰 두었던 자신의 충동을 현대 권력 기술의 재편성과 함께 질을 바꾸어 실현해 가고 있다고도 볼 수 있지 않을까? 이 점에 대해서는 최근 사이토 다카오(齋藤貴男)의 뛰어난 일련의 보고를 보라.

경'difficulty이 증가된 상황으로 보며 그로 인해 후자만이 모든 수단을 통해서 말소되도록 사회적 배치가 편제되고 있다고 말한다. 영은 근대에서 후기 근대late modernity로라는 도식에 의거하여, **포함사회**inclusive society **에서 배제사회**exclusive society로 각 시대의 특성을 부여했다. 근대사회와 후기 근대사회는 다양성과 곤경에 대한 대응에서 정확하게 반전된 입장을 띤다. 영에 따르면, 근대사회는 다양성의 측면에서는 관용적이지 않은 반면 곤경에 대한 대응에서는 비교적 관용적이다. 근대사회는 다양성을, 흡수되고 동화되는 것으로 파악하여 실제로 흡수·동화를 시도하기 위해 노력해 왔다. 하지만 한편으로 감당할 수 없는obdurate 자와 완강한 반대자의 존재 및 그들의 이의제기에 대해서는, 개인을 교정/정정[대상으로 파악하는 한편] 및 사회가 자신을 개혁하기 위해 감내해야 할 거듭되는 난문으로 파악했다. 다른 한편 다양성 및 차이에 대해 후기 근대사회는 이를 높이 사서 소비사회라는 쿠션[완충장치]을 매개로 손쉽게 받아들여 무해한 것으로 만든다. 그러나 이 사회는 곤경에 처한 자와 '위험한 계급'이라 간주되는 자들을 용서하지 않는다. 따라서 그들에게는 최고로 세련된 방벽을 구축해야만 했다……(Young, 1999 : p. 59). 이 사태는 실로 시큐리티의 강화라 할 만하며 이러한 (영의 시기구분에 따른다면) 후기 근대사회의 특징을 잘 표현한다고 볼 수 있다. 또한 이 경향과 함께 나타나는 것이 오늘날 유난히 불거진 '배제' 혹은 '격리'incapacitation / segregation의 실천이다.

우리는 여기서 '시큐리티'가 함의하는 바를 더 깊이 살펴보지는 않을 것이다. 오늘날 정부간행물에서도 새삼 '시큐리티'의 어원을 거슬러 올라가는 경우를 볼 수 있는데, 이는 시큐리티가 지배계층의 입장에서도 마땅히 그 뿌리부터 재구축해야 할 과제로 평가되고 있다는 점, 나아가 권력과 관련하여 '문제화'하는 배치가 시큐리티 중심으로 재편된다는 점을 보여 주는 것이리라.[4] 시큐리티라는 말은 다양한 뉘앙스를 가지는데 근대에 들어 이 말의 중심이 된 것은 '소셜 시큐리티'social security와 '내셔널 시큐리티' national security라고 볼 수 있다. 즉 주권국가라는 틀을 전제로, 밖으로는 국가 안전보장의 형태, 안으로는 사회보장의 형태로 작동하는 것이 시큐리티의 장치이다. 푸코는 아마도 사회보장을 염두에 두면서, 근대의 인구라는 집합체 수준에서 작동하는 거시적 권력행사의 주요 장소를 시큐리티의 장치로 특징지었다. 조크 영Jock Young의 도식에 따르면, 거기서 시큐리티장치는 포함 및 통합이라는 작용과 밀접히 결부되어 동원되고 있었다. 그러나 지금 시큐리티의 강화로 보이는 사태를 통해 크게 초점화하려는 것은 일견 '평온'해 보이는 사회보장이 아니다. 시큐리티는 한편으로 '사회적인 것'의 몫에서 떨어져 나와 시장화되고 사유화되어 간다. 또 한편 그것은 이른바 '안으로의 군사화'를 통해서 부상하고 있다. 이 '안'이라는 경계도 오늘날 점점 불분명해지고 있으며, 현대사회를 생각할 때 무척 중요한 문제의 지점이 되고 있는데…….

　여기서 대강의 윤곽을 그려 보면, 기존의 포함 내지 통합을 취지로 하던 사회편제는, '인구'를 대상으로 권력의 거시적 규제 수준에서 작동하는 시큐리티장치와 신체에 관여하는 미시적 규율장치라는 두 가지 이질적 권력장치가 접합되면서 그 토대를 형성해 온 것이라 볼 수 있다. 한편 시큐리티가 '배제'라는 벡터를 적극적으로 그려 내기 위해서는 시큐리티장치와 규율장치의 접합의 후퇴 그리고 아마도 '관리통제권력control'으로 불리며 서서히 그 구조가 뚜렷해지고 있는 장치의 접합이 새롭게 요청되는 것은 아닐까?

---

4) 이에 대해서는 딜런(Dillon, 1996)이 철학적 텍스트 속에서 자극적인 고찰을 하고 있다.

2) 도시의 분해

우리는 로스앤젤레스(LA)의 경우를 통해 권력의 다이어그램이 시큐리티를 전면으로 밀어붙이며 재구성되는 모습을 잘 볼 수 있을 것이다. 마이크 데이비스의 (악)명 높은 『수정水晶의 도시』*City of Quartz*[5]는 현재 시큐리티장치 전략의 변경을 그린 책이라고도 볼 수 있다. 이 저작은 여러 번 SF적이라고까지 형용되는 LA상像에 의해 역으로 SF작품(윌리엄 깁슨)에 영향을 다시금 주었는데, 이 또한 전자기술의 고도화에 따라 SF와 '현실'이 이미 서로를 넘나드는 현대의 가장 첨단적이고 표상하기 어려운 차원에 접근하기 때문에 빚어지는 일이다.[6]

실제로 오늘날 LA는, 시큐리티장치가 통합 내지 포함이라는 목표와 거리를 두고 반대로 '배제'라는 벡터에 등록되는 추세를 전위적으로 노정하고 있다. 데이비스는 리처드 닉슨의 1969년의 예언을 참조하며 다음과 같이 말한다.

> 우리가 사는 곳은 [한쪽에선] 부유층의 '요새로 둘러싸인 지역구'와 [다른 쪽에선] 범죄화된 빈곤층과 경찰이 대결을 벌이는 '공포지역구'로 가차 없이 양분화된 "요새지역구"이다.(Davis, 1992a : p. 224)

앞선 기술처럼 시큐리티와 '배제'가 결부된다는 것은 이제껏 주되게 국

---

5) 일본어 역 책 제목은 『요새도시(要塞都市) LA』. 아마도 1990년대, 비판적 사회이론 전반에 세계적 규모로 영향을 미친 서적 중 하나가 노동운동사에 대한 연구자였던 마이크 데이비스의 LA론이다. 이는 '낡은 좌파', '올드 맑스주의'의 감성에 의한 것이란 비판을 받으면서도 ─나는 그러한 용어로 무언가 간단히 피할 수 있다고 생각하는 감성을 혐오할 뿐이다─, 이른바 푸코 이후의 권력 분석의 한 입각점으로 기능하면서, 연구자 서클을 넘어 사회운동과 서브컬처에도 압도적인 영향력을 끼쳤다. 조금 과장해서 말하자면 일본의 90년대 지적 영역의 최대 결함은 마이크 데이비스의 임팩트를 수용하지 못한 데서 찾을 수 있을지도 모른다.

6) "그가 그려 내는 이미지는 사회학보다는 SF에 더 익숙한 것이다"(Rose p. 250). 이 니콜라스 로즈의 표현에 부정적인 뉘앙스가 없음을 덧붙이겠다.

경 밖을 향하던 군사적인 것이 안을 향하게 된다는 뜻이기도 하다. 즉 주권 행사로서의 전쟁이 국경의 내부를 향해 수행된다는 것이다. 데이비스에 따르면 제2의 남북전쟁second civil war, 즉 제2의 내전인 1960년대의 와츠 폭동으로 시작된 일련의 도시 폭동은 내전을 지상에서 그대로 지속되게 만들었다. 도시의 재구조화urban restructuring란 실로 내전의 구조화에 다름 아니다. 정치는 전쟁의 연장에 불과하며, 클라우제비츠의 정식은 여기서 반전된다. 물론 근대도시의 재구조화를 재촉하고 그 구조를 규정하던 것은 내전/내란이며, 그에 대한 지배계급의 공포에서 비롯된 것이었다. 그러나 이런 위기상황은 20세기 도시의 경우 통합 내지 포함을 향한 수렴으로 관리되었다. 권력의 전략은, 계급투쟁이 '내전'으로 강도를 고차화시킬 수 있는 위기를, 비교적 온건한 노사교섭과 사회정책으로 포괄해 그것을 억압-은폐하며 항상 통합을 위해 조직되고 있었다. 반면 현대의 도시는 이미 내전을 압도하려 하지 않는다. 그것은 스펙터클 사회 도처의 가장자리에서 언제나 노골적으로 행사되고 있다. 과연 오늘날 사람들은 교외도시와 이너시티의 경계 상에서 게토 주민에게 행사되는, 혹은 요새화된 쇼핑몰의 입구에서 노숙인과 갱의 모습을 한 젊은 흑인남성에게 행사되는 경찰의 폭력과, '불량국가'의 지도자·주민들에게 군대가 행사하는 폭격행위의 논리를 명확히 구별할 수 있을까?

실제로 LA폭동(더 정확히 말하면 LA봉기) 전후 이미 '마약과의 전쟁'War On Drugs에 의해 대도시 이너시티는 눈에 띄게 일상적 전쟁상태로 이행되어 갔다. 마이크 데이비스는 LA봉기 직후의 인터뷰에서 다음과 같이 말한다.

우리가 비로소 목격하고 있는 것은 벨파스트 및 요르단강 서안에도 엄밀히 견주어 봐야 할 압도적 정황context입니다. 그곳에서 치안policing은 특정사회층 전체, 혹은 소수민족 집단에 대한 전면적 대 게릴라활동, 저강도

분쟁으로 변모하고 있습니다. 이것이 의미하는 것은 '테러리스트' 주민의 모든 잠재적 인구 구성원이 특정한 형식으로 경찰에 의해 '관리'된다는 것입니다. 설사 그것이 문자 그대로 구금을 통해서든 이동 및 집합의 자유에 새로이 부과된 제약을 통해서든. 그 결과 마치 영속적인 계엄령상태가 특정 도시근린주거지구 혹은 구역에 떠맡겨진 것처럼 된 것입니다.(Davis, 1993c:p. 149)

'배제'와 현대도시의 관련에 대해 자크 동즐로Jaques Donzelot 등은 프랑스의 사례를 통해 이를 논한다. 일찍이 중공업이 중심이던 시대에는 도시 역시 인구를 공간적으로 분할하고 있었다. "사업장과 경영의 장 중심, 산업지역, 노동자의 주거지역, 주택지……". 방사상으로 퍼지는 '포디즘 도시'가 그것이다. 따라서 그 중심이 된 것은 생산이었다. "요컨대 그것은 생산에 인구를 통합하고 생산을 사회의 중심으로 하기 위해서만 인구를 분할하고 있었다"(Donzelot, 1991:p. 6). 공업도시는 생산과 그 착취를 둘러싼 대립conflict이 불가피함을 받아들여 "대립하는 계급적 극을 서로에게 직면시켜 배치하였다". 이러한 대립은 사회보험, 노동조합 등 '사회적인 것'의 영역을 구성하는 다양한 제도와 기술을 통해 완화됐다. 그런데 새로운 도시의 광경은 이미 그러한 대립을 공간적으로 표현하지 않는다. 방사형의 도시공간은 오늘날 네트워크 상의 조직이 되어 끊임없이 변하고 있기 때문이다. 현대도시의 상은 하이테크도시를 잇는 네트워크망의 접점 사이, 잔여지역이 격리된 하나의 땅으로 나타난다. 이 잔여지역은 "경제적으로는 저개발이며, 공간적으로 자격 박탈된, 불완전고용의 운명을 사는 자격 없는 인구의 잔류의 장"으로 기능하고 있다.

교외의 사람들[프랑스 대도시에서는 미국 및 여타의 대도시와 달리 교외가 게토화되어 있어 교외주민은 '배제'의 상징적인 의미를 지닌다—인용자][7]은 이미 도시와 유기적으로 연결되어 있지 않다. 그들은 책임을 떠맡은 채 존재이유가 박탈된 자들로, 시스템의 외부에 존재하고 있다. 교외인구는 배제와 동의어가 되었다. 새로운 균열의 선은 사회의 한가운데 부유하고 있다. 그것은 사회의 구성원을 …… 생산점에 두고 '고용자와 근로자' 사이를 분할하는 것이 아니라 오히려 도시 엔지니어 및 기술자, 관리직을 위한 공간과 자격 없는 자들에게 방치된 공간 사이를 분할하고 있다. 새로운 균열의 선은 문자 그대로 장소이동[탈장소화]déplace 되고 있다.(Donzelot, 1991)

이미 현대도시는 생산을 주축으로 삼지 않으며, 이에 따라 통합의 벡터도 방향이 바뀌기 시작했다. 새로운 시스템을 특징짓는 것은 **강화되는 사회적 불평등과 양극화 경향**이 된다. 사회적 규모의 상위층과 하위층 쌍방의 동시적 강화. 마누엘 카스텔에 의하면 이는 세 가지 특징으로 귀결된다.

① 자가프로그래밍이 가능한 고도의 생산적 노동과, 일반적인 소모적 노동 사이의 근본적 분화.
② 그 집합적 조직을 내파시켜 노동인구의 가장 취약한 부문을 파멸로 이끌며 추진되는 노동의 개인화.
③ 노동의 개인화라는 충돌 속에서 경제의 전지구화, 국가의 권위실추, 복지국가의 점진적 소멸 …… 그로 인해 개인으로는 살아갈 수 없는 사람들의 안전망 박탈.(Castells, 1998:p. 346)[8]

---

7) 프랑스의 교외 게토와 미국 시카고의 이너시티 게토를 비교한 것으로, 와캉(Wacquant, 1995)이 도움이 된다. 또한 마티유 카소비츠의 「증오」(La Haine)는 파리의 교외 게토를 무대로 한 영화로, 지금 프랑스 대도시에서 무엇이 일어나고 있는지를 아는 데 유익하다.

이전에도 '배제'는 존재했지만 이러한 양극화에는 "포스트포디즘에서 대두되는 배제의 수준이, 그것의 질적인 비약이 있다"(Young, 1999 : p. 8). 유럽에서 '이중사회론', '이중속도사회론'이 대두된 것도 그 때문이다(Gortz, 1991 ; Marazzi, 1994 : pp. 44~58 ; Castel, 1995). '서장'에서 본 것처럼, 사회적 필요노동시간의 감소와 함께 도입된 생산의 유연화는 안정된 풀타임 노동을 소수의 특권적인 것으로 만드는 경향을 가져온다. 포스트포디즘은 이미 생산성의 증대와 완전고용 사이에 아무런 연관을 갖지 않게 된 것이다. 효율성과 생산성을 증대시키기 위해 필요한 것은 오히려 해고, 레이오프, 직무 전환, 시간제 등 다양한 형태의 인원삭감을 통한 '규모삭감'downsizing이었다. 나아가 카스텔은 그가 '정보사회'라 부르는 새로운 자본의 편제 속에서 계급관계의 주요 특징인 '배제'를 "대중으로서의 대중과 노동자/소비자로서의 대중의 분리"라고 정의 내린다. 즉 국가 영역 내의 거의 대부분의 사람들을 잠재적 노동자이자 소비자로 간주하던 시대는 결정적으로 끝났다

8) 많은 논자가, 이와 같은 동향은 현대자본주의의 동태 안에 새겨진 것이며, 이 양극화 경향 자체가 전지구화되며 지속되는 것은, 상당한 의식적 변혁 작업 없이는 불가피하다고 말한다. 경고의 목소리로 최악의 시나리오를 제시하는 수전 조지(Susan George)는 이러한 현상과 에콜로지 문제를 이미 주어진 조건으로서, 현재의 세계 수준에서 주류화하고 만 신자유주의 정책을 관철시키면서, 지배층 편에서 그것들 사이에 생기는 모순을 해소하기 위해서는 사실상의 '제노사이드'밖에 없다고 보고 있다(George, 1999). 분명히 '언더클래스'론과 그러한 지적 배치의 지탱으로 수행되는 탈복지국가정책은 사실상 '제노사이드'의 일환으로 볼 수 있을지도 모른다. 단, '서장'에서 언급했듯 사람들의 노동을 둘러싸고 위계화, 양극화되는 불평등화의 현상에 대해서는 대강의 합의가 있다고 해도, 그 해석은 다양하게 갈린다. 셀본(Selborne)처럼, 선진자본주의국의 '브라질화' ─배제된 빈민, 대량의 불안정 중간층, 착취적 부자들 사이의 분할 시스템─ 로 파악하는(바우만도 이 입장과 가깝다) 사람들도 있는가 하면, 하부와 상부를 단절해 버리기 쉬운 그러한 논조에 대해, 기능적으로 통합된 하나의 경제 동태 안에서 파악하는 것으로 대치하려는 논의도 있다. 중요한 테마지만 여기서 이 문제를 천착할 여유가 없다. 일단 번(Byrne, 1999)을 참고해 볼 수 있다.
그리고 여기서 주의해 두고 싶은 점이 있다. '사회적 배제'(social exclusion)는 80년대부터 유럽에서 사회이론과 사회정책, 행정의 영역에 침투된 언어로, 이 콘셉트를 통해 포스트 공업기의 빈민의 격차, 실업, 인종차별 등의 문제들을 파악할 수 있다. 마다니푸르(Madanipour, 1998 : p. 22)는 다음과 같이 정의하고 있다. "사회적 배제는 다차원적 프로세스이며, 거기서는 다양한 배제의 양태가 서로 결부돼 있다. 의사 결정, 정치 과정에의 참가, 고용과 물적 자원의 접근, 공통의 문화적 과정들로의 통합 등등. 그것들이 결부되었을 때, 특정 근린 주거지구에서 공간적 표현을 보는 배제의 첨예한 형태가 나타나게 된다. 또한 내가 이 책에서 '배제'를 사용할 때, 유럽에서의 이러한 용법을 의식하고는 있지만 더 추상적이고 폭넓게 사용하고 있다.

는 것이다. 새로운 자본의 편제는 생산자가 동시에 소비자일 것을 바라지 않으며, 만인이 (잠재적) 생산자일 것을 바라지 않는다. 현대 자본주의는 노동비용을 얼마나 줄이는가에서 이윤의 주된 원천이 나오며, 자본 역시 전지구화 및 정보의 네트워크화에 따라 지역과 그곳에 거주하는 생산자의 논리를 조금도 고려하지 않고 유연하게 생산점을 이전해 간다. 이전 후 남게 되는 사람들은 '쓸모없는 자'가 되는 것이다.

지그문트 바우만Zygmunt Bauman은 다음과 같이 말한다. 일찍이 오늘의 빈자를 내일의 노동자로 훈련시키는 일은 정치적으로나 경제적으로나 유의미한 것이었다. 그것은 공업을 기반으로 한 경제의 바퀴에 윤활유를 붓고 나아가 '사회적 통합'이라는 임무를 완수하는 것이었다. 그러나 오늘날 이러한 일의 경제적·정치적 의미는 빛이 바래고 있다. 현재의 자본은 노동력과 비용을 삭감하면서도 이윤뿐 아니라 제품 생산성까지 증대시킬 방법을 익혀, 이미 대량의 노동력을 필요로 하지 않기 때문이다(Bauman, 1998). 자본주의의 역사를 관통해 온 자본가 계급의 몽상 "노동자계급으로부터의 해방"(마리오 트론티)이 그 실현을 눈앞에 두고 있는 것이다.

조크 영은 이런 사태를 '배제사회'로 정의하며 다음의 세 가지 요소로 구성된다고 말한다(Young, 1999 : pp. 19~20).

a) 중심적 핵

정착 및 안정된 직업 구조와 인생을 거느리는 인구의 상당히 커다란 부분. 이 층에서는 능력주의가 작동되며 (맞벌이 과정의) 양성 평등, 안정된 핵가족, 서로 합친 수입의 몫이 많아질수록 한 주의 노동시간이 늘어나는 등의 현상을 볼 수 있다. 이들은 신용사정credit rating 및 소비자 프로파일링에 의해 자격이 매겨진다. 이러한 사회적 관리-통제는, 노동과 오락이라는 두 측면 모두 갈수록 가볍고 '디즈니'적인 양상마저 띠어 표면상으로는 부드럽고 친절하다. 이 세계에서는 살면서 생기는 병, 사고, 실업, 범죄피해에 이르기까지 성가신 일들이 보험으로 완벽히 보장된다. 하지만 이 중심적 핵은 축소일로에 있다. 노동시장 최대의 성장부문은 고용보장이 갈수록 불안정해지는 2차 시장secondary market이기 때문이다. 거기서 직업구조는 부재하며 인생은 불안정한 것이 된다.

b) 방역선

핵심이 되는 집단과 그 외부에 있는 사람들 사이에는 명확한 선이 그어진다. 시가지 계획, 도시를 분할하는 도로망, 사적 토지의 봉쇄, 특정 영역 접근의 금지 그리고 무엇보다 번화가로 통하는 공적운송기관의 운임 징수나 번화가 상점의 상품가처럼 화폐를 통해 분할이 되기도 하며, 이외에도 중핵지역의 치안policing 등을 통해 이뤄진다. 교외의 쇼핑몰이든 이너시티의 공영주택project이든 그리고 그 행사가 사적 경찰에 의해 이뤄지든 공적 경찰에 의해 이뤄지든 이 '경계선'은 불확실성을 제거하고 거리에서 알코올 중독, '걸인', 정신적 장애자, 패거리들 일소하려 한다.

c) 외부집단

외부집단은 사회 일반이 안고 있는 문제의 희생양이다. 그들은 이른바 '언더클래스'underclass, 즉 태만과 범죄로 살아가는 이들이다. 이들은 미혼모나 무능한 부친 슬하에 살며, 생업은 약물과 성매매, 절도와 그 매매 등이다. 이들은 후기 근대사회의 사회적 불순물이라는 점에서 19세기 말 무렵 사회개혁의 희생자와도 닮았다. 그러나 1960년대까지의 개혁자들과 달리 외부집단은 그들이 사는 지역이 물리적으로 제거되고 성원 역시 정치체로 통합되지 않는다. 그들은 **내몰린 채 배제되어야 한다**it is to hold at bay and exclude.

문제는 b)에 있다. 무엇보다 앞서 근원적인 것, 혹은 적어도 최초로 찾아내어야 할 것은 (반드시 특정 계급·집단이라는 '주체'로 귀속되지 않는) '선'線의 작동과 배치이다. 그리고 이 선분이 통합이 아닌 '격리', '배제'를 주된 목표로 작동되고 있다면 그 선분이 작동하는 법칙을 정하는 권력의 다이어그램도 그 모양을 끊임없이 바꿔갈 것이 분명하다. 다음은 그 선분의 작동과 다이어그램의 편제를 구체적 이미지 안에서 찾아보고자 한다.

2. 커뮤니티의 '자발적 게토화'

이러한 시대에 자주[적] 관리를 제안한다는 것은 모든 사회정치학을 방기로 이끄는 덫입니다.(폴 비릴리오)

1) 게이티드 커뮤니티와 '방범공간'defensible space의 정치학
우선 일화부터 언급해 보자.

1993년 11월, 클린턴 대통령은 임기 첫해를 검토하고자 백악관에서 학자들과 회견을 했다. 클린턴 정권의 국내문제 자문을 맡은 공동체주의 정치이론가 윌리엄 겔스턴이 조직한 자리였다. 그곳에서 무엇보다 주목을 끈 것은 공동체주의자이자 저명한 정치철학자 마이클 샌델Michael Sandel의 발언이었다. 클린턴 자신도 그의 이야기에는 각별히 주의를 쏟았으며 발언이 시작되자 준비해 온 필기용구로 음식 차림표의 뒷장에 메모를 하였다는 일화가 남아있다. 샌델의 논의는 대략 다음과 같다. 오늘날 도덕적 차원의 주장은 보수파가 독점하고 있다. 그러나 클린턴 대통령은 미국인의 도덕적 열의에 밀착해 그것을 진보적 목표로 방향으로 이끌어야 한다. 생활은 혼란스러워졌으며 커뮤니티 감각 또한 상실되고 있다. 이와 같이 사람들 사이에 침투된 감각을 향해 말을 걸어야 한다. 시민적 생활의 의미를 부활시킨다는 급무를 처리하기 위해서는 우선적으로 **범죄와 폭력에 맞설 필요가 있**

다······(Dumm, 1996:p. 132).[9]

샌델 자신의 의도와는 상관없이 이 일화를 상세하게 규정하고 있는 것은 '범죄 및 폭력'에 대한 공포와 그에 따른 혼란을 디딤돌 삼아 [대두되고 있는] '근본적으로 새롭고 복잡한' '격리'로의 경향이자 움직임이며, 그 아이러니한 실현의 하나가 지금까지 보아온 도시의 요새화이다. 오늘날 일본에서도 종종 화제가 되기 시작한 '게이티드 커뮤니티[외부인 출입 제한 주택지]'는 그 동향을 상징적으로 표현한다고 할 수 있다. 자신이 속하는 주거지의 특정 범위를 모두 사유화함에 따라 '타자', 이물질의 침입을 배제하는 자발적 게토화 혹은 자기격리의 공간. 이는 일부 부유한 자와 유명인을 중심으로 1970년대에 시작된 현상인데, 80년대에 들어 증식하기 시작하여 90년대 이후 그 개발이 급증했다. 집중된 곳은 LA, 마이애미, 시카고, 뉴욕 등 대도시와 그 교외인데 97년에는 약 300만 세대, 800만 명이 산다는 추산이 나왔다. 기본적으로 부유층 혹은 오늘날 상류 중산계급까지 포함하는 특권적인 계층의 자기게토화로 볼 수 있다.

블레이클리와 스나이더의 저명한 연구는 벽으로 둘러싸인 채 게이트화된 이 주거 커뮤니티를 세 가지 형태로 분류한다(Blakely & Snyder, 1997). 먼저 ① 라이프스타일 게이티드 커뮤니티. 이는 앞서 언급했듯 70년대부터 발전해 오며 주로 유명인과 부유한 퇴직자 등을 타깃으로 형성됐다. 특정한 지향과 취미, 연령 등을 공유하는 소비자를 위해 구상된 커뮤니티이다.

다음으로 ② 특권적 게이티드 커뮤니티. 80년대 말부터 늘어나기 시작한 제2세대의 것이다. 게이티드 커뮤니티의 통상적 이미지는 ②와 같을 것

---

9) 이 발언은 이전부터 샌델(M. Sandel)이 주장하는 바의 연장에 지나지 않는다. "[레이건이—인용자] 무엇보다 강력하게 어필하는 부분은, 공동체적 가치······ 가족과 이웃, 종교와 애국주의······ 를 환기한다는 점에 있다. 레이건은 최근 전적으로 후퇴한 것처럼 보이는 생활양식에의 갈망을 북돋았다 ······ 크나큰 의미로 가득 찬 공통적 생활로의"(Sandel, "Democrats and Community", Negri & Hardt, 1994로부터 재인용).

이다. 이는 새로운 개발지구도 물론이지만 게이트와 울타리로 개조한 낡은 지역도 포함된다. 보통은 공적 공간이던 곳이 사유화되어 접근이 제한된 주거지역이다. 이 커뮤니티는 고도로 세련된 시큐리티 기능을 갖춘 벽을 만들고, 전자화된 울타리, 원격조작으로 개폐되는 게이트 등 고위층만의 거처임을 이미지화하여 사치스러운 라이프스타일과 자산을 보호하는 청각-시각적 영사장치 등을 구비하고 있다. 비거주자의 접근을 제한하기 위해 보통 입구에 벽이나 울타리를 세워 통제하는데, 커뮤니티의 경계를 나타내는 문도 다양하다. 24시간 사람이 대기하는 경비소가 있는가 하면 단순한 전동식 문도 있다. 경비소는 보통 두 개의 통로를 관리할 수 있도록 설계되는데, 그 중 하나는 손님 및 방문자용이고 다른 하나는 주민용이다. 주민이 문을 열기 위해서는 전자 카드나 리모트 컨트롤 장치가 필요한데, 이외에도 모든 통과 차량의 번호판, 심지어 통행자의 얼굴을 기록하는 감시 카메라를 갖춘 커뮤니티도 존재한다. 주민들은 경비원이 없는 입구에 구비된 인터컴 시스템의 비디오 모니터로 방문자의 얼굴을 들여다볼 수 있다.

그리고 마지막으로 ③ 이너시티, 이너서버브inner-suburb 지역의 시큐리티존·게이티드 커뮤니티를 들 수 있다. 특히 오늘날 급속한 증가를 보이는 것이 이 부류의 게이티드 커뮤니티이다. 이곳에서 게이트를 구축하는 자는 개발업자가 아닌 주민이며, 범죄 및 외부자 침입에 대한 방어의 강화가 주요동기이다. 그것은 선택 혹은 상품이라기보다 필요(라는 주민의 감각)에 의해 구축된다. 범죄 및 무질서에 대한 공포에서 주민들은 자신의 근린주거지구의 경계를 명확히 함으로써 접근을 제한하고 커뮤니티의 감각 및 기능을 설립, 강화하고자 하고 있다. 여기서 이미 계층은 관련이 없다. 최상 계층에서 최저 계층을 가로지르며 주민들은 요새를 건축한다. 조크 영에 따르면 빈곤층에 의해 형성되는 장벽은 부유층의 그것과 같은 차별·선별적인 경우도 있지만 대부분의 경우 **방어적 배제**라고 볼 수 있다.[10] 영은 자신이 거주하는 런던 지역의 스톡 뉴인턴에 존재하는 몇몇 게이티드 커뮤니티를 예로 들며 설명한다. 그곳에서는 소수민족, 젠더 그리고 계급이 뒤섞인 '격리'의 광경을 볼 수 있다. 예를 들어 쿠르드인은 끊임없는 폭력의 위험에서 몸을 지키기 위해, 또 하시드파Hasidic 유대인은 차별에 대한 방어를 위해, 그리고 파괴행위에 대한 경계를 위해 여성만이 제한적으로 이용할 수 있는 오락센터와 학교를 만들었다(Young, 1999 : p. 18).

시큐리티의 심리-논리를 무엇보다 잘 보여 주는 것이 이 마지막 형태이다. 블레이클리 등은 다음과 같이 말한다. "근린주거지구를 게이트 설치로 내닫게 만드는 것, 공포와 스트레스가 아무리 크다고 할지라도 최종목표는 컨트롤에 있다. 공포는 무력無力과 공격받기 쉽다는 감각에서 비롯된다"(Brakely & Snyder, 1997 : p. 108). 또한 범죄가 그다지 심각하지 않고 위협이 현실적이지 않아도 공포는 대단히 현실적으로 받아들여진다고 한다. 마이크 데이비스는 "사회가 위협을 인식하는 것은 높은 범죄율 때문이 아니라 시큐리티라는 개념이 유통된 결과"(Davis, 1992a)라고 보는데, 공포는 분명 현실과 대부분 상관이 없다. 라캉주의자들이라면 이것이 존재론적 시큐리티의 결여에서 나온 상상적 혹은 환타지 차원의 은폐라고 할 테지만.[11]

이와 같은 커뮤티니 형태의 배후에 있는 발상의 기원은 '1장'에서 언급한 미국의 건축가, 오스카 뉴먼의 '방범공간'[지키기 쉬운 공간]defensible space이라는 콘셉트에 있다고 스나이더 등은 말한다(Blakely & Snyder, 1997 : p. 122).[12] 뉴먼은 1972년 뉴욕과 시카고의 프로젝트(저소득층을 위한 공영

---

10) 여기서 다음 지점을 주의해야 한다. "핵심은 그들이 자신들의 거리에 대한 접근을 차단해야 할 **필요가 있다** 없다 여부가 아니다. 문제는 그들이 그렇게 하지 않으면 **안 된다**고 느낀다는 점이다"(Blakey & Snyder, 1997 : p.42).

11) 이 공포와 정체성의 연관은 현대 아프리카계 아메리칸인 문화와 그를 둘러싼 정치학에서 극명하게 간파할 수 있다. 이에 대해서는 사카이(酒井, 1997)를 참조하라.

12) 아마도 뉴먼과 그 발상의 침투에 영향 받고난 일이라고 추측되는데, 경찰청 보고 『80년대의 경찰』를 보면, 일본도 70년대 경찰의 주요한 노선 중 하나이던 시민과 경찰의 제휴 강화 노선, CR(community

주택단지) 연구에서 "다양한 도시근린주거지구의 내부 및 그들 간의 범죄 그리고 무질서 각각의 리스크는, 최소의 비용과 사회적 귀결을 대부분 고찰하지 않고 주택을 고밀도로 건축하는 기획 및 설계 결정의 직접적 귀결"에 있음을 지적하며 '방범공간'의 아이디어를 전개했다. "현실적 장벽과 상징적 장벽의 혼합체, 강력히 규정된 영향력의 영역, 개량된 감시의 기회"──이들이 동반되어 주민의 통제하에 특정 지역을 두는 일이 가능해진다는 것이다.

뉴먼의 이론은 다음의 세 명제에 기반을 둔다(Blakely & Snyder, 1997: p. 163; Newman, 1972).

① 영역성: 사람들은 자신의 것이라고 인지하는 영역을 지키려는 경향이 있다.
② 자연스러운 감시: 공간 감시가 쉬워지고 감시자 수가 늘수록 범죄자를 막을 수 있다.
③ 이미지: 시각적 특징이 범죄를 촉진시키기도 하고 억제하기도 한다.

뉴먼은 이 명제에 기초해 다음의 해결책을 제안한다.

① 영역성에 대하여: 외부자를 방지하고 거주자가 자신의 지역에 동화되어 방어를 촉진하는 준–사적 '영향력(지배력)의 지대'에 근린주거지구를 분할해 영역성을 높인다.

---

relations)전략──이를 오히나타 스미오(大日向純夫)는 '민중의 경찰화'가 현대에 들어 한층 심화된 과정으로 파악한다──의 확대로서, 도시 그 자체의 경찰화를 제창했다. CR적인 것은, '안전한 사회를 위한 기반 만들기'라고 이름을 바꾸어 크게 확대되었다. 그 목표를 보면, 도시공학 등의 협력을 얻어 도시 개조 등 '환경개선'을 통한 범죄의 방지를 추구하는 등 보다 대담한 전략을 내세우고 있음을 알 수 있다.

② 자유스러운 감시에 대하여: 주민이 그 환경의 외적·내적 지역을 한눈에 감시할 수 있도록 창을 배치함으로써 공공공간에 대한 자연스러운 감시 및 주시의 시선 수를 높인다.

③ 이미지에 대하여: 저가주택 혹은 공공주택의 오명을 피할 수 있게 주거 건축물을 재설계함으로써 인접환경의 이미지를 개선한다.

이러한 뉴먼의 콘셉트는 유럽 및 북미를 가로지르며 다방면에서 영향력을 행사한다. 접근관리 시스템의 도입, 외면의 조명 및 조망 상태의 개선, 개방된 보도와 잔디밭의 삭감, 보다 상세한 감시가 가능하도록 제작한 창의 배치 등 뉴먼이 제안한 건축 디자인의 특징은 많은 도시주택계획에 채용된다. 그러나 뉴먼의 이런 콘셉트는 마이크 데이비스도 말하듯이 "규모에서 전례없는 건축과 치안기구의 일체화"를 만들어 내는 것이다. 실제로 '1장'에서 언급한 1970년대 중반경 법집행 원조국援助局의 원조로 전개된 '환경설계에 따른 범죄예방'Crime Prevention through Environmental Design(CPTED)은 이 '방범공간'이라는 콘셉트를 축으로 한다. 이 시도는 방범공간이론을 주택지구, 상업지, 학교 등으로까지 확장하려는 것으로, 이에 따라 도시 도처에 경찰의 시선과 경찰의 논리가 각인된다. 뉴먼은 다음과 같이 예상했다. 범죄와 무질서의 태반은 그 수행의 공간적 기회를 없앰으로써 감소시킬 수 있다.

이상과 같은 뉴먼의 구상은 기본적으로 상층 혹은 상층중산계급의 게이티드 커뮤니티를 관통하는 것이지만, 또한 당초 뉴먼의 발상의 근원지인 이너시티의 거주 지구에도 적용될 수 있다. 특정 '하이 리스크'한 지대를 봉쇄하고 세분화해 다양한 감시와 치안을 강화하여 시큐리티를 강화한다는 것이다. 마이크 데이비스는 (힙합 문화로도 유명한) 와츠지구 인페리얼 코트라는 프로젝트를 예로 든다. 80년대 끝 무렵 '마약과의 전쟁'War on Drugs이

한창인 때,[13] 이 프로젝트는 물결형 철망crimp wirenetting, '허가 없는 출입 금지'의 표시, 신분증명서 제시의 의무화 그리고 LA시경의 파출소를 통해 보안이 견고하게 이루어졌다. 방문자는 가던 길을 멈추고 신체검사를 받았고, 밤에는 경찰이 주민에게 집으로 돌아가도록 명하게 되면서 가정생활이 언제나 경찰의 탐색을 받게 된다(영화 「뉴 잭 시티」(1991)는 이런 사태를 그리고 있다. 하나의 프로젝트를 봉쇄해 마약산업의 거점으로 점한 흑인 갱들이 이 프로젝트에 시큐리티장치를 둘러치며 요새화한다. 이를 단속하는 경찰과 전쟁상태가 된다는 이야기는 실로 현실을 반전시킨 것이었다). 이너시티는 하나의 '준계엄령상태'가 되기 시작한 것이다.

이 극히 '비인간적'이며 무자비한 움직임이, 시큐리티와 '배제'의 긴밀

---

13) 데이비스(Davis, 1992a) 제5장을 참조하라. '마약과의 전쟁'은, 현대도시와 도시의 치안문제 일반뿐 아니라, 오늘날의 전쟁을 떠올릴 때에도 시사적이고 중대한 사건이다. '마약과의 전쟁'의 상세한 기술과 평가에 대해서는 데이비스를 필두로 몇몇 문헌이 나와 있는데, 제시 젝슨이 후기를 붙인 로잔의 책(Lusane, 1991)이 중요하다. 거기서 명백히 밝히고 있듯 '마약과의 전쟁'은 국경을 두고 미국의 군사 경찰력이 보다 자유롭게 행사되는 수단으로 기능했다. 이 프로그램에 기반을 둔 활동은, 국내에서는 경찰력으로, 해외에서는 군사 개입으로 나타난다. 그 점을 생각한다면 이 '전쟁'이 걸프 전쟁을 필두로 하는 90년대의 일련의 전쟁 형태를 예기하는 것이라고 볼 수 있지 않을까? 이 책에서는 다음과 같이 지적되고 있다. "국내나 해외에서 마약과의 전쟁과 맞붙은 정부는, 압도적 다수가 그 무기를 유색인을 향해 겨눴다. 사용자와 거래업자 중 대다수가 백인이라는 사실에도 불구하고 흑인, 라틴 아메리카계 주민 그리고 제3세계 사람들이야말로 시민권, 인권, 국민주권을 갖지 않은 채 밀도 끝도 없이 과잉된 프로그램에 의해 해를 입고 있는 것이다……. 미국 정부는 미국 첩보부와 중요 국제 거래 네트워크와의 공모를 속이기 위해 마약과의 전쟁을 활용했다. 지금까지도 반공산주의 외교 징책이라는 목표는, CIA와 그 외 기관이 비합법적 마약을 미국으로 밀수하는 것을 묵인하기 위한 구실로 활용되고 있다. 부시 정권과 미디어 독점체가 고의로 피하는 하나의 중요한 물음은 이것이다. 'CIA는 법 테두리 안에서 활동하는 마약 상인의 일을 거들어 미국의 마약과의 전쟁 위기를 자동 연계 시키고 있는 것은 아닐까?' / 냉전의 종언에 따라 외교 정책의 레토릭도 변했다. 새로운 국제적 인류의 적은 공산주의자에서 마약 딜러-테러리스트로, 혹은 마약 테러리스트(narco-terrorist)로 변모하기에 이르렀다. 미국의 기업을 위해 시장을 열어 준 뒤 보호하는 것 그리고 제3세계의 해방 운동에 대해 저강도-고살상의 군사 정치 전략을 행사하는 것이, 미국이 해외에 개입하는 진실된 동기로 남아 있다". 더욱이 하층 소수민족의 커뮤니티를 향해 가해진 충격은 다음과 같이 지적된다. "경제적 파괴, 공공의 부패, 이데올로기적 교조주의, 해외침략, 파렴치한 차별. 이러한 상황을 볼 때, 왜 사회의 해체가 고차화되고 있는지 알 수 있다. 수년 전만 해도 많은 흑인, 라틴 아메리카계 주민 그리고 빈곤자의 근린주거지구로 마약의 침투를 가로막고 있던 혹은 한계 짓고 있던 커뮤니티 가치를 둘러싼 관심은 갈수록 살아남기 위한 개인주의, 유물주의로 대체되고 있다"(Lusane, 1991:pp. 4~5). 개인주의·유물주의란 게토의 젊은 흑인들의 표현 중 90년대경부터 현저해진 에토스를 상기시키지만, 힙합은 이 '마약과의 전쟁'의 한쪽 당사자 측에서의 전쟁 기록이기도 하다. 사카이(酒井, 1997)는 힙합 컬처와의 관련 속에서 이 '마약과의 전쟁'을 언급하고 있다.

한 결부를 보여 준다. 통합 내지 포함이라는 형식으로 현상된 권력의 전략은 이미 명확히 '배제'에 강조점을 둔 그곳으로 이동하고 있다.

그 목표나 리스크는 결코 '사회'로 되돌아오는 일이 없다. '근대사회'와 같이 곤경difficulty은 사회의 개량 혹은 개인의 교정·사회복귀라는 과제로 되돌아온다는 것을 전제해야 하는 것이다. 푸코의 이론장치를 통해 이를 거칠게 다음과 같이 정리해 보자. 일찍이 집합체의 수준으로 인구를 관리하기 위한 통계학적 분포라는 해독의 격자를 통해 작동하는 시큐리티장치는, 교정·사회복귀라는 개념과 밀접히 결부돼 있던 규율장치와 접합됨으로써 총체적이고도 상대적으로 '통합' 사회를 향한 벡터를 그리기 시작하고 있었다. 그런데 이 두 장치의 접합이 분명 이러한 '격리'의 경향을 내포한 도시의 광경에서는 무너지고 있다. 복지국가 혹은 복지국가와 관련한 이념 및 제도의 기초에 있는 '산정적'actuarial 기술은, 현재의 도시·범죄정책에서도 공유되고 있다. 그러므로 19세기 말의 사회학과 마찬가지로, 범죄는 우연하게 이루어지지만 인간이라는 집합체가 필연적으로 내포하는 것, 즉 '리스크'로서 파악되거나 '문제화'된다. 하지만 이 리스크의 관리양식은 크게 차이가 난다. 일찍이 리스크로 파악되던 '우연한 사건'이 불러오던 데미지는 '사회'적으로 공유되고 '사회'가 보상하는 것으로 파악된 바 있다. 이 리스크는 결국 '사회'의 과제로 반사된 것이다. 그러나 현재는 사회개혁이나 개인의 교정이라는 과제로 리스크를 해결할 수 있다고 보지 않는다. 이 경향이 개인의 동기부여, 사회구조(물리적 환경이 아닌)를 향한 시선을 약화시켜 '범죄원인론의 종언'이라는 사태까지 초래하게 된다. 리스크와 상관적으로 나타나는 과제는, 범죄행위의 기회를 제한하고 리스크를 최소화해 손해를 한정하는 범죄예방정책을 구축하는 일인 것이다.

방범공간이론이 주목받고 확장된 배경에는 다음과 같은 몇 가지 경우가 거론된다(小西, 1991 : p. 380).

- 일반적 맥락으로는, 백인 중류층의 교외로의 유출, 상공업의 이전, 이너시티의 게토화라는 현상에서 도시주택지구 안의 범죄 증가, 또한 그 이상으로 주민 사이에 '범죄의 공포'가 현안이 된 점.
- 범죄대책의 목표설정이 범죄원인의 근절이라는 프로젝트 안에서 더욱 행동주의적인 함의를 지니면서 범죄를 '억제'deterrence하는 방향으로 이행해 온 점.
- 비공식적인 사회통제를 재활성화하는 일이 효과적이고 저렴한 범죄통제수단으로서 광범위한 지지를 받아 온 점.

여기서는 한편으로 포스트공업시대의 새로운 계급분해와 공간분리가 시사됨과 동시에, 범죄의 원인에 강조점을 두기보다는 오히려 범죄를 예방하는 방향으로 범죄정책이 이동되었음을 볼 수 있다.[14] 이 두 가지 동향은 교착하면서 새로운 권력의 전략, 권력행사배치를 구성하고 있다고 할 수 있다. 스탠리 코헨Stanley Cohen의 다음과 같은 견해는 이를 단적으로 부각시키고 있다.

---

14) 범죄원인론의 쇠퇴에 대해서는 일본에서도 다양하게 논의되고 있다. 특히 니시무라 하루오(西村春夫 他, 1999) 제4·5장 '범죄원인론은 종언했는가?'를 보라. 또한 탈원인론을 축으로 하는 '새로운 형벌학'의 하나의 전형적 문헌으로 플라우드 & 영(Floud & Young, 1981)을 들 수 있다. '새로운 형벌학' 혹은 '통계수리적' 범죄학(내지 범죄정책)의 특성을 분석한 것으로 중요한 문헌은 수없이 많지만 무엇보다도 프릴리 & 사이먼(Freely & Simon, 1992)을 들어야 할 것이다. 이 논문은 범죄학뿐 아니라 다양한 사회정책, 더 나아가 권력의 전략 전체의 동향을 첨예하게 포착한 것으로 빈번히 참조된다. 여기에 대해 상세한 설명은 피하겠지만, 거기서 정리하고 있는 '새로운 형벌학·행형(行刑)학'의 변화의 세 영역을 소개해 두겠다. 우선 ①새로운 담론의 등장. 임상적 진단과 응보적 심판의 언어 대신 갈수록 확률과 리스크의 언어가 대체되고 있다는 점. 거기서는 의도, 심적 상태보다는 행동을 향한 관심이 지배적이지만, 이에 더해 행동의 장으로서의 개인도 퇴장하고 있어, 그보다 '인구'의 부분들을 컨트롤하는 것이 주요한 초점이 된다. ②시스템에 있어 새로운 목표의 형성. '누범' 감소 등의 목표가 아니라, 시스템에 있어 타격을 얼마나 제약, 최소화하는가를 문제 삼는다. ③새로운 기술의 배치. 낮은 생산비에 관심을 두는 감금과 조절의 형태라든지 리스크를 분류하는 새로운 기술 속에서 나타난다. 전자 모니터링이라든지 위험인물을 공간적으로 배분하는 기술.

모니터링되는 것은 행동^{behaviur}(혹은 감정과 행동의 생리학상관현상)이다. 비밀스럽고 사적인 생각에는 누구도 관심을 보이지 않는다 …… 탐지^{detection}(비난과 처벌)의 관점에서든, 인과관계(동기 혹은 원인의 연쇄를 찾는 일)의 관점에서든, 범죄자 개인을 향하던 모든 정책은 이미 '게임 종료'되었다. 오늘날 말해지는 것은 범죄의 '공간적'이고 '시간적' 측면이며, 시스템, 행동의 순서이며 생태학이며 방범공간이며…… 목표 강화이다.(Cohen, 1985 : pp. 146~148)

이제 범죄정책이 주체를 우회한다는 것이다. 일찍이 규율의 기술에 종속되었으며 따라서 개체와 포개져 범죄의 원인을 발견하기 위해 쓰인 '산정주의'^{actuarialism}가 여기서는 규율 기술을 우회하여 직접 작동하고 있다. "문제는 개인보다는 통계적 집합, 인구, 분포라는 관점에서 통치된다. 범죄의 통치는 그 형식에서 산정적인 것이 된다"(O'Malley, 1999 : p. xii). 이 범죄정책에서 '산정적' 기술의 초점은 '내면적' 상태가 아니라 '외면적' 물리적 배치^{dispositions}, 즉 행동의 분포와 귀결에 맞춰진다. 개인을 어찌어찌 한다는 것이 아니라, 집합체의 시큐리티[를 유지하는 일]에 일의적 관심의 대상이 된 것이다. "그것은 시큐리티를 강화하기 위해 리스크 부담적인 행동의 조작 방법을 발전시키려 하고 있다".

파놉티콘으로 집약되는 규율권력의 전략은, 파놉티콘이라는 장치의 초월적 시선을 개체 안에 포개어 '영혼의 단련'을 수행하게끔 작동된다. 그러나 현재의 모니터링은 이미 '내면을 지닌 개인'과 같이 '감정적'인 것에는 관심을 두지 않는다. 그것은 시선과의 관계 안에서 주체를 구성하는 등의 일을 하지 않는다. 주요한 문제는, 범죄를 근절할 인도주의적 과제가 일체 아니라, 범죄를 특정 지대에 가둬 넣는 등의 방식으로 사회 일부에 미치는 리스크를 최소화하는 것이다.

2) 시뮬라크르로서의 '시민사회' —— 공동체주의자communitarian의 꿈?

그런데 게이티드 커뮤니티라는 '공간적 초超질서화'(Mclaughlin & Muncie, 1999) 현상은 한편으로 잠시 언급했던 마이클 하트가 말한 '내-외'의 변증법의 쇠퇴라는 관점으로 바꿔 말할 수 있다. 하트에 따르면, 자유의 고전적 정치이론에서 공적인 것과 사적인 것 사이의 관계를 규정하는 '내-외'의 변증법은 이미 '포스트모던 세계'에서 소실돼 가고 있다. 예를 들어 다음과 같다. 자유의 전통에 따르면, 집안에서 자기 고유의 사적공간에 자리한 근대 개인은 공적인 영역을 그 장의 외부라고 보았다. 외부는 정치 고유의 장이다. 그곳에서 개인의 활동은 타인의 시선을 받았고, 각 개인은 그곳에서 승인을 구하였다. 하지만 지금까지 본 것처럼 이 공적 공간은 포스트모던화의 진행과 함께 갈수록 사유화되고 있다. 도시공간도 그렇다. 도시경관은 이미 공적 공간이 아니다. 만인이 모여들어 우연한 만남으로 흘러넘치던 도시경관이 더는 아닌 것이다. 이제 그곳은 상업용 갤러리, 고속도로 등의 진입금지 입구가 있는 분할지이다. LA 및 상파울루와 같은 특정 대도시의 건축물과 도시계획은 오히려 일련의 방위와 격리의 내적공간을 형성함으로써 공적 접근 및 상호유통을 제한하는 추세다(Hardt, 1998 : p. 362).

하트는 이어서 다음과 같이 말한다. 이 사유화의 진행은 "사적인 공간과 공적인 공간의 변증법에서 출발하여 이미 사회적 조직을 포섭하는 등의 일이 불가능해지는 지점"까지 나아간다. 그리하여 '정치적인 것의 적자赤子'를 초래한다. "정치적인 것의 장은 탈현실화dérealis되어 간다."

그러나 이러한 진행을 단순히 정치적인 것의 소멸과정으로 보아서는 안 된다. 현실을 벗어나 시뮬라크르로 회귀하고 있다는 편이 나을지도 모른다. 게이티드 커뮤니티는 지금까지 '내-외'의 변증법을 기축으로 파악되던 장의 '시민사회'를 계속해서 진공화하지만, 반대로 벽으로 둘러싸인 커뮤니티로 보기 좋게 시뮬라크르화된 고대 그리스적 민주주의의 무대를, 혹은

'자주관리'적인 시민사회의 상을 생산하고 있는 것이다.[15] 맥러플린^{Eugene} McLaughlin이 말하듯, 오늘날 커뮤니티는 현대사회의 '뿌리 없는'rootless 상황에 대처하는 공동체주의적, 더 일반화하자면 일찍이 시민의 헤게모니에 따른 '도시적인 것'의 구축 및 참가형 민주주의의 실현이라는 비전을 긍정적으로 충족시키고 있다. 주민은 그동안 잃었던 공간의 관리통제 헤게모니를 다시 한 번 되찾아오기 때문이다. 게이티드 커뮤니티는 벽으로 구분된 영역 이상의 것이고, 도시의 폭력과 급격히 변화되는 사회로부터의 피난처이상의 것이다. 이것은 또한 사회공간적 커뮤니티의 탐구이기도 하다.……미국인이 필그림 파더Pilgrim Fathers의 상륙 이래 추구해 온 이상적 커뮤니티의"(Blakely & Snyder, 1997 :p. 2).

맥러플린과 먼시는 게이티드 커뮤니티에 대적할 공동체주의자 형식의 긍정적 견해를 다음과 같이 정리한다.

- 벽과 문은 공간적 의식과 새로운 형태의 극도로 국지화된 '스몰 타운' 정치를, 그리고 공통의 목표를 창출해 냄으로서 주민을 단결시킨다.
- 이 닫힌 커뮤니티는 주민들에게 자기결정을 매우 생생히 실감하도록 만든다——그들은 자신의 근린주거지구와 지역을 스스로 관리한다.
- 이질성을 품은 도시에서 벽과 문이란, 양립 불가능한 사회적, 문화적, 민족적 차이에 얽힌 권리 등의 마찰들을 막아 내고 논쟁하며 살아가는 유일하게 현실적인 방법이 될 것이다. 그러므로 벽은 불안정하고 변동이 심한 도시환경에 하나의 안정과 침착의 형상으로 기능할 수 있다.
- 이들은 구조적으로 볼 때 포괄적이다. 주민은 법적으로 확립된 권리와

---

15) 이에 대해서는 시부야(澁谷, 1999a)도 참조하라. 또한 이 장 자체가 시부야 노조무(澁谷望)와의 대담과 그의 가르침에 많은 빚을 지고 있다.

책임을 누릴 수 있다.

- 이와 같이 안전하게 벽에 감싸인 피난처에서 주민들은 고도의 귀속감, 그리고 새로운 사교의 네트워크를 발전시킬 수 있다. 바야흐로 그들이 안전한 '개방' 공간에서 마음맞는 이들like-minded로 상정된 사람들과 교류할 수 있기 때문이다.
- 벽은 주민들이 도시의 궁극적인 자유를 누릴 수 있도록 보장한다──즉 자신의 집에서 편안함을 느끼게 해 자신들이 사는 거리의 안전성에 대한 신뢰감을 형성케 한다.(Mclaughlin & Muncie, 1999 : p. 121)

이러한 '이상적' 커뮤니티를 관리하는 중요 기관(마이크 데이비스의 표현을 빌리면 "소비에트")이 바로 '주택소유자의 모임'HOAs이다. HOAs는 게이티드 커뮤니티에서 게이트 이외의 또 하나의 중요한 특징이다. 게이티드 커뮤니티는 HOAs를 통해 운영되는데, HOAs는 사적 거리의 모든 구획을 공동으로 소유한다. 어떤 자산소유자도 도로와 보도, 게이트를 포함한 공통의 시설의 법적소유권을 같은 주택소유자들과 나눠 갖는다. 이것은 이른바 분권적·자주관리적인 '사적 정부'인 것이다. "이들, 새로운 지역적 유사정부는 다시금 지역에 통치를 가져와, 지역 자원에 대한 공적 접근을 멀리하는 시도이다. …… 그들은 다른 사람들의 문제해결을 [위해]…… 자신의 시 가지구조차도…… '자신들'의 세금이 쓰이는 것을 거절한다. …… 주택소유자의 모임이 확산됨에 따라 미국인들은 자신의 세금을 더더욱 사정査定 형식으로 파악하여 이를 자신이 선택한 서비스에 쓰게 되며, 그 이득을 자신과 직접 이웃한 사람들에게만 제약하게 된다. 이로부터 HOAs에 거주하지 않는 사람들에 대한 지불을 회피하기 위해 [그들이 소속된] 시市 또는 군郡을 단숨에 이탈한다"(Blakey & Snyder, 1997 : pp. 24~25).

이처럼 타자와의 끈을 일절 벽으로 단절하여 성립되는 공공권은 '정화된 공공권'에 그칠 뿐이다. 이것은 공공권의 정의가 말하는 이질적 타자들의 교통의 장에 처음부터 반하고 있다. 그곳에서는 교섭도 정치도 시뮬라크르로서만 허용되는 것이다. 현대 공동체주의의 꿈은 이처럼 그로테스크하다고 할 정도로 시뮬라크르로 말고는 실현될 수 없게 된 것인지도 모른다.

그런데 앞서 언급했던 클린턴과 공동체주의자의 회견에는 다음과 같은 이야기가 이어진다. 샌델의 제안을 받을지 여부는 뒤로 하고, 이 회견 후 얼마 지나지 않아 클린턴은 범죄에 대한 제재 강화에 스스로 솔선해서 착수한다. 여기서 중요한 점은, 그가 이를 "낡은 권리체제에 대한 미묘한 공격"(Dumm, 1996 : p.133)과 함께 행한다는 점이다. 클린턴은 마틴 루터 킹을 인용하면서 이렇게 단언했다고 한다. "만일 킹이 90년대에 살아 있었다면 이렇게 말할 것이다. 나는 흑인끼리 엉망이 되어 서로를 죽일 권리를 위해 싸운 것이 아니었다고"(Dumm 1996 : p.133). 여기서 인종과 범죄문제가 포개지고, 나아가 [범죄에 대한 제재의 강화가] 공민권운동 이래 진전해 온 소수자의 권리에 대한 부정과 결부되어 있음을 알 수 있다. 중산계급 이하의 아프리카계 미국인이 받고 있는 역경은 그들 자신의 책임이며 나아가 공민권법 이래 이어진 그들에 대한 과보호가 이 문제의 원인이라는 것 ——클린턴이 구사하는 것은 [이런 식의] 전형적인 복지국가 공격의 수사인 것이다.

3. '언더클래스'와 그 '격리'

1) 빈자의 범죄화——'언더클래스'의 발견

마이크 데이비스도 지적하듯이 베를린 장벽의 붕괴와 동시 병행하여 '마약과의 전쟁'과 그에 따른 '준계엄령' 상태가 도시와 교외뿐 아니라 도시 안, 혹은 이너시티 안에서마저 새로운 장벽을 구축하고 있었다(Davis, 1992a, b ; 1993a, b, c ; 1998 : pp. 359~422). 이는 특히 포스트냉전시대의 벽 또는 주권국가가 집약하던 경계선의 치환을 명확히 표현하는 동향이다. 내재하는 벽, 내재하는 적. 공산주의자라는 적을 대신해 새로운 적의 형상이 선명한 윤곽을 드러내기 시작한다. 이것이 '언더클래스'이다.

지금까지 언급한 게이티드 커뮤니티가, 네이션의 지역범위 내에서 사회적 연대라는 관념을 축으로 리스크를 배분하는 복지국가의 기초를 무너뜨린다는 점을 보았다. 그러나 이 '이탈'이 가능하기 위해서는, 어떤 지각의 편제가 바뀌어야 했다. 자신과 섞일 수 없는 특정인들을 악으로 규정(악마화)하고 적대시함으로써, 자신의 의미론적이고 도덕적인 우주로부터 그들을 단절시키는 조작 말이다. 여기에서 사유화된 통계론, 확률론적 산정주의라는 사회공학적 기술의 탈윤리화된 차원이 도덕적인 차원과 [만나는] 접점이 형성된다. 이 점에 대해 다양한 논쟁이 이루어지고 있기 때문에 확고히 결론을 내릴 수는 없지만, 일단 이렇게 말할 수 있다. 산정적 기술이 작동되며 [그것이] 전면에 내세우는 '배제'의 작용과, 자본축적의 새로운 평면을 접합하는 것이 신자유주의 및 그것과 병행되는 윤리적 언더클래스 담론·이미지의 체제라고.

이 조작을 단적으로 집약하는 것이 지그문트 바우만이 **빈곤자의 범죄화**라 부르는 과정이다. 이 과정을 따르다 보면 이상에서 본 것과는 조금 다른 '격리'의 상이 부상할 것이다.

'언더클래스', 이 용어는 오늘날 언론에서부터 학술, 정치의 장에 이르기까지 무척이나 많이 사용되어 왔다. 애매하고도 유연한 쓰임으로 복잡한 함의를 띠어 온 이 용어의 추세를 따르다 보면, 그것으로 하여금 유행하게 하는 지각의 변화가 '격리'를 떠받치는 새로운 '문제화'의 양식에 기대고 있다는 것을 알 수 있다.

이 말은 본래 군나르 뮈르달Gunnar Myrdal이 1963년에 처음 사용한 개념으로, 탈공업화의 여명기에 그것이 초래할 충격을 경고하는 의도로 사용된 것이었다. 뮈르달은 대단히 예민하고 앞선 눈으로 탈공업화가 많은 인구를 영속적인 실업상태로 내몰 가능성을 지적하고 있었다. 그러나 사람들이 언더클래스 개념에 관심을 두기 시작한 것은 한참 뒤의 일로, 한 저널리스트의 저 유명한 77년 『타임』지 커버스토리를 통해서이다. 이 말이 미친 의미의 변경 폭은 당시를 전후하여 대단히 컸기에 문제화의 양식과 지각의 변화가 인정될 만한 것이었다. 애초 뮈르달이 언더클래스라는 개념을 처음 사용하였을 때 연상한 실업자는, 구직중이지만 공교롭게도 직업을 구하지 못한 사람이라는 형태의, 무척이나 '정상적인'normal 것이었다. 실업자는 자본의 논리 또는 사회의 보완적 기능의 결함에 따른 배제의 희생자인 것이다. 허버트 갱즈Herbert Gans는 언더클래스 개념이 가지는 의미의 동요를 경제적 관점의 정의와 행동적 관점의 정의 사이의 불일치를 통해 분류한다. 그런데 이 분류기준에 따르면 뮈르달의 개념은 경제적 관점에서 나온 것이 된다(Gans, 1995 : p.34).

하지만 얼마 후 언론을 통해 사용되었을 때 이 정의는 경제적 관점으로부터 [벗어나는] 어떤 결정적인 변화를 거친다. 행동적 관점에서의 정의로 한참 벗어났던 것이다. 그리고 이 행동적 관점의 우위는 80년대 중반 이후 결정적인 것이 된다. 따라서 77년 타임지의 커버스토리는 현실을 문제화하는 시선의 지반이 변형되고 있음을 앞서서 보고한 것이라 할 수 있다. '미국의 언더클래스 : 풍요로운 나라의 빈곤과 절망'이라는 커버스토리에서는 '언더클래스'를 다음과 같이 묘사하고 있다. "일반인들이 생각하는 것보다 더 다루기 어렵고 이질적이며 적대적인 사람들의 커다란 집단. 그들은 손이 미칠 수 없는/손쓸 수 없는 존재들이다unreachable. 이것이 미국의 언더클래스이다". 또한 거기에서는 언더클래스에 속하는 범주를 [다음과 같이] 열거한다. "비행청소년, 퇴학자, 마약 상습자, 복지원조를 받는 아이 엄마, 갱단, 방화범, 폭력범, 싱글맘, 기둥서방, 마약판매인, 걸인……". 실로 새로운

'위험한 계급'이 등장한 것이다.

여기서 문제가 되는 것은 구조적으로 이들이 점한 장소가 아니라 경제·사회·지리적 환경에 대한 그들의 반응양식이다. 이로 인해 범주는 한없이 순조롭게 유연해진다. 또한 이를 통해 특정 집합체에 속하는 사람들을 배제의 시선이라는 잣대로 떼어 낼 수 있게 된다. 갱즈는 다음과 같이 말한다. "이 언어[언더클래스]가 유연하기 때문에 '프로젝트'로 사는 가난한 이들, 불법이민, 십대 갱단 또한 곧잘 언더클래스라 명시된다. 실제로 격심한 유연성에 따른 행동적 정의이기에 이 언어는 가난한 자들에 대해 그들의 실제 행동이 어떠하든 낙인찍을 수^{stigmatize} 있는 딱지가 된다".

지그문트 바우만은 다음과 같이 자문한다. 미혼모와 알코올중독자, 불법이민자, 학교중퇴자처럼 한없이 이질적이고 다양한 사람들의 집합을 하나로 묶어 파악한다는 것은 무엇을 의미할까? 이처럼 다양한 사람들을 보며 그것이 함축하는 하나의 특성을 떠올리게 한다. 그것은 그들이 '전적으로 무용'^{totally useless}하다는 것이다. 즉 "그 존재가 없다면 아름다웠을 풍경에 [끼어든] 오점"이며 "그들이 없어도 누구 하나 손해 볼 것이 없는" 존재다. 그러나 그 위험은 전과 같이 '사회'가 부담해야 할 리스크와 요인이 아니다. 언급한 것처럼 자본의 관점에서 볼 때, 이들은 '사회적' 장치를 통해 다시금 노동력으로 상품화할 '노동예비군'으로 자신[자본]의 운동 안에 포섭될 수 있는 인구의 무리가 아닌 것이다. 그들은 노동력이라는 상품으로서는 쓸모없는 것이다(Bauman, 1998). 바우만은 말한다. 이제 "빈민은 사회적인 유용성을 상실했다."

하지만 그것은 자본주의가 내포한 결함이나 난점으로 간주되지 않는다. 그건 그들 자신의 문제이기 때문이다. 따라서 규율이 됐든 무엇이 됐든 그들은 "손이 미치지 않는다/손쓸 수 없다". 그것은 허공에 손을 뻗듯 쓸모없는 일이며 결국 그들은 하나같이 치료가 불가능한 것이다. 왜냐하면 그들은 병에 걸린 생활을 나서서 **선택했기** 때문이다. 즉 이는 사람이 사는 방식, 윤리적 문제인 것이다. 언더클래스를 이처럼 개인의 선택과 [그에 따른] 귀결로 파악한다는 점이 중요하다. 행동의 관점에서 파악하는 배경에는 이처럼 개인화 및 책임주체화라는 움직임이 있는 것이다.

다시 말해 신자유주의에 따른 개인의 문제화 방식과 이는 밀접하게 맞닿아 있다는 뜻이다. 이것은 언더클래스의 아카데미즘 및 사회정책단계의 주창자가 대표적 뉴라이트 이론가 찰스 머레이라는 점에서도 명확하다. 신자유주의는 복지국가적 이념과 케인스주의의 특징인 사회보험 및 리스크 관리의 사회화라는 형태로부터 단절하고, 리스크를 개인화하여 "개인을 책임의 주체로 만들어 경쟁을 촉진하고 시장모델을 통해 통치하도록 추구한다"(O'Malley, 1999:p.xvi). 이리하여 탈공업화가 초래하는 반영속적 실업인구는 '사회'가 짊어지고 나갈 과제가 아니라, 그들 각자의 성향 문제로 환원된다. 언더클래스에서 '클래스'는 이전까지의 계급 개념과 같은 사회적 계층화를 함의하지 않는다. 니콜라스 로즈의 말처럼 이는 '도덕적 경계구분'이다. 이것의 전제는, 빈곤이 더 이상 사회계급간 불평등의 문제가 아니라는 점에 있다. 오히려 '행동·행위'behavior쪽이 전면에 부각된다.

다시금 ('1장' 참조) 환기해 두자. 이것이야말로 신자유주의 범죄학이 그리는 인간상이다.

2) 분해되는 신체와 인공위성, 또는 '하이퍼 파놉티콘'의 부상

상술하였던 '새로운 형벌학'은 이처럼 미국에서의 빈곤에 대한 새로운 문제화 양식에 대한 대응으로 간주할 수 있다고 사이먼Jonathan Simon은 말한다(Freeley & Simon, 1992:p.467). 교정과 사회복귀라는 목표를 후퇴시키고 규율기술을 산정주의에서 이탈시키는 포스트 규율·포스트 복지국가적 범죄정책은, 언더클래스라는 표상을 수단으로 진행된다고 볼 수 있다. "또한 언더클래스는 위험한 계급이지만, 그것은 특정 성원이 무슨 일을 저질렀는지의 여부 때문이 아니라, 보다 일반적으로 그 집단의 잠재적 부정행위 misbehaviour때문이다. 언더클래스는 그들 이외의 사회를 보호하기 위해 관리되어야만 하는 하이리스크 집단으로 다뤄진다"(Freeley & Simon, 1992 : p. 467). 이와 같이 언더클래스라는 '통합불가능'한 집단의 형성은 범죄자와 겹쳐지게 되고, 나아가 교정 및 커뮤니티로의 재통합 등이 불가능한 '우스갯거리'bad joke(Freeley & Simon, 1992 : p. 468)라는 지각을 가능하게 만든다.

이 빈곤자의 범죄화라는 동향 속에서 감옥·형무소는 이전과 다른 중요 전략적 지점이 된다. 일찍이 푸코는 '자본의 축적과 인간의 축적'이라는 표현으로 본원적 축적과정과 인간을 동원하고 조정하는 규율권력의 침투과정이 얽혀 있음을 지적했다(1975 = 2003). 푸코가 말했듯이 규율장치로서의 감옥은 자본축적과 함께 가고, 그 축적의 조건이던 인간의 축적과정 속에 작용하여, 공장과 학교에서 노동력 생산을 위해 행사되는 기술과 동질의 것을 수형자에게 적용해 왔다. 그러나 오늘날의 감옥은 오히려 자본축적과 얽히지 않으며, 오히려 얽히지 않음으로써 기능하는 지평에서 재편성되고 있는 것으로 보인다.[16] 즉 그곳은 '전적으로 쓸모없는 사람들'을 격리하고 관리하는 장소로 바뀌고 있는 것이다(cf. Bauman, 2000). 복지지출이 삭감되는 한편으로 형무소 및 형무소 인구가 증기되고, 형사시법에 관한 지출이 점차 늘어난다. 선진국들이 어느 정도 공유하는 이와 같은 경향이 단적으로 이를 상징할 것이다.

이 점에서 한 논자의 지적(Irwin, 1985)은 흥미롭다. 그는 감옥을 "어리석고 무질서하며 가장 낮은 계급"인 언더클래스를 관리하는 기능으로 파

---

16) 물론 규율 기술이 쓰이지 않는다는 것은 결코 아니다. 역으로 그 강도를 증대시키고 있는 경우마저 있다. 하지만 그 위치나 기능은 일찍이 '규율사회'의 그것과는 크게 달라졌다.

악하면서 그 기능을 크게 두 가지로 나누었다. 하나는 감옥을 언더클래스 중에서 특히나 악명 높고 눈에 거슬리는disruptive and unsightly 성원의 관리 수단으로 보는 경우이다. 다른 하나는 감옥을 가장 절망적인 경우의 인간을 위한 긴급 '서비스 네트워크'로 파악하는 경우이다. 앤젤라 데이비스Angela Davis는 미국에서 몇 년 사이 흑인여성형무소 인구가 급증한 원인이, 복지 후퇴로 여성들이 비합법적 경제활동에 종사할 수밖에 없었다는 점, 심지어 일찌감치 적절한 조치를 받지 못한 빈곤층 약물중독 흑인여성들을 위한 정신의료 등의 사회서비스 감축 때문에 감옥이 이들의 거처가 되고 있는 것에 있다고 보았다. 이 또한 빈곤자의 범죄화 중 하나의 형태로 파악할 수 있을 것이다. "형무소는 거리에 내버려 두기에는 너무나 위험하다고 보이는 위법자violators를 단기간 몰아 넣는 곳으로 나날이 변해 가고 있다. 형무소가 이러한 사람들을 받아들이기 위해 조직되는 한, 교정이라는 사명은 범죄자 중에서도 특히 하이리스크한 층의 관리-운영이라는 기능으로 바뀌고 있다"(Freeley & Simon : p.460). 실업자와 빈곤자, 복지 수익자들은 '사회적인 것'을 통해서가 아니라, 바야흐로 범죄를 통해 통치되고 있는 것이다.

하지만 감옥·형무소라는 특정 공간으로 '감금'을 표상하는 것은 오늘날의 권력의 다이어그램을 생각하는 데 조금 부적절하다. 오히려 감옥은 공간의 경계를 횡단하며 확장되는 '배제'의 유연한 (방역)선의 한 중계점이라고 보아야 할 것이다. 오늘날 한편에서 형무소의 증강, 구금인의 증대라는 벡터와 다른 한편에서 탈구금화라는 벡터가 기묘하게 공존하고 있는 것이다. 여기서 니콜라스 로즈의 다음과 같은 논의를 참조할 수 있다. 그는 이와 같은 상황을 '형벌-복지복합체'라고 표현한다. 이것은 신자유주의(더 적절히는 진보된 자유주의)적인 복지개혁에서 자기책임화에 따르는 도덕적 명령imperative의 이면으로 파악할 수 있다. 즉 이들을 새로운 자기책임과 자기관리의 윤리를 거부하는 무리로 간주함으로써, '반-영구적 준-범죄

인구'를 구성하고 배제할 수 있게 된다는 것이다. 그리고 이보다 중요하게 도 그들의 '격리'는 감옥이라는 경계를 넘어서서 수행된다. 즉 "그들은 새 로운 형벌복합체의 집행인, 기관, 과학기술에 의해 끊임없이 관리에 부쳐 진다. 보호관찰probation의 규칙을 위반했다는 이유로 형무소로 보내지고, 형무소에서 가석방parole으로, 가석방의 규칙을 위반했다는 이유로 형무소 로——이와 같은 형식으로 개인은 새로운 회로 안에 규정된다"(Rose, 1999: p.272)[17].

리스크의 분포에 따라 만들어진 새로운 회로circuit. 이 회로는 꼭 물리적 벽에 의해서만 부설되는 것은 아니다. '격리'incapacitation라는 범죄학 및 형 사사법의 용어가 오늘날 '무해화'無害化라는 이전 번역어로 표현된다는 점 이 이를 뒷받침한다(藤本, 1991). 이 동향은 현대의 '격리'가 결정적으로 이 전의 공간적 감금의 이미지와 대응되지 않는다는 점을 여실히 보여 준다. 감옥의 '벽'처럼 물리적 단절에 크게 의존하지 않고 리스크를 최소화해 제 거하는 것, 이것이 현대 권력의 다이어그램을 편제하고자 하는 새로운 요 청이 아닐까? 그리고 그것을 가능케 하는 것이 '배제'의 공간을 용해시켜 모든 장소에서 '배제'의 실천을 기능하도록 작동시키는 기술의 발전, 구체 적으로는 80년대부터 미국에서 급속히 발전했다고 하는 전자 모니터링 electronic monitoring 시스템인 것이다.

소형화된 감시기술의 진화로 인해 수형자의 신체에 모니터링 장치를 삽입 또는 장착하여 상시적으로 이들을 모니터링할 수 있게 된 것이다. 그 상징이라 할 수 있는 것이 '전자팔찌[발찌]'bracelet이다.[18] 짧은 시간간격으 로 감시대상자의 발목에 장치된 발찌가 감시대상자의 거처에 놓인 전화장

---

17) 이렇듯 형무소와 형무소 밖의 장치 사이의 홈 파인 공간에서 '비행자'라는 담론적 형상이 만들어진다는 것을 푸코는 말하고 있다. 따라서 이 점이 푸코의 사정거리 바깥에 있던 것은 아니며, 더 많은 검토가 필 요하다. 푸코(1975 = 2003) 제4부를 참조하라.

치에 송신하고, 전화장치는 이 송신을 받아 중앙컴퓨터에 정보를 중계한다. 만약 감시대상자가 일정 거리를 벗어나면 컴퓨터에 경보가 표시되어 그러한 이탈 시각 등이 기록된다(小西, 1991; 藤本, 1996). 전자감시시스템을 옹호하는 측에서는 다음과 같은 장점을 든다. ① 교정 비용 감소, ② 공공의 안전 강화, ③ 범죄자의 사회복귀 촉진. 고니시(小西, 1991)도 지적하듯 여기에서 말하는 사회복귀는 전자감시를 통해 범죄자의 행동이 억제되어 결과적으로 간혹 사회복귀가 촉진되는 경우도 있다고 말하는 정도의 것이다. 기존의 사회복귀가 원인을 탐구하고 처우의 개발을 추구했던 것에 비교한다면, 여기서 말하는 사회복귀는 내실을 잃어 가고 있다고 해야 할 것이다(小西, 1991 : p. 223).

더욱이 마이크 데이비스가 제시하는 놀라운 비전은 이른바 '관리통제controle권력'의 이념적 다이어그램을 집약하는 형상 중 하나라고 할 수 있을지도 모른다. 비용이 많이 드는 감옥 건설에 대한 대안으로 '커뮤니티 감금'이 첨단과학기술에 의한 감시와 결부될 가능성을 고찰하면서 그려진 비전이다. '언더클래스 이론'의 주창자인 찰스 머레이의 지도하에, 오늘날 보수 이론가들은 「이스케이프 프롬 뉴욕」에서 그려지는 감시도시의 가능성을 모색하고 있다". 머레이는 1990년 『뉴 리퍼블릭』*New Republic*지에서 다수자의 마약 해지 지대를 설정할 가능성을 논하며 이와 동시에 범죄화된 소수자를 배척해야 한다고 말한다. '마약과의 전쟁'의 승자가 경찰이 아닌 집주

---

18) 이 장치는 뉴멕시코 지방재판소의 러브 판사가 만화 『스파이더맨』을 읽고 영웅이 전자팔찌를 사용하는 것에 촉발된 것을 계기로 만들어졌다. 여기서도 SF와 현실의 상호 침투를 발견할 수 있으리라. 단 이후 러브 판사 자신은 일본 기업이 이 팔찌와 텔레비전 모니터링을 조합한 세트를 제공했을 때 자신의 아이디어가 가진 '오웰적 위험'을 느껴 염려를 표명하기 시작했다(Lyon, 1994 : p. 42). 또 주의해 둘 점이 있다. 언더클래스의 처벌과 전자감시가 밀접히 연관된 나라는 영국으로, 미국의 경우 전자감시에는 감시 대상자에 대한 특정 과징금이 있어 가난한 사람들에게는 그다지 적용되지 않는 경향이 있다. 이에 대해서는 라이언(Lyon, 1994)에서 상세히 다룬다. 또 영국과 미국의 상황에 대해서는 후지모토(藤本, 1996)를 참조하라.

인이라고 풍자하는 데이비스는, 이 '전쟁'의 과정에서 집주인 및 고용주가 점원과 노동자를 선택할 때 [행사할 수 있는] 무제약적인 차별의 권리가 '쟁취'되었음을 염두에 두고 있다. 데이비스에 따르면, 머레이는 다음과 같이 말한다.

이와 같은 정책을 실현한 결과로, 소수의 초-폭력적hyper violent·반사회적 지역에 썩은 사과를 모아 놓은 꼴이 되었다 하더라도, 그곳은 그걸로 족하다. …… 그러나 '초-폭력적'인 초사회통제지역에 온전히 그들을 가둬 넣고, 나아가 오버클래스의 마약 없는 낙원에서 [그들을] 축출해 내기 위해서는 어떻게 해야 할까?(Davis, 1992b:p. 12)

데이비스가 들고 있는 하나의 가능성이 '시큐리티 게이트웨이'이다. 『이코노미스트』Economist지의 기사에서 힌트를 얻어, 데이비스는 이 게이트웨이가 생체인식기술, 즉 바이오메트릭스를 활용할 가능성을 생각하고 있다. 몰래 숨겨 둔 카메라를 통해 군중과 통행자를 선별하기 위하여 홍채처럼 다른 이와 공유할 수 없는 개인의 고유한 성질이 스캔된다는 이미지이다.[19] "'이 장치는 공항과 같은 장소에서 활용할 수 있다. …… 그 존재로 인해 경비원이 신경을 곤두세우게 될 부류의 인간에 대한 체크용으로'라는 식이다". 그러나 사실 이 비전은 이미 실현된 상태이다. 예를 들어 페이스잇

---

19) 홍채란 "안구의 각막과 수정체 사이에 있는 원형의 얇은 막이다. 중앙에 있는 구멍이 동공이며, 홍채 중 평활근의 신축에 따라 동공의 열림을 조절해, 안구 내에 들어가는 빛의 양을 조절한다."(인터넷판 『大辭林』에서). 그 주름의 형상은 사람에 따라 달라 바이오메트릭스에 있어서는 지문, 망막, 얼굴 생김새, DNA 등과 나란히 중요한 역할을 한다. 예를 들어 일본에서는 1999년부터 소비자 금융 대기업인 다케후지(武富士)가 ATM에 홍채를 사용한 화상확인 시스템을 도입했다. "사전에 홍채를 등록, 즉 화상처리 기술에 의해 데이터화해 두면, 나중에는 현금이 필요할 때 카드를 주입하고 ATM 앞에 서서 카메라부를 보기만 하면 된다. 자동 포커스로 홍채부가 줌업 되어 2초 정도 컴퓨터가 본인인지 아닌지를 식별한다"(瀧井, 1999:p. 117).

FaceIt이라는 미국의 민간벤처기업이 개발한 안면인식시스템은 영국과 미국의 범죄수사, 입국심사에서 활용되고 있는데, 이 장치는 다음과 같이 작동된다. 비디오카메라에 잡힌 화상에서 사람의 얼굴을 검출해 내어 이를 약 서른 개 부분으로 분해해 타인과 다른 특징을 조합하는 것이다. 이는 영국에서는 전과자의 데이터베이스와 통합되어 그와 맞으면 경보가 울리는 시스템이 구축되어 이미 범죄수사에 공헌하고 있다고 한다. 또한 멕시코와 미국 국경의 입국심사에도 다음과 같이 이용되고 있다. 미리 배포·장착된 차의 태그가 차선을 통과할 때 등록자의 얼굴 정보를 불러 내어, 감시카메라에 의해 포착된 얼굴과의 이미지 대조가 신속히 처리된다는 것이다(瀧井, 1999:p. 119).

이것들은 신체를 개인이라는 단위에서 더욱 미분하는 지극히 미시적인 감시기술이다. 그러나 한편으로 더욱 글로벌한 감시기술을 또한 주목해야 한다. 인공위성과 감시 가능성이 그것이다. 이 또한 마이크 데이비스의 지적에 따른 것인데, 실제로 경찰은 지리정보 시스템GIS과 얽힌 랜드샛LANDSAT위성을 활용해 오고 있다. 이로 인해서 특정 커뮤니티 혹은 전지역이 '과잉노출'되어 모니터링 되는 것이다. "거의 확실하게도 1990년대 말까지 LA를 포함한 최대의 미국 대도시 지역에서는 교통정체를 정리하고 물리적 개발계획을 감독하기 위하여 랜드샛 정지위성이 활용될 것이다. 그와 같은 LANDSAT-GIS의 성능이 전자적으로 태그가 붙여진 개인 및 그 자동차의 수만 개의 움직임을 감시하기 위해서 경찰국에 의하여 활용된다". 또한 이것은 "도시의 사회적 계층 총체의 활동에 대한 전자수갑과 등가적인 역할을 한다". 마약범죄자 및 갱단의 일원은 "바코드가 장착"된 채 가석방 되어 곧 "24시간 탐사하여, 감시지역의 경계 바깥으로 나가려 하면 자동적으로 경보가 울리는 위성의 전역적 정밀감시"(瀧井, 1999)를 받게 될 것이다.

이때 공간 전역은 권력이 자유롭게 작동하는 매끄러운 평면이 되고, '격리' 및 '배제'는 거의 액상화液狀化 된다.

3) 리스크의 매끄러운 평면과 '타자'의 변용

인공위성이라는 '하이퍼 파놉틱'의 형상은 전지구를 권력이 작동되는 매끄러운 평면으로 바꾸고 있다고도 할 수 있다. 소위 전지구화는 내재적인 자본의 움직임을 해방시킴과 동시에 이러한 움직임을 관리하는 기술을 수반하고 있다. 이 작용을 마이클 하트는 '포함'이라 부른다. 그것은 지금까지 '배제'라고 불러온 작용과 모순되지 않으며 오히려 그 의미를 명확히 해준다. 이 관점에 선다면, 현대의 '배제'는 하트가 말하는 '차이적 포함'inclusion différencielle의 전략으로 볼 수 있을 것이다.

여기서 무엇보다 언더클래스 개념과 인종주의가 묘한 형태로 교착되는 점을 눈여겨봐야 한다. 언더클래스는 빈곤자를 범죄화하여 그 '배제'를 정당화하지만 한편으로 여기에 내재된 노골적 인종적 편견을 은폐하는 역할 또한 수행한다. 앞서 기술한 '언더클래스' 개념을 보급시키는 데 한몫을 한 『타임』Time지의 기사는 흑인 게토 기사였다. 터놓고 볼 때 언더클래스라는 개념이 겨냥하는 곳은 미국에 있어서 기본적으로 도시의 가난한 흑인, 특히 히스패닉을 포함한 소수민족인 것이다.[20] 겉으로는 인종적 함의가 없는

---

20) 미국은 1980년부터 95년까지 형무소 인구가 50만 명에서 150만 명으로 세 배 급증했으며, 그 중 약 절반(75만 명 이상)이 아프리카계 아메리카인이다. 여기서 언더클래스와 인종의 포개짐을 명료하게 볼 수 있다. 상세한 부분에 대해서는 다음의 표를 참조하라(Young, 1999 : p. 36). 덧붙여 '형법에 의해 통제되었다'는 것은, 수감돼 있는 상태뿐 아니라 가석방, 보호감찰 중인 상태 또한 의미한다. 현대 아프리카계 아메리카인이 놓인 상황에 대해서는 일일이 열거하기 힘들지만, 맑스주의 입장의 매러블(Marable, 1983)과 그의 일련의 작업이 특히 유익하다.

형법에 의해 통제된 미국 인구(1995년)

	수감인구	형법에 의해 통제 중인 인구
인구 전체	135명 중 한 명	37명 중 한 명
남성 인구	24명 중 한 명	13명 중 한 명
20대 흑인 남성	9명 중 한 명	3명 중 한 명

'언더클래스 문제'의 양상 속에서 [이전의 인종주의와] 연속된 인종주의를 볼 수 있는 것이다.

그러나 현대사회는 다양한 악습이 잔존하는 한편에서, 기본적으로 탈인종주의화를 향해 가고 있는 게 아닐까? 노예제 폐지, 공민권 운동, 남아프리카의 인종차별apartheid 폐지 등에서 사람들은 현대화의 과정을 탈인종주의와 동일시해 왔다. 그러나 인종주의는 후퇴와 부재의 양상 속에서 "그 외연 면에서도 강도 면에서도 현대세계에서 사실상 심화되어 왔다". 문제는 이러한 탈인종주의 양상 속 심화라는 프로세스가, 인종주의의 그 형태와 전략을 변경시키면서 '배제'라는 기능을 변함없이 수행하고 있다는 점이다. 마이클 하트도 다음과 같이 말한다. 현대사회에서 이미 "차이는 법이라는 텍스트에 새겨져 있지 않고, 타자성의 부과는 어느 누구를 '타자'로 지시하는 것이 아니다. [포스트주권국가시대의 정치단위로서의] '제국'[21]은 차이를 절대적인 관점에서 보지 않는다…… 그것은 결코 인종적 차이를 자연스런 차이로서가 아니라, 항상 정도의 차이로서 규정한다. 즉 그것을 결코 필연적인 것으로서가 아니라 항상 정도의 차이로 규정한다"(Hardt, 1998: p. 369). 이는 인종을 생물학이 아닌 문화의 차이로 파악하는 신인종주의의 도식과 일치한다. 이 포스트모던 인종주의에서 타자는 어디까지나 '상대적 타자'이다. 그것은 [이전보다] 더 리버럴하며, 더 본질주의적이지 않다. 즉 인종은 인간의 본성적 성질이 아니며 문화적인 구성의 결과일 뿐이다. 특정 집단이 해당 사회의 규범에 어울리지 않는 경우도 있으나 반드시 열등하기 때문이라는 법은 없다. 각각 고유의 가치를 가지는 것이므로 이는 존중되어야 한다('언더클래스'도 그들의 행위가 곧 문화라 볼 수 있으

---

21) 하트는 현대 자본제의 변화와 권력 기술의 변모가 구성하는 배치를 '제국'(Empire)이라는 플레임에 맞춰 분석하려 한다. 이 시도는 네그리 & 하트(Negri & Hardt, 2000)에서 장대한 규모로 전개된다.

므로 존중해야 한다. 무리하게 개입하여 주류사회로 통합하려 하는 것은 쓸모없는 일이다……). 그러나 이 발상은 강력하게 '격리'의 기초를 세우는 일이기도 하다. 인종과 민족은 문화적으로 형성된 것이기에 억지로 바꾸거나 혼합해 버리는 것은 위험하다. "세르비아인과 크로아티아인, 후투족과 투치족, 아프리카계 미국인과 한국계 미국인은 분리된 채 고정되어야 한다".

"강도·정도의 차이"를 부여하여 타자를 상대화한다는 하트의 분석은, 지금까지의 맥락에 따를 때 리스크 개념이자 산정적 기술이라고 볼 수 있지 않을까? 상대적 타자란 산정적 타자를 이르는 게 아닐까? 여기서 인간 및 집단을 세분화할 때의 '통화'通貨가 되는 것이 리스크인 것이다. 이 점은 배제라는 개념에서 상기되는 일견 단순명쾌해 보이는 조작과, 다원주의 혹은 투명하지 않은 일탈집단이 복잡하게 얽힌 곳에 해명의 실마리를 시사한다. 절대적 '타자'를 배제할 장소——공동체라는 '세계'의 바깥, 혹은 주권국가의 바깥——를 상실한 글로벌 사회에서, 즉 사람과 사물, 문화적 경계를 넘나드는 동태 속에서 타자의 형상이 불투명해지는 상황에서, '배제'라는 조작은 어떻게 가능한가? 혹은 '배제'가 심화되고 있다면 그것은 어떻게 가능한가?[22] 이 문제야말로 하트가 말하는 '차이적 포함', 곧 영의 논의 양상과의 차이가 교착되는 지점이다. 영은 일탈적 타자를 근대와 후기 근대사회에서 각각 파악하는 방법을 다음의 표처럼 특징짓고 있다(Young, 1999:p. 16).

---

22) 이는 또 다른 기회에서 논하고 싶은데, 푸코는 한때 조금 장난스럽게, 규율 기술의 발명(좀더 정확히는 그 기술이 주요 권력 기술로 승격되는 사태)을 근대화에 동반되는 유럽의 지리적 외부의 상실과 연결시킨 적이 있다. 물론 여기에 일의적인 인과성이 존재하는 것은 아니지만, 언뜻 보는 것 이상으로 깊은 의미가 있다. 여기서 푸코는 '추방' 혹은 배제를 지리적인 외부 이미지와 연결 짓고 있는 것이다. 이것은 자본제의 전개에 의한 초기 근대 이래의 '전지구화'가, 규율이라는 '봉쇄'의 기술을 불가결하게 가진다는 것이다. 하지만 오늘날 '전지구화'는 유례없는 강도로 공간적 외부를 말소하고 있다. 그리고 이와 동시에 배제, 혹은 '추방'이 부상하고 있다. 이는 푸코가 염두에 두고 있는 도식과 정확히 맞아떨어지는 사태는 아니며, 푸코 또한 일찍이 의거했던 시-공 도식으로는 파악할 수 없는 것이 아닐까? 이 점에 대해서는 다음 장에서 생각해 볼 것이다.

	사회	규모	가치	지지기반	시차성	형성되는 방위벽	죄
근대	포함적	마이너리티	절대주의	컨센서스	명확	투과적	관용
후기 근대	배제적	메이저리티	상대주의	다원주의	불명확/연속체/포개짐/교차	규제적	불관용

위의 도식의 축을 '배제'로 놓고 보면 다음과 같이 표현할 수도 있다.

그것은 포함이나 배제라는 온/오프 스위치로 드러나지 않는다. 오히려 그것은 사회를 통해 나타나는 변동의 과정이다. 왜냐하면 배제는 부유층의 신용평가에서 피감금자의 위험성 정도에 이르기까지 경사를 그리며 관통하고 있기 때문이다. …… 이 사회의 이미지는 인사이더의 중핵부와 아웃사이더의 주변부와 같은 것이 아니라, 오히려 해안처럼 경사를 그리는 포지션을 부여 받는 모래톱의 그것이다. 모래톱의 정상에서는 칵테일을 기울이는 특권층이 있다. 한편 그 밑을 따라 내려가면 바다에 빠져 필사적인 노력으로 살아남거나 혹은 그럴 여지도 없는 사람들이 있다. 하지만 그 해변은 초호화층이냐 언더클래스냐에 따라 날카롭게 격리된 세계를 배제하는 것은 아니다.(Young, 1999 : p. 65)

주권과 국경이 상대화되어 그 의미가 뿌리부터 바뀌는 지금, 경계선은 "이미 모든 정치적 '공동체'의 가장자리에 있는 것이 아니라 도처에 자리해 있다"(발리바르). 그것은 다문화주의가 좋아하는 경계의 동요와 교착의 광경을 세계도시에서 만들어 내고 있으나, 그러한 광경은 '격리'의 방역선을 도처에 둘러친 '보안망' 덕분에 가능한 것이다. 리스크라는 통화가 각 장소와 국면에 순조로이 흘러들며 생성되는 매끄러운 평면. 이 평면 위에서 일견 통약불가능하다고 보이는 '배제'가 극히 다양하게 실천되고 있다. 경찰의 불심검문, 노숙인 배제와 같은 비교적 고전적인 물리적 배제에서부터 게이트, 공공장소의 감시 카메라^{CCTV}, 드러누울 수 없는 공원 벤치, 앉을 수 없도록 교묘히 설계된 '광장', 나아가 사용정지(접근 금지)된 신용카드 혹은 인터넷으로 접속한 비밀번호의 거부, 신용카드 발행 무자격[화] 등. 그리고 이처럼 여러 차원으로 뻗어나간 '격리'의 모세혈관들을 포스트포디즘에서의 계급동태가 가져온 '분해선'이 한층 두터운 선으로 중층결정하고 있다 (Mollenkopf & Castells, 1991:p.415).

다가올 세계에서 위치탐지용 팔찌를 찬 수형자와, '인텔리젠트' 딱지를 단, 화장실에 다녀오는 시간마저 급료에서 차감당하는 자유인 사이에 무엇이 다르다고 할 수 있을까? 적어도 재택수형자의 팔찌는 냉장고나 자동판매기에 접근하는 것을 막지는 않는다(Duclos, 1999).

4. 포스트 느와르 시대?

클린턴 대통령이 제창하고, 1994년 연방법과 켈리포니아주에 최초로 실시된 '삼진 아웃법'three strikes, you're out이라는 게 있다. 당시 켈리포니아 주지사는 이 법안을 통과시킨 후 곧이어 '이진 아웃'two strikes, you're out 법안을 시사했다. 세 번은 너무 많다는 것이다. 이처럼 '세 번은 너무 많다'는 지각을 가능케 한 배경에는 원 스트라이크 전에 잡아야 한다는 생각이 자리잡고 있다(Davis, M, 1998:p.66).

황당무계하게 보이는 이 발상은 더 이상 현실과 동떨어진 '권력자의 망상'이 아니다. 권력의 '망상'은 그것을 '망상'이게끔 해왔던 기술적 장애를 서서히 넘어서고 있다. 그간 '망상'이 향하던 그곳은 어떤 의미에서 시큐리티가 전적으로 실현되는 장소라 할 수 있을 것이다. 그러나 잘 생각해 보면, 폭력과 공포로부터의 해방, 곧 '폭력의 종결'은 우리의 소원이 아니었던가?

하지만 시큐리티를 위하여 권력 편에서 종결지어야 할 폭력은 무엇보다도 먼저, 언제나 권력에 본성적으로 따라붙었던 '저항'이 내재된 힘이었다(푸코의 말처럼 '권력은 저항 없이 작동하지 않는다'). 따라서 현대의 시큐리티장치는 전에 없이 사람 사이에서 발생하는 마찰에 민감하다. 이는 무엇보다도 먼저 반란, 파업 나아가서 법, 인권 혹은 '정치적인 것'에 적대한다(그러므로 여기서 '시큐리티의 강화'라는 의미는 뉴라이트, 신자유주의의 대두 속에 있다.) 더 나아가 권력은 이러한 힘을 될 수 있는 한 '범죄'로 (장기간의 공백을 거쳐 다시금) '문제화'하기 시작했다.

빔 벤더스Ernst Wilhelm Wenders의 영화 「폭력의 종말」The End of Violence은 '폭력의 종언'이라는 현대사회 전체가 낳은 경향과 그 모순을 날카롭게 지각하여 영상화한 것이다. 그리 높지 않은 산 위에 위치한 천문관측소, 일견 평화로워 보이는 이곳은 실상 마을에 둘러쳐진 CCTV ──특히 흑인가를 겨냥하는 것으로 보이는──와 위성에 의한 감시를 통합 조작하는 복면감시센터이다. 영화 프로듀서인 주인공은 어느 날 2인조 남성에게 납치되어 인기척이 없는 강가에서 살해될 뻔하다 가까스로 생명을 건진다. 바로 납치범들이 어디에선가 날아온 총탄에 살해되었기 때문이다. 사건이 미연에 예방된 것이다. 나아가 이러한 장치가 불안해 이를 고발하던 복면감시센터의 책임자도 어디선가 발사된 총탄에 의해 사살된다.

이 영화를 거칠게 'LA 느와르'로 놓고 90년대 버전으로 생각해 보면 그 특이성이 드러난다. 예를 들어 「빅 슬립」The Big Sleep 등 챈들러Raymond Chandler 원작의 작품들, 그 외 70년대 「차이나타운」 등에서 전형적으로 표현되던 느와르 도시 LA는, 공공장소의 빛과 폭력이 품는 사적이고 비밀스러운 어둠의 대조──'빛이냐 느와르냐'──를 시간적이고 지리적인 공간에 따라 배분한다. 이에 비하여 『폭력의 종말』에서 그려지는 LA는 기존의 '빛 혹은 느와르'라는 대립으로 분할된 공간에 또 하나의 공간이 중첩되는 공간을 보여 준다. 명암과 거리를 관통하여 작동함으로써 '현실의' 음영과 다양한 주름을 품은 공간을 향해, 현실성 있는 추상적 평면을 포개는 권력. 필름 느와르적인 명암의 대조를 그린다는 것은 이 권력이 그려 내는 평면 상에서는 근본적으로 불가능한 것이다. 『폭력의 종말』의 마지막 장면을 보면, 권력에 의한 살해 계획이 공공장소의 밝음으로 인해 억제되는 것을 볼수 있다(한낮의 연안 근처 오락장에서 살해자는 목표에 닿을 수 없었다). 이것은이미 권력이 작동영역으로서 그리 중요하다고 보지 않는, 어떤 낡은 대립공간으로 돌아가는 길 외에는 폭력을 억제할 방법을 찾지 못하는 우리의 무력함을 표현한 것인지도 모른다.

문제는 또한 이 전략이 디즈니랜드에는 '폭력이 없다'는 논리를 역으로 취한 꼴에서 더 나아가지 못했다는 점이다. 여기에는 오늘날 특히 문제가 되는 한 가지 역설이 있다. 폭력의 억제는 말끔한 해안의 오락장에서 해소되었으며 이로써 우리는 안도한다. 하지만 이 안도란 동시에 공포로부터의 해방이라는 염원이 공공장소에 대한 '정화'의 움직임에 통합된 것에 다름 아니다. 폭력, 공포로부터의 해방이라는 염원은, 그것이 놀랍도록 미세한 차이를 품은 전후관계와 사상적 질에서 유래되었다 해도, 시큐리티장치의 회로를 통해 안전을 향한 요구로 매끈하게 흡수된다. 이렇게 시큐리티장치는 자신을 변형시켜 가며 끝없이 비대해진다.

공공공간의 '정화'로 인해 분명 하나의 측면, 즉 밝은 공공공간에서 폭력은 사라져 간다. 이론상으로는 그러하다. 그러나 시큐리티 논리에 의한 '폭력의 종언'이, 실제로는 최대의 폭력——'경찰 만행'police brutality, '실종자'의 대량생산(소멸의 기술에 의한), 조직되지 않는 예측 불가능한 폭력, 오직 자멸로 향하는 폭력 등등——을 가져온다는 역설과 그 한계를 지금 우리는 지켜보고 있다. 오늘날 우리에게 그림자를 드리우는 '느와르'란 최대의 밝음, 빛인 것이다. 아니 더 정확히 말하자면 명암이라는 대립을 넘어서는

'비밀의 빛'. 어둠의 스캐너.

우리는 지금 폴 비릴리오의 불길한 예언, 과잉 노출된 세계는 이미 전면적인 감금장이라는 말을 충실히 따라가는 듯하다(그리고 비릴리오는 과잉노출에 의한 감금과 노동력의 유연성마저도 포함하는 이동의 과잉된 자유가 [서로] 대응함을 이미 70년대에 지적했다). 일찍이 파놉티콘의 시선은 구체적이고 물리적인 장치와 인간이라는 대상을 항상 훈육하면서도, 잔혹하되 동시에 온정주의적인 색을 띠어 왔다. 그러나 지금의 파놉티콘은 온갖 인간적인 요소를 벗어던지기 시작했다. 이 시선은 우리에게 낯설다. 그것은 사소한 저항은 상대도 하지 않는다. 시큐리티와 그 배제의 폭력이라는 순환을 끊어내어, 그러한 폭력에서 한없이 먼 시큐리티의 공간을 열어젖히는 일은 가능할까? 실로 우리가 발명해 나갈 '자유'가 걸려 있는 것은 바로 여기다.[23]

---

23) 시큐리티와 권력의 작용의 결탁을 풀어 낼 중요 작업으로 발리바르(Balibar, 1998) 제5장 "…… 안전과 압제에 대한 저항"을 꼽을 수 있다. 또한 이에 대한 응답으로 미즈시마(水嶋, 1999), 마쓰바(松葉, 1999)도 유익하다. 발리바르는 『인권선언(인간과 시민의 권리들 선언)』을 들어 거기서 이른바 시큐리티의 양의성을 읽어 내고 있다. 그에 의하면 『인권선언』에서 '빼앗길 수 없는 인간의 자연스러운 권리' 중 하나가 안전sécurité(안전보장)이 아닌 súreté(안전)임에 착목해, 전자를 국가적 관점, 후자를 공민적 관점으로 나누었다. 이에 따라 안전보장에 대해 "시민이 스스로의 힘으로 설립한 국가로부터 안전을 얻을 때 안전이 변화된 것"(Balibar, 1998)이라 평가하고 있다. 발리바르는 안전이라는 권리를, 그것이 봉기로, 일상적 행사로 시민이 스스로에게 부여한 권리라고 보고, 안전을 압제에의 저항의 상관물로 본다. 이렇게 되면 늘 시민의 안전할 권리와 그것을 확보하기 위한 저항권에 의해, 국가에 의한 안전보장(시큐리티)을 우리는 난문에 빠지게 하거나 변혁할 수 있으며, 그렇게 해야만 한다는 것이 된다. 이 관점은 매우 유익하지만, 검토는 다음 기회로 남기고자 한다.

* 이 장은 1999년 8월 1일 규슈대학에서 진행된 '시큐리티 & 폴리스 연구회'의 토론에서 촉발되었으며 그 토론 내용 역시 반영돼 있다. 모리 요시타카(毛利嘉孝) 씨를 필두로 우에노 도시야(上野俊哉), 미즈시마 가즈노리(水嶋一憲), 히키치 야스히코(挽地康彦), 모리야마 다쓰야(森山達矢) 씨 등의 코멘트 또는 적확한 비판에 깊이 감사드린다. 또한 사와사토 다케시(澤里岳史) 씨도 불명확한 점을 정성껏 고쳐 주셨다. 이 자리를 빌려 감사드린다.

공포와 비밀의 정치학

공포와 비밀의 정치학

권력은 아무것도 창조하지 않는다. 그것은 흡수한다co- opt.
—『국제 상황주의자』(Internationale situationniste) 10호

게다가 죽은 자라도, 감정이 존재할 경우의 말이지만, 살아 있는 자에게 이용되어 기분 나쁘지는 않을 것이다. 이해할 수는 없어도, 볼 수는 있는 죽은 자. 이 자들은 우리의 카메라인 것이다.—필립 K. 딕

1. 스캐너 다클리A Scanner Darkly

LA 오렌지 카운티 보안관국의 조사관, 코드 네임 프레드는 마약 관련 일을 하는 복면覆面 비밀수사관undercover cop이다. 실제로 일상을 살면서 비밀수사를 하는 프레드. 그러나 그가 일상에서 도대체 누구로 살아가는지는 경찰조차 알지 못한다. 왜냐하면 복면수사관의 얼굴, 즉 프레드의 얼굴은 경찰치고는 항상 어렴풋하기 때문이다. 인상이 흐릿한 얼굴을 가진 자가 수사관으로 선택된다는 말이 아니다. 옷에 장착된 어떤 장치로 인해 실제로 얼굴이 물리적으로 흐릿해지는 것이다. 그렇다면 이 장치란 무엇인가? 당국에서 지급된 옷 속에는 메모리 뱅크라는 장치가 은밀히 장착되어 있어, 거기에 다양한 사람의 수백 만에 이르는 인상이 축적되어 있다. 이 무수한 얼굴 이미지는 장치를 통해 뒤섞여, 현란하게 그 조합을 바꾼다. 이런 이미지가 렌즈를 통해 투사되기에 착용자의 얼굴은 언제나 흐릿하다. 요컨대 이 옷을 착용하면 그의 얼굴은 안개가 서린 듯 어렴풋해지고 마침내 분류할 수 없게 된다. 수사관들은 글자 그대로 (전자)복면을 쓰고 있는 것이다.[1]

그 옷을 벗은 프레드. 그는 히피풍의 복장으로 갈아입으면서 변변찮은 양키 로버트 액터가 된다. 액터는 젊고 타락한 마약상습자들과 함께 생활하고 있다. 그가 이런 생활을 하는 이유는 바로 상습자의 뇌를 파괴해 '더딘 죽음'slow death으로 이끄는 '물질 D', 곧 항구에서 폭발적으로 퍼져 있는 '합성 마약'의 공급원을 밝히기 위해서이다. 액터는 다른 마약과 달리 물질 D의 공급원은 단 하나라고 생각한다. 그는 다음과 같이 추측한다. 물질 D는 화학적으로 합성된 약이라는 단서가 전부이며, 이를 만드는 공장은 아마 하나일 것이다. 연방정부의 실험에 의하면, 화학식을 숙지하고 공장을 세울 기술력만 있으면 마약은 손쉽게 생산 가능하다. 그러나 그것도 이론상의 이야기지, 실제로 만들 때 그 비용이 막대할 것이다. 그럼에도 여전히 물질 D를 사람들이 찾는 이유는 그것이 시장에서 여타 마약들이 얼씬도 못할 만큼 값싸기 때문이다. 판매망도 대단히 넓은 이 약은 마약소비도시 근방 중 한 곳에 분명 거점이 있을 것이다. 그럼에도 불구하고, 지금까지 단 한 번도 관계자가 거론된 적이 없었다. 거기에는 암묵적인 이해가 있다. 바로 공급 조직 자체가 지방과 국가적 수준의 법집행기관 상층부까지 스며들어 있어, 실태를 알리는 정보를 발견하는 즉시 없애 버리기 때문이다. 비밀수사관이 활동하는 장소가 이미 권력기관과 비합법기관이 유착된 지점인지라 그는 자신들의 작업 이유, 애매한 목표 등의 이유로 혼란스럽게 활동할 수밖에 없었다.

군이 체포할 것도 없는 조무래기 상습자들을 무시해 풀어주면서, 이들의 발자취와 연락망을 좇아 마침내 물질 D의 공급원까지 도달하는 것. 여

---

1) 여기에 덧붙여 『스캐너 다클리』 이전 작품 『흘러라 내 눈물아, 경찰관이 말했다』(Flow My Tears, the Policeman Said)는, 60년대 후반의 인종·학생 투쟁이 심해진 결과, 격리와 배제를 통해 그들을 몰아 낸 수용소 국가로서 현대 미국을 그려내고 있다. 딕은 현재하지만 숨어 있는 복수의 선들 속에서 하나를 거의 망상에 가까운 상상력으로 팽창시켜, 리얼리티와 공명하게 한다. 이 점에 대한 날카로운 지적으로 노자키(野崎, 1995 : p. 35)를 참조하라.

기까지가 액터의 임무였다. 그러나 액터는 상습자들과 함께하면서, 자신이 뒤쫓고 있어야 할 자들과 서서히 구분불가능하게 되어 간다. 물질 D를 상습적으로 복용해 뇌가 파괴되면서 관찰자와 피관찰자, 경찰관과 범죄자가 포개진 것이다. 어느 날, 프레드는 상사로부터 한 명령을 받는데 놀랍게도 그건 액터를 감시하라는 주문이었다. 프레드는 재빨리 자택에 도청기와 감시카메라를 설치해, 비밀리에 모니터와 녹화·녹음장비를 구비한 근처 감시소에서 자신을 감시하기 시작한다. 자신이 자신을 감시한다는 기묘한 상황. 이로 인해 액터의 뇌는 더욱 빨리 마비된다. 프레드는 자신을 감시하면서 범죄자와 경찰관이라는 상반된 정체성의 분열을 내면화한다. 그렇게 그의 인격은 붕괴되어 가는 것이다.

액터의 비극은 여기에서 끝나지 않고 이윽고 결정적인 이야기를 몰고 온다. 최후의 반전! 수사의 단서로 이용했던 조무래기 여성 마약 판매인이 사실 액터를 감시하는 FBI 소속 복면 수사관이었던 것이다. 감시도, 인격의 붕괴도 감시 계획의 수순 속에 교묘히 들어가 있었던 것. 기억도 정체성도 완전히 상실한 액터는, 스파이 활동을 위해 상용한 마약으로 인격을 무너뜨리며 그 자신이 에이전트로서 움직이게 된다. 도대체 무슨 일이 일어난 걸까. 액터는 가장 심각하게 정신을 파괴당한 인간만이 간다는 교정시설에 수용된다. 그러나 이 교정시설은 실상 마약을 재배하는 프론트 조직이었다. 요컨대, 액터는 미끼 혹은 에이전트/살아 있는 감시 카메라로 투입되어 마지막까지 활용되기에 이른 것이다.

2. '관리통제control의 수익률 저하'

자멸해 가는 비밀수사관을 주인공으로 한 필립 K. 딕Philip K. Dick의 소설 『스캐너 다클리』A Scanner Darkly. 이 책이 출판된 1977년은 비밀공작covert action

이 미국 내의 범죄조사와 치안 활동에서 일상적으로 활용되던 시대이다. 특히 마약조사를 위한 복면작전은, 그 대상을 거리의 조무래기 마약 판매인에서 조직 전체, 네트워크를 일망타진하도록 중점을 옮겼다. 이 소설을 작가의 의도에 따라 마약소설로 읽을 수도 있다. 하지만 동시에 이 소설은, 등장인물이 그려 내는 미국의 임박한 미래, 즉 '경찰 파시스트 국가'가 지배하고 작동하는 기술적이고 제도적인 측면과 주체에 작용하는 효과적인 측면을 그린 하나의 지도라고도 볼 수 있다.[2]

감시하는 자신을 감시함으로써 무너져 갔던 액터. 적어도 그의 몸에 나타난 현상에 대한 결론만큼은 1988년, 『스펙터클의 사회에 대한 논평』(이하 『논평』)(Debord, 1988)에 기대어 정리할 수 있다. 그것은 바로 **관리통제의 수익률 저하**이다. 이 용어는 아마도 맑스가 말한 '이윤율의 경향적 저하'를 염두에 둔 것으로 보인다.

맑스에 따르면 '이윤율의 경향적 저하'란 다음과 같은 자본의 역학을 두고 하는 말이다. 자본축적 자체의 결과에서 나온, 자본축적의 충동에 대립하는 부정적 효과가 그것이다. 자본축적은 대규모화되면 될수록 노동생산성을 상승시키고 상대적 잉여가치를 생산해 내는 기술혁명에 의존한다. 이 과정에서 평균적인 사회적 자본의 평균적인 유기적 구성 ─ 자본의 가변부분(노동력의 가치)에 대한 불변부분(여러 생산 수단의 가치)의 비율 ─ 은 부단히 상승하는 경향에 처한다. 이에 따라 투하한 총자본의 비율 중 잉여가치 및 이윤의 비율은 저하된다. 가치를 창조해야 할 유일한 '산 노동'을

---

2) 영화판 『춤추는 대수사선』에서 경시청 공안부 수사관들의 얼굴에는 항상 어두운 그림자가 어려 있고, 본래 합동수사본부에서 팀을 짜는, '한 패'임이 분명한 형사부 경관들에게도 그 정체성을 밝히는 일이 없었다. 이는 이 작품의 티비 방송국판에서부터 일관된 기조인 커리어제도 비판의 흐름의 연장선상에서, 일본 경찰의 형사경찰과의 마찰을 불러일으키고 있는 하나의 요인인 경비 공안 경찰의 비밀주의와 그에 수반되는 엘리트주의를 비꼬기 위해 시각적으로 표현된 것이다. 그건 그렇고, 실로 '스캐너 다클리'로서의 경비 공안 경찰의 본성을 절묘한 형태로 표현한 것이라 할 수 있다.

'죽은 노동'이 지배하고, 이로 인해 자본축적 충동에 기반을 둔 자본의 행동은 스스로 가치의 원천을 침식해 가는 것이다. 『자본』에서 '이윤율의 경향적 저하'가 시스템의 완성에 수반되었던 것처럼, '지배의 이윤율 저하'가 야기된 까닭은 드보르의 말처럼, "만인의 절대적 관리통제control를 향한 야심에 의해 유도"된 결과이다. 이는 감시가 "자신의 발전과정에서 만들어 낸 난점과 조우하는(Debord, 1988 : XXX)" 지점까지 고차화되었기 때문이라 할 수 있다.

드보르Guy Debord는 1967년에 간행된 『스펙터클의 사회』 이후, 1970년대부터 진행된 스펙터클 사회의 고차화와 강도의 증대가, 서방측 자유진영의 '분산된 스펙터클'과 동구권의 '집중된 스펙터클'이라는 '계기적인 동시에 경합적인' 두 개의 스펙터클 형태의 통합을 귀결하여, '통합된 스펙터클'le spectaculaire intégré 단계의 사회로 도달한다고 말했다. 『스펙터클의 사회』나 상황주의자의 텍스트들에서 볼 수 있는 것처럼, 여기에서 혁명적 전망은 종적을 감추며 비관적인 색채가 짙게 깔리는 것을 볼 수 있다. 여기에서는 확실히 일찍이 유효했던 '축제', '표류', '삶의 복권復權'과 같은 대안들이 완벽히 흡수되었다co-opt는 인식이 전제되어 있다. 드보르가 말하는 통합된 스펙터클은 그 '완전성'을 통해서 특징지어진다. 그러나 여기에서 중요하게 볼 점은, 이 '완전성'이 '취약성'과 표리를 이룬다고 말하는 드보르의 인식에 있다. "현상을 지적하는 데에서 멈췄다"라는 『논평』의 의도와 『자본』에서의 맑스의 의도는 서로 닮지 않았는가? 다시 말해, 자본의 운동에 내재한 분석을, 우선 시스템을 흡사 자율적인 운동체로 취급하며 그 시스템에 내재하는 근본적 모순을 끄집어 냄으로써 한층 더 광대한 투쟁의 전망으로 열어젖히려 했다는 점에서 말이다. 드보르는 다음과 같이 말한다. 통합된 스펙터클은 그 절대적인 관리의 야심을 끝까지 추구하고자 했지만 한편으로 그것은 자신의 망상적인 야심 때문에 내부에서 모순을 만들어 더 심각하게 만들었다고. 관리 통제가 절대적인 차원으로 확장되기 위해 자신을 완성으로 이끌고 극단까지 이르고자 하지 않는다면, 감시에 의한 지배 사태는 훨씬 위험한 것이 되리라. 그렇게 드보르는 말하는 것이다. 관리통제의 수익률 저하를 야기하는 절대적 관리는, 이른바 자신의 외부를 소거하면서 자신의 자율적인 복잡성과 그에 따른 무게를 더 이상 지탱할 수 없게 된다.

> 관리통제가 대부분 사회 공간 총체로까지 퍼진 결과 그 요원要員과 수단을 증대시키면 …… 그 어떤 수단도 바야흐로 곧 목적이 되기를 열망하고, 그렇게 되기 위해 활동한다. 감시는 자신을 감시하고, 자신에 대해서 모략을 시도하는 것이다.(Debord, 1988 : p. 112)

실로 액터가 자신을 감시하고 또 한편에서 여성수사관에게 감시당했듯이 말이다. 이제 사회는 비밀공작과 모략의 네트워크를 전면적으로 포진해야만 유지된다.

이러한 '관리통제의 수익[률]이 저하'되는 현상은 다음과 같은 형태로 드러난다. 드보르가 거론한 것은, 한편에서 축적되는 대량의 개인정보와 그것을 분석하기 위해서 필요한 시간과 첩보부원 사이가 맞아떨어지지 않는다는 모순이다. "데이터의 양은 방대하기 때문에 그것들을 단계마다 정리해야 한다. 대부분은 [감가]상각되고, 남은 것을 읽는 데도 너무나 오랜 시간이 걸린다"(Debord, 1988 : p. 108). 드보르에 따르면, **감시**surveillance**와 조작** manipulation이 반드시 동의어인 것은 아니며, 감시의 강도가 높아지고 데이터의 양이 방대해지면서 가장 중요한 목표인 조작을 달성하기가 어려워진다. 이로 인해서 소규모 동종 산업부문의 기업이 서로 경쟁하듯이, 그것은 이윤의 몫을 두고 서로 경쟁하게 된다. 한쪽을 발전시키면, 다른 쪽은 손해

를 보는 식이다.[3]

또한 이런 경쟁을 게임으로 볼 수 있다고 드보르는 말한다. 라이벌을 어떻게 앞지르고 무력화할 것인지의 게임 말이다. 감시와 시큐리티 그리고 조사를 다루는 사기업은 물론이고, 다국적 기업도 자사 전용의 첩보부를 가진다. 또한 중소 규모 정도의 국유기업도 국가적 수준, 혹은 국제적 수준에서 각각의 고유한 이해를 추구하며 책략을 짠다. 이러한 여러 조직들은 에이전트를 조종하면서, 각각의 독립된 이해를 서로 추구한다. 드보르가 예로 들고 있듯, 원자력 부문의 그룹과 석유 부문 그룹은 같은 국가가 소유하지만 양자가 서로 대립하는 경우 역시 있다. 어떤 산업의 시큐리티 서비스는, 눈앞의 사보타주의 위협과 싸우면서, 라이벌 기업을 궁지로 몰고 가기 위해 이를 조직하는 경우도 있다.[4] "이렇게 해서 이 기관들이 각각 국가이성을 쥔 자들 주위에서 대단히 교묘하게 동맹을 맺고, 자신의 이익을 위하여 하나의 의미/방향성이 결여된 헤게모니를 동경하고 있다. 의미/방향성은 인식 가능한 중심과 함께 사라져 버린 것이다"(Debord, 1988: p. 110). 시스템은 완성으로 인도됨과 동시에 그 존재를 안정화시켜야 할 중심을 상실해 버리는 것이다. "이렇게 기존의 질서를 위한 끝없는 음모, 비밀 문제와 행동의 네트워크를 언제나 한층 더 착종시키고, 또한 경제·정치·문화라는 각

---

3) 예를 들어 온 세계를 첩보 네트워크로 휘감고 있는 미합중국의 비밀정보기관 NSA는, 초기에 외교관 및 군부의 암호화된 무선통신의 해독 작업에 임했고 60년대부터 지향성(指向性) 무선통신과 위성에 의한 방어기술을 개발하여 그 감시능력을 상승시켰다. 하지만 그 처리가 뒤따라가지 못해 막대한 데이터가 활용되지 않은 채 버려지는 상황이 생겼다고 한다. 반면 정보처리 속도의 개선과 정보연결 기술의 향상은 이 모순을 해결하는 과정에 있다. 덧붙여 말하면 NSA란 1952년에 발족한 기관으로, 외국 및 미국과 외국간의 신호(전화, 전신통신, 무선) 정보를 방어 및 도청하여 암호를 해독하고 분석하는 것을 주요 임무로 한다. 6만 명의 스태프를 거느리며 해외 20개국에 50곳의 방어·도청 기지를 가지고 있다. 또한 NSA의 전모는 베일에 싸여 있었지만 오늘날 몇몇 보고서가 출판돼 있다.
4) 이 점에 대해서는 비릴리오(Virilio, 1998) 등을 참조하라. 또한 개리 맑스는 1988년의 시점에서 다음과 같이 지적하고 있다. "흔한 산업 스파이를 넘어, 기업은 비밀공작원을 고용해 경쟁상대 기업을 비합법활동에 휘말려들게 하거나 방해공작원을 침투시켜 그 활동을 혼란하게 만들고자 할 가능성은 있다. 사적 섹터의 비밀공작활동이 부상하고 있음을 몇몇 자료가 보여 주고 있다"(Marx, 1988: p. 226).

영역에서 통합의 프로세스를 한층 더 빠르게 하는 한편 도처에서 복잡하게 뒤얽힌 채 서로 투쟁하고 있다"(Debord, 1988: p. 110, 119~120). 영화 「에너미 오브 스테이트」Enemy of The State에서, 국가안전보장국NSA에게 쫓기는 '시민' 2인조가 추격을 피할 수 있었던 까닭은, 이들이 NSA와 FBI(그리고 마피아)라는 둘 이상의 조직들이 갖는 차이를 역이용해 그들 사이의 마찰을 최대한으로 높임으로써 가능했다는 점을 생각하면 좋을 것이다.

사회생활 도처의 영역에서 감시·정보조작·특수임무자가 녹아들어 간 정도는 점차 상승되고 있다.(Debord, 1988: p. 110)

이로 인해 대부분의 모략이 공공연한 것이 된다. '부패'는 어느새 진부하게 만연한다. 드보르가 말했듯, 1968년 이래로 사회는 **바야흐로 사랑 받으려 하는 것을** 그만두었다. 그러한 꿈은 일찌감치 버려야 했다. 그것은 기꺼이 **공포에 빠지게 된** 것이다. 그리고 어느새 자신의 무구[하지 않음]를 애써 가리려 하지 않는 냉소적인 사회에서는, 모략이 개방됨에 따라——통합된 스펙터클의 한 특징은 **비밀의 지배다**——, 각각의 에이전시는 서로 간섭하고 고뇌하게 된다. "이런 전문 음모자/공모자들은, 이유도 모른 채 서로 스파이 노릇을 하고, 때로 서로를 확실히 알지도 못한 채 공동행동을 한다. 누가 누구를 관찰하는가? 누구를 위하여? 진실은?" 이렇게 누구든지 에이전트가 되어, 서로 공모하지만, 결국 의미는 그곳에서 증발해 버린다. 감시자는 어느새 자신이 무엇을 하고 있는지, 무엇을 위해 행동하는지에 대한 총체적인 관점을 상실해 버린다. 그야말로 앞서 살펴본 액터 수사관처럼 말이다. "자신이 기만당하고 있는 것은 아닌지, 조종당하고 있는 것은 아닌지, 누구도 확신하지 못하며, 또한 조종하는 편도 전략이 성공했는지 알 길이 전혀 없다". 그리하여 전체적인 시각이나 중심을 잃고, 통제할 수 없는 비대화된 질서를 안은 채 시스템을 통솔하며 작동시키고 있는 것은 바로 **공포**이다. 시스템은 이렇게 내부에 알력을——치명적인 줄도 모른 채——품으면서, '**취약한 완성**'perfection fragile을 보게 된다.

감시하라, 그리고 감시자를 감시하라, 감시자의 감시자를 감시하라 ……. 그러나 왜? 그건 사회가 항상 위협받고 있기 때문에, 보호되어야만 하기 때문에. 그러나 어떻게? 감시나 허위로 보호해야 할 공간은, 이러한 거울 이미지적인 관계로 그 내실을 물으려는 비판을 일찌감치 봉쇄함으로서 자율적인 존재가 되어 간다. 드보르가 말하는 '관리통제 수익률의 저하'가 야기된 까닭은, 시스템이 자신을 '감응으로 흘러넘치는 사회적 마찰의 장'에서 추상화해, 원환 속으로 폐쇄되려 하기 때문이다. 드보르가 말했듯, 사회가 '통합된 스펙터클'의 단계에 도달함에 따라, "어떠한 사회도 비판과 변형을 받아, 개혁이나 혁명의 대상이 될 수 있다"는, 200년 이상 이 세상을 지배해 온 저 불온한 사고는 결판이 났다(Debord, 1988: VIII). 결정적인 부분이기에, 다소 길더라도 인용해 둔다.

스스로 민주주의적이라고 공언하는 사회는, 통합된 스펙터클의 단계에 도달하면, 어디에서나 취약한 완성을 실현했다고 인정받는 듯하다. 그 결과 그 사회는, 취약하기에, 어느새 갖가지 공격에 노출되어서는 안 되며, 심지어 이전까지의 사회에서 결코 보지 못했을 정도로 완벽하기 때문에, 어느새 공격이 불가능하게 된다. 이를 취약 사회라고 부르는 까닭은, 자신의 기술적 확장을 제대로 지배할 수 없기 때문이다. 그러나 그것은 통치하는 데 완벽한 사회이기도 하다. 그 증거로, 통치를 갈망하는 자는 모두, 실로 그런 사회를, 같은 수법을 써서 통치하고, 그것과 거의 정확하게 같은 형태로 그 사회를 유지하는 것을 바라고 있다. 어떠한 정당 혹은 정당의 일부도 어떤 중요 사항을 변혁한다는 주장마저 단순히 할 수 없게 된 것은, 현대 유럽에서 처음 맞는 일이다. 상품은 어느새 누구로부터도 비판받지 않게 되었다.(Debord, 1988 : p. 36~37)

통합된 스펙터클의 특징은, 스펙터클한 사회가 결국 여기서 '완성'을 본다는 데 있다. 그러나 이는 비판의 결여를 통해서만 정리될 수 있는 취약한 완성체이다. 취약한 완성체──이것이 드보르가 『논평』에서 말하는 **통합된 스펙터클 사회론의 열쇠이다.**

3. 비밀과 기만──비밀수사원

그런데 드보르가 통합된 스펙터클의 특징으로 든 다섯 개의 특징 가운데 하나인 '일반화된 비밀'은 이 기이한 책 『논평』 안에서도 특히나 눈길을 끈다. 드보르에 의하면, 비밀은 스펙터클의 배후에 존재하고, "스펙터클이 진열/제시하는 모든 것의 결정적인 보완물" 그리고 "그 가장 중요한 작용"이라고까지 한다. "우리 사회는 비밀 위에 구축되어 있다." 그것은 통합된 스펙터클 사회를 구조적인 '부패'──시스템이기에 '부패'조차 아니다──가 휩쓸고 있다는 것이기도 하다. 『논평』은 스펙터클한 사회에서 비밀의 작용에 상당히 역점을 두고 있다.[5] 이른바 통합된 스펙터클 사회의 시각적으로

---

5) 렌 브라켄에 의한 이하의 평을 보라. "이 책 전체가 명백히 지당한 이유 때문에 비밀의 망토로 몸을 감싼 남자의 비밀에 대한 논문인 것이다"(Bracken, L. "The spectack of secrecy"). 또한 브라켄은 『논평』의 드보르를 마키아벨리와 중첩시키는데, 이는 정당하다. 그리고 『주석』에서는 음모이론이 옹호되고 있어, 오해를 무릅쓰며 말하자면 '음모이론'의 복권의 글이라고 생각할 수도 있을 것이다. 하지만 그로 인해 이 서적은 '음모'를 새로운 위치에서 다시금 파악할 것을 재촉하고 있다. 드보르는 흥미롭게도 다음과 같이 기술한다. 음모사관이 19세기에 반동파의 것이었기에 아직껏 이의신청을 하는 자들은 음모사관을 모두 반동파의 것이라 생각하고 있다. "그들은 자신들이 처한 시대현실의 실천을 결코 보고 싶지 않다고 생각한다. 왜냐하면 그러한 실천은 그들의 차가운 희망에 비해 너무나 슬프기 때문이다. 국가는 이를 알아차리고 있어, 이를 가지고 놀고 있는 것이다"(Debord, 1992). 또 최근 몇 년, '음모이론'을 둘러싼 다양한 논의가 오가고 있다. 예를 들면 제임슨(Jameson, 1992) 중 '제1장 음모론으로서의 총체'(Totality as Conspiracy)를 참조하라.

지나치게 밝은 면모 속에서 그와 동시에 어두운 수렁이 만연해 있다고 할 수 있을 것이다. 실로 프레드의 어렴풋한 얼굴은 스펙터클한 사회에서 '비밀'의 알레고리가 될는지도 모른다.

다시 액터의 사례로 돌아가 보자. 비밀공작은 1977년부터 한층 범죄수사의 일상적이고 평범한 수법이 되면서 '새로운 감시'new surveillance란 용어를 확대시키기에 이른다.[6] 이러한 비밀수사undercover 수법의 급속한 확대와 함께 감시의 변화에 폭넓은 연구자를 주목하게 만든 1988년의 어느 저작은 말한다. "근 10년 사이, 미국의 복면공작은 크게 바뀌었다. 그것은 규모에서 확대됐고, 새로운 형태를 띠게 되었다"(Marx, 1988:p. 1). 우선 양과 규모가, 이민귀화국·국세청과 같은 법집행기관에서 임야부와 같은 비-법집행기관에 이르기까지 넓게 확대되었다고 할 수 있다. 가령 '가장 권위 있고 강력한 미국의 법집행기관'인 FBI는 당시만 해도 비밀공작을 일상적으로 이용하는 것이 상당히 위험스럽고 비용도 많이 든다고 받아들였다. 그런데 에드거 후버 사망 직후인 1972년에 FBI는 복면에이전트를 활용하기 시작했다. FBI의 CIA화化?

이제 비밀수사는 "미국 법집행의 병기고 내에서 독특하고도 세련된 일부가 되었다". FBI의 비밀공작활동에 대한 예산의 요구액도, 그것이 최초에 이루어진 1977년의 100만 달러에서 1984년에는 약 1200만 달러로 도약했다(Marx, 1988:p. 5).

양적 확대는 질적인 변화를 수반했다. 맑스Gary T. Marx에 따르면, 이에

---

6) 마침 70년대부터 학생운동의 과격화에 대응하는 형태로 일본에서도 경비·공안본부가 빠른 속도로 비대해졌는데, 일본에서는 경찰의 공안 활동이 90년대의 경찰법 개정 이후 질을 변화시키면서 한층 심화 확대되고 있다. 또한 "민활(民活)['민간활력'의 줄임말로 대대적으로 일본 내 공유지를 사유화함을 말한다―옮긴이]"정권이던 나카소네(中曾根) 내각이 동시에 전직 내무성·경찰 관료 나카소네를 필두로 관방(官房)장관에 고토다 마사하루(後藤田正晴), 하타노 아키라(秦野章) 법무대신을 앉힌 "경찰 내무성"정권이었다는 것도 주의해 둘 일이다. 이 시기에 내각 직속 비밀경찰기능은 강화되고 있었다.

대한 가장 큰 특징으로 표적의 확대, 다양화를 들 수 있다. 거칠게 짚자면, 비밀수사는 사회의 거의 모든 자들로 대상을 확대했다. 표적을 화이트칼라 범죄로까지 확장했고, 이를 위해 기업의 중역, 은행가, 사업자와 서비스업 종사자, 노동조합 지도자, 판사나 경찰, 검찰관을 포함한 공무원 등에 이르기까지 그 대상을 확대했다. 또한 앞에서 서술했듯, 1970년대가 끝날 무렵부터 마약단속국은 체포 건수보다 질을 중시하기 시작했다. 요컨대 거리 판매상보다 대규모 공급망에 주의를 더 기울이게 된 것이다. 또한 무역 위반 의혹이 있는 외국 기업, 하이테크·군사장비의 수출 등도 표적에 포함되었다. 게다가 프로야구도 비밀조작의 대상이 되었고, 이로써 팬으로 가장한 수사관의 감시에 노출되었다(Marx, 1988:p.8).

두번째 특징. 그것은 목표의 확대이다. 무엇보다도 "목표에 제한이 없고/목표에 열린open-end" 경향을 띠게 되었다. 전통적으로 봤을 때, 일찍이 비밀조작의 범위는 비교적 제한되어 있었다. 즉 그 목표는, 어떤 한정된 범위 내에서 이전에 생겨난 범죄를 저지른 혐의가 있는 특정 인물, 혹은 복수의 인물을 체포하기 위한 것이었다. 왜냐하면 수사는 범죄라는 사건이 벌어진 사후에 행해지기 때문이다. 그러나 오늘날 그들은, 이런 물리적 인과성이 작용하는 바깥 평면에서 작동하는 경향이 있다.

이에 대해서는 FBI에 의한 "사상 최대의 산업 스파이 사건"의 하나인 실리콘밸리 작전, 코드네임 '압둘스캠'Abdul+scam[7]의 사례를 참고해 볼 수 있다. 1978년부터 FBI는 하나의 수사를 시작했다. FBI는 압둘 엔터프라이저Abdul Enterpriser Ltd라는 가공의 회사를 창립하였으며, 수사관도 아랍인 실업가 등으로 분장해, 선별된 공무원에게 협조에 대한 대가로 돈이나 그 밖

---

7) 'Abdul+scam'은 사기, 미끼라는 뜻이다. 압둘스캠 사건에 관한 상세한 보고서에 대해서는 그린(Greene, 1981)을 보라.

의 보수를 주었다. 이런 장면이 비디오에 찍혀, 상원의원 한 명과 하원의원 네 명이 뇌물을 받아 공동모의를 포함한 혐의로 기소되어 유죄판결을 받았다. 이 사례가 중요한 까닭은 비밀수사가 그 목표를 도중에 변경했다는 점이다. 원래 도둑맞은 예술작품과 유가증권을 찾는 것에서 시작된 수사는, 도중에 목표를 바꾸어 정치부패 수사로 마감됐다. 상원조사위원의 한 사람은 이렇게 말했다. "압둘스캠은 사실상 지리적 범위가 무한정이라 할 수 있다. 수사되어야 할 인물, 수사되어야 할 범죄행위에 대해서도 …… 그것은 사실상 다음과 같은 사항에 대한 라이센스로 기능했다. 다수의 특별수사관에게 허위 신분을 갖게 한 것, 허위의 사업상 명목을 만든 것 그리고 그것으로 어떠한 범죄활동이 이 나라에서 인정될 수 있는가, 혹은 발전될 수 있는가, 이것들을 발견하는 것에 대한 라이센스"(Marx, 1988:p. 9).

이에 대해 개리 맑스는, 광대한 바다에 그물과 훌륭한 미끼를 던져 낚시질을 한다는 비유를 든다. 어떤 물고기가 미끼를 물지는 아무도 알 수 없다. 그러나 미끼를 던져 두면 어쨌든 무언가가 그걸 물게 될 것이다. 더구나 사람들은 자신이 알지 못하는 사이 미끼, 즉 에이전트가 되기도 한다. 이 압둘스캠의 예를 보아도, 자신도 알지 못하는 사이에 스파이가 된 인물이 중요한 역할을 담당하였으며, 이런 사례는 증가하고 있다. "[자신이] 법 집행 작전의 일부임을 알지 못하는 밀고자/정보원informer을 활용하는 경우가 늘어나고 있는데, 그것은 새로운 비밀조사 모델의 중요한 요인이다". 이는 범죄가 발생한 뒤에 반응하는 고전적인 범죄수사뿐만 아니라, 이전보다 조준점을 좁힌 복면공작과 명확히 대조된다. 개리 맑스는 다음과 같이 말한다.

"그가 부정한가"라는 물음을 "그가 부정을 저지를 수 있는가"라는 물음이 대신하게 될 것이다. 무작위적 고결도 시험과 다름없는 작전도 있다. 진행 중인 범죄활동에 대한 개입이라기보다, 명확한 용의선상에서 멀어져 범죄

활동을 만들어 내기 위한 노력이 여기에 있는 것이다.(Marx, 1988 : p. 11)

개리 맑스는 이런 동향을 미국의 건국이념이 허용하는 경찰활동에 결정적으로 어긋난다고 지적한다. 하지만 무릇 비밀공작·복면경찰의 수법은 유럽, 특히나 프랑스에서 개발되었고, 마찬가지로 일본의 경찰제도도 근대화에서 중대한 영향을 입은 대륙적 폴리차이의 전통과 부합한다고 할 수 있다. 푸코의 『감시와 처벌』에서도, 당시 규율권력을 구성하고 있던 권력장치의 복합체, 즉 사법장치와 감옥장치 사이에는 비밀경찰관 혹은 '밀고자'가 순환하고 있[음을 지적하고 있다].[8] 그러나 개리 맑스에 따르면, 미국에서의 비밀공작 수법의 확대는 거꾸로 국제적인 충격을 끼치고 있다. 그것은 첫째, 이전의 비밀공작과의 질적 변화를 시사한다. 다시 말해 일찍이 단독으로 활동하고 범인을 체포하는, 고독한 수사관의 전형적인 비밀공작원의 모델에서, "복잡한 기술, 조직적 프론트, 다수의 체포를 비롯해 고도로 협력적인 활동팀에 의한 활동 모델이 이를 대신하고 있다". 전지구화의 이면에 진행되고 있는 지하 경제의 전지구화에 대응하면서, 그것[비밀수사]은 국제적인 팀에 의해 이뤄질 것이다. "협력수사나 모델, 자원, 지도指導를 공급함으로써 미국은 비밀/미끼를 쓰는 수사 활동을 세계적으로 침투시키고 있다"(Marx, 1988 : p. 15). 아이러니하게도 유럽은 미국적 세련미를 덧입힌 비밀공작활동을 재도입하고 있는 것이다.

---

8) 푸코가 『감시와 처벌』 제4부에서 다루는 프랑수아 비도크의 예를 흥미롭게 볼 수 있다. 비도크는 프랑스 경찰청 창립 당시의 형사이며 특수반을 창설해 지휘했다. 하지만 일견 영광스러운 직위의 이면에서 비도크는 보잘 것 없는 범죄자에 지나지 않았다. 그는 형무소에서 수인들에게 얻은 정보를 경찰에게 팔아 경찰관으로서의 출셋길을 걸어 눈부신 성과를 올리며 새로운 '예방적' 경찰 기술의 선구자가 된다. 그러나 결국 그는 강도사건에 가담했다는 이유로 해임된다. 이에 그는 사립탐정회사의 시초가 된 사립탐사회사를 설립한다. 이는 탐정소설, 하드보일드 소설이라는 대중문화의 한 장르의 성립을 깊은 곳에서 떠받치는 권력 편성을 암시한다. 또 1848년 2월 혁명에 참가해 임시정부의 협력자가 되었다는 점도 흥미롭다. '최종장'을 보라.

비밀공작의 특징을 개리 맑스는 공공연한 활동/비밀활동, 기만적/非기만적이라는 두 개의 대립축을 설정함으로써 다음과 같이 정리하고 있다.

① 공공연한 활동+비기만적:대부분의 경찰활동. 가령 제복경관의 순찰.
② 공공연한 활동+기만적:경찰의 신분이 알려져 있는 인물에 의한 책략. 콜롬보 형사가 피의자에 대해서 잘 사용하는 그런 속임수——증거를 발견한 척하면서 증거가 되는 행동을 시키기 등. 혹은 경찰이 도처에 있다는 식으로 꾸미기 위한 기술. 가령 화면도 녹음장치도 작동하지 않는 겉치레뿐인 비디오 카메라.
③ 비공공연한 활동+비기만적:수동적 감시. 몰래 카메라, 송신기, 녹음기. 수사원에 의한 미행. 데모집회 등에서의 발언을 방청하는 것 등.
④ 비공공연한 활동+기만적:비밀수사.

비밀수사란 비밀활동인 동시에 기만을 행사하는 일이다. 그리고 이러한 특징에 의해, 현재 이러한 활동이, 기존의 감시[와는 다르게] 미묘하지만 결정적인 변모를 달성하고 있음을 명확히 읽어 낼 수 있다. 그들이 활동하는 것은 이미 기존의 가시성·현실성의 평면이 아니다. 그것이 비밀이자 비공공연한 활동의 함의이다. 그리고 그들이 기만하는 것은 '부재의 효과'를 야기하기 위해서이다. 요컨대 감시자들은 사건의 진행 바깥에 서 있는 것이 아니라 스스로 사건의 진행에 말려 들어감으로써, 이른바 시간을 역전시켜, 현실의 공간 자체를 왜곡하는 기묘한 요소로 작용한다. 이것은 실로 드보르가 말한 "감시와 정보조작 그리고 시큐리티 활동의 용해"이고, 이 용해로 인해 감시는 그 소박함을 상실하고 있다. 시간과 공간감각을 상실하여 인격 붕괴에 다다른 액터의 불행은 실로 여기서 시작한다고 할 수 있지 않을까?[9]
예를 들어, 어떤 사람이 어떤 범죄 의도를 갖고 범죄를 행했을 경우 형사경찰은 이 행위의 연쇄를 역방향으로 거슬러 간다. 형사 드라마에서 자주 보이듯, 사건이 발생한 뒤의 현장, 즉 제로 지점에서 발로 뛰어다니는 수고를 통해 인적·물적 흔적을 더듬어 시간을 거슬러 올라가 마침내 범죄자를 찾아내 체포하는 것. 확실히 그러한 이론에서 본다면 "사건은 현장에서 발생"하는 것이지, "회의실에서 발생하지 않는다."

반면 비밀공작에서는 이 논리가 맞아떨어지지 않는다. 비밀수사관들은 사건이 일어나기를 기다리지 않기 때문이다. "수사는 범죄행위 **이전** 혹은 **그 와중**에 진행 중일 수 있다. 수사는 범죄자에서 시작하고, 그 후에 범죄의 증거서류를 제출하게 되기도 한다. 범죄자의 발견과 범죄와 체포는 거의 동시에 일어날지도 모른다"(Marx, 1988:p. 12). 비밀수사관들은 조심스럽게, 세계의 바깥에서(즉 '시민생활의' 바깥에서) 사후적으로 오는 것이 아니다. 그들은 세계의 중핵으로 잠입하고, 원인과 결과의 인과적인 시간의 계열을 스스로 교란하는 특이점으로 작용하기 시작해, **범죄공간과 비범죄공간이라는 외부와 내부의 경계를 용해시키고, 또한 그 용해를 촉진시키는 것이다.** 그 '기만'은 이미 진리라는 준거점에서 비상하기 시작한다. 장 보드리야르가 1977년에 쓴 저 유명한 논문의 제목은 「시뮬라크르의 세차운동歲差運動」이었다.[10] 세차운동이란 천문학용어로, 인과질서의 원리적 가역성을 시사한다. 거기서는 이른바 결과가 원인에 선행한다. 여기서 복면수사의 하나의 특성이 보드리야르가 말한 시뮬라크르와 잘 맞아떨어진다. 시뮬라크르에서 보자면, "지도가 영토에 선행한다. …… 지도 그 자체가 영토를 낳고", 이른바 회의실이 범죄를 낳는다. 회의실에서 제기된 모델은, 실제로 범죄라는 사건의 '자장'을 만들어 낸다. 보드리야르가 말했듯, "실제로는 그것

---

9) 이면공작이 탐사관에게 끼치는 심리적 영향에 대해서는 맑스(Marx, 1988:pp. 159~179)를 참조하라.
10) 일본어 제목은 「시뮬라크르의 선행」(シミュラ - クルの先行)이다.

이 다다라야 할 지점은 따로 없으며, 사실은 모델과 모델의 교차점에서 생기고, 단번에 모든 모델에서 오직 한 가지 사건을 낳는 일까지도 가능하다"(Baudrillard, 1978).

비밀수사관이 특이점이 되면서 새로이 그려지는 평면. 이는 경찰활동을 통해 철저하게 '추상화된', 새로운 실재의 평면이라고 불러야 할 것이다. '날조', '기만'의 위상도 그로 인해 확실히 변화한다. 기 드보르가 일찍이 서술했듯, "…… **스펙터클의 구체적인 존재방식이 바로 추상이기 때문**……"(Debord, 1967 : 테제 29, p.30 = 1996:23쪽)이지만, "스펙터클을 실제의 사회활동과 추상적으로 대비시킬 수 없다. 이러한 이극화는 그 자체로 이중화돼 있다. 현실을 전도시키는 스펙터클은 사실 생산되는 것이다. 사람들이 살아가는 현실은 스펙터클의 관조에 의해 물질적으로 침범당하는 동시에 스펙터클의 질서를 흡수하여 이 질서에 긍정적인 응집성을 부여한다. 객관적 현실은 양 측면 모두에 현전해 있다. 이런 식으로 고정된 관념은 바로 대립물로의 전화를 근거로 갖는다……". "**진정 거꾸로 된 세계**에서, 참된 것은 허위적인 것의 한 계기이다"(Debord, 1967 : 테제 9, p. 19 = 1996 : 13쪽).

4. '날조의 세계화와 세계의 날조화' ― 내부-식민지화와 통합된 스펙터클

1) 통합된 스펙터클

그렇지만 이와 같은 드보르의 1966년의 비전이 철저하게 실현된 것은, 사회가 통합된 스펙터클의 단계에 도달하고 난 뒤의 일이다. 드보르가 1988년의 단계에서 회고해 보았을 때, 1967년의 단계에서는 스펙터클에 의한 사회의 장악이 그다지 명확하게 달성되지는 않았던 것이다. "이미 이 [헤겔의 역전―인용자] 논리는 모든 특정 영역에 예외 없이 침식했다"(Debord, 1988 : XVII, 71쪽). 안젤름 야페Anselm Jappe는 드보르를 "낡은 시대의 마지막 목소리임과 동시에 새 시대 최초의 목소리"라고 묘사했는데 (Jappe, 1999), 여기서 드보르는 '새 시대'에 완전히 발을 들여놓은 것처럼 보인다. 이전의 집중된 스펙터클은 조야했다. "사회의 주변 대부분은 그것으로부터 달아났다". 분산된 스펙터클이 되면 도망갈 수 있는 부분이 적어진다. 그러나 지금 도망갈 수 있는 부분은 '존재하지 않는다'.

『논평』을 보면 통합된 스펙터클에 있어, 분산된 스펙터클에 집중된 스펙터클의 기술이 어떻게 변화되어 기능하는지, 즉 통치 기술로서의 스펙터클을 분석하는 데 주요한 역점을 두고 있는 것으로 보인다. 그는 1992년판의 서문에서 이렇게 말했다. "바야흐로 통합된 스펙터클의 통일적 실천이 '세계를 경제적으로 변화시켰음'과 동시에, '인식을 경찰적으로 변화시켰다'". 드보르도 지적하고 있듯, 이 지적은 『스펙터클의 사회』 테제 105의 집중적 스펙터클에 대한 분석을 수정한 것이다. "……스탈린주의는 더 이상 이데올로기의 무기가 아니라, 하나의 목적이다. 더 이상 의의를 제창할 것도 없는 거짓말이 상궤常軌로부터 벗어나 위력을 휘두른다. 현실도 목적도, 마찬가지로 전체주의적인 이데올로기 안에 해소된다. 그것이 말하는 것의 모든 것이, 존재하는 모든 것이다. …… 여기서 물질화된 이데올로기는 공급과잉의 단계에 도달한 자본주의처럼, 세계를 경제적으로 변화시키지는 않았다. 다만 그것은 **지각을 경찰적으로 변화시켰다** (1992:p.101 = 1996:84~85쪽)". 다시 말해,

- "세계를 경제적으로 변화시켰다"—확산된 스펙터클의 요소
- "인식을 경찰적으로 변화시켰다"—집중된 스펙터클의 요소

『논평』은 이 두 개로 분기한 요소가 통합적 스펙터클에서 융합된 상황을, '인식의 경찰화' 편에 역점을 두며 분석한 것이라 정리할 수 있다. 비밀

경찰·비밀공작 등 '일반화된 비밀'의 특징을 기술하는 것으로 힘이 나뉘어 있는 것도, 일찍이 동구권의 정치체제에서 잘 사용했던(그렇게 간주되던) 지배 기술을, 통합된 스펙터클의 사회가 자신의 중핵으로 구비하기 시작하게 되었다고 간주하게 된 것으로 볼 수 있다.

그러나 1992년의 서언에서 부가했듯 "이 경우 경찰이란 그 자체로 완전히 새로워진 경찰이다". 드보르는 『논평』에서 다음과 같이 말하고 있다. "집중된 측면을 본다면, 그 지도적 중심은 바야흐로 숨겨진 것이 되어 버렸다". 더 이상의 언급은 없지만, 집중과 동시에 진행하는, 탈중심화와 그 배경에 있는 하이테크화가 여기서 시사되고 있다고도 볼 수 있다. 집중적 스펙터클이 분산적 스펙터클과 통합되면서 일어난 변모를, 드보르의 말에서 명기해야 할 것이다.

집중된 스펙터클을 대표하는 것은 러시아와 예전의 독일이다. 그리고 분산된 스펙터클을 대표하는 것이 미국이다. 통합된 스펙터클의 개척자는 프랑스와 이탈리아다. 드보르는 그렇게 말하면서 이 '새로운 형태의 대두'를 이들 나라가 공유하고 있는 많은 특징에 귀속시키고 있다. 그러나 드보르가 통합된 스펙터클 사회로의 전환이라고 시대인식을 바꾼 데에는 특히 이탈리아의 경험이 큰 부분을 차지하고 있다고 해도 좋을 것이다("이탈리아는 세계 전체의 모순을 집약하고 있다"). 1979년, 기 드보르는 『스펙터클의 사회』의 이탈리아어판 제4판의 서문에 이렇게 썼다.

좀더 답답하고 설득력 있는 증거나 실례 등, 이 책에서 내가 필요하지 않다고 여겼던 뭔가를 덧붙여 왔던 것은 실제 스펙터클 사회 바로 그 자체였다. 우리는 날조fabrication가 보다 고밀화되고, 모든 일상생활의 토대 차원에 들어차 있는 축축한 안개처럼 가장 미세한 사태의 구조로 전락하는 것을 바라봐 왔다.

테러리즘을 계기로 등장한 '비상사태' 혹은 '예외상태'는, '날조의 세계화, 세계의 날조화'를 완성시켜 사회가 새로운 단계로 이행하는 것을 일거에 가능하게끔 만들었다. 통합된 스펙터클, 좌우 정치가, 관료, 기업가, 마피아, 미디어, 경찰, 테러리스트 등이 ——내재하는 모순 속에서—— 한 몸이 되어 '기존 질서'를 유지하기 위해서 공모한다. "인간과 자연의 여러 힘을 기술적이며 '치안적인 관리'를 통해서 절대적 통제에 이르게 하려" 했던 권력의 의도대로 말이다. 여러 번 인용된 영화 속의 대사처럼 "아무것도 바꾸지 않기 위해서는 모든 것이 바뀌어야 한다"는 것. 권력은 예외상태 속에서, 이미 '반박할 수 없는' 기만의 기술을 "지극히 고도로 전개한 지점에서 반성할 기회를 얻었다". 다시 말해서 권력은 거기서 스펙터클을 고도로 동원해, 더 이상 '진실'과의 관련을 고려하지 않고 작동하는 기술을 체득했던 것이다. 이때 국가는 거짓말을 하는데, "진리 및 진실다움과의 대립을 포함한 연결을 너무나 완전히 망각했기 때문에, 결부[행위] 그 자체가 말소되고 시시각각 교체된다". 드보르는 이렇게 말한다. "그것은 믿을 수 있도록 되어 있지는 않다", 디스플레이상에서 점멸하는 정보는 "훗날 망각되도록 되어 있다"라고. 정보 미디어는 이렇게 기만의 장치로 완성된다. 믿을 수 있도록 의도된 바 없기 때문에, 이미 그 정보는 "반박할 여지도 없다". 그리고 『논평』에서는 이것이 "여론을 소멸시켰다"고 한다. 물론 '여론'이라는 것이 소멸되어 그 자리를 압제가 대신했다는 것이 아니라, 반대로 그것이 미디어 조작에 의한 시뮬레이션으로 추상화됨으로써, 사람들은 '여론'이 존재한다는 느낌을 받지만("연결 그 자체가 대체된다") [실제 여론은] 말살되었다는 것이다.[11]

---

11) 브라켄에 의하면, 모로 납치 살해 사건과 그 배경에 있는 테러리즘에 대해서는 현재 "모로가 자신이 소속된 당의 일원에게 살해된 사건으로, 60년대 후반에서 70년대 이탈리아의 '테러'가 극좌 그룹에 침입해, 그것을 군사화한 우익 활동가에 의한 것"이라 받아들여지고 있다. 드보르는 1979년 '이탈리아어판

드보르는 이미 이탈리아어판 서문에서 "공업생산의 성질 그 자체에 있어서도 통치 기술에서도, 스펙터클의 힘의 이용이 야기하고 있던 실질적인 변화"를 논하고 있었지만, 『논평』은 포디즘에서 포스트포디즘 단계로 이행하고 있는 공업생산[12]의 성질이 변화되는 것과 결부해 통치 기술의 변화를 추적했다고 볼 수 있다. 그것은 가령 다음과 같은 견해에서 드러난다.

> 프로모션/관리의 네트워크가, 자신도 모르는 사이에 감시/정보조작의 네트워크로 흘러 들어간다. ……(Debord, 1988: XXVIII, p. 99)

영향력의 네트워크 및 비밀결사가 도처에 만들어졌음을 목도하는 이유는, 생산의 방향설정에서의 헤게모니 중 일부를 국가가 소유해, 온갖 상품의 수요가 스펙터클한 정보-선동으로 실현된 집중화에 깊이 의존해, 분배의 형식도 그에 적응해야만 하게 된 시대에, 경제적 거래를 이익이 남는 방법

'제4판 서문'을 통해, 지배층의 상층으로 간단히 침입했음을 자랑스러워 하는 붉은여단에게, 당연히 그것이 '함정'이 아닌지 의심해 봐야 한다고 하고 있지만("조작자는 조작돼 있다"), 드보르는 『논평』에서 일관되게 모로 납치와 살해는 베를루스코니 등 거물급 정치가도 그것의 멤버였던 비밀 테러조직 P2의 소행이라고 말한다. 모로 납치와 살해를 둘러싸고 가히 환상적이라 할 만한 스펙터클의 거친 위세 속에서 교묘히 작동한 몇몇 음모에 대해서는, 이토(伊藤, 1993)를 참조하라. 이 '비상사태', '예외상태'가 진부한 것으로 일상화되어, 이탈리아의 특성을 넘어 보편화돼 간다는 관측이, 이윽고 통합된 스펙터클의 사회를 향한 시각으로 연결돼 있을 것이다. 이 점은 '시징'과 강하게 결합될 부분이기도 하기 때문에 인용해 두고자 한다.
"이탈리아는 전세계의 사회적 모순을 집약해 잘 알려진 방식으로 단 한 국가 안에 부르주아적 계급권력과 전체주의적·관료주의적 계급권력 사이의 억압적 '신성동맹'을 뒤섞어 실현한 듯 보인다. 이 '신성동맹'은 이미 모든 국가의 경제와 경찰과의 연대를 둘러싸며 전지구상에서 공공연히 기능하고 있다. 이 점에 대해서 또한 이탈리아류의 논의라고 결착이 나지 않는 것은 아니다. 근래 프롤레타리아 혁명을 향한 이행에서도 실로 앞선 나라인 이탈리아는 동시에 국제반혁명의 실로 근대적인 실험실이기도 하다. 전-스펙터클적인 낡은 부르주아 민주주의에서 태어난 다른 정부는 하나같이, 온갖 타락의 소란스런 중심에서 어떤 평정을 뒤집어 쓴다 한들, 또 자신이 있는 진흙탕에서 어떤 온건한 위험을 보인다 해도, 이탈리아 정부를 칭송의 시선으로 바라보고 있다. 그것은 그들이 이후 장기간에 걸쳐 자신의 나라에서 적용하게 될 하나의 교훈인 것이다"(Debord, 1992: pp. 142~143).
12) 이에 대해 드보르는 『논평』에서 분업의 종언에 대해 말한다. 경직된(rigid) 생산에서 유연한(flexible) 생산으로, 금융업자가 가수가 되기도 하고, 변호사가 경찰의 첩자가 되기도 하고, 배우가 대통령이 되기도 한다. 그러나 이러한 유연성은 '패러디적인' 것이다. "이 분업의 종언은 어떤 본성의 능력도 삭감시키는 일반적인 움직임과 궤를 함께 하는 만큼 한층 환영받게 돼 있다."

으로 조작하기 위한 여러 새로운 조건이 그것을 강제적으로 요구하고 있기 때문인 것이다.(Debord, 1988 : XXVI, p. 94)

전지구화로 인해 기업은 거의 전방위적으로 경쟁해야 하지만, 이를 위해 정보 기술을 활용해서 정보수집활동을 확산시킴과 동시에 고도로 집중하여 관리하는 일이 요구되기 시작한다. 이러한 요청에 대응하면서도, 한편으로 현재 팽창하는 한편의 신용조사산업——주민의 데이터를 모든 장소에 그러모으는 거대한 데이터베이스 산업이 되고 있다——에서는, 감시 기술과 정보 기술의 발전과 더불어, **군사·경찰적 첩보활동과 상업적 정보수집, 정보조작, 감시활동이 뫼비우스의 띠처럼 서로 내통해 서로의 상호 특성을 용해시키고 있다.** 예를 들어 프랑스의 '픽업'이라는 신용조사회사는, 전지구적인 기업 간 경쟁이 요청한 스파이활동을 조직해, 25개국에 정보제공자의 네크워크를 형성했다. 이 회사는 해당국 출신의 저널리스트와 조사원 등을 부려 현지 기업의 기술 개발을 감시하고, 정보를 수집해 팔아넘기려 하고 있다. 폴 비릴리오는 이러한 예를 보면서, 정보혁명이란 '**전면적인 밀고혁명**'이라고 했다(Virilio, 1998). 다른 예로, 미국 최대의 거대 신용회사인 TRW는 당초 첨단병기와 첩보기기 분야에서 주도적인 위치를 차지하는, 본래 비밀주의적 색채가 강한 기업이었다. 게다가 미국의 지하조직, 준지하조직 사이에서는 가까스로 합법, 비합법적 경로로 감시 장치를 개발하고 판매한다든지 개인정보를 수집 매매하는 정보 재판매업자 '스파뷰러'라는 기업이 증식되고 있다. 이것들이 공식(CIA의 대폭적인 협력을 얻었던 실질상의) '국내 첩보활동 지원기관'이었던 법집행원조국(LEAA)의 대규모 자금 투하에 의해서 생겨났다는 사실은 흥미로운 일이며 또한 그 산업에 전 경찰관, CIA, 군인 등이 대거 참여하고 있었다는 점도 지금까지의 맥락에 따라 봤을 때 중요하다(cf. Rothfeder, 1992).

2) 최소국가의 환상

'프로모션/관리의 네트워크와 감시/정보조작의 네트워크의 흐름'을 다른 시각에서 다시 포착해 보자. [『스펙터클의 사회』의] '이탈리아어판 서문'과 함께, 1970년대가 끝날 무렵 이탈리아의 상황에 촉발 받아 여기에 개입할 의도로 쓰인 또 한 권의 텍스트를 보자. 그것은 많은 부분에서 드보르와 서로 공명한다는 폴 비릴리오의 1979년『인민 방어와 생태 투쟁』을 필두로 하는 논의이다. 비릴리오는 드보르 자신도 들고 있었던 '통합된 스펙터클'의 한 특징, '기술의 발전'이라는 점을 축으로 고찰하고 있다고도 할 수 있기 때문이다.

저지의 논리와 그 배경에 있는 운반·정보 기술의 고차화로 인해 (이는 예방의 논리와도 이어진다) 전쟁/평화를 구별할 수 없게 됐다는 인식을 전제로, 그는 이미 1970년대 다국적 기업의 지배가 진전되면서 대두한 자유의 지주의libertarianism와 이를 이론적 배경으로 삼아 신자유주의자들이 제기한 '최소국가'[의 주장]를, '속도체제의 위계의 해체'에 의한 '정치적 영역의 소형화'로 파악했다. 즉 신자유주의가──핵 저지라는 컨텍스트와 접합하면서── 사회 전체를 군사력으로 향하게 하는 병참학兵站學에 의해 사회 지배를 심화시켜 완성으로 이끈다는 것이다. 이 '정치적 영역의 소형화'는 드보르가 말한 '날조의 완성'의 한 내막을 시사하는 것으로도 보인다. 비릴리오에 따르면, 최소국가의 '최소'는 어떤 의미에서 기만적이다. 그것은 '속도'라는 변수에 의한 세계상의 극적인 변화를 보지 않는 한에서의 '최소'이기 때문이다. 비릴리오의 다음과 같은 지적은 중요하다.

> 자유주의는 항상 자유의 환상을 이동성/유동성의 환상과 등치시켜 왔다. 일찍이 닉슨 대통령은 간단히 내뱉었다. 우리나라는 가까운 이웃 여러 나라에 대해 결코 제국주의적 야심 따위는 갖고 있지 않다, 다만 세계에 새로

운 생활양식을 제공하고 싶을 따름이라고. 이것은 이미 자유시장을 신봉하는 경제주의자들의 '최소국가'가 반복하고 있는 광학적光學的 환상의 일례이다. 이 국가가 최소로 보일 수 있다면, 그 제국이 부동의 영토적 신체의 그것이 아니라, 항상 적극적이지만 보이지 않는 비밀의 커뮤니케이션 신체의, 중심화되어 소형화된 관리의 제국이라는 이유에서다.(Virilio, 1978 : pp. 89~90)

이것이 신자유주의를 현대의 주요한 통치술로 만들고 있는 '정치-기술적' 전제이다. 신자유주의를 그저 단순한 경제학적 문제에 그치지 않고 윤리학적 문제로 귀결시켜 버리는 커다란 이유를 여기서 찾을 수 있다. 비릴리오는 이렇게 말하기도 한다. 신자유주의의 통치술에서 공간은 지리地理 상에서가 아니라, 사령실·다국적기업의 사무실·관리동 등과 같은 '전자공학' 속에서 소형화되고 있다고. "최근 지스카르 데스탱 대통령 및 바르 Raymond Barre 수상이 시작한 구조개혁의 모든 의미가 여기에 있다. **요컨대 공공서비스라는 개념이 미디어로부터 소실된 것이다.** 산업 매니지먼트를 군사 엔지니어가 맡고, …… 국가는 국영기업에 대한 신뢰를 거절함으로써 일찍이 공공이익이나 공공선을 위해 존재했던 기관에 '수익성'이라는 관념을 강요했다"(Virilio, 1978). 비릴리오는 다음과 같이 말한다. "이렇게 해서 그들은 국가의 소유물을, 경영/착취에 관해서는 은행과 독점체의 손에, 규율과 억압에 관해서는 국방군armée territoriale의 손에 맡긴 것이다. 라틴아메리카의 모델에 따라서 말이다". 즉 자유화·규제 완화 가능성의 조건으로서 사회 전체의 군사화가 일어난 것이다. 비릴리오는 1973년 NATO가 제시한 플랜과 그 '근대사회 위협에 관한 위원회'를 주목한다. 비릴리오에 따르면 그 목표는 '인간과 상품의 순환을 정밀하게 두루 계획화하는 것planification 이다. ──비릴리오는 1978년 NATO가 모로 납치사건에 직접 개입한 것을 이 플랜의 맥락에 따라 보고 있다. 비릴리오에 따르면, NATO의 플랜은 그로 인해 "공간적 연속체에 있어 아직 문민과 군인으로 분할되던 것을 완전히 병참적인 것으로 만들어 내는" 데 있다.[13]

국가/공공서비스──[분해/소실]

- 프로모션/관리 네트워크≒은행·독점체
- 감시/정보조작의 네트워크≒국방군

이 쌍방의 네트워크가 서로 '유입'되고 있는 것이다. 비릴리오는 군사조직에 의한 세계전체의 모니터링과 그 후 신자유주의적 사회(세계) 재편을 열어젖힌 일본-미국-유럽 삼극三極위원회에 의한 「민주주의의 통치능력 보고」에서 '기묘한 일치'를 발견하고 있는데, 이 점은 대단히 중요하다. 비릴리오는 절대적 탈국지화와 군사화, 기술-병참화가 표리일체의 프로세스라는 점을 강하게 인식하고 있었다. "탈국지화는 국지화보다 한층 더 토지를 차지하는데, 이것은 전체주의적 양식으로 그것을 차지한다". 절대적 불안정rootless의 상황은 절대적 예속과 밀접裏腹하다는 것. 공공서비스라는 관념에 대해 '전달은 근본적인 것이 아니다'라고 비릴리오는 말하는데, 어찌됐든 그것은 일찍이 ──토지 및 생산도구를 무기로 변화시켜 지배층에 대항했던 농민과 같은── 민중적 저항과 마찬가지로 '장소'locale에 기반을 두고 있다. 네이션이라는 범위에서 생산된 부를 국가나 지방정부가 배분하는 프로세스에는, 역사적으로 확립된 사회·경제·정치적 세력들이 참여하고, 거

---

13) 비릴리오는 최근 저서에서, 이 계획에 대해 여러 번에 걸쳐 다음과 같이 기술하고 있다. "4반세기 전, 제가 이 글을 쓰던 시기는 냉전의 한복판이었지만, 이 밀레니엄, 포스트산업사회의 대이동의 시대에 그 초미의 현행성을 다시 불러낼 줄은 꿈에도 생각지 못했다──한편으로, 코소보로부터의 난민 유출, 다른 한편으로 지중해 동안, 서안의 여러 나라들로부터의 이민. 만성적인 부족간 분쟁을 배경으로 한 몇백만 명이나 되는 아프리카인의 유입에 대해서는 말할 것도 없을 것이다. 더욱이 시장의 세계화에서, 기업 고용의 탈지역화가 불가결하게 된다"(Virilio, 1999).

기서 '분쟁-교섭'의 과정이라는 '정치적인 것'의 잔재가 여전히 서식할 수 있었을 것이다. 네이션의 인간·정보·물질을 은행·독점체 혹은 다국적기업과 군대가 분담해서 운영 관리한다는 구조조정은, 이와 같이 '장소'에 기반을 둔 통제control 메커니즘을 회피하는 일을 목표로 한다. 전지구적으로 순환하는 자본, 비밀리에 이송되는 정보, 국민이 알지 못한 채 결정되는 세계 규모의 정치-군사적 권력, 경제적 약정(다자간 투자협정MAI나 세계무역기구 WTO를 둘러싼 비판을 보라) 등. 이렇게 보면 통합된 스펙터클 단계의 사회란 극도로 유연한 총동원체제라고 해도 무방하지 않을까? "그것은 시민사회 전체를 군사적 시큐리티로, 혹은 바꿔 말해 이른바 군사재판/군사적 정의 justice militaire로 몰아 가는 것이다"(Virilio, 1978 : p. 73).

후에 비릴리오는 『순수전쟁』Pure War을 통해, 복지국가에서 포스트복지국가로 가는 과정을 '내부-식민지화'endo colonization로 명명하고 있다. "최소-국가가 의미하는 것은, 생각건대 빈곤화입니다. 더 정확히는 내부-식민지화입니다"(Virilio & Lotringer, 1983 : p. 98). 비릴리오의 전개에서 볼 때, 현대는 이미 '식민지주의', '제국주의'의 시대가 아니다. 지금은 '강도強度와 내부-식민지화'──새로운 '제국'?──의 시대인 것이다. "사람이 식민화하는 것은 자신이 사는 곳의 주민뿐입니다. 사람들은 자신의 나라의 문민(민간) 경제를 저성장으로 내모는 것입니다". 이 내부 식민지화가 가장 전형적으로 드러나는 곳이 (특히 당시 군사독재체제이던) 대부분의 라틴아메리카 국가들과 당시 동구권 국가들이다. 이런 나라들의 경제적 저성장과 군사조직의 돌출을 떠올리면 이해하기 쉬울 것이다. 하지만 레이거니즘 또한 미국을 향한 내부 식민지화의 적용이라고 비릴리오는 말한다.[14] 실로 동서냉

---

14) 비릴리오와 질문자인 실비어 로트링거는 『순수전쟁』(Pure War) 1997년판에서, 이 시점에서 새로운 대화를 덧붙이고 있는데, 거기서 로트링거는 미국에서 사태가 호전됐는가라는 비릴리오의 물음에 다음과 같이 답하고 있다. "복지국가의 해체는 진행 중입니다. 안전망(safety net)은 해소되는 중입니다. 사람

전후 확연히 드러난 바 있듯이, 거기서 군대와 경찰은 서로 융합해 하나의 '초-내무경찰'과 같은 기능으로 전환해 갔다. 여기서 비릴리오는 복지국가와 내식민지화 국가, 즉 '운명-국가'('불가피성의 국가'라고도 할 수 있는—핵의 불가피성, 기술의 불가피성 등)를 두 가지 시간의 존재방식을 참조하면서 비교하고 있다("유럽에서, 또한 어느 정도 미국에서도 1960년대에 존재했던 복지국가는, 미국에서 운명-국가라고 내가 부르는 것으로 바뀌고 있습니다"). 비릴리오의 이 구분에 따르면, '최대국가'랄 수 있는 복지국가란, 외연적·역사적 시간으로 특징지을 수 있는 시간성을 갖고 있다. 그것은 시간과 공간의 전망 속에 기입되어 있고, 역사를 지속적으로 포착하는 국가이다. 확실히 사람들은 복지국가에서 진보적 역사관과 함께 개인이 점진적인 발전의 지속적 과정 안에 있다고 상상할 수 있다. 그러나 운명-국가는 이와 사뭇 다르다. 그것을 특징짓는 시간은, 내포적/강도로서의 시간·예외상태의 시간이다. 자꾸만 되풀이되는 경쟁과 승부, 그리고 소비의 쾌락의 시간. 시장과 개인주의적 쾌락과 치유thraphy 그리고 나머지는 폴리스에 의한 관리. '날조의 세계화/세계의 날조화'라는 통합된 스펙터클의 완성은 이렇게 해서 달성되는 것은 아닐까. 즉 쾌락과 폴리스적 관리 사이에 미디어에 의한 스펙터클이 그 자리를 메우고 있다. 지속의 상실은 사람들로부터 반성의 시간을 빼앗는다. 반성이라 할 만한 행위는, 미디어의 정보순환이 우리 외부에서 제멋대로 대신해 주는 것이다. '반박가능성'은, 일찌감치 선취되고 상연됨으로써—싸우고 동의하고 논의되고 고백하는 등에 의해— '반박 불가능성'이 지배한다.

반성이란, 첫째 미디어의 순환과 이질적인 시간성에 기반을 둔 '대화'일

들은 허리띠를 졸라매고 있습니다. 적어도 자신의 허리띠만큼은. 하지만 군사 예산에는 힘을 늦추는 것입니다. 그 내부식민지화는 절정에 달하고 있습니다"(Virilio & Lotringer, 1983 : p. 165).

것이다. "더 이상 아고라는 존재하지 않고, 일반적인 공동체도 존재하지 않는다. …… 중개적 단체와 자율적 기관의 성원으로만 구성되는 공동체, 살롱이나 카페, 단 한 기업의 노동자에 한정된 공동체조차 존재하지 않는다"(Debord, 1988: Ⅶ, 34~35쪽). 이렇게 해서 사람은 '쉽게 속는' 게 아니라 '속는' 일에 완전히 익숙해지고, 새로운 '사건'을 창조할 계기를 잃어간다. "역사의 소멸과 더불어 민주주의도 소멸한다"고 『논평』은 지적하고 있다. 망각되게끔 그러나 뭔가에 참가했다는 느낌은 들게끔——가령 반복된 'yes'의 클릭——, 제시되는 미디어의 스펙터클의 급격한 점멸은, 지속 혹은 역사와 동시에 민주주의를 망각시킨다는 것이다.

5. 파놉티시즘 재고再考——인공위성과 공포의 에콜로지

1) 파놉티콘 vs 스펙터클

푸코는 1975년 "현대는 스펙터클 사회가 아니다"(『감시와 처벌』)라고 결연하게 말하며 자신의 통치 기술론에 착수했다. 주지하듯, 푸코는 파놉티시즘을 상황주의자들의 스펙터클이라는 문제설정과 상관없는 개념으로 제시했던 것이다.[15] "여기서 푸코의 문제의식은, 기존에 권력이라는 개념이 사용될 때 그 역점이 기만과 왜곡이라는 '인간'의 실정성을 전제로 한 문제설정과 강하게 결합되어 있음을 보고, 대신 권력을 진리 혹은 기능으로서 생산과 관련된 쪽으로 파악하려 한 것이었다. 신민의 시선을 중심의 구경거리적인 시위示威에 집중시킴으로서, 위협 혹은 보다 일반적으로 말해 미끼와 기만으로 작용하던 왕권적 권력의 특성을 전근대 것으로 보고, 비가시한 시선

---

15) 푸코는 80년대에도 '기호, 속도, 스펙터클'을 핵심어로 한 분석에 하등 관심이 없다고 잘라 말하고 있다 (『구조주의와 포스트구조주의』).

의 감시 속의 주체의 적극적 생산이야말로 근대에 지배적인 권력행사의 양태라고 봤던 것이다. 스펙터클과 파놉티시즘, 이 둘의 대조는, 드보르의 『논평』이 이른바 '날조/기만으로서 권력의 통치 기술의 일람'이라고도 할 만한 모습을 드러내는 사태를 볼 때 차츰 더 명확해지는 것으로 보인다.

그러나 푸코 자신도 강조하고 있듯이, 벤담의 파놉티시즘에는 스펙터클 내지 '기만'의 차원이 불가피하게 존재한다. 요컨대 파놉티콘이 유효하게 기능하기 위해서는, 중앙의 감시탑에 구체적인 사람이 반드시 존재할 필요는 없다. 그보다 도리어 그곳은 벤담이 말했듯이 '완전한 암흑'utterly dark spot과 같아야 한다. 이처럼 사람이 존재하는가의 여부가 항상 불확정적이기에——램프의 반짝임이 시선의 존재를 시사한다——, 피감시자는 감시의 시선에 잡혀버리고 만다. 그곳에 사람이 있다고 알게 되면, 공포는 사라져 버린다. 미란 보조비치Miran Božovič는 벤담의 파놉티콘에 대한 텍스트 해설에서 그것을 "상상적 비실체의 현실적 효과"라고 부르며, 신神의 효과와 유비관계로 보고 있다. 다시 말해 사람들이 신을 사랑하는 까닭은 신이 부재하기 때문이고, 신은 부재함으로써 사람들에게 효력을 미친다. 보조비치는 벤담이 유령/망령spectre을 두려워했던 사례를 인용하고 있다. 괴물·흡혈귀·악마 등과 마찬가지로, 유령은 벤담의 존재론에서 상상적 비실체로 상정할 수 있는 신과 같이 기능하고 있다. 벤담에게 신은 '주체의 상상력에 의한 허구'이며 비실체이다. 그러나 신과 마찬가지로 유령은 비실체임에도 불구하고가 아니라, 비실체이기 때문에 현실에 효력을 미친다. 벤담은 유령의 존재를 믿고 있지 않았음에도 불구하고, 스스로 술회한 것처럼 그것을 일생 동안 병적일 정도로 두려워했다. 물론 이것은 벤담뿐만 아니라 우리의 일상에서 자주 겪는 일이다. 오늘날 진정으로 유령을 믿는 자는 그리 많지 않다. 그러나 대개 우리는 모두 유령을 두려워한다. 이른바 '영성체험'을 한 적이 있는 유령 신자보다도 비신자 쪽이 유령의 그림자를 더 두려 위한다. 더구나 공포를 푸닥거리하기 위해서 유령의 존재를 부정하면 할수록, 공포의 강도는 더더욱 증가되는 것으로 보인다. "우리에게 가장 참기 힘든 것은, 유령의 존재를 제대로 부정해 내는 일이 아닐까라고도 말할 수 있다"(Božovič, 1995: p. 22). 그렇다면 우리는, 공포로 말미암아 유령을 사랑하고 있다고 말해도 좋지 않을까?

공포란 오히려 이와 같이, 비실체가 존재하도록 작용하는 감정이다. 드보르는 '관리통제의 수익[률] 저하'의 현상에 대해 다음과 같이 서술하고 있다. "결국 그 주요한 모순은 그것이 **부재의 실체**라는 점, 즉 사회를 전복시키려고 한다고 상정된 것들을 염탐하고, 침입하고, 압력을 주는 데 있다". 통합된 스펙터클의 시대에는 일찍이 동서로 대립했던 시대, 스펙터클의 두 가지 주요한 기능으로 분할되었던 시대보다도 훨씬 더 '부재'의 정도가 높아졌다. 그러나 그렇기에 이 유령은 어디까지나 달성되지 않고 계속적으로 증식하고 있다. 그에 비례해 공포의 강도는 높아져 가고 있다. 위기는 이제 '범-위기'omni-crisis가 되었다. 이 공포야말로 '부재의 실체'를 생산한다. 사람들은 공포와 더불어 그것을 사랑하고, 또한 그것에 매달리는 것이다. 이유는 무엇인가? '현재의 행복'이라고 여겨지는 것 때문이다. 그리고 그것은 '타자'에게 위협을 받고 있는 것, 위기에 처해 있는 것으로서 비로소 확신되는 '부재'인 것이다.

이전에, 음모를 기도하는 상대는 결코 기존의 질서 이외의 것이 아니었다. 오늘날, **기존의 질서를 위한** 음모를 꾀하는 것이 크게 발전하고 있는 신종 직업이 되고 있다. 스펙터클의 지배하에서는, 그 지배를 유지하고, 그 지배자만이 순조롭다고 외칠 수 있는 것을 확실히 하기 위해 음모가 기도된다. 이 음모는 스펙터클의 지배의 작동 그 자체의 **일부인 것이다.**(Debord, 1988: XXVIV, p. 99~100)

앞에서 서술했듯, 드보르는 현재의 사회가 사랑받기를 그치고, 공포를 즐기게 되었다고 말한다. 과연 포스트복지국가 시대의 사회는 공공서비스를 통해 전체에 가까운 '국민'의 '동의'나 '정당성'을 확보하고자 하지 않는다(사회과학에서 '정당성'에 관한 논의가 오늘날 후퇴해 버린 것은 그 반영이다). '상품에 반대'하는 행위 및 사상은 어느새 '정보조작/허위정보'disinformation로 사전에 내쳐지고 있기 때문이다. "통합된 스펙터클의 최대 야심은 비밀공작원을 혁명가로, 혁명가를 비밀공작원으로 전환시키는 것"(Debord, 1988:IV, p. 25)으로, 이를 한층 일반적인 수준에서 말한다면, 시스템의 비판자를 시스템의 공모자, 시스템의 공모자를 시스템의 비판자로 만들고, 시스템의 보호자로 만듦으로써 '진정한 비판'을 사전에 '발산적'divergent 비판으로 치환시키는 것[16]이라 할 수 있다. 그렇기 때문에 바로 '제3의 길' 계열(?)인 클린턴·블레어·슈뢰더는 이탈리아 수상의 입에서 '사회주의'라는 말이 나오자 실소하며 내쳤던 것이다. 그 실소는 단순히 사회주의가 어느새 '난센스'가 됐다고 생각했기 때문만은 아닐 것이다. 그것은 '기존의 질서'에 대한 유혹을 유발하는 것을 한사코 회피하고, 다시금 충성을 서약하는 제스처인 것이다. '제3의 길'이 '과격한radical 중도'를 참칭하고 있는 것, '적 없는 경제학·정치학'을 지적인 기반으로 삼고 있음을 상기해 보아도 좋을 것이다. 그것은 기존의 자유민주주의 질서만을 칭송하고, 그렇지 않은 모든 비판은 사전에 봉쇄하고 배제하는 몸짓이 아니었을까. 사전에 경계가 설정된 세계의 시각을 공유하고 '대안'을 준비하지 않는 '성인이 아닌' 인간의 희언戲言 따위는 들을 필요도 없다는 것이다. 앞장에서 언급한 '배제'라는 현상

---

16) 개리 맑스는 미국의 맥락에서, 일찍이 부정적인 것이기도 했던 것이 긍정적인 것으로 변모한, 오늘날의 '정보제공자/밀고자'의 가치전환을 관찰하고 있다. 더욱이 '생존'이라는 명목으로 어떻게 하면 글로벌 자본주의에서 사랑받을 수 있을지 계략을 짜는 거대 노동조합에게도 사랑받는 일은 이미 시스템의 중요한 일이 아니라, 대부분 우리에게만 부과된 일이 되었다.

은 명확히 이러한 지적 담론의 경향에 대응하고 있다.

　미증유의 '대안주의'가 지금 이 사회를 지배하고 있다. 주의할 것은 '대안주의'란 이른바 '얼터너티브'alternative의 제기 일반을 두고 하는 말이 아니라는 점이다. '대안주의'의 문제점은 여기에 있다. 요컨대 '대안주의'는 자기 이미지와 반대로 자신이 상정하는 적보다도 훨씬 관용적이지 않다. 우선 '뭐든지 반대'라고 조소당하는 세력이나 주장이, 어떠한 수준에서든 하나의 대안을 그리지 않는 일은 드물다. 무릇 원칙적으로 봤을 때 그것이 없다면 비판도 불가능하기 때문이다. 더 강하게 말한다면, 푸코가 이란 혁명에 즈음하여 강조했듯이, 지식인에게 세계는 뜻밖의 대안적인 이념으로 가득 차 있다. 특정 이념이 파멸적인 위험을 야기하는 등의 일은 있기 마련이며 신중히 분석하여 비판이나 경고를 해야 한다. 그러나 세계는 그러한 여러 이념들을 참회로 일소해 버리거나, [다른 이념들의] 여러 번의 실패로 자신의 정당성을 압도적으로 확인할 수 있는 좁은 선택지만이 존재하는 빈곤한 장소가 아니다. '세계를 믿는다'는 것은 이런 게 아닐까. '뭐든지 반대'하는 '낡은' 좌익세력이라고 희화화하는 것은, 이러한 무수한 이념('대안'이라고 말해도 좋을)의 장을 '현실성 없는 비판'이라며 무無로 추방해 버리는 행동이다. 대안주의란 특정 범역, 드보르의 용어로는 '지배자만이 순조롭다고 하는' 범위를 거스르지 않는 '대안'을 낼 것인지, [그게 아니면] 침묵할 것인지를 강요하는 공갈과 같다. 그리하여 '대안주의'에서 '실소' 혹은 '조소'는 강력한 무기가 된다. 왜 1980년대와 1990년대의 지적 담론이나 텔레비전 토론 프로그램은 '조소'로 넘쳐나고 있었던 걸까. 조소를 통해 유지하는 '센스'와 '지능' 그것만이 앞에서 유의미하다는 그런 제스처가 그토록 허락된 시대가 일찍이 있었을까? '조소'는 논의의 쟁점으로 부상하기 이전에, 그리고 논의의 내실을 검토하는 일 없이 어떤 주장이나 인간을 내치는 몸짓이며, '예방적 반격'이다. 그 공격은 폭격 대상이던 대부분의 '좌익'을 무력화하고 있으며, [자기 스스로] 세세하고 방어적인 논조에 휩싸여 있음에도 불구하고 공격을 계속하고 있다. 계속해서 승리하지 않으면 불안하기라도 한 것처럼 말이다.

2) 파놉티콘의 변모?

드보르는 『논평』에서 빈번히 사용되는(지금도 그런지는 모르겠지만) '정보조작'이라는 콘셉트의 작용을 분석하고 있다. 이 용어는 본래 사회주의권에서 공식적으로 사용되다가 구미에 수입되어 일상화된 것으로 보이는데, 간략히 말하면 특정 담론을 적대 또는 경합하는 권력이 흘려 의도적으로 날조된 악선전Demagogy으로 만들기 위한 기호이다. 드보르에 따르면, 이런 콘셉트가 활용된 까닭은, 경제적 혹은 정치적 권위를 일부라도 나눠 갖는 자가 기존의 질서를 유지하기 위해서라고 할 수 있다. 확실히 『논평』과 마침 동시기에 출판되었으며 전직 군인에 의해서 작성된 정보조작에 대한 경고서는, 일찍이 반식민지운동[의 주장] 및 당시 원자력 발전소를 반대하는 운동가들의 주장이 소련에 의한 정보의 왜곡을 입은 것으로 일축하고 있다 (Deacon, 1986). 드보르에 따르면, '정보조작'이라는 콘셉트는 "항상 **반격적** 역할을 담당하고 있다." 따라서 정보조작은 '공식적 진리에 대립하는' 것이지만, 여기서 중요한 것은 '정보조작'이 단순히 '공식적 사실'과 대립되는 '숨김없는straight 허위'가 아니라는 것이다. "허위정보는 불가피하게 어느 정도의 진리를 담고 있다. 그러나 그것은 교활한 적이 신중하게 조작하고 있는 것이기도 하다". 그렇다면 '교활한 적'이란 누구인가? 멀지 않은 과거, 동서 대립의 기억 때문에, 아직 통합된 스펙터클을 살아가는 자본주의에서는, "관료주의적 전체주의의 자본주의가 현재까지 근본적인 적으로 남아 있다"고 믿는 일이 가능하다. 사회개혁의 '위험한 열정'. 실로 자본주의의 근본적인 결함을 지적하고, 소비사회의 쾌락, 자유시장, 긴축재정, 사회

지출의 삭감에 반대하는 사람들은 사회주의자가 아닐지라도 전체주의적 야심을 가진 '위험한 적'이 된다. 그렇다면 요컨대, 정보조작이란 "이 사회가 그 신자信者에게 준 전무후무한 행복을 혼란에 빠뜨리고 위협하는 모든 것"이다. 그래서 드보르에 따르면, 정보조작의 경계를 공적으로 확정했을 때 그것은 효과를 감소시켜 버린다. 오히려 그것은 경계를 확정함으로써, 자신의 '정보조작'성, 혹은 보다 일반적으로는 '완전성'을 묻지 못하도록 하기 위한 부정적 조작이며, 때문에 그것은 어디에도 구애받지 않고 충분히 일반적이어야 한다.

일본의 경우 '정보조작'이라는 콘셉트에 해당되는 부류를 정확히 찾아보긴 힘들지만, 여기서는 특히나 이 말이 기능하는 양식이 매우 흥미롭다. 이러한 콘셉트가 작동하는 양식은 대략적으로 일본에서도 관찰되겠지만, 이 전체주의적 야심의 위험이 부재의 실체를 현실적으로 만드는 효과가 중요한 것이다. 예를 들어 '소프트 스탈린주의자'의, 내용이 없기에 거침없이 남용된 콘셉트는, 스펙터클 신자('대중'이라고 상정된)의 행복을 '혼란에 빠뜨리고', 스펙터클(소비사회·풍요로운 사회신앙)을 향한 비판을 모두 '전체주의적 야심'을 감춘 '위험한 적'으로 간주해 신용을 실추하도록 만들었다. 그것이 반핵운동과 소련의 결부를 지적해 반핵운동에 대한 공격과 이어져 있던 것도 이 기능과의 유사성을 직감하게 만든다.

그런데 이 '반격'은 사실상의 모든 공격을 넘어서기 시작했다. 드보르가 말했듯이, 스펙터클의 권력은 행위뿐만 아니라 사상으로부터도 부정성을 벗음으로써, '사전' 공격을 봉쇄하는 예방적 반격을 행하고 있다. 그것은 이제 공격이라는 '사건'에 앞서서 공격 그 자체를 봉쇄하는 반격인 것이다. 상황주의자의 기본적 발상, 즉 권력은 아무것도 창조하지 않으며 다만 '사건'에 반응해 그것을 흡수하는 일밖에 할 수 없다면 기묘한 일이다. 도대체 무엇에 대해 반격한다는 것일까? 비릴리오는 1979년에 이렇게 서술하고 있다. "통치하는 것은 전례 없이 예-견하는 것이다. 다시 말해 보다 선행해서 **앞서 보고 마는 것이다**"(Virilio, 1978).

이와 대응이라도 하듯, 파놉티콘이라는 형상도 자신의 모습을 변신시키면서, 점차 유령 들린 것으로 변해 간다. 환상에서가 아니라 **현실적 작용**에 의해 말이다. 현실적 비실체(라 할 수 있을까)? 비밀공작이 증식하게 된 배경에 자리한 '새로운 감시'의 요청은, 시공간의 벽을 넘는 것이다(Marx, 1988:pp. 217~218).[17] 요청에 응하기 위해서는 한층 더 추상화될 필요가 있는 것이다. 물론 현실적으로 '아이디어에 그쳤'던 파놉티콘은 원래 추상적인 '도식'이었다. "……그것은 이상적 형태로 압축된 어떤 권력 메커니즘의 도식이고, 저항이나 충돌 등의 모든 장애를 떠나서 행해지는 그 기능이야말로 단순화된 건축적이고 시각적인 체계로 표현될 수 있다"(1975 = 2007: 318쪽). 그것은 질 들뢰즈를 따라 '추상기계'라 불러도 좋을 것이다. 그러나 그 잠재적인 추상적 '도식'이 실현되기 위해 일찍이 건축·공간이라는 구체적 존재가 필요했다. 이전의 규율권력에서 건축물이란 그것이 실재하기 위해서 불가결한 '소재'였던 것이다. 파놉티시즘에서는 왕의 숭고한 신체를 대신해 건축이 부재하는 왕의 자리를 점한다. 보다 정확히 말해, 건축이 바로 권력의 장소를 차지한다. 건축·공간이야말로 규율권력을 주요한 기술로 하는 사회의 중심으로 다가오는 것이며 그것은 권력 그 자체인 것이다 (cf. Ewald, 1992).

파놉티콘이 작동되기 위해서는 원래 유령이 필요했다. 건축·공간 편성 자체가 유령 혹은 '신'을 낳도록 구축되어 있기 때문이다. 보조비치가 말했

---

17) 개리 맑스는 '새로운 감시'의 특징을 몇 가지 열거하고 있다. 그것은 우선, ① 거리, 암흑, 물리적 장애를 넘어설 것. ② 시간을 넘어설 것. 그 기록은 축적되고 꺼내지고 통합되고 분석되고 전달된다. ③ 낮은 가시성, 혹은 비가시성. ④ 주요한 관심은 예방이며 ⑤ 자주 비자발적일 것. 즉 대상자가 예상하지 못하는 사이, 혹은 알아채기 전에 대상자에 대한 정보가 수집될 것 등등.

듯이, 만약 파놉티콘이 건축되는 과정을 바라본다면, 그 과정 끝에는 건축물뿐만 아니라, 동시에 상상적 실체인 '신'까지도 생길 것이다. 그렇다면 상상적 비실체인 신이 생산되기 위해서는 특정하게 편성된 건축이 필요하게 된다. 벤담은 이렇게 말하고 있다. "[중앙탑의—인용자] 초소는 심장이며, 그것이 이 인공신체에 생명과 운동을 준다." 인공신체, '살아 있는 실체', 파놉티콘이란, 감시자의 '부재의 신체'에, 유령적 기능을 내리는 목소리와 시선을 통해 생명을 얻게 되는 '살아 있는 신체'이다. 보조비치는 여기에서 흥미로운 지적을 하고 있다. "감시자는 이 인공신체에 자신보다도 밀접하게 관련되어 있다. 한편에서 감시자인 그 자신의 신체는 이른바 마비되어 있다. …… 그렇지만 한편에서, 램프가 낳는 시선과 소통용 튜브의 도움을 빌려 (그것은 인공신체의 동맥과 신경을 표시한다) 그는 인공신체를 완전히 통제하고 있다"(Božovič, 1995: p. 20).

이러한 감시-인공신체는 구체적·생리적 신체라는 한계를 갖고 있었다. 자신의 신체보다 감시자와 밀착된 인공신체는, 어쩔 수 없이 물리적 실재를 가질 수밖에 없었고, 그 때문에 도저히 상황변화에 민첩하게 대응할 수 없었다. 또한 그 한계는 파놉티시즘의 충동인 '완전한 투명성'으로 균질화되려는 사회적 영역, 관통하려는 물질적 신체를, 두터지 '구멍'처럼 폐쇄구역으로 구분하지 않을 수 없고, 그것이 불가피하게 끌어들인 음영에 분쟁의 불씨를 남기고 만다. 가령 조직노동자의 직장 그리고 근린 주거지역에서의 집합성은, 보스의 명령에 대한 저항력의 원천이기도 했다. 또한 감시는 동시에, 수인囚人의 집합성에 의한 범죄세계의 형성도 의미하고 있었다. 교활한 근대의 권력은, 그마저도 거시적 통치의 전략에 짜 넣는 작업에 성공해 왔다. 물론 그것은 집합성의 경우에 내포된 위험을 감수해야 했던 리스크와 표리를 이룬다. 예를 들어 맬컴 X의 궤적에서 전형적으로 볼 수 있듯, 형무소는 혁명가를 형성하는 장이기도 했던 것이다(cf. 澁谷, 1999b).

그러나 오늘날 건축·공간이라는 물리적 신체와 '영혼'이 결부될 필요는 없다. 이것이 기존 제도의 안정성, 혹은 권위의 분배와 [결부된] 중층의 구조가 위기에 노출되어 있는 하나의 이유이다(가정-아버지-지역, 학교-교사……). 비릴리오에 따르면, 그것은 기술적 수준에서 다음과 같이 말할 수 있다. 감시·정보 기술의 고차화가 그것인데, 감시술이 과학적 토대를 '기하광학'에서 '파동광학'으로 대체하였고, 그것이 만드는 원격감시의 기술에 의해서 파놉티시즘의 신체는 수동적 광학기계에서 능동적인 광학기계로 변모했다는 것이다. 그리고 거기에 컴퓨터 처리로 열어젖힌 방대한 데이터베이스의 활용이 동반되어 있다(Virilio, 1999; Lyon, 2001; Marx, 1988). '정치적 영역의 소형화'가 급속히 진전된 배경에는 바로 이런 움직임이 있다. 무릇 그 설계도나 완성 예상도를 떠올린다면, 파놉티콘의 건축적 골조가 하나의 원근법적 시각장치를 전형으로 하고 있음을 알 수 있다. 그러나 '파동광학'을 발견한 파놉티콘은 마침 모르핑morphing[18]으로 이미지가 자유롭게 변형된 것처럼, 기존의 견고한 덩어리를 물컹하게 용해하기 시작했다. 유령은 들러붙을 신체를 반드시 필요로 하지는 않는다. 추상적 도식은 구체적인 실재를 발견해야만 작동하는 것도 아니다. 일찍이 아버지·교사·공장 감독자들의, 그 물리적 실체 특유의 과소함 때문에, 우리는 권위적 심급을 추상화해서 자신의 내면에 통합해 주체를 구성했다.

한편, 현실적 비실체로 변하고 있는 감시의 빛은, 구체적인 실재를 필요로 하지 않는다. 이전의 권위의 심급은 여기서 제 구실을 하지 못한다. 이것은 통합된 스펙터클 단계의 사회가 '비밀'에 의해 지배되고 있다는 사실과 관련될 것이다. 기본적 인권이라는 콘셉트가 냉소적인 부정에 노출되는 것도, 무엇보다 개인이 지켜야 할 공간과 같은 이미지조차 없이 붕괴해 버리

---

18) [옮긴이] 복수의 영상 사이에 컴퓨터로 그림을 그려 넣으면서 합성해 가는 컴퓨터 그래픽스의 기법.

는 이러한 시선이 비합법의 성향을 항상 띠기 때문은 아닐까. 합법·비합법의 차이는 도대체 무엇을 가리키는가? 파놉티콘의 시선은, 더 이상 건축이나 공간과 같은 구체적이고 물리적 실재로 만들어지는 환상이기를 그치고 있다. 그렇기에 파놉티콘의 시선은 우리의 신체를 표적으로 삼지 않게 되었다. 즉 이전의 시선처럼, 그와 상관적으로 인간 존재의 본바탕을 구성하는 것을 반드시 전제하지 않는다. 그 대신 인간의 '영혼'에 관심을 갖지 않는 건조한 시선이, 미시적인 수준과 초대국超大局적 수준에서 특징적인 것으로 나타난다. 먼저 그 시선은 우리의 신체를 미세한 부분에 걸쳐 미분·분해하는데, 그 파편을 한 신체로 통합·적분하는 등의 일을 하지 않는다. 예를 들어 바이오매트릭스는 감시의 단위를 신체 부분에까지 환원했고, 그것만으로도 인간의 흐름을 통제할 수 있게 했다. 다음으로 인공위성이라는 거대한 '눈'을 보자. 이미 수십 센티 단위의 해상도를 가진 인공위성이 얻은 정보가 민간에게 해금되어 있다. 이는 군이 그보다 고해상도의 눈을 유보하고 있다는 것이다.[19]

3) '위협의 심원한 애매함'

1996년, 조지프 나이 등[20]은 21세기를 향한 터무니없는 안전보장질서의 구상을 드러내 보여 준 바 있다. 인공위성을 핵으로 해서 전세계를 '정보 우산'으로 덮어 감시·관리의 대상으로 만든다는 것이다. 그 물리적 토대는 이미 완비되어 있다. 나이 등은 자랑스럽게 미국의 우위성을 예로 들어 보였다. ISR(intelligence collection, surveillance, and reconnaissance/정보수집·감

---

19) 미국의 최첨단 군사용 정찰 위성의 해상도는 현재 5센티미터 정도의 자동차 번호판의 식별이 가능하다고 한다. 오늘날 해상도 80센티미터까지의 화상 사진은 원칙적으로 상업용으로는 해금돼 있다(藤岡, 2000:p. 52).
20) 조지프 나이와 윌리엄 오웬의 다음 글을 참조하라. ジョゼフ·ナイ、ウィリアム·オウェン、「情報革命と新安全保障秩序」、『中央公論』1996年 5月号.

시·정찰 시스템), 진보된advanced C4I(지휘통제·관리·커뮤니케이션·컴퓨터처리) 그리고 걸프전 때 널리 알려진 정밀유도기술. 이들 분야에서의 급속한 진보를 지금 미국만이 통합하고 활용할 수 있다. 군사능력의 '질적 변화'를 야기하는 이러한 움직임은 NSA가 세계를 에워싼 '커다란 귀', 스파이 위성들과 거기서 오는 정보를 중계하고 분석하기 위한 시설들(藤岡, 2000)을 통해 가능했다. 다시 말해 에쉴론 시스템이 그것이다.[21] 그리고 1996년 말에는 국방성 아래로 국가화상지도국이 설립[22]됐다. '커다란 눈'이 거기에 덧붙여진 것이다(Virilio, 1999).

그렇지만 왜 "지금 무엇이 일어나고 있는가에 대한 정보"를 이렇듯 망상적인 수준으로까지 추구할 필요가 있는가? "넓은 지역에 걸쳐 무엇이 일어나는지를 실시간으로 장악"(Virilio, 1999: p. 358)하려는 집착을 정당화해 주는 것은 무엇인가? '위협'이 존재하기 때문이라고 보고서는 말한다. 그렇다면 그것은 도대체 어떠한 위협인가? **도무지 감을 잡을 수 없음**이라는 위협이 바로 그것이다. 이는 결코 농담이 아니다. "무슨 일이 일어나고 있는지, 그 위협의 종류와 수준을 모호하게 파악할 수밖에 없다는 것이 위협이다"라고 이와 같은 포스트냉전의 극동군사전략을 그려 낸 클린턴 정권의 전 국방성 국제문제 담당차관보는 말한다. 이는 '**심원한 애매함**'이다. "이 [핵우산이라는—인용자] 구조는 소련에 의한 침략이라는 위협, 즉 국제관계상의 중심문제에 대한 극히 논리적인 대응이었다. 그러나 이제 그 중심문제는

---

21) 에쉴론 시스템이란 미국과 영국, 캐나다, 호주, 뉴질랜드의 정보기관에 의한 비밀협정에 의해 운용되고 있는 위성 도청 네트워크로, 인공위성과 세계 열네 군데의 도청기지를 연결하고 있다. 위성통신, 케이블 통신의 방수(傍受)로 얻은 엄청난 양의 국제간 통신을 거대한 컴퓨터 네트워크의 검색에 걸어, 정보기관이 관심 갖는 정보만을 선별해, 암호를 해독하고 번역하여 5개국이 공유한다(藤岡, 2000: p. 61).

22) 국가화상지역국(National Imagery and Mapping Agency)은, 버지니아주 페어팩스에 약 천 명의 인원으로 구성된 기관. 처음에는 펜타곤이라든지 CIA를 위한 위성 항공사진의 처리와 전달을 목적으로 했으나, 이년 후 전지구화라는 배경과 함께 민간영상의 특권적 중계지점이 되기 위한 '상업영상의 유통관제'와 관련을 맺고 있다(Virilio, 1999).

위협의 종류와 그 수준에 감도는 애매함에 있으며, 이 애매함을 제거해 명확히 하는 것이 협조의 기반을 만드는 것이 된다"(Virilio, 1999: p. 358). 이 '심원'할 정도로 애매한 위협은, 자유화·규제완화에 의해 우리가 일상적으로 경험하는 위협, 공포와 훌륭히 결부되어 있다.

  '서장'에서 시니시즘과 뉴라이트의 관련에 대해서 서술했는데, 규칙을 무조건적으로 긍정하면서도 경멸하고 희극화하는 현대의 시니시즘은, 실상 공포를 그 동력으로 삼고 있다. 이미 헤겔은 『정신현상학』에서, (죽음의) 공포를 노동에 앞서, 즉 노동 이전에 노예적인 종속의 차원으로 설정했다. 그러나 오늘날의 포스트포디즘에서 **공포는 노동의 전 과정에 항상 현전하고 있다**. 주변적 노동자나 실업자 등과 같은 '패자들'은 물론이고, '승자들'도 마음 놓고 있을 때가 아니다. 바로 전에 쟁취한 특권적 지위는 언제나 '젊은 세력'이 위협한다. 주기적 혁신은 지금의 자신의 입장을 항상 위협하고 있다. 운 나쁘면 종신고용에서 계약사원으로 강등될 것이며, 진행 중인 프로젝트에서 까딱 실수라도 할 경우 가까스로 획득한 지위마저 잃을 수도 있다. 그러나 이러한 인시큐리티의 공포와 불안은 사람들을 점차 종속으로 이끌고, 보스(시스템)에게 사랑받으려는 욕구로 밀어넣는다. 여기서, 화장실 출입 등의 생리적 욕구에 쓰는 시간마저도 몸에 장착된 바코드로 체크당하고 임금을 삭감당하는, 그런 터무니없는 '탈조직형 감시'(데이비드 라이언David Lyon)를 견디는 멘털리티가 생겨난다. 그리고 이는 전에 없이(의식상) 고립된 노동자의 원한감정ressentiment을 잘 조종하여, 우리 자신의 요구가 되는 경우도 있다. 무능하고 무기력한 자보다 내가 더 사랑받을 만하다는 것, 그러니 **살펴봐 주길(감시해 주길), 더 상세히 탐색해 주길, 평가해 주길, 항상 체크해 주길** 바라게 되는 것이다. 여기서 불안이나 공포는, 이러한 상황에 대한 저항으로보다는, 이력서를 보내고 취업 준비를 하며 끊임없이 자신을 관리하는 것에 대한 요청으로 드러난다.

얼빠진 스캐너, 비밀수사관, 반복해서 말하게 되는 셈이지만, 그것은 비밀이 지배하는 통합된 스펙터클 사회의 알레고리다. 그러나 이 사회는 한없이 '완성'에 가깝지만, 동시에 한 없이 '취약하다'. 사회적 필요노동시간이 감소하면서 밑도 끝도 없이 수상쩍어지는 '가치' 생산(지금의 공공사업을 보라. '땅을 팠으니 메워라' 라는 케인스주의의 격언은 그 희극성을 적나라하게 보여 준다)은, 강도強度의 공포에 의해서만 간신히 실현되고 있다 할 수 있다. 오래전부터 말해지듯 공포정치는 오히려 정치체의 취약함을 표현한다. 따라서 여기에 저항하는 것은, 공포와 구애의 원환에서 가능한 한 신체를 해방시키는 것이 되고, 조금씩 비밀을 탐색하며 공포의 네트워크를 파들어가 무너뜨리는 작업이 된다. 그 작업 속에서 우리 자신은 비밀로 가득 찬 존재가 되겠지만, 이를 두려워해서는 안 될 것이다.

스파이, 엿보는 자, 협박꾼, 익명의 편지를 쓴 자는 차후의 목표가 무엇이건 간에 그들이 간파해야 하는 것 못지 않게 비밀스럽다. 비밀리에 비밀을 지각하기 위해 항상 여성, 아이, 새가 있어 왔다. 당신들의 지각보다 훨씬 섬세한 지각이, 당신들이 지각할 수 없는 것, 당신들의 상자에 있는 것을 지각하는 지각이 있어 왔다. 비밀을 지각하는 입장에 있는 자들에게는 직업적인 비밀이 있음을 짐작할 수 있다.(Deleuze & Guattari, 1980 = 2001 : 543쪽)

현재성의 계보학을 향하여
_'개'와 예외상태

현재성의 계보학을 향하여 _ '개'와 예외상태

> 역사에서 가장 중요한 시간은 지금, 바로 현재다.
>
> — Black Star, *B Boys will B Boys*

1. 유령견

어떤 신체. '위기'를 체현하는 신체가 있다. 고스트 독ghost dog. '유령'처럼 나타나 일을 처리하고는 어떤 흔적도 남기지 않고 떠나는 자칭 '유령견'. 짐 자무시가 1999년에 감독한 영화 「고스트 독」을 두고 하는 이야기다. 이 영화는 게토에 사는 살인청부업자를 그리고 있다.

발단은 이러하다. 8년 전, 거리에서 백인 남자에게 린치를 당해 숨이 넘어가기 직전인 젊은 흑인 남성을 마피아 소속의 어떤 남자(루리)가 구해준다. 사건이 일어나고 4년 후, 그 젊은 흑인은 전문 살인청부업자 고스트 독이 되어 그의 앞에 나타난다. 어깨에는 비둘기를 얹고서(!). 이 중년의 마피아는 개인적으로 계약을 맺고 그에게 살인을 의뢰하게 된다.

스토리는 간단하다. 자신의 딸과 눈이 맞은 조직원의 살해를 보스에게 명받은 루리는, 여느 때와 마찬가지로 고스트 독에게 그 일을 의뢰한다. 이미 뛰어난 살인 청부업자가 된 독은 신중히 일을 진행해 살해에 성공하지만, 유인이 되어 밖으로 나와 있어야 했던 보스의 딸이 어쩐 일인지 방에 있었으며 현장 또한 목격하고 만다. 살해를 목격 당했으니 어쩔 수 없는 일. 보스는 독을 없앨 것을 명한다. 재빨리 신상의 위기를 직감한 독은 그보다 앞서 마피아 조직을 괴멸시킨다.

이야기만 본다면 본격 액션물 같지만, 이 영화의 매력은 그것이 그리는 섬세한 세계에 있다. 우선 '독'은 뉴욕의 도심지/빈민가inner city 한 빌딩의 허술한 옥탑에 기거한다. 옥상에는 비둘기 대군이 있는데, 그들과 완전히 한 몸이 된 독은 '연락'つなぎ을 위해 이들을 전령비둘기로 이용한다. 마피아 조직은, 갈수록 고령화되어 하나같이 박력을 잃은 중년의 배불뚝이뿐. 폴로셔츠 차림으로 몰려다니는 모습을 보면 도저히 마피아로 봐줄 수가 없고, 게다가 불황인지 돈도 없다. 뉴욕의 사무소는 임대료가 밀려 툭하면 집주인에게 한소리씩 듣는다. 한편 고독한 독의 '베스트 프렌드'는 공원에서 아이스크림을 파는 아이티 출신 '불법' 이주 흑인. 그는 불어밖에 말할 줄 모른다. 둘은 서로 무슨 뜻인지도 모른 채 대화를 주고받는다(그래도 대강은 통하지만). 공원에서 만난 책읽기를 좋아하는 흑인 소녀. 거리의 래퍼들.

비둘기 대군과 사는 독은 『하가쿠레』葉隱[1]를 항상 끼고 다니며 반복해 숙독하곤 그 중 일부를 삶의 규범으로 삼는다. 하지만 독이 빌딩의 옥상에서 이아이누키居合拔き[2]와 쿵푸가 뒤섞인 기묘한 트레이닝을 하는 장면을 보아도 알 수 있듯, 이는 어디까지나 그만의 방식이다. 하지만 그는 이를 자신의 생(과 사)의 그때마다의 방침이 될 만한 스타일로 만들어 내고 있는 것이다. 애초 루리와의 관계도 『하가쿠레』에서 촉발된 '주군과 가신의 관계'였다. 물론 그것은 루리가 알 바도 아니었고, 독이 마음대로 '가신'이 되어 행동할 뿐이었지만, 실제 그들의 관계는 우정과 같은 것으로 엮였다고밖에

---

1) [옮긴이] 일본의 고전 중 하나로 사무라이의 무사도를 다루고 있는 책이다.
2) [옮긴이] 한쪽 무릎을 꿇은 채 앉은 자리에서 잽싸게 칼을 빼 적을 치는 사무라이의 무술.

볼 수 없었다. 그러나 독은 이 관계를, '주종' 관계로 해석하며 살고자 한다. 그래서 '가신'인 독은, 마피아 조직을 괴멸시키면서도 같은 무리로부터 배신당해 살해당할 위기에 처한 루리를 구한다. 반면 루리도 마피아의 방식에 따라 '뒷처리'おとしまえ를 하려는 독과 '결투'를 하기 위해 온다. 애초에 루리 자신도 '올드 스쿨'형 인간이라 이러한 삶의 방식(죽음의 방식)밖에 택하지 못하는 것이다. '베스트 프렌드'라는 말과 함께 독은 꼼짝 없이 루리의 총을 맞는다. '주군에 대한 충성'을 끝까지 지키면서.

2. 제로 톨러런스

독의 총에 맞아 빈사 상태인 동료를 차로 나르던 중 경찰의 제지로 잡혔을 때 루리의 대사에는, 특히나 거리에서 살아남아 온 자가 불가피하게 감지할 수밖에 없던 통찰이 담겨 있다. "시내에선 그림자도 볼 수 없더니, 외곽으로 나오니깐 게슈타포 자식들이 찰거머리처럼 달라붙어. 여긴 어느 나라야". 노쇠한 마피아는 자신이 사는 나라가 '게슈타포'의 배치와 행동의 양식에 의해 두 개로 분할돼 있다고 말한다. 대체 무슨 일이 일어났단 말인가? 여기 1999년의 뉴욕을 생각해 볼 필요가 있다.

    1982년 『애틀랜틱 먼슬리』Atlantic Monthly에 한 논문이 게재됐다. '근년 범죄학의 영역에서 가장 영향력이 있는 논문임이 확실'(Young, 1999 : p. 127)하며, 그 후 미국 대도시의 도시정책과 범죄정책에도 막대한 영향을 주게 될 논문. 제임스 Q. 윌슨과 조지 켈링George Kelling이 함께 쓴 「깨진 유리창」Broken windows[3]이 그것이다. 여기서 주장된 내용을 요약하기란 어렵지 않다. 경찰은 '무질서'를 낳는, 소소한 '생활의 질'quality of life과 관련된 위

---

3) 그 후 약간의 수정을 더하여 윌슨(Wilson, 1985)에 재수록 되었다.

법행위라 해도 단속해야 한다. 그렇게 하면 폭력범죄violent crime도 감소할 것이다. "무질서와 범죄는 대체로 밀접하게 연결되어 있다. 이는 이른바 전자가 후자로 발전한다는 것이다. 사회심리학자 및 경찰관은 동의해 줄 것이다. 어떤 건축물의 유리창 하나가 깨진 채 **그대로 방치돼 있으면** 이윽고 모든 창이 깨질 것이다"(Wilson & Kelling, 1982:p. 31). 저자들은 여기서 '생활의 질'을 표적으로 삼음으로써 범죄를 명확히 무질서와 연관 지었다. 거리에서 질서를 어지럽히는 사소한 행위와 무례한 행위incivilities에 관용을 베풀어서는 안 된다. 그런 사소한 행위를 거리에서 일소해 공격성 있는 '걸인' beggars, 노숙인, '매춘부', 주정꾼 등을 처벌해야만 한다. 이것이 거리 안전의 필수사항이다. '범죄는 무질서의 귀착점'이기 때문이다. 또한 그들은 이렇게 지적한다. 사람들의 무법 행위가 무관심 속에서 방치된 근린 주거지구는, "범죄자의 침입을 받기 쉽다". 노상방뇨, 낙서, 주정꾼에 대한 법집행은 치안의 분위기를 조성하여 강간 및 살인과 같은 흉악범죄의 예방으로 이어진다는 것이다. 범죄와 무질서는 여기서 매끄럽게 연속선을 그리게 되는데, 이 발상이 '제로 톨러런스 정책'에 큰 영향을 미치게 된다. 무례한 행위incivilities는 이미 '생활의 질'에 대한 범죄라는 '깨진 유리창'broken windows 테제, 이것이 "미국식 민주적 경찰국가의 발전에 있어 새로운 단계를 열어젖혔다"(parenti, 1999:p. 72).

조크 영은 '제로 톨러런스'라는 콘셉트에 여섯 가지 구성요소가 있다고 말한다.

① 범죄와 일탈에 대한 관용의 정도를 낮출 것.
② 이를 달성하기 위해 징벌적으로 일부 과감한drastic 수단을 사용할 것.
③ 이전의 레벨로 상정되었던 체면respectability, 질서, 예의civility를 회복할 것.
④ 무례한 행위incivilities와 범죄 사이의 연속성을 인정할 것.

⑤ 범죄와 무례한 행위incivilities 사이에 연관이 있다고 믿을 것. 무례한 행위가 방치되면 다양한 형태의 범죄가 생김.

⑥ 이러한 접근법의 발상원은 몇 차례나 언급되듯, 윌슨과 켈링의 '깨진 유리창'일 것.

윌슨과 켈링의 '깨진 유리창' 철학을 실천한 사람이 바로 줄리아니 시장 밑에서 뉴욕시 경찰본부에 취임한 윌리엄 브래튼William Bratton이다.[4] 보스턴에서의 공격적aggressive 예방 단속지도에 착안한 켈링은, 그를 뉴욕시 교통경찰로 끌어들였다. 새로운 직장에서 브래튼은 "이 나라 최초의 제로 톨러런스/QOLQuality of Life 단속을 전면적으로 전개"(Parenti, 1999 : p. 72)한다. 여기서 그는 경찰조직의 대담한 변혁을 꾀했다. 우선 경찰관의 사기를 높이기 위해 수평적이고 탈중심화된 일본식 경영철학을 도입했다. 범죄율 저하의 '순이익·순손실'에 초점을 맞춘 비즈니스 스타일을 도입하고, 조조 미팅 등으로 부하의 사기를 드높였다. "그는 칻랜드에 포스트포디즘을 가져온 것이다"(Parenti, 1999 : p. 71). 이후 브래튼은 사기로 충만한 경찰관들을 거느리고 '지하철 탈환'에 착수했다. 누구로부터의 탈환이란 말인가? 여기서 가장 중요한 적은 노숙인이었다. 격심한 내쫓기 작전으로, 시 당국은 노숙인을 "청소해 버려 미땅한, 마치 눈앞의 거치적거리는 낙서graffiti처럼 다룬다"는 항의의 목소리를 듣기도 하였다. 하지만 이러한 소리도 공식 통계에 근거한 지하철 범죄의 저하라는 '실적'으로 인해 삭제되기에 이른다.[5]

---

4) 윌슨, 켈링 그리고 브래튼 자신도 '제로 톨러런스'라는 용어를 부정한다. 영(Young, 1999 : p. 125)을 참조하라. 또 브래튼 자신의 회고에 대해서는 브래튼 & 노블러(Bratton & Knobler, 1998)를 보라.
5) 1990년의 일사분기에서 1994년의 일사분기까지 지하철에서 일어난 흉악 범죄는 46.3% 저하되었다 (Parenti, 1999 : p. 74). 하지만 이 통계 자체에 대해 그리고 제로 톨러런스 정책과 범죄율의 저하의 상관관계 등 '성과'에 대해서는 다양한 의문이 제시되고 있다. 상세한 설명은 영(Young, 1999 : pp. 121~147)을 보라.

지하철 탈환 작전에 '성공'한 브래튼은 한발 더 나아가 1994년에 취임한 줄리아니 시장 밑에서, 시경찰 수준의 제로 톨러런스 단속policing을 실행한다. 그 목표도 '지하철 탈환'에서 '[도]시 탈환'으로 확대되었다.

줄리아니와 브래튼 콤비는 한 치의 주저함도 없이 '생활의 질QOL 포위망'을 배치했다. '불량배들'이 점령한 뉴욕을 다시금 '탈환'retake한다는 생각 아래, 노골적인 억압의 양상을 드러낸 것이다. 그럼 도시의 탈환 전략은 어떻게 시작되었는가? 몇 가지 예를 들어 보자. 줄리아니-브래튼 블록 작전의 제1막을 장식한 것은 '스퀴지 오퍼레이터'Squeegee operators, 즉 교차로에 정차 중인 차의 유리를 닦아 팁을 받는 이들(대부분이 일자리를 잃은 아프리카계 미국인이다)에 대한 공격이었다. 줄리아니 시장은 그들이 오랫동안 "사람들이 싫어할 언동과 위협을 가해 왔다"는 이유로 극심하게 단속한다. 이와 같은 방식으로 그들 대부분을 추방한 다음 맨해튼의 다리 밑의 판잣집을 소거해 빈자를 [도시]중심에서 떨어진 지역으로 내쫓는 작전에 착수했다. 더욱이, 이 기세를 타고 학교를 나와 어슬렁거리는 학생들을 잡아들이는 작전을 펼쳤고, 성매매와 포르노그래피도 당연히 '생활의 질' 치안의 타깃으로 삼았다. 이들은 치안강화와 새로운 조닝zoning법[지역설정계획법]에 의해 도시의 주변으로 내쫓겼다. 여기에 더해 줄리아니 시장은 나이넥스라는 전화회사에 압력을 넣어, 8,400대의 시내 공중전화를 개조시켰다. 다른 곳에서 전화가 걸려오지 못하게 만들어 마약 거래의 인프라에 타격을 주자는 것이었다. 이러한 변화가 마약 거래에 효과가 있었는지는 그다지 중요하지 않다. 문제는 "바야흐로 곤란한 생활 상태에 놓인 사람들에게 전쟁의 분위기를 전하는 일"이었다. "개조된 공중전화는 **공공공간 및 사회관계를 군사화하기 위한 하나의 방법**이며, 미묘한 방식으로 마약과의 전쟁War on drugs이란 모티프를 일상생활이라는 각본에 도입하도록 강제하는 것이다"(Parenti, 1999: p. 79).

이 단속 정책은 세계적으로 확장되었는데,[6] 이는 이러한 정책의 놀라운 '성과'와 그 범죄율의 압도적 감소 때문이었다. 살인은 1994년에서 97년 사이에 60% 이상 감소되었고, 뉴욕의 총 범죄수도 43% 감소되었다.

하지만 이와 동시에 경찰 만행police brutality에 관한 불만의 목소리도 94년 이래 62% 상승되었고, 줄리아니 시장이 취임한 94년 전반만 해도 46%의 급상승을 보였다. 실제로 특정 소수민족 사람과 지역에서 벌어지는 모든 행위가 처벌의 가능성을 띠게 되었다. 계단에서 맥주를 마실 수 없어졌으며, 음악을 크게 틀거나 보도를 자전거로 이동하는 것도 벌금 또는 체포의 대상이 되었다. 역의 자동 개찰기를 뛰어넘으면 하룻밤 구류당할 수 있게 되었으며, 더욱이 이러한 치안강화의 극단에, 경찰에 의한 에스닉 마이너리티 살해의 급격한 상승이 있었다. 여기에 대한 한 인권옹호단체의 보고에 따르면 1996년 이 단체에 접수된 쟁점 중 경찰의 폭행이 지배적이라고 한다. "경찰에 의한 테러라고 밖에 할 수 없는 사태가 나라 곳곳에서 발생하고 있다. 가장 놀라운 증명으로서, 경찰에 의한 아프리카계 미국인, 라틴 아메리카계 주민, 아시아계 미국인(특히 남성) 살해의 극적인 상승이 이를 뒷받침한다"(Daniels, 2000 : p. 242).

3. '법과 질서'—위기와 비판

1) 모든 권력을 인민에게 All power to the people

제로 톨러런스 '혁명'은 미국에서 60년대 말경부터 시작된 '법과 질서' 정책의 연장선상에 있다고 할 수 있다.[7] '법과 질서' 정책은 1960년대의 위기

---

6) 이 정책은 비판의 목소리가 있었음에도 미디어 전략의 성공도 있어서 세계적으로 어필하고 침투하게 된다. 이것이 영국의 블레어 정권에 끼친 영향에 대해서는 스텐슨(Stenson, 2000)을 참조하라.

에서 그 실마리를 찾을 수 있는데, 당초 그것은 특히 도시폭동과 시민운동의 고양에 대한 상황대응적인 것, 즉 직면한 '위기'에 대한 긴급조치적인 것이었다. 페렌티Christian Parenti의 말을 빌리자면 그것은 다분히 '반혁명적'인 성격을 띤 것이었다. 하지만 당면 위기의 관리수단을 넘어 지속되고 정착된 '법과 질서'의 접근법이 오늘날 그다지 노골적으로 정치적인 것은 아니다. 제로 톨러런스 정책이 미국 전역에 그치지 않고 국제적으로 확장되는 것은, 그것이 일시적 '위기관리' 수단임을 훌쩍 뛰어넘어 일상적 관리형태로서 정착하고 있음을 시사한다(Parenti, 1999 : p. 91). 론 대니엘스Ron Daniels는 이 일상화된 '법과 질서' 정책의 현재적 특질을 '인종적 프로파일링'racial profiling과 경찰의 군사화에서 찾고 있다(Daniels, 2000 : p. 249).

'경찰 만행'의 지속 혹은 한층 강화되는 일상화 그리고 경찰력 행사양태의 '군사화'라는 현상은, 한편으로 '자본의 축적'이란 변화에 대응하는 '인간의 (비?)축적' 중 한 형태라는 전략적 의미를 가진다. 페렌티는 '법과 질서' 접근법의 통상화를, 포스트포디즘적 축적체제의 진행과 이를 촉진하는 신자유주의 경제정책이 만들어 낸 '새로운 과잉인구'(Parenti, 1999 : p. 91)의 관리와 감금이라고 특징짓는다. 현재를 '위기에서 촉발된 구조조정'에서 '구조조정에서 촉발된 위기'로의 이행이라고 특징지을 수 있다(Soja, 2000)면, '법과 질서' 정책은 구조조정의 핵심을 이루고 있는 '인시큐리티' 전략으로 재코드화되고 있는 것이다. 이 전략 속에서 빈곤지역과 게토 공간에 대한 기존의 의미도 크게 변모하고 있다. 종종 '하이퍼 게토'(Wacquant, 1997) 혹은 '실업자jobless 게토'라 불리는 이 변모는, 일찍이 계급 횡단적으로 연대와 아이덴티티 형성의 장, 투쟁 주체의 형성의 장이던

---

7) 또한 일본에서는 폴리차이적 통치 방법이 천황제 아래 강한 지배를 받기도 하여서 '법과 질서'는 특히 더 융합하기 쉽다. 제로 톨러런스 정책과 같은 발상과 실천은 언제나 일본 경찰을 지배하고 있다고 할 수 있으며, 또한 그것에 의해 기존의 '낮은 범죄율'이 유지됐는지도 모른다.

게토의 '대항 공간성'을, 혹은 '하층Subaltern 공공성'마저 해체하고 있다고 평가된다(cf. 酒井, 1997).

반면 이런 현상들은 이전의 연장선상에 있다. 경찰과 흑인 게토의 관계는, 추상적으로 말하면 후술하듯 '벌거벗은 생명'이 주권과 직면하는 장이며, 더 구체적으로는 콜로니얼한 관계가 국내 상황을 향해 포개진 것이라고 표현할 수 있을지도 모른다. 예를 들면, 미국의 흑인 게토에서는 주민과 활동가가 경찰을 '점령군'이라 부르는 게 하나의 전통이다. 로빈 켈리Robin Kelley는 제로 톨러런스 정책에 기반을 둔 경찰 만행이라는 상황을 들어 다음처럼 설명한다.

> 경찰의 존재를 근본적으로 구조화하였던 식민지적 관계는 사실상 아무것도 변하지 않은 채 있다. 배속되어 있는 근린 주거지구와 어떤 유기적 결합도 좀처럼 찾아볼 수 없는 점령군처럼, 이러한 대도시 경찰부대는 과거 제국의 군대로부터 그 어떤 변화도 없이 활동하고 있다. 결국 모든 식민지 신민이 의심스럽다는 것이다. 가난한 유색인 도시 커뮤니티를 위한 일을 수행하는 것이야말로 제일의 임무라 생각하거나, 커뮤니티에 고용되어 있다고 의식하는 경찰을 쉽게 찾아볼 수 없다. 흑인과 라틴계 경찰조차 그러하다. 경찰은 국가 혹은 도시를 위해 일하는 만큼 그들의 임무 또한 범죄화된 인구 전체를 제압해 게토의 카오스를 벽 안에 가두고 더 나아가 그 중 가장 성가신 주체들을 정렬시키는 것에 있다. 그들은 영속적인 전쟁 상태 속에서 활동한다.(Kelley, 2000:p.49)

또 다른 활동가의 보고를 보자. "이너시티 게토에서 자란 우리는 경찰에 대한 공포, 의혹, 불신을 키워 왔다. 왜냐하면 그들은 지나칠 정도로 걸핏하면 우리 커뮤니티를 공포에 빠뜨려 착취하는, 부패한 점령군처럼 행동했

기 때문이다"(Daniels, 2000 : p. 245).[8]

이처럼 '점령군'으로서의 경찰이라는 이미지를 은유 이상의 통찰과 전략으로 끌어올린 이들이 있다. 1960년대 말부터 70년대 초에 막대한 영향력을 띠었던 아프리카계 미국인 급진파radical 블랙팬더당이 그것이다. 팬더당은 프란츠 파농Frantz Fanon의 영향을 깊이 받아, 도시의 흑인지역 내 경찰력 행사가, 파농이 그린 식민지 권력의 작동양식과 동질의 것이라고 주장했다(Cleaver, 1968 ; Seales, 1997 ; Fanon, 1961). 팬더당은 의도적으로 경찰과 적대하며 내전적 분열로까지 그 대립을 고차화시킴으로써 국내의 게토가 점하는 위치의 특이성 ——식민지적 성질—— 을 사회에 들춰냈다.

푸코는 1970년대, 고고학에서 계보학으로, 권력과 앎이 엮어 낸 장치의 편성에 대한 분석법으로 나아가면서 『감시와 처벌』을 집필했다. 그것은 실로 닉슨 정권의 역류backrush, '법과 질서'의 고함소리怒號가 몰아치던 세대, 경찰력의 막무가내식 동원과 강화가 허용된 시대 속에서의 일이었다. '2장'에서 언급하였지만, 푸코는 후에 테러리즘과 그것이 초래한 계엄령적 분위기 속에서 "앞으로 시큐리티가 법을 능가한다"고 표현한다. 비교적 온건한 복지국가의 법 규범(시큐리티장치 편에 있는)에 의한 '식민지화'와, 경찰이 보여 준 크고 작은 '폭력적' 규범에 의한 무법지대 상태가, 같은 지평에서 포착되고 있다고 해도 좋을 것이다. 여기서 베버리지William Beveridge와 칼 슈미트Carl Schmitt를 같은 지평에 놓고 볼 필요가 있는 것이다.[9]

---

8) 또 엘리스 케시모어(Ellis Cashmore) 등은 영국의 맥락에서, 현대의 치안(policing)이 이너시티에 대해 행사되는 모습을, 18세기부터 19세기 전반에 걸쳐 '치안(policing)의 실험장'이었던 아일랜드의 식민지 지배에서 보고 있다(Cashmore & McLaughlin, 1991 : p. 29).

9) 일본의 경우 이 '모순'은 헌법학에서의 '공공의 복지'론에서 명확히 드러나 있다. 히구치 요이치(樋口陽一)의 지적에서 볼 수 있듯, 독일 국법학에서 복지국가(Wohlfahrtsstaat)라는 관념은 반입헌주의, 반법치주의의 맥락에서 의식되어 왔지만 일본에서는 이 경계가 희박하며(樋口, 1994 : p. 137), '복지'에 대한 낙관적 견해에 의해, 전후 헌법 해석학에 있어서는 헌법 12조와 특히 13조를 통해 '공공의 복지'의 제약이 명시되어 있는 항목(22조 1항과 29조)을 넘어서 인권 일반이 '공공의 복지'의 제약에 복무한다는 해석이 통설이 되었다고 한다.(樋口, 1994 : p. 134) 히구치는 1950년대부터 60년대에 걸친 일본의 개헌 주장이 복

그런데 팬더당의 투쟁과 탄압으로 상징되는 시대상황은, 푸코의 권력론의 구상 속에 분명히 새겨졌다. 다니엘 드페르Daniel Defert의 「연보」에 따르면 다음과 같은 사실을 확인할 수 있다. 1968년에 푸코는 블랙팬더당의 문건을 읽고 감명을 받아 이후 계보학의 권력론을 이와 포개었다. "그들은, 맑스주의적인 사회이론에서 해방된 **전략적인** 분석을 펼치고 있다". 또 푸코는 감옥을 둘러싼 투쟁에 가담하던 중 팬더당원이던 수형자 조지 잭슨의 투쟁과 참살에 관심을 기울였다(Defert, 1994 : p. 33).[10] '법과 질서'의 폭주가 분쇄하려 했던 투쟁과 문제화의 장에 푸코는 적극적으로 들어서고 있던 것이었다.

팬더당은 이론과 실천 모두에서 주류 맑스주의를 뛰어넘어 투쟁의 새로운 주체를 발견하고자 했다. 아니, ['주체'라는 말보다는] 맑스주의에서 말하는 계급보다 훨씬 유동적이고 경계가 분명하지 않다는 의미에서 '비주체'라고 하는 편이 나을지도 모르겠다.[11] 이를 팬더당은 '룸펜 프롤레타리

지를 명목으로 내걸고 있었음에 주의를 요구하고 있다. ①국가권력에의 구속을 핵심으로 하는 입헌주의의 요청을 부정 — 혹은 적어도 상대화 — 하기 위해 국가의 복지 기능을 대치한다는 발상, ②권력에의 구속이라는 입헌주의의 요청을, '유치한 사회'(幼稚ナル社會)의 뒤처진 발상으로 평가하고 그것에 대항하는 주장을 현대적인 것으로 보여 주는 수법(樋口, 1994 : p. 124)을 취했다.
이 '공공의 복지'론이 문제가 되는 것은 또 하나, 경찰의 맥락에 있다. 즉 '경찰권의 한계'를 설정한다는 곤란한 문제이다. 지금 언급한 헌법론적인 문제는, 여기에서 '공안'의 이름으로 기본적 인권의 침해 문제로서 니타니곤 했다. 그것은 전후 일관되게 제기되어 온 과제이지만, '공공의 복지' 중 '공안' 개념을 끌어넣음으로써(奧平, 1979 : p. 15) '경찰권'은 팽창되어 왔다. 오쿠이라 야스히로(奧平康弘)는 "국가적 공안이 설정될 때에는 '공안을 상대로 **해를 입힌** 행위'가 아니라 '공안을 상대로 해를 입힐 **우려가 있는 행위**'가 단속 대상이 된다고 한다. 즉 기수(旣遂)가 아니라 미수(未遂)이다. 그리하여 공안 개념의 애매함과 이에 더하여 그 우려라는 매개항의 개입으로 인해 치안 대상은 인간의 행위의 외형에 그치지 않고 행위의 원인에 이르며 결국에는 행위 뒤에 숨어 있는 이데올로기까지 뻗어나간다. …… 그리고 마지막에는 공안의 유지라는, 본래 소극적인 작용일 수밖에 없는 경찰 기능이 언제부터인가 **새로운** 공안의 **창설**이라는 적극적인 작용으로 전화할 위험이 지적된다(奧平, 1979 : p. 18).
10) 푸코는 들뢰즈 등과 함께 갈리마르 사의 '참을 수 없는 것'(Intolérable) 총서의 한 권으로 미 당국을 고발하는 책, 『조지 잭슨의 암살』(L'assassinat de George Jackson, 1971)을 출판하였다. 또 조지 잭슨이 '비행자'에서 '혁명가'로의 변모를 수행해 가는 과정에 대해서는 잭슨의 책들을 참조하라(Jackson, 1990 : 1994).
11) 애초 맑스의 『루이 보나파르트의 브뤼메르 18일』에서 유명한 '룸펜 프롤레타리아트'라는 (경멸적인) 규정도, '확실하지 않은, 산산이 흩어진, 여기저기로 흘러 다니는 대중'이며, 윤곽이 명확한 여타 계급으로부터의 잉여, "온갖 계급의 쓰레기, 찌꺼기"로 인식되었다(Marx, 1852 = 1992 : 339쪽).

아트'라고 명시했다. 블랙팬더당의 '국내식민지' 투쟁은 파농이 제3세계의 혁명 주체로(농민과 함께) 규정한 '룸펜 프롤레타리아트'의 논의에 깊이 영향을 받고 있었다. 거칠게 말해 팬더당의 전략은, 아프리카계 미국인의 도시 봉기를 제3세계의 독립투쟁이라는 물결 안에 위치시켜, 흑인 게토를 '국내식민지'로 상정해 투쟁을 구축한다는 것이었다. 파농은 다음처럼 말했다. "봉기가 도시에서 발견해 낸 창날은, 이 대중, 이 슬럼가의 민중, 이 룸펜 프롤레타리아트의 내부에 있다. 룸펜 프롤레타리아트, 부족과 떨어지고 동료와 떨어진 이 굶주린 자의 무리는, 식민지 원주민 중에서 가장 자발적이고 동시에 가장 급진적인 혁명세력을 구성하고 있다"(Fanon, 1961:p. 74 = 2004: 137~138). 미국 대도시의 흑인 게토를 '국내식민지'(혹은 '신식민지'neocolony)라고 규정하는 것은 동시에 투쟁의 주체를 '룸펜 프롤레타리아트'로 설정해 전략을 구축하는 것으로 귀착된다(Cleaver, 1968; Seale, 1997). 실제로 어느 논자가 지적하듯, 이 '국내식민지론'에는 공간과 인구, 착취와 관련해 유추analogy 이상의 것이 있다. 게토화/식민지화된 지역은 사회적/세계적 잉여의 공유에서 배제되어 있으며, 이곳은 오히려 영원한 준영속적 초과착취, 실업, 저개발의 장 그리고 합법과 비합법의 폭력이 집중되는 장이 된다(Singh, 1998:p. 79). 이 비전은 후술하듯이 네이션을 양분해서 파악하도록 강요하고 있는 것이다.

블랙팬더로 대표되는 선진국의 도시봉기는 권력 분석을 '내전'의 이미지로 뿌리내리게 하려는 계보학의 당초 시도와 이어질 것이다(Defert, 1994:p. 38). 룸펜 프롤레타리아트를 실마리로 확대될 연대와 그 궤적에서 생성되는 어떤 '(비)주체'의 구축은('모든 권력을 인민에게'All power to the people), 백년 이상의 장기 지속으로 침전되던 하나의 전략의 효과인 '계급조성'class composition의 군건한 선분을 풀어헤치며, 부드러운 전략의 차원에서 충돌한다. 이로 인해 권력과 그에 맞선 저항은 불가피하게 이른바 끝없

는 '내전'과 같은 양상을 노정하게 되는 것이다.[12]

블랙팬더당이 투쟁의 실마리가 되는 주체로 설정한 '룸펜 프롤레타리아트'는, 푸코의 어휘 체계로 말하자면 '비행자'délinquant와 매우 근접한다고 할 수 있다. 푸코가 맑스주의적이라고 형용한 분석이 전략적이지 않은 것은, 계급의 존재를 역사의 법칙과 연결하는 유형의 분석이기 때문이다. 반면 흑인 게토를 터전 삼아 (반)영구적 실업자, 갱, 호객꾼, 허슬러, '매춘부' 등 '애매'한 집합체를 저항의 주체로 상정할 수밖에 없었던 블랙팬더당은, 비교적 큰 단위segment인 계급 그 자체의 윤곽을 생성하는 권력의 전략에 직면할 수밖에 없었으며, 실제로 이런 전략의 수준에서 지배의 형태와 대치했다. [따라서 그들은] 맑스주의를 보다 전략적인 목표에 종속시킬 수밖에 없다.[13] '1장'에서 지적했듯, 푸코는 파농과 블랙팬더당이 룸펜 프롤레타리아트로 보았던 층을 대부분 '비행자'의 범주에 중첩시키며, 프롤레타리아트와 룸펜 프롤레타리아트의 구분을 권력의 전략에 따른 귀결로 파악했다. 이때 규율권력의 기술은 보다 거시적인 계급에 관계되는 전략 위에서 코드화되었다. 즉 규율권력은, 부르주아지의 전략에 기반을 두어 '위험한 계급'으로부터 '고상'respectable하고 통합된 노동자층을 분리하는 중요한 역할을 수행했다. "…… 프롤레타리아가 있고, 그 다음에 이 같은 주변적 존재가 있다고 해서는 안 됩니다. 하층민/평민la plèbe 전체 무리 속에, 프롤레타리아트와 프롤레타리아트화 돼 있지 않은 평민plèbe을 구별하는 단절이 있다고 해야 할 것입니다. 경찰, 사법, 형법체계 같은 제도들은, 자본주의가 필요로 하는 이 단절을 끊임

---

12) 이러한 팬더당의 분석과 전략 이전, 말년의 맬컴 X가 새로운 전투의 주체와 그게 걸맞은 새로운 '권리'를 뉴욕의 게토지역과 아프리카를 횡단하면서 모색했다는 것은 새겨 둘 만하다. 『자서전』과 함께 브라이트만(Breitman, 1967)을 보라.

13) 당시 팬더당의 리더 중 한 사람이던 보비 실의 다음의 말을 보라. "룸펜 프롤레타리아인 아프리카계 아메리카인들이, 블랙팬더당의 이데올로기를 하나같이 내걸고 있는 모습을 맑스와 레닌이 보았다면, 그들은 무덤 속에서 놀라 뒤집어졌을 것이다"(Seale, 1997:p. 4).

없이 깊숙이 각인시켜 가기 위한 일련의 수단 중 극히 일부일 뿐인 게 아닐까 생각합니다"(1972b : p. 334). 따라서 특히 68년 5월 이래, 새로운 투쟁이 공격 목표로 취한 체제는 어떤 권력의 전략적 귀결로서의 계급조성 전체인 것이며, 계급을 투쟁의 주체로 설정하는 데서 시작하는 것은, 새로운 투쟁들의 충동이 권력의 전략 효과——계급조성 안으로 봉합되어 버린 대립——를 뛰어넘는 장소를 향하고 있는 그 추동력을 오해하는 꼴이 된다. 푸코는 68년 5월과 그 후의 사회적 투쟁을 활성화시킨 큰 동력 중 하나로, 규율권력에 대한 저항을 꼽는다. 19세기부터 규율 기술을 활용한 전략 때문에 장기지속되던 계급조성을, 이 투쟁이 다시 한 번 해체하게 만들 것이라는 비전을 가졌던 것이다. 미국의 도시 상황과 파농을 접목한 블랙팬더당의 '전략적 분석'의 비전도 실로 여기에 있다고 할 수 있다. 블랙팬더당에게 **정치적 전략으로서 범죄**는, 규율과 더불어 주권의 행사가 (경찰을 통해) 항상 행사되고 있는——저강도의 분쟁상황 속에 있는——게토 지역의 상황에서 중대한 의미를 띠고 있었다. "오늘, 우리가 실제로 보고 있는 것은, 프롤레타리아트의 한 부분과 주변적 주민 속의 통합되지 않은 부분이 차츰 관계를 회복해 다시금 손을 맞잡는 모습이라 할 수 있을 것이다"(1972a : p. 303). 해체로써 드러나기 시작하는 집합성, 그것은 푸코에게 근대사회의 저항과 투쟁이 언제나 끊임없는 힘의 원천임을 연상시키는 장소였으리라. 푸코가 프롤레타리아트와 룸펜 프롤레타리아트로 분리할 수 없는 장소에서 역사적으로 발견해 낸 실재는, 이후 보다 추상적으로(애매하게) 언급되는 불가사의한 운동을 확신시키는 원천이었던 것이다. 언제나 주변으로 빨려 들어가는 '탈중심적 운동'처럼 (사회적 실재는 아닌) 저 신비한 '평민(plèbe)적 부분'——평민성('la' plèbe)이 아닌 평민'적인 것'('de la' plèbe).[14] 이 발상은 후

---

14) 자크 랑시에르와의 인터뷰 당시의 유명한 발언이다. "평민성('La' plèbe)은 아마 존재하지 않을 테지만

에 보게 될 집합적 존재성——통합에 저항하는 '통치당하는 자'를 말하는 것인가——에 의한 전면적 봉기에 대한 푸코의 확신("사람들[인민]은 봉기한다, 이는 사실이다")과 서로 반향反響되고 있는 것은 아닐까?

2) 법이냐 질서냐——영속적 현재로서의 위기

이러한 시대상황이 『감시와 처벌』 전체에 영향을 미쳤다고 해도, [그 중에서도] 그것이 무엇보다 현저하게 드러나는 부분은 '비행성'을 둘러싼 논의이다. '비행성'이라는 비물질적 실재를 생산하는, 사법장치와 감옥장치라는 두 가지 이질적인 장치가 교차하는 공간에 착목한 푸코의 『감시와 처벌』 제4부의 주장에는, '법과 질서'의 고함소리가 그림자를 드리우고 있다. 그것은 '법과 질서'의 불가능할 것 같은 복합체이다. 이를 추급하기 위해 「레몬과 밀크」("Le citron et le Lait")라는 제목의 서평을 그 단서로 삼을 수 있다. 이 제목은, 홍차를 주문할 때 '레몬티'냐 '밀크티'냐라는 물음에 대한 응답을 염두에 두고 있다. '법과 질서'라는 슬로건은 마치 '밀크와 레몬' 양쪽 모두를 차에 타 마시는 것과 같다. 푸코는 사법장치의 기구를, '엉망이 된 톱니바퀴, 무엇 하나 전달하지 않는 벨트, 눈살을 찌푸리게 하는 기어 투성이 저 기계장치'라고 묘사한다. '잘 안 풀리는' 모든 것이, 결국에는 '잘 풀린다'. 이른바 '무질서가 '질서'를 낳는다'(1978g :p. 697). 사법의 무질서는 어떤 것을 만들어 낸다. 그것은 '사회질서'이다.

'평민적인 것'('de la' plèbe[어느 정도의 평민성——인용자])은 존재한다. 여러 신체와 여러 영혼 속에 어느 정도의 평민성은 있다. 그것은 어느 정도 개인들 속에도, 프롤레타리아트 속에도 있으며 부르주아지 속에도 있다. …… 이렇게 평민(plèbe)적 부분은 권력 관계의 외부라기보다 그 한계이며, 그 이면이며, 그 반동인 것이다'(1977i :p. 421). 이 권력의 구심력에 대해 항상 원심력으로 작동하는 운동으로서의 평민(plèbe)적 부분을 감소시키는 방법 중 하나가 평민(plèbe)적인 것을 평민(plèbe)적인 것으로서 활용하는 방법, 즉 '비행자'를 활용하는 방식인 것이다.

18세기와 19세기가 희망했던 것과는 반대로, 법과 권리^{droit}라는 건축물은, 그와 동시에 질서의 기구일 수는 없었다. '법과 질서'^{Law and Order}는 단순히 미국 보수주의의 표어이기만 했던 것은 아니다. 그것은 교잡^{hybridation}에 의해 태어난 괴물이었다. 인권을 위해 싸우는 사람들 모두 이를 잘 알고 있다. 이를 잊어버리는 자들에게 필립 뷔샤^{Philippe Buchez}는 그 기억을 상기시키리라. '밀크냐 레몬이냐'라는 말과 마찬가지로, 우리는 '법이냐 질서냐'^{la loi ou l'ordre}라고 말하지 않으면 안 된다. 이 양립불가능성에서 미래를 위한 교훈을 이끌어내는 것은 우리다.(1978g:p.698)

더욱이 푸코는 말년에도, 폴리차이가 체현하는 근대적 정치합리성과 관련해 이에 대해 다음과 같이 말하고 있다. 개별화와 동시에 전체화를 꾀하는 권력이기에 더욱 "어째서 법·권리와 질서의 이율배반이 근대의 정치적 합리성을 가능하게 하는가를 알 수 있다"(1988b:p.827). "정의상 법·권리^{droit}는 항상 사법 시스템에 귀속돼 있다. 반면 질서는 행정 시스템, 국가의 특정 질서[치안—인용자]에 귀속시킬 수 있다". 하지만 그렇다 해도 "법과 질서를 화해시키는 것은 불가능하다. 왜냐하면 그렇게 하기 위해 노력해 봐도, 국가 질서 속에 법을 통합하는 형식으로밖에 행해질 수 없기 때문이다"(1988b:p.233). 즉 법과 질서는 화해하려 노력해도, 질서 안에 법이 종속되는 길밖에 나올 수 없는 것이다. 이처럼 푸코는 '법과 질서'의 계보를 거슬러 올라감으로써, 자명하다고 여기던 둘의 연결^{coupling}을 해체하려 한다. 이는 당시 푸코가 이론적 전위^{轉位}를 새겨 넣은 지점이기에 중요하다. 보다 상세히 후술해야 하겠지만, 법과 질서라는 이항의 양립불가능성을 저항의 기점으로 삼아야 한다는 발상은, 당초 푸코의 권력론에서 바로 도출된 것이 아니라, 권력론에서 통치성론으로 이동하면서 명확해진 것으로 보인다. 이 움직임에서 푸코의 자유주의론은 중요한 의의를 가질 것이다. 무릇 법과 질서의 이율배반을 첨예화시키는 것은 자유주의이다. 하이에크를 참조해 보면, 절대주의 운동은 중세 초기적인 '법의 지배'의 파괴과정이며, 이는 또한 주권 아래에 법을 종속시키려는 움직임이었다(Hayek, 1960; 1978). 푸코는 근대의 정치적 합리성을 '전체적이고도 개별적'인 형태라고 정리했다(1981a). 이 강의 중 신자유주의에 대해서는 '과잉통치비판'에서 칸트 등을 약간 언급했을 뿐 대부분 생략하고 있다. 근대의 정치적 합리성은, 사목권력이 근대 주권국가로 통합되는 그 계기를 형성의 지표로 삼고 있다. 주권 밑으로 통합된 사목권력, 이를 체현하는 것이 바로 폴리차이, 폴리스이다. 다양한 이해와 성향을 지닌 개인들을 전체로 통합하는 것은, 사목권력이 국가이성과 그것이 개별 주체(신민)인 인구에 대한 포괄적이고 상세한 앎과 기존의 프로그램으로 번역된 폴리차이학을 통해 주권으로 코드화됨으로써 가능하게 된다.

그러므로 폴리차이 체제에서 '법과 질서'는 거의 일치했으며, 적어도 첨예하게 문제화되는 일은 없었다고 볼 수 있다. '국가이성'은 이른바 통치적 합리성을 주권의 장치 속에서 다시금 파악한 것이며, 거기서 주권과 통치는 무리 없이 공존하는 것으로 받아들여졌다. 이미 '1장'에서 언급했지만, 폴리차이학에서 국가는 통치되어야 할 자에 대한 적절하고 상세한 앎 그리고 자신에 대한 앎을 가지고, 그 기초 위에서 이익과 손해에 따라 현실 속에 법과 규율을 적용해 방향과 형태를 부여한다. 이러한 통치 대상을 향한 편집증적paranoiac 지배의 '망상'이 폴리스 국가(경찰국가)의 실천을 규정하고 있었다. 국가이성론과 폴리차이학에서 앎과 통치, 법과 질서는 직접 통합되어 있던 것이다. 하지만 이는 단지 '꿈'에 불과하다. 푸코가 말하듯, 법과 질서는 17~18세기에 이미 '꿈'이었다. 하지만 그 어긋남은 법치국가에서처럼 정치적으로 첨예하게 문제화되지 않았다. 기능적인 어긋남, 즉 주권자의 형상과 결부되는 법, 포고, 명령이 자본제가 추진하는 동태에 맞지 않게 되었다는 의미에서의 어긋남인 것이다. 여기서 권력 기술은 폴리차이의 주권 및 그와 관련된 수단——법, 포고와 같은——으로부터 자율화되어야 한다. 이 자율을 받쳐 주는 것이 자유주의적 합리성인 것이다. 일반적으로 절대주의체제에서 근대 법치국가 체제로의 이행에 대해서는, '경찰국가에서 입헌·사법국가로'라는 구도로 그려지며 그 단절이 강조되지만, 푸코의 입장은 여기서 단절과 연속성을 [동시에] 발견해 내는 것이다. 혹은 자유주의 강의에서 푸코가 연속성 안에 단절의 국면을 새겨 넣었다고 할 수 있지 않을까.

그런데 잠시 되돌아가 보자. 이 책은 70년대 '위기의 시대'로부터 출발했다. 조지 잭슨의 암살도, 그 후의 아티카 형무소 폭동도, '법과 질서'의 고함소리도 경제위기, 정치위기, 문화의 위기 등 전반적인 '위기의 시대'라는 분위기 속에서, 그리고 이 분위기를 양성하는 과정에서 생겨난 사건이다. 하지만 푸코 자신은 '위기'를 진지한 분석적 용어로 인정하지 않았다. 푸코는 '위기'라는 개념이 정치적 입장의 좌우를 불문하고 유행되던 시기에, 이 개념에 대해 흥미로운 언급을 했다——"정치란 다른 수단에 의한 전쟁의 연속이다"(1975a).

푸코가 볼 때 당시 유행하던 '위기' 개념은, 현재에 대한 분석 도구의 부재를 호도하기 위한 구실에 지나지 않았다. 더욱이 위기란 변증법적 '모순' 개념과 뗄 수 없는 관계이다. 모순에서 발전된 과정이 이윽고 마침내 위기를 수습한다는 식으로 말이다. 하지만 여기에는 오류가 있다. 오히려 위기란 '영속적 현재'이며, 서양의 근대에서 사람들이 위기를 생생히 감지하면서 살지 않은 적은 없었다. 위기는 근본적으로 이질적인 두 특정 시기 사이를 가리키는 것이 아니라, 오히려 일상 그리고 근대 전체와의 관련 속에서 다시금 자리매김된다. "실상 사람은 힘관계의 어떤 변화로 들어서고 있다. 하지만 이 위기 관념으로, 인간은 단순히 이 변화에 대해서가 아니라 다른 것에 대해 말한다. 인간은 역사에 있어 강도의 한계점을 겨냥해, 그 역사에서 전쟁이 정치의 연속이라고 보지 않고, 정치가 다른 방법에 의한 전쟁의 연속임을 염두에 두는 일"이 필요한 것이다.

여기서 푸코의 말은, 권력을 전쟁모델로 파악할 것을 제기했던 1976년의 강의 내용을 떠올리게 한다. 정치가 끊임없는 전쟁상태라는 점을 통해, 푸코는 정상적 상태와 위기, 예외상태를 대치시키는 발상을 피하고 있었다. 이는 홉스가 말하는 자연상태, "만인에 대한 만인의 전쟁"을 방불케 한다. 그럼 푸코는 홉스주의자였는가?

J. A. 밀레의 다음과 같은 물음에 푸코는 전형적으로 홉스주의적(니체가 가미된)인 회답을 한다. 밀레는 다음처럼 물었다(「미셸 푸코의 게임」). "요컨대 당신이 말하는 서로 대립하는 주체란 누구입니까?" 이에 푸코는 다음과 같이 회답했다. "이는 가설에 지나지 않습니다만, 만인이 만인에 대립한다고 해둡시다. 주체는, 즉자적으로 주어진 형태로, 한편에 프롤레타리아트 다른 한편에 부르주아지라는 식으로 존재하지 않습니다. 누가 누구에 대하여 투쟁하는지 묻는다면, 우리는 모두가 모두에 대해 투쟁하고 있는 것이라고 대답해야 합니다. 그리고 우리 안에서 항상 무언가가 우리 안의 다른 무언가에 대해 투쟁하고 있는 것입니다". 나아가 최종요소는 개인이라 해도 좋은가라고 추궁하는 밀레에게 푸코는 이렇게 답한다. "그렇습니다. 개인입니다. 더 나아가 개인-이하sous-individuals이기까지 한 것입니다"(1977c:p.311).

하지만 푸코의 의도는 정치와 전쟁을 단락短絡시켜 사회 전체를 전쟁의 영속적 행사의 장으로 파악하는 데 있다. 따라서 이 전쟁은 현실의 전쟁이라야만 한다. 이에 비해 홉스의 전쟁은, '이론상의 전쟁'이며 '철학자의 전쟁'이다. 홉스가 말하는 만인의 만인에 대한 전쟁은, 실상 정치가 전쟁에 기반을 두지 않음을 보여 준다. 즉 정치란 전쟁의 중단, 전쟁 정지를 통해 비로소 설립되는 것이다. 홉스라는 사상가가 볼 때, 전쟁은 정지할 수 있는 것이며, 전쟁상태를 끝맺는 것이 정치권력의 과제이다. 더욱이 이 전쟁의 종언은 결코 한 쪽의 다른 한 쪽에 대한 승리도 정복도 아니다. 역으로 이 전쟁은 결코 출구를 가질 수 없으며, 그로 인해 정치적 지배를 전쟁, 즉 힘 관계 위에 놓고 보는 것이 불가능하다. 게다가 이 지배의 기원에는 다른 것이, 곧 사법적 행위, 사회계약이 필요하다.[15] 따라서 계약과 주권의 철학적 – 사법적philosophico-juridique 전통 속에 홉스는 붙들려 있다.

　푸코는 이미 니체의 압도적 영향 속에 있는 『감시와 처벌』에서 잠재적으로 전개되던 권력의 전쟁모델을 다듬어 완성시키는 과정에서, 그 기원을 서양 근대의 여러 인종간 전쟁의 담론에서 찾으며 하나의 좌절에 맞닥뜨린다. '2장'에서 살펴본 것처럼 1976년 강의 중 하나도 그 목표는 전쟁 가설의 계보학을 진행시킴과 동시에 그것을 다듬어 완성시키는 것이었다. 푸코는 17~18세기의 권력을 전쟁모델로 고찰한 몇몇 사람을 꼽고 있다. 영국에서는 쿡Edward Coke이나 릴번John Lilburne, 프랑스에서는 블랑빌리에Henri de Boulainvilliers가 그 예이다. 이들은 국가의 역사를 역사적 정복이라는 관점에서 다시 쓴 자들로, 그 특성은 여러 인종의 전쟁에 대한 담론에서 찾을 수 있다. 이 담론은, 주권국가에 봉사하는 역사적 담론에서 표상/대표되는 권력의 단일적 파악, 왕을 정점으로 한 사회체를 커다란 위계로 그려 내는 담론에 대한 최초의 '대항–역사'contre-histoire이다. 푸코가 강의에서 시사했던 이들 담론은, 자연법의 허구성과 법의 보편주의에 대항하여 정복의 역사를 내세우고 있다. 사회의 기원에 있는 것은 전쟁이지만, 정복의 역사가 그려 내는 항쟁은 홉스의 사회계약론처럼 주권에 수렴되어 회유되는 일이 없다. 자연권의 이양에 의한 평화의 확보 등의 이치는 픽션일 수밖에 없으며, 사

---

15) 푸코의 홉스론은 더욱 상세히 검토돼야 할 필요가 있을 것이다. 우선 1976년 강의(1997:pp. 75~96＝1998:111~136쪽)를 참조하라. 또 홉스 연구자에 의한 푸코의 홉스론 검토(Zarka, 2000)도 참고가 된다. 파스키노(Pasquino, 1993)는 비판적인 검토이다.

회는 항상 두 인종 간의 전쟁으로 관철돼 있다. 역사의 끊임없는 씨줄로서의 전쟁이라는 관념은 여러 인종의 전쟁이라는 형태로 나타나(이후 모든 사회적 전쟁의 형태가 참조하는 매트릭스가 된다), 사회체를 이원적 대립 도식으로 파악하는 방법을 제시한다(1997 = 1998).

이 강의는 '2장'에서 말한 것처럼 '대항-역사'가 이윽고 역사의 핵심에 편입되면서 생명권력의 선 안에 포착돼 '국가인종주의'로 전환하는 길을 걷는다고 말한다. 하지만 푸코는, 권력론에서 하나의 좌절과 조우하고, 후술하듯 전쟁모델 그 자체에서 탈각해야 한다고 생각하게 된다. 그러나 여기서는 푸코가 정치를 전쟁의 연장으로 파악함으로써 위기와 상태常態, 혹은 예외상태가 언제나 정상적인 상태라는 형식의 분석을 계획했다는 점을 확인하는 선에서 그치고자 한다. 나는 이와 같은 발상의 배경에 몇몇 구체적 장면이 상정돼 있으리라고 본다. 우리는 그것을 다음과 같은 장면의 예를 통해 보고자 한다.

4. '개'의 예외상태

일찍이 한나 아렌트는(Arendt, 1951 = 2006), 민족-영토-국가의 삼위일체로부터 방출된 '난민과 무국적자 대군大群'의 배출排出이라는 제1차 세계대전의 상황을 돌아보며 다음과 같이 지적하였다. 대량의 무국적자, 망명자의 출현에 따른 예외상태에서 "무국적자의 감시를 맡은 경찰의 권력영역의 비정상적인 확대"가 있었다. 이때 경찰로 하여금 '자신의 행동지침이 되는 규정을 스스로 정하고, 사람들에게 직접 명령하고 지배하는 권한을 쥐도록 하는 게 허용된 경우는, 서구 역사상 처음이었다. 망명자 건에 대해 경찰은 이미 법 집행기관도 아니고 다른 정부기관 밑에 있는 기관도 아니었으며 완전히 독립된 채 행동할 수 있었다. 법과 정부로부터의 이런 해방의 의미는, 국내 무국적자의 증가가 경찰의 권력영역을 부단히 확대시킴에 따라 갈수록 중대해졌다. 망명자가 새로이 국경을 넘어올 때마다, 국가 안의 이 보이지 않는 국가의 인민[경찰의] 수는 자동적으로 증가했다. **보이지 않는 경찰국가**가 수치상 커지면 커질수록, 법치국가가 아닌 경찰국가에 사는 사람이 증식하면 증식할수록 …… 나라 전체가 경찰국가의 지배에 빠질 위험성이 당연히 증대됐다"(Arendt, 1951=2006: 519~520쪽).

아렌트는 여기서 '서구 역사상 처음'이라 말하고 있지만, 이는 적어도 오독일 것이다. 위의 인용에서 '국가 안의 보이지 않는 국가'로서 경찰국가라는 아렌트의 표현은 매우 시사적이지만, 법치국가가 예외적 상황에서 경찰국가로 이행하는 것이 아니라, 법치국가에는 경찰국가라는 '보이지 않는 국가'가 항상 포개져 있는 것이다. 자유주의가 안쪽에서, 폴리차이의 정치적 합리성에 연속성과 절단을 도입했다면, 폴리스국가는 법치국가와 겹쳐져 있다. 이 말은 요컨대 정상상태가 있고 예외상태의 시기가 있는 것이 아니라, 정상상태가 예외상태를 내포하거나 포개는 장을 가지는 것이라고 할 수 있다.

예외상태, 비상사태로 드러나는 공간은 실로 '법과 질서'의 공간, 보다 정확히 말하면 법(사법적 시스템에 속하는)이 질서(시큐리티의 장치가 관여하는)에 통합·흡수되고 마는 장이라 정의할 수도 있다. '공안' 유지를 명목삼아, 경찰이 자유로이 법을 형성하며 돌아다닐 수 있는 장, 스스로 나서서 법이나 명령을 형성하며 단속하는 벌거벗은 생명과 주권이 직접 대면하는 장이며, 국경 안에 그어진 국경인 것이다.

우리는 '1장'에서 언급한 하이에크의 논의와의 관계 속에서 이 사태를 다음과 같이 정리할 수 있지 않을까? 푸코는 "서양에서 법·권리droit는 왕의 명령commande의 법·권리"라고 말했다. 한편 하이에크는 명령과 (추상적 규칙으로서의) 사법을 엄밀히 구별하는 한편 사법과 명령을 연속성의 측면에서도 파악하고 있었다. 사법은 그 내용을 특정화함으로써 차츰 명령으로 이행된다는 것이다(Hayek, 1960). 하이에크라면 절대주의 왕제를 두고, 법을 주권자의 명령으로 재편시키는 움직임이라 말했으리라. 입법권력과 집행권력이 하나로 결합되는 것처럼, 자유주의 이후 근대사회는 이러한 결합을 예외상태 이외에는 허용하지 않는다. 하지만 경찰은 그 기원(폴리차이)으로 인해 **입법권력과 집행권력이 융합되는 계기를 내포하고 있다. 경찰이 그 대상을——특히 비상사태, 예외상태에서——거의 무한으로 넓히는 것은 이때문이다. 자유주의자로서 하이에크의 평생의 적인, 칼 슈미트는 이 구분을 역순으로 더듬어 간다. 슈미트에게 '예외상태'란, 사법이 명령으로 치환되는 상태이며, 이 명령이야말로 주권자 본래의 몫이다. 푸코와 달리 슈미트로서는, 법이 아니라 이 명령이야말로 주권과 하이픈으로 연결되어야 하는 것이었다.[16]

예외상태와 정상상태는 푸코의 『감시와 처벌』 중 한 인물의 형상에서 중첩된다. 그것은 '밀고자', '프락치' 이른바 '경찰의 개'(주구走狗, indic)의 형상이다. 앞서 푸코가 소개한 「레몬과 밀크」에서 '무질서로부터 질서의 형성'이라고 했던 것은, 이 '주구'의 탄생을 두고 한 말이기도 했다. 이 '개'의 형상이 여기서는 영속적 예외상태를 표현하는 데 무엇보다 적절하다.

하지만 이 '개'는 이른바 '무법자'outlaw인 걸까? 그렇다고 할 수도 있지만, 문제는 다소 복잡하다. 엄밀히 말해 근대사회에서 '무법자'는 존재할 여지가 없다. 이 '개'는 어떤 의미에서 법의 중심에 있는 것이다. 하지만 모순적이게도 이는 법 바깥에도 있다. 그들은 이른바 배제·추방되면서 내포되는 즉 "법 바깥에서 법에 포착되는 것"이다.[17] 푸코는 이 테마를 여러 기회에

---

16) 주권, 법, 질서의 관계에 대해서는 칼 슈미트에 대한 상세한 검토가 필요하다. 특히 『정치신학』(Schmitt, 1922 = 2010), 그리고 주권에 대한 상세한 사상사로 『독재론』(Schmitt, 1919)을 보라.

걸쳐 몇 번이나 다시 문제 삼고 있다. '감옥'은 실패했으며, 교정은커녕 누범자, 범죄세계를 생산하고 있다. 법은 감옥의 논리를 말하지 않으며, 감옥은 법의 논리를 말하지 않는다. 하지만 이 이질적인 두 개의 작동양식을 가진 영역이 서로를 관통하고 있는 그림이 여기서 그려진다. 이는 필연성을 우연한 만남의 반복으로 환원하는 계보학에서 모범적 사례로 자주 인용되는 부분이다. 이 사법적인 것과 규범적인 것이 교착되는 곳에 '비행자'로 대상화되는 인간이 생산되고, 권력의 전략 속에 편입된다. 법률 위반자이며 비정상성을 품은 인물이라는 두 가지 이질적 인간을 함께 갖춘 복합적 신체. 푸코는 여기에서 명백히 『감시와 처벌』의 주요 대상이던 권력의 미시물리학을 범람하는 영역까지 손을 뻗치고 있다.[18]

푸코는 다음과 같이 말한다. 일찍이 고전주의 시대의 '악인'은 사회 속에 융화돼 있었다. 왜냐하면 폭행, 도둑질, 사기 등의 범죄는 다반사였기에 보통은 봐준다거나 아니면 붙잡혀 신속한 재판을 통해 사형·종신형·추방형을 받는 식이었다(1978b). 18세기 말에는 실업자, '걸인', 징병기피자 등을 통합시킨 '불특정 다수의 무리들'이, 곧잘 가공할 반란을 일으키게 된다(1975 : pp. 324~325 = 2003 : 423쪽). 그러나 감시와 처벌과 함께 '악인'은 폐쇄적 집단을 형성하기 시작한다. '옥살이' 생활 속에서 수인들은 결속을 다지며, 출소한 후에도 서로에게 의지하기 때문이다. 실상 감옥은 '범죄자 군단을 위한 징집기관'이었으며, 이를 통해 "성공했다". 왜냐하면 이 '실패의 성공'을 통해 감옥은 '범죄자 집단'을 사회 전체로부터 고립시켜, 나아가 '비행성'을 위험하지 않은 저수준으로 억누름으로써 위법행위 관리에 성공해, 질서를 만들어 냈기 때문이다. 감옥은 실패함으로써 성공했

---

17) 푸코(1975 = 2003)를 보라. 또 여기서의 논의는 아감벤(Agamben, 1995 = 2008) 전체를 참조하고 있다. 아감벤의 다른 책(Agamben, 1996 = 2009)도 보라.
18) 이 점에 대해서는 미치바(道場, 1998)도 지적하고 있다.

다.[19] 이 성공은 거대한 경제적·정치적 이익을 가져오게 되는데, 푸코에 의하면 그것은 다음과 같은 것이다. 우선 경제적 이익. 여기에는 성의 징세원, 성매매에 의한 이익으로부터의 공제, 성매매의 조직, 마약거래 과정에서의 터무니없는 돈 그리고 지배계급의 어둠의 중개인이 있다. 다음으로 정치적 이익. 범죄자가 존재할수록 그 공포로 경찰의 치안을 받아들이게 되는 것이다. 그리고 스파이·파업 이탈자scab라는 정치. 예를 들어 듀 프로세스due process처럼, '질서' 논리가 제멋대로 작동되지 않게 저지하는 법수속이 적어도 '정상상태'처럼은 기능하지 않는 장에서 경찰과 범죄사회가 서로 융합한다. 푸코는 1840년대경(『감시와 처벌』의 분석은 이때까지이다) 범죄사회와 경찰기구의 공모관계가 시작되었음을 지적하고 있다. 위험지대에는 항상 '비행자'délinquaunt가 배치되며 이로 인해 무법outlaw이 권력과 결합한다liaison는 것이다. 즉 "사회통제에 있어 경찰기구와의 공모, 협박과 거래의 시스템, 거기서 마치 하나의 원환을 그리듯 양자의 역할은 서로 융합한다"(1975c:p. 730). 경찰관은 이 '무법공간'에서 범죄자의 형상과 포개진다. 경찰의 개, 그것은 **경찰관(인)−비행자**policier - délinquant(혹은 **비행자(인)−경찰관** déliquant-policier)이 아니고 달리 무엇이겠는가?

이 '경찰관(인)−비행자'의 '법과 질서'라는 '교잡'이 낳은 형상을 무엇보다도 명확하게 대표하는 인물이 푸코가 소개하고 있는 프랑수아 비도크 François Vidocq이다. 그의 『회상록』(Vidocq, 1966)으로 이후의 문학과 풍속에도 막대한 영향을 끼친[20] 19세기 전반의 이 '괴물적'인 인물도, 처음에는 대

---

19) "감옥과 경찰은 한 쌍의 장치를 이루는 것으로, 자신들의 두 개의 힘만으로 그것들은 각종 위법행위의 전 영역 속에서 특히 비행성에서 차이를 인정하고 그것의 고립화와 활용을 확보한다. 다양한 위법 행위 속에서 감옥−경찰이라는 조직은 다루기 쉬운 비행성을 떼어 내는 것이다"(1975=2003: 428쪽).

20) 비도크의 『회상록』 중 최초의 두 권은 1828년 10월에 출판되었는데, 비도크가 발자크, 위고, 외젠느 쉬 (Eugène Sue)를 필두로 당시 작가들과 여론에 끼친 영향은 막대한 것이었다. 루이 슈발리에 『노동계급과 위험한 계급』(Chevalier, 1958) '1부 테마로서의 범죄' 전체를 참조하라. 『회상록』은 범죄 소설, 탐정 소설, 하드보일드라는 일련의 대중문학 흐름의 원천이라고 할 수 있다.

수롭지 않은 '악동'에 지나지 않았다. "오랫동안 되풀이된 위법행위"에 빠지는 '악인'. "난동·모험·사기, 싸움과 결투, 입대와 탈영의 연속, 매춘·도박·소매치기 급기야는 엄청난 강도 집단과의 합류 등"(1975: p. 330 = 2003: 430쪽). 비도크는 이러한 악행의 삼매 속에서 몇 번이나 투옥과 탈옥을 반복한다. 그러는 사이 협박자로부터 달아나야 할 위기에 몰린 그는 경찰의 보호를 받기 위해서 경찰의 스파이가 되어 스스로 감옥에 수감된다. 이미 범죄사회에서 그 명성을 떨치고 있던 비도크는 21개월이나 되는 기간 동안 감옥에 머물며 정보를 한가득 입수해 이를 경찰 당국에 밀고했다. 흥미롭게도 그 후 비도크는 경찰관이 되었으며, 게다가 일찍이 나폴레옹이 창설했던 비밀정치경찰을 모델삼아 파리 경찰 내부에 특수범죄과를 만들어, 1810년부터 27년까지 특수 반장으로 활약한다. 비도크의 모토는 '범죄와 맞설 수 있는 자는 범죄자뿐', '도둑을 잡을 수 있는 자는 도둑뿐'이었는데, 이러한 모토를 가진 비도크가 범죄 수사사에 끼친 크나큰 혁신은, 범죄 세계 속에 직접 경찰관이 잠입하는 방법, 즉 비밀공작undercover적 수법을 확립한 데 있다고 여겨진다(Marx, 1988: p. 18). 이윽고 비도크는 형성 와중에 있던 파리 지하세계의 중핵으로 스며들어 특수반장으로서 눈부신 성과를 올리는데, 그 성공에 한몫한 것은 변장(그는 변장의 명수였다)과 선전가publicist로서의 발군의 능력이었다. 비도크는 지하세계의 불안과 공포를 교묘히 다루어 신출귀몰한 비도크 반장으로 '어둠의 세계'에 질서를 만들어 컨트롤했다고 한다.

푸코는 이러한 비도크를 들며 다음과 같이 말한다. "그것은 오히려 비행에 대항하고 비행과 더불어 활동하는 경찰 기구의 대상이자 도구라는 비행의 애매한 지위가 그를 통해서 뚜렷이 부각되었다는 사실 때문이다. 비도크는, 비행이 다른 위법행위들로부터 분리되어 권력의 투자대상으로 반전되는 계기를 보여 준다. 경찰과 비행의 직접적이고 제도적인 결합이 이루어지는 것은 바로 그때이다. 범죄행위가 권력의 톱니바퀴 장치들 가운데 하나로 변하는 우려할 만한 시기인 것이다"(1975:p. 330 = 2007:430쪽).

앞서 본 것처럼 '위험지대'에서 항상 '비행자'를 발견할 수 있다는 것은, 그것이 권력의 공간적인 전략과도 교차하고 있다는 것을 의미한다. 푸코의 지적처럼, 그들의 출신은 대체로 최하층의 서민계층이다. 게토, 슬럼, 도박가 등등——그곳에서 경찰은 뇌물, 음모, 폭력의 행사를 그 외의 지역보다 훨씬 제멋대로 행할 것이다.[21] 그러한 인구 혹은 비행인구를 떠안은 공간의 주민에게, 국가는 한없이 경찰국가에 가닿은 모습으로 나타난다. 그리고 그 국가는 내부에 국경을 항상 품고 있는 것이다. "범죄는 내부를 향한 내셔널리즘nationalisme interne의 역할을 하고 있다"(1975c :p. 730).

5. "당신들은 현재를 경멸할 권리가 없다"——비판과 자유

푸코는 앞서 서술했던 '전쟁의 가설'을 수년 동안 방기하는데, 여기에는 다음과 같은 딜레마가 있었다. 정치를 전쟁모델로 파악함으로써, 푸코는 정복과 복종으로 떠들썩한 상태를 '평화'시, '정상상태'로 영속적으로 남기려 한 것이다. 발리바르의 말처럼, 이는 '전략적인 현재의 팽창'(발리바르)이며, 거기서 '지금'의 조건과 변혁은 단락短絡된다. 이로 인해 강제적 종속과 자유가 불가분적 요소로 놓이게 되는데, 이러한 자유란 마치 타자의 힘들을 영유하고 정복하고 복종시키는 가운데서만 존재하는 것과 같다. 즉 푸코는 권력의 전쟁모델에 따라, 어떤 성질을 띠는 인간 사이의 관계를 모두 지배

---

21) 근대의 부패와 음모가 어쩌다 생긴 우연이나 단순한 망상 혹은 스릴 있는 픽션의 소재가 아닌, 권력의 구조 속에 제대로 새겨 들어가 있음을 여기서 지적할 수 있다. 이러한 권력의 '이면'의 움직임을 경험적 앎과 상상력으로 무엇보다 예민하게 그려 낸 것은 이른바 '암흑 소설'의 뛰어난 작가들이다. 사카이(酒井, 2000)는 현대에 있어 '암흑 소설'의 뛰어난 작가 제임스 엘로이의 작품을 들면서 그것을 검토했다.

의 관계로 파악하는 위험을 범하고 있다(Pasquino, 1986;Lazzarato, 2000).

　푸코는 전쟁모델로부터 '통치'모델로 이행함으로써 이 딜레마에 대한 응답을 전개한다. 앞서 보았듯 푸코는 1980년대의 강연 '전체적인 동시에 개별적으로'에서, 폴리스의 실천을 근대의 정치적 합리성으로 들었을 뿐이며, 자유주의에 대해서는 칸트에 대한 '과잉통치비판'의 테마를 다뤘을 뿐 좀처럼 다른 언급을 하지 않았다. 통치성론은 1979년 강의에서 자유주의의 검토를 통해 다듬어 완성되는데, '자기'와 윤리의 테마에 착지점을 찾아낸 후에는 자유주의를 주목하던 것도 그 역할이 끝난 것처럼 보였다. 법이냐 질서냐란 '양립불가능성'을 말하며 질서 논리의 능가에 대한 법·권리의 옹호와 '법의 지배'를 강조한다면, 자유주의를 지지하면 그만이다. 하지만 '예외상태'에서 시작하는 푸코에게, 자유주의란 양의성을, 즉 폴리차이적 합리성에 의한 '악마성'을 지니고 있다. 예를 들어 신자유주의라는 형태를 취한 자유주의의 회귀는, 동시에 '법과 질서'의 고함소리를 동반하고 있었다. 이는 결코 우연이 아닌 것이다.

　푸코가 『감시와 처벌』을 통해 비행성의 형상으로 보여 준 것은 비도크뿐만이 아니다. 마찬가지로 범죄자의 영웅 라스네어Pierre Lacenaire와, 더욱이 중요하게는 푸리에주의자의 신문 『라 팔랑주』La Phalange에서 재판기록으로 등장하는 무명의 인물(베아스)이 있다. 가족도 일정한 거처도 없이 방랑죄 혐의를 받은 13세의 이 젊은이는, "법원이 범법행위로 규정한 모든 위법행위들을 피고의 자리에서 힘차게 자기주장으로 바꾸었다. 이를테면 주거의 부재를 방랑성으로, 주인의 부재를 자립으로, 노동의 부재를 자유로, 일과의 부재를 밤낮의 충만함으로"(1975＝2003:441쪽). 푸코는 '법과 질서'가 융합되는 지배 상태에 대한 하나의 저항으로, 범죄가 자주 '정치적 도구를 구성'하는 일도 있다고 본다. 실제로 이는 일찍이 노동운동 안에서도 쟁점사항이 되었다. 푸코는 1830년대부터 40년대에 걸친 노동운동을 돌아보고 있다. 이 시점에서 사실 권력의 전략은 아직 그다지 성공하지 못했으며, "비행자들과 민중 사이의 전적인 단절을 확보한 것은 전혀 아니다. …… 1830~1850년의 노동운동에서 비행과 탄압이 중요한 쟁점으로 간주되었다"(1975 = 2003:436쪽). 박애운동가들은, (아마도 당시 멜서스를 필두로 하는 자유주의 담론과 마찬가지로) 빈곤-낭비-나태-음주-악덕-도둑질-범죄라는, 그야말로 무례한 행동incivility과 범죄의 연속선의 가정을 가지고 사회개량을 말한다. 하지만 이에 비해 푸코가 소개하는 민중 신문은 '범죄행위의 정치적 분석'을 이에 대치시킨다. 비행성의 원점은 (인모럴한) 개인이 아니라 사회에 있다. '신체의 퇴화', '정신의 퇴폐'처럼 자신을 향한 공격 ─ '계급 인종주의' ─ 은, 도리어 하층민을 착취해 사실상 살해하는 재산가 계급을 향해야만 한다. 이러한 반격 속에서 푸리에주의자는, 사상 처음으로 '범죄에 적극적 가치부여'를 하는 정치이론을 완성했다. 범죄야말로 나약함과 병이 아닌 당당히 들고 나설 에너지라고 말이다. 따라서 팬더당의 흑인해방투쟁이 그러하듯, 범죄란 '사회에서 펼쳐지는 전투의 한복판에서 터져나오는 싸우는 소리'(1975 = 2003:440쪽)로 다뤄진다.[22] 푸코에게 자유의 구상이란, 이미 통치의 적극적인 실천형태이기도 하지만, 시장을 절대적인 준거점으로 하여 네이션의 정도正道를 자신의 작동영역으로 삼지 않을 수 없는 자유주의의 소극적 자유조차, 거기에 다 담을 수 없는 것이었다. '법과 질서'의 위험한 융합에 대해 '법의 지배'를 내거는 것만으로는 불충분하며, 문제는 그 후, '미래를 위한 교훈을 이끌어내는' 일에 있었다. 그렇다면 푸코는 그 후를 어디에서 찾고 있었을까?

---

22) 물론 푸코는 이러한 견해를 소박하게 표명하는 현재의 범죄미학에 대해서는 회의적이다. 그것은 대개 범죄가 법의 체제 안에 도입되어 '비행성'이 코드화되어 있는 사태를 무시하는 것이기 때문이다. 이를 테면 푸코의 글(1975f:pp. 275~281)을 보라.

1) 비판과 현행성actuality

사실 이 문제는 글자 그대로의 '미래'가 아니라, 오히려 근대성·현대성(모더니티)의 문제와 관련된다. 칸트의 『계몽이란 무엇인가?』를 푸코는 말년에 여러 기회에 거론하는데[23], 이 『계몽이란 무엇인가?』라는 작은 텍스트는 푸코에게 서양문화의 어떤 새로운 인간과 역할, 즉 저널리스트로서의 철학자가 생성되는 계기를 보여 주는 것이었다. 저널리즘, 그것은 철저히 현행성actuality에 관여하며, 현행성으로 수렴되는 태도이다. 현행성을 과거와 미래에 의해서가 아니라, [그 자체를] 이른바 '팽창'시킴으로써 변혁으로 이어 내는 태도라고 해야 할까. 푸코가 칸트에 천착한 것은 이 지점이다. 즉 칸트가 정의하는 계몽은 목적이나 기원의 물음과 관련 없는 장소에서, '완전히 부정적인 방식'으로 '나가는 곳'Ausgang(비상구, 출구)으로 파악한다는 점에서 그 특이성을 찾을 수 있다. 칸트에게 계몽이란 우리를 '미성숙'의 상태에서 해방시키는 과정이다. '미성숙'의 상태란 이성을 사용해야 할 영역에서 다른 사람의 권위를 받아들이고 마는 우리의 의지의 상태를 가리킨다. 요컨대 이는 **통치를 그대로 받아들이는 의지, 태도**를 가리킨다. 문제는 계몽을, 그리고 그것을 위한 불가결한 수단으로서의 (통치, 권위를 받아들이지 않기 위한) '비판'을, 어떤 목적도 전체성도 참조하지 않는 현행성 속에 세우는 일이다.

이와 같이 푸코는 잘 알려진 것처럼, 칸트를 통해 모더니티를 역사의 한 시기가 아닌 하나의 '태도', 에토스로 파악하고 있었다. 그것은 '현행성'actuality과의 관련방식이며, 특정 사람들에게 의지로서 선택돼 있는 것이다. 나아가 푸코는 보들레르를 통해 '모더니티'에 대하여 단순히 단편화된 세

---

23) [옮긴이] 푸코의 강연록 「계몽이란 무엇인가」에 대한 한국어 번역본은 『자유를 향한 참을 수 없는 열망: 푸코-하버마스 논쟁 재론』(정일준 편역, 새물결, 1999)을 참고한다. 이 책의 '2부 푸코의 비판'에 「비판이란 무엇인가?」, 「혁명이란 무엇인가?」, 「계몽이란 무엇인가?」, 「성숙이란 무엇인가?: 『계몽이란 무엇인가?』에 대한 하버마스와 푸코의 견해」가 실려 있다.

계를 받아들일 뿐만 아니라(산책자가 아니라), 바로 '현재'의 순간에 영원한 그 무엇을 잡는 태도라고 말한다. 보들레르에게 콩스탕탱 기스가 현대의 화가인 것은, 그가 현실을 교묘히 묘사하기 때문이 아니다. 그보다는 반대로 그가 세계를 변형transfiguration시키기 때문이다. 하지만 그 변형은 "현실성을 폐기 처분하지는 않는다. 그것은 현실의 진실과 자유의 실행 사이를 오가는 힘겨운 상호작용이다"(1984A :p. 370 = 2004:189쪽). 어떤 자, 어떤 사태는 그 이상의 '무언가'를 내포하게 된다. "현대적 태도에 따르면, 현재가 높은 가치를 갖고 있는 것은 그것을 통해 무엇인가를 상상하려는 필사적인 열망, 이 순간의 그것과는 다른 것을 한번 상상해 보려는 필사적인 열망, 그것을 파괴해 버리지 않고 있는 그대로 포착함으로써 그것을 변형시키려는 필사적인 열망과 분리해서 생각할 수 없는 것이다. 보들레르적 현대성은 일종의 훈련이다. 그것은 현실에 극단적으로 주의를 기울임으로써 그 현실성을 존중하면서도 그것을 뒤흔들어 버리는" 자유의 실천에 직면하는 듯하다(1984A :p. 370 = 2004:189~190쪽). 푸코가 인용하는 보들레르의 언어는 인상 깊다. "당신들은 현재를 경멸할 권리가 없다". 푸코는 여기서 모더니티의 에토스를 빌려 '현재'를 팽창시키고 있다. 현실적인 것, 즉 복종의 상태, 조건의 총체는 동시에 근본적 변혁과 "지금을 공유하고 있다"(발리바르). 푸코가 자신을 저널리스트라 정의하는 것도 이와 같은 현행성의 파악에 기초하고 있는 것이다. 일본에 왔을 때 선승과의 대화에서, 푸코는 지식인의 입법적, 예언적 기능을 부정하는 한편, 지식인이 그러한 기능을 할 경우에는 반드시 비극적 결말을 맞이한다고 말한다(1978e). 철학자에게 문제는, 무엇이 일어날지가 아니라 무엇이 일어나고 있는지를 말하는 것이다. 필연성을 반복되는 우연의 조우로 분석해 보여 주는 계보학은, 이처럼 현재를 팽창시키기 위한 작업에 감춰져 있다. "공허한 대지 위에 이해 가능한 것을 출현시키고, 필연적인 것을 부정해야 합니다. 현재 존재하는 것은 가능한 모든 공간을 채우기에는 한없이 불충분하다고 봐야 합니다"(1981b : p. 167). 이와 같은 '현재'의 팽창은, 복종으로부터의 해방과 현재 조건의 변혁을 저 멀리서 설정하는 사태에 빠지지 않기 위해서도 필요한 것이다. 또한 니체 와의 울림을 포함하며 칸트 역시 경유하여 '현재'를 파악함으로써, [푸코가] 고전 고대세계로 회귀하는 것은, 현재의 경멸로 이어지지 않는 희한한(하지 만 생산적인) '노스텔지어'[24]가 된다. 이 점은 하이데거와 프랑크푸르트 학파 그리고 아렌트와도 결정적으로 갈라지는 지점이다.

2) '비판이란 무엇인가?'Qu'est - ce que la critique?

1978년 5월, 한 철학자들과의 회합에서 푸코는 '비판이란 무엇인가?'라 는 제목으로 강연을 한다.[25] [이 텍스트는] 전쟁모델에서 통치성으로 권력 의 이전을 매우 잘 보여 줌과 동시에, 그로 인해 법·권리적인 것에 적극적 역할을 부여하는 것을 거절했던 70년대 초의 태도가 변경되었음이 잘 드 러나는 텍스트이다. 푸코는 아마도 이쯤부터 칸트의 『계몽이란 무엇인가』 를 통해 사유하기 시작한 것 같은데, 여기서 푸코는 계몽을 비판적 태도라 정의한다. 계몽과 비판을 결부시키는 칸트에게는 '비판적 태도'의 전통이 있다. "근대 서양에서…… 생각하고 말하고 행동하는 어떤 방식, 혹은 존 재, 지식, 제도에 대한 어떠한 관계, 즉 사회와 문화 그리고 다른 이들에 대 한, 어쩌면 '비판적 태도'라고 할 수 있을 만한 관계가 있었던 듯싶습니다"

---

24) "낡은 시대의 아름다움은 대체로 노스텔지어의 원천이라기보다 그 결과-효과입니다. 그 아름다움이란 우리 자신이 창작한 것이라고 전 구분짓고 있습니다. 하지만 이러한 종류의 노스텔지어를 마음에 품는 것은 무척 좋은 일입니다. 당신에게 아이가 있다면, 꼭 당신의 어린 시절과 좋은 관계를 맺는 것이 좋은 일인 것과 마찬가지로, 한 시대에 대해 노스텔지어를 마음에 품는 것은 좋은 일입니다. 단 그것이 현재에 대해 반성적이고 적극적인 관계를 유지하는 방법인 한에서입니다만"(1988a : p. 780).

25) 이 강연록은 1992년에 처음으로 공식적으로 나왔다. 푸코 자신에 의해서도 편집자에 의해서도 공인되 지 않았기 때문에 『말하기와 글쓰기』(Dits et ecrits)에는 수록되지 않았다. [옮긴이] 푸코의「비판이란 무 엇인가」("Qu'est-ce que la critique")가 처음 발표된 것은 1990년이다. 1992년이라고 한 것은 지은이의 오기로 보인다.

(1990:p. 36 = 1999:125쪽). 푸코에 따르면 이는 시기상 15~16세기로 거슬러 올라갈 수 있다. "그것은 역사적으로 사회의 통치화gouvernementalisation"[26]에서 시작되는 서양에 종별적種別的인 태도이다. 훗날 '계몽이란 무엇인가?' 강의와의 차이는 여기서 나온다. 즉 비판이 '통치화'와의 관련 속에서 강조되고 있는 것으로, 통치화, 즉 사목권력이 주권으로 통합되는 과정을 비판의 생성과 병행된 과정으로 파악하고 있는 것이다. 이 통치화란 "어떻게 통치당하지 않을 것인가?"라는 물음과 뗄 수 없다. "통치 방식에 관한 많은 관심과 연구 속에서 '어떻게 하면 이런 식으로, 이런 명목 아래, 이런 목표들을 위해, 이런 절차와 수단으로, 이들에 의해서 통치당하지 않을 것인가'하는 문제가 지속적으로 제기되었다는 것". 비판적 태도는 특히나 '통치받지 않겠다는 의지'의 형태를 띤다. 즉 [이는] "도덕적인 동시에 정치적인 태도, 사고방식과 같은 그 무엇을 저는 아주 간단하게 통치당하지 않으려는 기예, 또는 이런 식으로, 이를 대가로 해서는 통치당하지 않으려는 기예라고 이름 붙이고 싶습니다"(1990:p. 38 = 1999:127쪽).

이와 같은 비판적 태도는 항상 통치에 대한 내재적 거부이며, "다른 무엇과 맺는 관련 속에서만 존재"한다. 즉 "비판은 자신이 명확히 알지도 못하고, 또 스스로 그렇게 되지도 못할 미래 혹은 진실을 위한 수단이자 방법"이다. "비판은 잘 관리하고자(police) 하지만 법칙을 제정할 능력은 없는 영역에 대한 응시"이다. 따라서 이 비판은 그때마다 수용하기 힘든 사목권력의 토대에 도전한다. 그것은 사목권력 특유의 진리와 권력의 연결 양상을 비판──"비판이란 주체가 진실에 대해서는 그것이 유발하

---

26) 푸코는 여기서 통치화를, "15세기부터, 종교개혁 바로 직전부터 사람들에 대한 통치 기예의 진정한 폭발"로 표현하며, 그 폭발의 두 가지 의미를 시사한다. 첫째, 통치술의 원천이랄 수 있는 종교로부터의 이탈, '세속으로의 이전'. 그리고 둘째, 다양한 영역에 걸친 통치 기예의 확장과 증가가 그것이다 (1990:p. 37 : 1999:126쪽).

는 권력 효과를, 권력에 대해서는 그것이 생산하는 진실 담론을 문제 삼을 수 있는 권리를 자신에게 부여하는 것과 관련된 동향이라고 말하고자"(1990:p. 39 = 1999:129쪽)──한다. 하지만 다른 진리의 게임을 삽입함으로써 행하는 경우도 있다. 푸코는 비판적 태도가 가지는 역사적 정박점 points d'ancrage historique을 구체적으로 성서, 법la loi, 과학이라는 세 가지로 꼽는다(1990:pp. 38~39 = 1999:128쪽). 법에 한하여 말하자면, 푸코는 여기서 자연법이 발휘한 비판적 기능을 들고 있다. "자연법은 확실히 르네상스의 창조물은 아닙니다만 그것은 16세기부터 그것이 앞으로도 언제나 보존하게 될 비판 기능을 획득했습니다. '어떻게 하면 통치당하지 않을 것인가?'라는 질문을 자연법은 이렇게 변화시킵니다. '통치권의 한계는 무엇인가?' 여기에서 비판은 본질적으로 사법적juridique이었다고 말해 두지요"(1990:p. 39 = 1999:129쪽).

여기서 비판은 '신중함'prudential과 같다. "비판은 자발적인 불복종이자 성찰을 통한 비순종의 기법일 것입니다"(1990:p. 39 = 1999:129쪽).

3) 통치당하는 자의 권리

푸코의 강의에서 보아도, 마침 동시기에 '법'law이냐 '질서'order냐로 폴리차이 비판을 하며 고전적 자유주의를 떠올리게 하는 뉘앙스로 묻던 푸코에게, 질서가 법을 삼키는 추세에서 '법'을 선택한다는 것은 자명해 보인다. 한데 그것은 어떠한 '법'일까? 여전히 자연법일까? 하이에크적인 자생적 사법 체계로서의 노모스nomos인(테시스thesis가 아닌) 것일까? 푸코는, 이 책에서도 언급했듯, 독일 적군파의 변호사 클라우스 크로이산트를 프랑스로부터 강제 송환하는 데 반대하면서, 프랑스 정부를 격렬히 규탄하는 문서를 공표했다. 푸코는 클라우스 크로이산트의 강제 퇴거 결정을 선고하는 재판(방청석이 50석밖에 없는 법정에, 더욱이 사복경찰로 보이는 젊은이들로 가득 차 있던)의 '희극적인' 모습을 들면서, 한편으로 그것이 단순히 '속이 빤한 연극'으로 끝나지 않는 '현실'임을 강조하고 있다. 왜 현실이라 부르는가? 그게 법이 아닌 "질서의 편'aux ordres에 있"음에도 말이다. 이처럼 자문하면서 푸코는 다음과 같이 답하고 있다. "한 인간이 이 재판에서 자신의 자유로운 실존, 그리하여 자신의 삶을 걸었기 때문에 바로 나는 이를 현실이라 부른다. 왜 현실이라 부르냐고 묻는다면, 법률la loi과 진리라는 허구 아닌 무기를 통해, 더구나 훌륭히 싸워 온 몇몇 변호사가 있었기 때문이다" (1977e : p. 361). 이 말에는 우선 질서와 법의 구별이 있고 나아가 법loi과 권리droit의 뉘앙스 차이가 담겨 있다. 푸코에게는 이례적인 일로 보이는데, 여기서 'loi'와 'droit'는 미묘하지만 적극적인 방식으로 용법상 구별돼 있다. 이처럼 매우 현실적인 법률상의 싸움을 통해 크로이산트의 권리un droit와 그의 변호사들의 권리가 맞붙고 있는 것이다. 하지만 그 권리는, 그들이 변호하고 있는 사람들의 권리가 갖는 본질적이지만 종속된 아주 작은 일부에 지나지 않는다. 보다 중요한 권리란 보편적인 인권인 걸까? 그렇지는 않다. [그것은] "인권보다 한층 명확하고 한층 역사적으로 결정돼 있다. 그 권리는 각 행정구역민의 권리보다, 시민의 권리보다 더욱 넓은 범위의 것이기도 하다"(1977e : p. 362). 이 권리를 푸코는 '통치당하는 자의 권리'un droit qui est celui des gouvernés라 부르고 있다. 푸코는 국외로 도주한 정치범을 둘러싼 보호의 변천을 들면서 이 문제를 사고한다. 일찍이 19세기부터 보편법에 관련된 사안에 대해서는 송환하되, 정치에 대해서는 송환하지 않는 것에 의견이 일치하고 있었다. 하지만 그 정치적 기준은 애매했다. 이웃나라는 대개 정부를 전복하려는 음모의 사례에 대해서 정치적 보호를 인정했고, 통치자의 암살에 대해서는 송환했던 것이다. 전자의 보호가 인정된 이유는 모의가 이튿날 체제로 전화돼 있을 가능성 때문이었다. 반면 19세기 말이 되면서 권력의 탈취도 정부의 치환도 아닌 아나키스트의 '책동'에 대한 공포 때문에 정치적 보호는 크게 제한되었다. 하지만 20세기가 되면서 다양한 사건과 엄청난 '정치적 폭발'의 물결로 정치적 보호는 확대되어 갔다. 근 수십 년 동안에 이뤄온 새로운 정치적 보호 실천의 특징을 들면서 푸코는 그것이 19세기적인 '장래의 통치자'를 둘러싼 보호가 아닌, '영구적 반대파' perpétuel dissident (1997e: p. 364)를 둘러싼 보호로 변하고 있다고 말한다. "'영구적 반대파', 자신이 사는 시스템에 전면적으로 대립해 가능한 수단을 동원해 이의를 표명하고, 그 때문에 기소되고 있는 사람들". "정치적 보호의 실천은, 권력탈취가 아닌, 살아 있을 권리, 자유로울 권리, 출국할 권리, 박해받지 않을 권리, 즉 통치[정부—인용자]에 대한 정당방위에 집중돼 있다". 푸코가 말하고자 하는 자유를 여기서 볼 수 있다. "자유든 비호든 이른바 부여되는 경우는 없다". 그러나 그것은 미래에 승리하는 날 획득되는 것도 아니다. [그것은] "운명, 기습, 우회를 거쳐서 나타난다". 여기서 '비판이란 무엇인가?'를 통해 제시된 비판의 정의 ——통치당하지 않겠다는 의지——가 반복된다.

> 역사에 대하여 한방 먹여야 한다. 통치자들 사이에 놓인 덫이, 통치당하는 자(더 이상 통치받기를 바라지 않는, 혹은 어찌됐든 여기서 이런 식으로 통치자의 통치를 원하지 않는 사람들의 권리가 열린다면)를 그렇게 만든 것이다.(1977e: pp. 364~365)

더 나아가 이 '통치당하는 자의 권리'라는 말은 몇 년 후 푸코가 기초起草한 성명에서 드러난다. "우리는 여기서 단지 사적private 개인으로 모였다". 그것은 어떤 모임인가? 이들은 "지금 일어나고 있는 일을 견디기가 어렵다는 점에서 일치된" 사람들로 구성된다. 이 모임은 대강 다음과 같은 내용의 성명을 걸고 있다.

① 독자적 권리와 의무를 가진 국제적 시티즌십이 존재하고 있으며, 그것은 모든 권력의 남용에 대해, 그 남용자가 누구든 희생자가 누구든 저항하고 발언하도록 요구한다. 결국, 우리 모두는 누구든지 통치당하는 자의 커뮤니티 중 일원이며 따라서 상호 연대를 나타내도록 요구받고 있다.

② 통치(정부)는 사회의 복지에 관심이 있다고 선언함으로써, 자신의 결정 때문에 악화시키는, 혹은 자신의 무신경함이 만들어 내기도 하는 인간의 불행을 득실의 문제로 내팽개칠 권리를 가진다고 자인하고 있다. 사람들의 고난의 증언/증거를 통치(정부)의 눈과 귀에 항상 들이미는 일은 이 국제적 시티즌십의 의무이다. 고난, 이에 대해 통치(정부)에는 책임이 없다는 등의 말은 진실이 아니다. 인간의 고난은 정치체를 침묵시키는 무용지물이어서는 안 된다. 그것은 자리에서 들고 일어나 권력을 쥔 자를 향해 침묵하지 않는 절대적 권리를 뒷받침하고 있다.

③ 우리는 너무나도 자주 개인에게 제시되고 있는 분업을 거절해야만 한다. 즉 개인이 격분하며 말하면, 통치(정부)는 이를 고려하며 행동하는 방식의 분업 말이다. 정말 그렇다. 좋은 통치(정부)는 통치당하는 자의 성스러운 격분이, 다만 시詩적으로 머물 경우에 한해 존중한다는 것은 분명하다. 생각건대 우리는 말하는 자, 그리고 유일하게 말할 수 있는 자, 말하기를 욕망하는 자가 통치하는 자로부터 너무나 빈번히 분리당해 왔음을 인식할 필요가 있다. 경험은 다음과 같이 보여 준다. 우리에게 제시된 순수하고 단순한 격분이라는 극장적 역할을 거절할 수 있다는 점 그리고 거절해야만 한다는 점을 말이다. 국제 앰네스티, 대지의 벗 등은 이처럼 새로운 권리를 창조하는 발의initiative이다——사적 개인이 국제적 정책과 전략에 유효하게 개입할 권리. 통치가 자신을 위해 독점해서 지속하고자 하는 현실 안에 개인의 의지는 자신의 장소를 창조해야 한다. 이 독점은 서서히 그리고 나날이 통치(정부)로부터 얻어 내야 할 유類의 것이다.

"이런 식으로 통치당하지 않으려는 의지"에 기초한 비판은, 오늘날 ('새로운 난민의 시대', 혹은 더욱 일반적으로 전지구화의 시대에) '새로운 권리'라는 '정박점'을 가지게 되었다. 이는 시티즌십이라 불리지만, 클라우스 크로이산트의 송환 당시 글에서 본 것처럼, 국적과 사실상의 시민권과 같은 자격이 필요한 게 아니다. '통치당하는 자'라는 사실이야말로 시티즌십의 근거라면, 그것은 이미 만인이 나눠 갖고 있기 때문이다. 더욱이 중요한 것은 이 권리가 통치와 통치당하는 자 사이의 관계를 변혁하는 발판이라는 점이다. 하지만 이는 기술관료적technocratic '대안주의'가 아니라, 다양한 입법기관과 행정기관 등과의 교섭 속에서 통치하는 자와 통치당하는 자 사이가 구별 불가능한 부드러운 프로세스를 개시하는 것으로 생각된다. '권리' 나아가 '자유의 신중한 행사'란, 푸코에게 최종적으로는 자연이든, 시장이든, 기존 모델에 대한 참조에 묶이지 않는 힘에 의해 항상 지연되는 한에서 존재하는 것이다. 신철학파와 같은 사람들은, 이 '권리'를 휴머니즘에의 회귀로서 고전적 자유주의의 틀에 가두려고 하지만,[27] 그것은 대표제 등과 같은 **구성된 정치체**에 너무나도 자주 사람들의 자유의 행사를 가둬 두려 하는 통상적 자유주의를 한참이나 뛰어넘는 제안이라고 할 수 있다.

4) "봉기는 무용한가?" Inutile de se soulever?

푸코가 말하는 '통치당하는 자의 권리'의 이미지가 시장도 자연도 아니라면, 그것은 어디에 있는가? 푸코는 '자유주의' 강의를 한 해인 79년 5월 『르몽드』지에 이란 혁명에 대한 태도를 총괄하는 것으로 보이는 중요한 에세이 「봉기는 무용한가」를 썼다. 푸코가 이란 혁명을 어떻게 파악하였는지 무

---

27) '다다 이후 전위 이론가들이 제창하는 테러적인 과격주의'로부터 결별한 것을 두고 푸코의 프로필을 그려 낸, 앙드레 글럭스만(André Glucksmann)이 쓴 푸코 사후의 추도문(Miller, 1993)을 보라.

엇보다 잘 볼 수 있는 발언을 여기에 인용해 두고 싶다. 우선 푸코는 이 사건이 글자 그대로 혁명이라 말할 수 없다고 한다. "그것은 일떠서서 다시 대항하는 방식이다……. 이는 우리 모두에게, 특히나 그들에게, 저 제유소製油所의 노동자, 제국의 나라의 주민들을 짓누르는 가공할 무게, 전 세계의 무게를 거둬 없애려는 사람들의 맨손의 봉기인 것이다. / 이는 아마도 혹성 규모의 체제들에 대하여 거행된 사상 최초의 대봉기이며, 가장 현대적이고 가장 격렬한 반항의 형식일 것이다"(1978i). 이미 그 해 1월 11일은 국왕이 국외로 도주해 봉기의 중심적 목표는 달성된 상태였다. [그리고] 2월 1일, 이란으로 돌아간 호메이니 아래 그리고 '이슬람교에 의한 통치'의 이름 아래 폭력적 처형이 개시되고 있었다. 푸코는 자신에 대한 비판 또한 의식하면서 다음과 같은 물음을 던지고 있다.

> 이미 갖고 있는 것이든 아니면 요구해야 할 것이든, 모든 형태의 자유, 그리고 사람이 활용하는 모든 권리는, 그것이 아무리 사사로운 것에 대한 것이라 해도, 그 최종적인 정박점을 '자연권'droits naturels보다도 견고하고 밀접한 지점 속에서 발견해 낼 것이다. 만일 사회가 살아남아 있다면, 즉 행사되고 있는 권력이 '지고한 절대'가 아니라면, 이는 다음과 같은 이유 때문이다. 모든 복종과 강제의 배후에, 위협과 폭력, 설득을 넘어 더 이상 삶이 거래될 수 없고, 더 이상 권력이 개입할 수 없는, 교수대와 군대를 앞에 두고 **사람들이 봉기할 때**moment**의 가능성**이 있다는 것이다.(1979b:p.791)

여기에 분명하다 할 수 있는 것이 있다. 푸코에게 권리 혹은 자유란, 자연권 등의 제약을 일찌감치 돌파한 것이고, 반란·봉기를 내포하는 것이다. 따라서 그는 "나를 위해 반란하라, 여기에 만인의 최종적 해방이 달려 있다"라고 말할 권리는 아무에게도 없다[고 믿지만] "봉기해도 소용없다, 어차피 똑같은 게 될 것이다 ——라고 말하는 이에게는 그가 누구든 나는 동의하지 않는다"라고 말한다. 누구도 시니컬해질 권리는 없다. 압도적인 사실을 눈앞에 두고서는 말이다. "물음은 열어 두자".

인민은 봉기한다. 이는 사실이다On se souléve, c'est un fait. 그리고 주체성이 (위대한 인간의 주체성이 아니라, 그가 누가 됐든) 역사에 생명을 불어넣음으로써 역사 속에 드러나는 것은 이러한 방식을 통해서인 것이다. 수인囚人은 부정한 형벌에 목숨을 걸고 항의하고, 광인은 감금되고 욕보는 것을 더 이상 참을 수 없어 하며, 인민은 자신을 억압하는 체제를 거절한다. 그렇다고 수인의 죄가 없어지는 것은 아니고, 병이 낫는 것도 아니며, 약속된 내일이 보장되는 것도 아니다. 더군다나 누구도 그들과 연대해야만 할 의무가 있는 것도 아니다. 이들의 혼란스런 목소리의 편이 여타보다 더 잘 노래하고 있다거나, 있는 그대로의 진리를 말하고 있다거나, 그것을 발견해야 할 의무가 있다는 것도 아니다. 그러한 목소리가 존재한다는 것 그리고 그 목소리는 침묵시키기 위해 덮쳐드는 모든 것에 저항하고 있다는 것, 그 목소리에 귀 기울이고 그 진의를 찾으려 하는 분별[감각—인용자]un sens이 있다는 것으로 충분한 것이다.(1979b:p. 793)

이란 혁명에 대한 푸코의 태도는, 일 년 전 지식인의 기능에 대한 발언의 연장선상에 있다. 푸코는 거기서 지식인이 예언자로서의 기능도, 입법자로서의 기능도 그만두어야 한다고 정의하며 다음과 같이 말한다.

하지만 저는 자명성과 보편성을 파괴하는 지식인을 꿈꾸고 있습니다. 현재의 무기력과 속박의 한가운데서, 그럼에도 불구하고 취약한 지점, 균열, 여러 힘의 선을 가려내어 이윽고 그것을 지적하는 자. 쉼 없이 자기 위치를 틀어, 현재에 너무나도 주의를 기울인 탓에 내일 자기가 어디에서 무얼 생각할지도 정확히 알 수 없는 자. 이동할 때마다 그곳에서, 혁명을 위해 위험 앞에 생명을 내놓을 각오가 돼 있는 자들만이 응할 수 있다고 생각하면서, 희생을 감수하면서까지 혁명을 일으킬 만한 가치가 있는지, 어떤 혁명인지 (그것은 어떤 혁명인지, 어떤 희생이 생기는지를 저는 말하고 싶은 것입니다) 라는 물음을 던짐으로써 그것에 협력하는 자. 저는 그런 지식인을 꿈꾸고 있는 것입니다.(1977a : pp. 268~269)

푸코에게 비판이란 이처럼 전면적인 것이면서, 언제나 신중한 힘의 행사가 되어야 하는, 무척 모순된 것처럼 나타나는 것의 형성을 촉진하는 일이다. 지식인과 투쟁 사이의 관계를 둘러싼 푸코의 견해에 대해서는, 다양한 형태로 표명되는 혁명에 대한 그의 견해를 고찰해야 하지만, 이미 그러한 여유는 없다. 우선 다음 점만을 지적해 두자. 「봉기는 무용한가」에서 푸코는, 혁명이 '봉기를 순치시키는 것'으로 기능하는 경우가 있다고 말한다. 더욱이 칸트의 『계몽이란 무엇인가』에 대한 (선술한 것과는 또 다른) 1983년의 콜레주 드 프랑스의 「강의요약」(1984d) 중 푸코는 칸트와 프랑스혁명의 연관에 대해 다음과 같이 평가한다. 칸트에게 (『학부들諸學部의 싸움』에서) 중요한 것은 프랑스혁명이라는 사건 그 자체에 있기보다 이에 열광하는 주변 사람들에 있었다. 칸트가 흥미를 느낀 점은 혁명이라는 행위가 아니라, 도리어 여기에 참여하지 않은 사람들에게 혁명이 갖는 의미, 즉 진보에의 열광에 있었다. 왜냐하면 이 열광은, 만인의 자유로운 선택, 정치체의 재구성 가능성을 향해 열린 에토스가 형성된 증표였기 때문이다. 푸코에게 문제는, 봉기와 그것이 내포하는 집단적 힘이 억압과 테러로 전화되는 데 빠지지 않고 유지될 수 있는 적극적 방법이었으며, 그는 이를 위한 기능 중 하나를 혁명에 열광하는 에토스, 비판의 에토스의 형성에서 찾는 것이었다.

'권리'가 집단적 힘의 발현인 한에서 푸코는 그것을 무기로 본다. 우선이 '자연'과 어떤 경계로도 한정되는 일 없이, 팽창하는 집단적 힘은 그 자체로 푸코에게 절대적으로 긍정돼야 할 지평이다. 이 점은 무엇보다 푸코가 이란 혁명에 대한 인터뷰 중 데모행위에 대한 흥미로운 견해를 펴는 지점에서 명확히 볼 수 있다. 데몬스트레이션manifestation을 (객관적, 사회적 모순과 같이) 언제나 목적과 결부시켜야 할 필요는 없다. 도리어 데몬스트레이션이 그 자체 말고는 그 무엇도 목적으로 삼지 않는 그런 계기를 파악해야 한다. 즉 데몬스트레이션은, 사람들의 집단적 힘의 단적인 발현으로서, 시위로서 글자 그대로 파악해야 한다. "인민[사람들—인용자]은 지치지 않고 스스로의 의지를 시위demonstration하고 있는 것입니다"(1984d:p. 747). 실로 그러한 '현재'의 힘의 발현을 포착할 수 있는 자가 저널리스트인 것이다. 저널리스트는 이와 같이 현재 안에 내포된 긍정해야 할 지평의 개시를 마주하고 전달하는 자가 된다고, 푸코는 이란 혁명의 르포에서 말한다.

현대 세계는…… 사람들과 사물을 움직이는, 태어나 움직이고 소멸해 다시금 나타나는 이념으로 넘쳐나고 있다. 또한 이는 지식인 서클과 서유럽 대학에 국한된 일이 아니라, 세계적 규모로 볼 수 있는 일이다. 그 중에서도 이는 오늘날까지 역사가 결코 말해 주거나 들려 주는 데 익숙지 않았던 소수자와 민족에서 볼 수 있다. /이 세상에는, **종종 지식인들이 상상하는 것보다 많은 이념이 있다.** 이러한 이념은 이에 대해 '정치가'들이 생각할 수 있는 것보다 활동적이고, 강하고 저항력이 있으며 정열적이다. 우리는 이 이념들의 탄생에 함께하며, 그 힘의 폭발에 함께해야만 한다. 그러한 이념이 언표하고 있는 사건에 있어, 이념을 위해, 이념에 맞서서든, 이념을 위해서든 일어나는 투쟁에 마주해야만 한다.(1978h)

기술관료적인 '대안주의'란, 지식인·정치가만이 이념을 제시할 수 있다는 믿음에, 더 나쁘게는 '세계'를 사전에 축소하여 파악하고──귀 기울여야 한다고, 때로는 놀라운 '이념'으로 흘러넘치고 있다고는 생각조차 못하고── 심지어 이를 눈치조차 채지 못하는(일찍이 맑스주의 최악의 부분과 그다지 다르지 않은) 굳은 믿음에 근거하고 있기에, 푸코에게는 문제거리가 되지 않는다. "[폭발하는 이념─인용자] 그것은 세계를 이끄는 이념이 아니다. 하지만 실로 세계는 이념을 가지고 있기에(그리고 많은 이념을 끊임없이 생산해 내고 있기에) 세계는 세계를 지도하는 자들과 세계에 이것을 가르치길 원하는 자에게 수동적으로 끌려가는 것이 아니다".

그러므로 푸코의 말처럼, 지식인은 전략가가 아니다. 말하자면 푸코에게는 전략가가 아니라는 점이 지식인의 의미인 것이다. 푸코는 이와 같은 지식인의 태도를 '반전략적' 사고모델로 부른다. "반란의 단독성·유일성을 존중하고, 보편적인 것을 권력이 침해할 때는 결연한 태도를 취하는" 자. 통치당하는 자의 그 힘의 해방을 촉진시키면서, 그 집단의 힘(푸코는 봉기의 집합적 의지라 부르는)의 행사가 억압적인 것으로 전화되지 않도록 물음을 던지는 것, 바로 거기에 계보학 혹은 지식인의 역할이 있다. 실로 이 작업이야말로 비판인 것이다. 푸코는 비판에 대해, 칸트의 부정적인 정의(이성 사용의 한계와 조건의 확정)에서 한 발 더 나아가 적극적인 작동이 되어야 한다고 말한다. "필연적인 제한의 형태로 행사되는 비판을, 가능적인 넘어섬의 형태로 행사되는 실천적 비판으로 바꾸는 것."

그러나 말년의 푸코의 논조는 비관적pessimistic이면서도 동시에 그것이 견유주의Cynicism로 전락하지 않도록 위태롭게 선회하려는 난처한 발자취의 인상을 준다. 들뢰즈가 말한 것처럼 이란 혁명 등의 정치적 참여에 대한 (이때까지의 벗도 포함한) 비판이 효과를 발휘해, 자신의 발상을 한층 효과적으로 추진하기 위해 재검토할 필요를 느낀 건지도 모른다. 어찌됐든 발리바르의 말처럼, 푸코는 조건과 변혁을 '지금'에 함께 둠으로써 '현재'를 팽창시킨다고 해도, 분명 여전히 강한 딜레마에 처해 있는 게 사실이다. 「봉기는 무용한가」에서는 후에 몇 번인가 반복되는 주장을 볼 수 있다. "한 인간이 다른 인간에게 행사하는 권력은 언제나 위험으로 가득하다. 권력이 본성상 악이라 말하려는 게 아니다. 고유의 메커니즘을 동반하는 권력은 무제한이라는 말이다(그렇지만 권력이 만능이라는 것은 아니다. 그 반대다)". 권력의 무제한적 행사에 저항하기 위해서는 자유주의에 의한 권력 분립 장치만으로는 그 힘이 충분하지 않다. "그것을 한정하기 위해 있는 규칙은 결코 충분히 엄격해진 적이 없다. 권력이 장악한 온갖 기회로부터 권력의 작동을 어렵게 만드는 보편적 원리는 충분히 엄격하다고 할 수 없다". 그리고 이렇게 말을 이을 수 있는 것이다. "권력에 대하여 사람은 항상 신성한 법과 제약 없는 권리를 요구해야만 한다". 지배의 상태는 모든 장소에서 어떤 과잉된 힘(평민/하층민적 부분이라는, 일찍이 '수사적 기교'로 시사되고 있는 것)에 의해 계속된 압력을 받고 있다. 하지만 푸코는 후에 드레퓌스와 라비노우와의 인터뷰에서 같은 논의에 대해 계속해서 다음과 같이 말하고 있다. "요컨대 내가 말하고자 하는 것은, 모든 게 나쁘다는 것이 아니라, 모든 게 위험에 노출되어 있다는 말이며, 이는 결코 나쁘다는 말과 같지 않습니다. 만일 모든 것이 위험한 상황이라 한다면, 우리는 언제든지 무언가를 해야만 할 것입니다. 그러므로 나의 입장은 무관심이 아니라, 과격하고 비관적인 행동주의 activism입니다". 양자에 공통되는 태도는, 극단적 비관주의와 극단적 낙관주의의 불가능해 보이는 동시존재라 할 수 있다. 이 태도에는 물구나무 선 안토니오 그람시가 있다. '이성의 낙관주의와 의지의 비관주의'.

문제는 이 다음부터이다. 봉기라는 사건에서 그 최종적 실재성을 추구하도록 놓인 자유는 집단적 힘의 벌거벗은 발현이라고도 할 수 있다. 하지만 문제는 이러한 집단적 힘이 억압과 압제로 전화되는 것에 저항하면서 적극적인 생산적 원칙으로 전환되는 것이 가능한가에 대한 우려이다. 바야흐로 '길 위'街路의 사상가인 푸코에게, '내전'의 예외상태를 살 수 있는 장으로 만드는 일이 문제였다. 말년의 푸코는 이란 혁명 때의 태도와 닮은 모습을 게이 운동에 대해서도 취하고 있다.

> 물론 저는 게이 커뮤니티의 다른 멤버들과 규칙적으로 연락하고 있습니다. 우리는 대화를 통해 서로에게 마음을 여는 방법을 모색하고 있습니다. 그러나 저는 생각을 밀어붙이지 않도록, 기획과 프로그램을 제지하지 않도록 신경을 쓰고 있습니다. 저는 발명을 저해하고 싶지 않습니다. 게이들이 자신에게 걸맞은 개별 상황들을 발견해 가면서 관계의 방식을 정하고 통제하는 것이 그들에게 달려 있다는 믿음을 저버리게 만들고 싶지 않은 것입니다.(1982:p. 334)[28]

푸코가 볼 때 게이의 신체는 언제나 극미한 수준에서 '예외상태'에 있다. 통치화와 그 전략 속에 고정시키는 규범화, 정상화에 대항해 신체를 예외상태에 두는 일. 이는 정상화와 불가분의 관련에 있는 욕망에 의거하는 게 아니라, 결코 주체의 형상을 그리지 않는 쾌락에 의거하면서 그것을 가능한 한 탈주체화(탈욕망화)하는 일이다. 푸코가 볼 때 그것은 '의시'와 관련지을 수 있는 경우도 있다("우리는 온힘을 다해 게이가 되어야 한다"). 자유는 '통치화'에 대항하는 우리의 가능성에 있다. 이는 언제나 '예외상태'를 정상상태로 사고하려 했던 것과 관련될 것이다. 일찍이 프롤레타리아와 룸펜 프롤레타리아, 노동자와 '비행자'의 연대라는 비전은, 늘 주권에 의한 내적

---

28) 혹은 "…… 프로그램이나 제안이라는 생각은 위험합니다. 어떤 프로그램이 등장하자마자, 그것은 법(loi)이 됩니다. 그것은 발명의 금지가 됩니다"(1981b:p. 167).

경계선이 새겨진 추상적 인권과 시티즌십을 거절하며, 구체적인(투쟁의 고동소리를 내포하고 있는) '통치당하는 자의 권리'를 발판삼아 새로운 투쟁의 전망으로 나타났다.

봉기라는 자유의 형태. 이른바 아래로부터 예외상태가 온전히 개방적 장으로 전환되기 위해서는 자유가 사려 깊게 행사돼야 한다. 즉 반성돼야 한다. 윤리란 '자유가 취하는 반성된 형태'이다. 실로 이 윤리 그리고 그와 관련 맺는 '자기'야말로 '영구적 반대파', '무제약적 권리 요구'를 통치 기술과 대치시키며 내재적으로 창조와 연결해 가는 것이다. 그렇지만 통치의 근본적 거절과 자유로운 발명의 공간 창조가 푸코에게는 불가분한 것으로 드러날지라도, 그 '생존의 미학'의 위태로움은 '통치당하는 자의 권리'에 내포된 '투쟁의 고동소리'를 상실할지도 모른다는 데 있다. 그저 심미적이고 달인적인 삶의 방식을 권유하는 것으로 말년의 푸코가 해석되는데, 그것은 말년의 푸코의 발자취에 내재돼 있던 위험성이기도 할 것이다. 게다가 특히나 권력 기술의 결정적 변화 앞에 있는 현재, 그 위험은 늘어나고 있다고 할 수 있다. 어쨌든 우리는 다음 몇 가지를 가슴 깊이 새겨둘 필요가 있다. 푸코 자신도 확신에 차 해결책을 제시한 것은 아니라는 것. 오히려 푸코에게 배울 점은 충분한 성과를 올렸다고 주변에서 인식할 때조차 결코 걸음을 늦추지 않고 난처한 딜레마의 위태로운 길을 따라갔다는 점이다. 이것이 우리에게 끝없이 물음을 던지는 작업을 촉진하는 것이다.

이상에 입각해 글을 갈무리하며 물음을 제기하고자 한다. 이는 '현재'의 물음이다. 푸코는 그의 말년 막바지에 지배와 권력을 구분하며 각각을 '상태'狀態와 '전략'으로 양분했다. 지금까지 푸코의 권력개념이 혼란스러웠던 것은, 권력이 아니라 지배의 상태야말로 부정되어야 한다는 점이 명확히 드러나지 않았기 때문이다. 그리고 통치는 전략의 역동성, 가동성, 익명성을 지배 상태로 코드화해 종속상태를 생성·유지하는 기술이라 재평가된다. 즉 통치는, 권력의 행사가 (그 힘이 권력인 한) 항상 스스로를 향하는 사태 혹은 그러한 계기로 작동될 수밖에 없는 사태를 전제하고 있다. 따라서 통치는 자유와 지배가 교차되는 장에서 작동되며, 자기에게서 자기로 향하는 힘과 타자에게서 자기로 향하는 힘의 행사 쌍방에 걸쳐 작용한다. 그러므로 문제는 다음과 같다. 가역성·가동성에 넘치는 전략의 장을 비교적 엄격한 지배 상태로 편성하는 통치 기술의 역점을, 타자에 의한 것에서 자기에 의한 자기에의 작용과 수단으로 이동하는 것이다. 하버마스처럼 완벽하게 투명한 커뮤니케이션의 유토피아로 권력의 게임을 녹여 내는 게 아니라, "자신에게 법·권리droit의 규칙들, 관리의 기술들 그리고 윤리, 에토스, 자기의 실천을 부여하는 일…… 이로 인해 이들의 권력게임은 최소한의 지배로 행해지게 될 것이다"(1984f:p.727).

하지만 이것으로 충분한가? '새로운 신중주의'new prudentialism의 대두로 자기 통제의 강화와 지배의 강화가 격렬히 맞부딪히는 것은 아닐까? 푸코는 1983년 사회보장을 둘러싼 대화에서, 문제는 (사회)보장과 시큐리티, 의존과 종속의 나누기 힘든 결합을 끊어 내어, 보장·시큐리티와 자율을 함께 확보하는 일이라 말한다(1983a). 이는 '자기 배려'라는 문제설정을 인문과학의 진리 게임에서 떼어 내(고대 그리스, 로마로 회귀하는 움직임을 동반하면서) 독자적 존재성을 부여하는 시도와 병행되고 있다(1984B). 하지만 지금 '자율'과 시큐리티는 최악의 형태로 서로의 관계를 재편하는 일로에 있다. '자본 축적'의 변모가 '인간 축적' 역시 동반해 가며 크게 변모시키는 것과 함께. 그것이 이런 푸코의 귀결들을 부득이 다른 방향으로 발전시키게 만드는 것은 아닐까? 일단 우리의 물음을 다음 두 가지 점으로 정리해 두자.

① 유연성의 고양 : 자기에서 자기를 향한 작동으로 역점을 이동시켜 자유의 지분을 확대함으로써 지배 상태를 전복시킨다는 푸코의 비전은, 현재 권력의 전략으로 코드화되는 일로에 있는 것 같다. 지배 상태를 완화시키

면서 자유의 지분을 확대해 포지션을 역전시킬 가능성. 이른바 포스트포디즘적인 '인간 축적'(『감시와 처벌』은 산업자본주의의 자본축적에 대응되는 '인간 축적'의 탐구였다)은 지배를 완화해 가며 나아가 상위 수준에서 지배한다. 고정되거나 적어도 오래 지속되는 아이덴티티는 요청되지 않으며 오히려 신체는 폭넓은 가동성과 익명성 안에 놓이게 된다. 갈수록 '상태'常態적 성격을 거절하는 '지배'.

② 배제의 문제 : 세계 시장에 의한 '간접적이고 위탁된 절멸'의 실천. 쓸모없는 과잉인구의 배제.[29] 이 장의 서두에서 언급한 '법과 질서' 정책의 일상화는 이처럼 '새로운 과잉인구'의 형식에 대응된다. 여기에 대해서는 '2장', '4장'에서 검토하여 어느 정도 푸코의 문제설정 안에서 자리매김을 시도해 왔다. 하지만 푸코가 말하는 통치성이 삶에 관여한다면 이는 발리바르의 말처럼 "푸코가 이론화하려 한 의미에서 온갖 권력관계의 대극에 자리"(Balibar, 1997)하는 것이다. 이 '파괴 및 죽음을 위한 죽음이라는 차원에서 행사되는 벌거벗은 힘'을 어떻게 평가하고, 거기에 걸맞은 저항이 어떠한 게 있는지. 우리가 주의 깊게 '현재'를 바라보며 부단히 생각해야 할 과제가 여기에 있다.

6. 자유의 새로운 지평으로

다시 한 번, 마지막으로 「고스트 독」으로 돌아가 보고자 한다. 독이 사는 공간은 실로 예외상태가 일상인 장, 예외와 일상이 포개지는 '위기'의 장이었다. 이 안에서 벌거벗은 생명으로 살게 된 고스트 독은 『하가쿠레』를 매개로 에토스, 즉 행위의 작법 혹은 방법을 신체에 부여하면서 그곳을 간신히

---

29) 이에 대해서는 매우 놀라운 책인 수전 조지의 『루가노 리포트』(George, 1999＝2006)를 보라.

연명할 수 있는 장으로 변모시켜 왔다. 귀속이라는 갑옷을 걸친 벌거벗은 생명은 작은 『하가쿠레』 책만을 의지 삼아, 경찰이 혹독하게 포위한 뉴욕의 거리를 헤맨다. 독의 기묘한 '무사도'에는 유머가 있는데, 이는 도리어 '심각한 삶'의 일반적 이미지를 바꾸는 것이리라. 스타일이란 풍요로움이 아닌 가난함의 상관물이기에, 자신의 삶에 스타일을 주는 것은 결코 여유 있는 인간의 옵션이 아니었다. 오히려 그것은 벌거벗은 채 힘에 노출된 삶의 절박한 몸짓이었다.

그런데 처음에 언급했듯 『하가쿠레』에 의한 실천은 그를 기묘한 관계성과 사회성 안에 던져 넣었다. 책읽기를 좋아하던 (흑인)소녀, 정리해고 직전의 멍청한 마피아, 아이티 출신이기에 말이 통하지 않는 불법이민자, 거리의 래퍼들 그리고 무엇보다 비둘기 떼…… 이는 하나의 '공공성'이다. 하지만 그것은 '인간 이하' 존재들의 우연으로만 구성된, 개하고나 견줄 수 있는 공공성이다. 권력의 전략으로 말하자면, 허가증을 붙이고 프로파일링함으로써 감시해 내쫓거나 섬멸하면 그만인 것들. 그렇기에 이들은, 비둘기가 독과 '주군'을 중개하듯, 옥상에서 비둘기와 독 사이의 친밀한 관계처럼,[30] 토지에서 추방된 상태로 연결될 수밖에 없는 것들이다. 이 연결은 너무나도 위태롭다. 권력이 위태로움을 숨기거나 이를 강점으로 바꿀 만큼의 여지를 갖는 것과는 정반대로 말이다.

고스트 독의 기묘한 공공성은, 어떤 강점도 갖추지 않으며 어디를 가도 고립될 수밖에 없었던 그의 고독한(그는 워낙 자기만의 '무사도'를 가지니) 윤리로 인해 죽음으로 끝나고 만다. 일상적 위기 상태의 한가운데, 이른바 "죽음을 정점定点에서 선線으로 바꾼" 비샤Marie Bichat의 비전을 간직하며 살 수

---

30) 연락수단으로서 비둘기의 사용은, 커뮤니케이션의 방법임과 동시에 커뮤니케이션을 차단하는 방법이다. 이 점에 대해서는 들뢰즈(Deleuze, 1990) 중 안토니오 네그리와의 대담에서 들뢰즈의 발언을 보라.

밖에 없었던 독은, 『하가쿠레』를 통해 그 선을 아슬아슬하게 자기 구성과 단련의 양식으로 바꾸어 버린다. 하지만 삶을 지배하는 어떤 굵직한 선에도 가닿은 적이 없었기에 작디작은 영광조차 없는 독의 죽음(사실상의 자결)은, 무딘 아름다움을 띠고 있지만, '개'죽음임에는 틀림없다. 최소한 '개'죽음은 피하고 싶다(적어도 나는 말이다).

그러므로 문제는 다음과 같다. 이 위태로움(에도 불구하고 그렇지 않은 이유) 때문에 강한, 그리고 온갖 용납할 수 없는 힘의 행사를 가능한 한 최소화시켜 확장하는 그런 공공성을 어떻게 구성할 수 있을까? (특히 지금의 주체의 모습과 관계된) 사실로 응고된 지층을 언제나 중단시키기 때문에, 기적奇蹟(아렌트)의 빛을 띠는 '행위'의 내재적 힘으로서의 자유. "사람들은 봉기한다, 이는 사실이다", 이것이 푸코의 자유주의론 앞에 놓인 흔들림 없는 명제라 한다면, 자유는 아렌트가 부과한 제약까지도 물어뜯으며 자유주의의 패러다임이 알지 못하는 지평으로 우리를 싣고 갈 것이다.

미셸 푸코의 저작들

단행본

1966. *Les Mots et les Choses:Une archéologie des sciences humaines*, Gallimard[1986, 『말과 사물』, 이광래 옮김, 민음사].

1972. *Histoire de la folie à l'âge classique*, Gallimard[2003, 『광기의 역사』, 이규현 옮김, 나남].

1975. *Surveiller et punir:Naissance de la prison*, Gallimard[2003, 『감시와 처벌』, 오생 근 옮김, 나남].

1976. *Histoire de la séxualité 1: La volonté de savoi*, Gallimard[2004, 『성의 역사 1권: 앎의 의지』, 이규현 옮김, 나남].

1984A. *Histoire de la sexualité 2: L'usage des plaisirs*, Gallimard[2004, 『성의 역사 2 권:쾌락의 활용』, 문경자·신은영 옮김, 나남].

1984B. *Histoire de la sexualité 3: Le souci de soir*, Gallimard[2004, 『성의 역사 3권: 자기 배려』, 이영목 옮김, 나남].

1990. "Qu'est-ce que la critique?", *Bulletin de la Société Française de Philosophie*, 84. 2, pp. 35~63.

1997. *Il faut défendre la société: Cours au Collège de France 1976*, Gallimard/Seuil [1998, 『사회를 보호해야 한다』, 박정자 옮김, 동문선].

논문, 강의, 인터뷰

1967. "Nietzsche, Freud, Marx", *Nietzsche, Cahier de Royaumont*, Minuit.

1972a. "Die große Einsperrung", Entrevue de Niklaus Meienberg, *Tages Anzeiger Magazin*, n°12.

1972b. "Table ronde", *Esprit*, 413.

1972c. "Sur la justice populaire: Débat avec les maos", *Dits et écrits*, t. I[1991,「인민 적 정의에 관하여:마오주의자와의 대화」, 『권력과 지식:미셸 푸코와의 대담』, 콜린 고든 편, 홍성민 옮김, 나남].

1973. "Gefängnisse und Gefängnisrevolten", *Zeitschrift für übernationale Zusammenarbeit*, Nr. 2.

1974a. "Human Nature:Justice versus Power", ed. Fons Elders, *Reflexive Water: The Basic Concerns of Mankind*, Souvenir Press.

1974b. "Michel Foucault on Attica", Interview by John K. Simon, *Telos*, 19.

1974c. "Table ronde sur l'expertise psychiatrique", *Actes:Cahiers d'action juridique*, 5~6.

1975a. "La politique est la continuation de la guerre par d'autres moyens", Entretien avec Bernard-Henri Lévy, *L'imprévu*, n. 1, 27 janvier.

1975b. "Supplices aux cellules", Entrevue de Roger Pol Droit s'entretient avec Michel Foucault, *Le Monde*, 9363 (21 février).

1975c. "Il carcere visto da un filosofo francese", Interview by Ferdinando Scianna, *L'Europeo*, 3 avril.

1975d. "Entretien sur la prison :le livre et sa méthode", Entrevue de Jean-Jacques Brochier. *Magazine littéraire*, 101 (juin).

1975e. "Les Anormaux", *Cours au collège de France*, juin.

1975f. "Préface", *Leurs prisons: autobiographies de prisonniers et d'exdétenus américains*, Maurice Rambaud et Bruce Jackson, Plon.

1976a. "Le savoir comme crime", Entretien avec Teryama, S Jyôkyô, *Dits et Ecrits*, t. III, n. 174, Gallimard.

1976b. "Il faut défendre la société", Cours au Collège de France 1975~1976.

1977a. "Non au sexe roi", Entrevue de Bernard-Henri Levy, *Le Nouvel Observateur,* 644(12 mars).

1977b. "L'angoisse de juger", Un débat sur la peine de mort avec Robert Badinter et Jean Laplanche, ed., Catherine David, *Le Nouvel Observateur*, 655(30 mai).

1977c. "Le jeu de Michel Foucault", Une discussion entre Michel Foucault et Alain Grosrichard, Gérard Wajeman, Jacques-Alain Miller, Guy Le Gaufey, Catherine Millot, Dominique Colas, Jocelyne Livi, Judith Miller, *Ornicar*, 10 juillet.

1977d. "Enfermement, psychiatrie, prison", Dialogue entre Michel Foucault David Cooper, Victor Fainberg et Jean-Pierre Faye, *Change: La folie encerclée, 32~33* (octobre).

1977e. "Va-t-on extrader Klaus Croissant?", *Le Nouvel Observateur,* 679(14 November).

1977f. "Désormais, la sécurité est au-dessus des lois", Entretien avec Jean-Paul Kauffmann, *Le Matin*, n. 225(18 novembre).

1977g. "La sécurité et l'État", Entretien avec Lefort, R., *Tribune socialiste,* 24~30 (novembre).

1977h. "La torture, c'est la raison", *Dits et Ecrits*, t. III, Gallimard.

1977i. "Pouvoirs et stratégies", Les révoltes logiques, no. 4(Winter). Repris dans *Dit et ecrits*, t. II, Gallimard.

1978a. "L'evolution de la notion d' "individu dangereux" dans la psychiatrie legale du XIXe siecle", *International Journal of Law and Psychiatry*, vol. 1.

1978b. "Attention: danger", *Libération*, n. 1286(22 mars).

1978c. "La société disciplinaire en crise: lecture on 18 April 1978 in Kyoto", *Asahi Jaanaru* no. 19(12 mai).

1978d. "La scène de la philosophie", Entretien avec Watanabe, Michiaki, *Sekai*, juillet.

1978e. "Michel Foucault et le zen : un séjour dans un temple zen", *Umi*, n. 197(août-septembre).

1978f. "La governementalité", Cours au collège de France, 1977~1978 ; "sécurité, territoire, population", *Aut-Aut*, n. 167~168[1994, 「통치성」, 『미셸 푸코의 권력이론』, 정일준 편역, 새물결].

1978g. "Le citron et le lait", *Le Monde*, n. 10490(21~22 octobre).

1978h. "Les 'reportages' d'idées", *Corriere della sera*, vol. 103, n. 267(12 novembre).

1978i. "Il mitico capo della rivolta dell'Iran"(Le chef mythique de la révolte de l'Iran), *Corriere della sera* vol. 103, n° 279(26 novembre).

1978j. "Sécurité, territoire et population: Annuaire du Collège de France", *Histoire des systèmes de pensée*, 1977~1978(78e année).

1979a. "L'Esprit d'un monde sans esprit", Entretien avec Michel Foucault par Claire Brière et Pierre Blanchet, *Iran : La révolution au nom de Dieu*, Seuil.

1979b. "Inutile de se soulever?", *Le Monde*, n. 10661(11~12 mai).

1979c. "Naissance de la biopolitique", Collège de France(janvier à avril).

1980. "Du gouvernement des vivants", *Résumé des cours: 1970~1982*, Gallimard.

1981a. "Omnes et singulatim: Towards a Criticism of Political Reason", *The Tanner Lectures on Human Values II*, University of Utah Press.

1981b. "De l'amitié comme mode de vie", *Le Gai Pied*, 25.

1981c. "Il faut tout repenser, la loi et la prison", *Libération*, 45(5 juillet).

1981d. "Punir est la chose la plus difficile qui soit", *Témoignage chrétien*, no. 1942.

1981e. "Subjectivité et vérité", *Résumé des cours: 1970~1982*, Gallimard.

1982a. "Subject and Power", Michel Foucault Beyond Structuralism and Hermeneutics, University of Chicago Press.

1982b. "Éspace, savoir et pouvoir", Entretien avec Paul Rabinow, *Skyline* (mars).

1982c. "Choix sexuel, acte sexuel", *Homosexuality: sacrilege, vision, politics*, n. 58~59.

1983a. "Un système fini face à une demande infinie", *Sécurité sociale : l'enjeu*, Syros.

1983b. "Structuralisme et poststructuralisme", *Telos*, vol. 16, n. 55.

1984a. "Qu'est-ce que les Lumières?", *Magazine littéraire*, n. 207(mai)[1999, 「계몽이란 무엇인가?」, 『자유를 향한 참을 수 없는 열망』, 정일준 편역, 새물결].

1984b. "À propos de la généalogie de l'éthique : un aperçu du travail en cours", *Dit et ecrits*, t. IV, Gallimard.

1984c. "Foucault", eds. Denis Huisman et al., *Dictionnaire des philosophes*, P.U.F..

1984d. "Le souci de la vérité", *Le Nouvel Observateur*, n. 1006.

1984e. "Qu'est-ce que les Lumières?", *Magazine littéraire*, n. 207.

1984f. "Face aux gouvernements, les droits de l'homme", *Libération*, n. 967.

1984g. "L'éthique du souci de soi comme pratique de liberté", Entretien avec Raúl

Fornet-Betancourt et al., *Revista internacional de filosofia*, n. 6(juillet~décembre).

1984h. "Qu'appelle-t-on punir?", Entretien avec Foulek Ringelheim, *Punir, mon beau souci: Pour une raison pénale*, n.1~3.

1984i. "Interview de Michel Foucault", Entretien avec Catherine Baker, *Actes, Cahiers d'action juridique: La prison autrement?*, n.45~46.

1984j. "Le retour de la morale", Entretien avec Gilles Barbedette et Andre Scala, *Les Nouvelles littéraires*, n.2937.

1984k. "Michel Foucault, une interview : Sexe, pouvoir et la politique de l'identité", Entretien avec Bob Gallagher et Alexander Wilson, *The Advocate*, n.400.

1988a. "Truth, Power, Self", eds. Luther H. Martin et al., *Technologies of the Self: A Seminar with Michel Foucault*, University of Massachussetts Press.

1988b. "The Political Technology of Individuals", eds. Luther H. Martin et al., *Technologies of the Self : A Seminar With Michel Foucault*, University of Massachussetts Press.

1994. *Dits et écrits 1954~1988*, t. I~IV. Gallimard.

그 외의 저작들

Agamben, Giorgio. 1995. *Homo sacer. Il potere sovrano e la nuda vita*, Einaudi[2008, 『호모 사케르: 주권 권력과 벌거벗은 생명』, 박진우 옮김, 새물결].

____. 1996. *Mezzi senza fine: Note sulla politica*, Bollati Boringhieri[2009, 『목적 없는 수단: 정치에 관한 11개의 노트』, 김상운·양창렬 옮김, 난장].

Ancel, Marc. 1966. *La défense sociale nouvelle*, Cujas.

Arendt, Hannah. 1951. *The Origins of Totalitarianism*, Harcourt Brace Jovanovich[2006, 『전체주의의 기원』 전 2권, 박미애·이진우 옮김, 한길사].

Balibar, Étienne. 1992. *Les frontières de la démocratie*, La Découvertes.

____. 1993. "The Infinite Contradiction", *Yale French Studies*, 88.

____. 1994. *Masses, Classes, Ideas : Studies on Politics and Philosophy before and after Marx*, Routledge.

____. 1997. *La crainte des masses : Politique et philosophie avant et après Marx*, Galilée[2007, 『대중들의 공포: 맑스 전과 후의 정치와 철학』, 서관모·최원 옮김, 도서출판b].

____. 1998. *Droit de cité: Culture et politique en démocratie*, L'Aube.

Balibar, Étienne and Wallerstein, Immanuel. 1991. *Race, Nation, Class : Ambiguous Identities*, Routledge.

Bamford, James. 1982. *The Puzzle Palace : A Report on America's Most Secret Agency*, Houghton Mifflin.

Baudrillard, Jean. 1981. *Simulacres et simulation*, Galiée[2001, 『시뮬라시옹』, 하태환 옮김, 민음사].

____. 1978. *La précession des simulacres*, Minuit.

Bauman, Zygmunt. 1997. *Postmodernity and its Discontents*, New York University Press.

____. 1998. *Work, Consumerism and the New Poor*, Open University Press.

____. 2000. "Social Uses of Law and Order", eds. David Garland and Richard Sparks, *Criminology and Social Theory*, Oxford University Press.

Beccaria, Cesare. 1763. *Dei delitti e delle pene*.

Becker, Gary S. and Becker. Guity N. 1997. *The Economics of Life*, McGraw-Hill.

Berardi, Franco("Bifo"). 1980. "Anatomy of Autonomy", *Semiotext(e)*, vol. III, n. 3.

Blakely, Edward J. and Snyder, Mary G. 1997. *Fortress America : Gated Communities in the United States*, Brookings Institution Press & Lincoln Institute of Land Policy.

Bologna, Sergio. 1980. "The Tribe of Moles", *Semiotext(e)*, vol. III, n. 3.

Bork, Robert. 1990. *The Tempting of America : The Political Seduction of the Law*, Free Press.

Božovič Miran. 1995. "Introduction: 'An utterly dark spot'", Jeremy Bentham, *The Panopticon Writings*, Verso.

Bracken, Len. 1997. "The Spectacle of Secrecy"[http://www.ctheory.com/r-spectacle_of_secrecy.html].

Bratton, William and Peter Knobler. 1998. *Turnaround:How America's Top Cop Reversed the Crime Epidemic*, Random House.

Breitman, George. 1967. *The Last Year of Malcolm X:The Evolution of a Revolutionary*, Pathfinder Press.

Bunton, Robin. 1998. "Post-Betty Fordism & Neo-liberal Drug Policies", ed. John Carter, *Postmodernity and the Fragmentation of Welfare*, Routledge.

Burchell, Graham. 1996. "Liberal government and techniques of the self", eds. Andrew Barry et al., *Foucault and Political Reason:Liberalism, Neo-Liberalism, and Rationalities of Government*, University of Chicago Press.

Butler, Judith. 1997. *Excitable Speech:A Politics of the Performative*, Routledge.

Byrne, David. 1999. *Social Exclusion*, Open University Press.

Cashmore, Ellis and Eugene McLaughlin. 1991. "Out of order?", eds. Elli Cashmore and Eugene McLaughlin, *Out of Order?:Policing Black People*, Routledge.

Castel, Robert. 1991. "From dangerousness to Risk", eds. Graham Burchell et al., *The Foucault Effect:Studies in Governmentality*, Harvester Wheatsheaf.

____. 1995. *Les métamorphoses de la question sociale*, Fayard.

Castellano, Lucio et al. 1996. "Do you remember revolution?", eds. Paolo Virno and Michael Hardt, *Radical Thought in Italy :A Potential Politics*, University of Minncsota Prcss[1997, 「당신은 혁명을 기억하는가?」, 『이딸리아 자율주의 정치철학』, 이원영 옮김, 갈무리].

Castells, Manuel. 1996. *The Rise of the Network Society, The Information Age:Economy, Society and Culture* vol. 1, Blackwell.

____. 1997. *The Power of Identity, The Information Age :Economy, Society and*

Culture vol. 2, Blackwell.

____. 1998. *End of Millennium, The Information Age :Economy, Society and Culture* vol. 3, Blackwell.

Chevalier, Louis. 1958. *Classes laborieuses et classes dangereuses : À Paris pendant la première moitié du XIXe siècle*, Plon.

Cleaver, Eldridge. 1968. *Soul on Ice*, McGraw-Hill.

Cohen, Stanley. 1985. *Visions of Social Control :Crime, Punishment and Classification*, Polity Press.

Copjec, Joan. 1994. *Read My Desire : Lacan against the Historicists*, MIT Press.

____. 1995. "The Subject Defined by Suffrage", *Lacanian Ink*, no. 7.

Coriat, Benjamin. 1991. *Penser à l'envers : Travail et organisation dans l'entreprise japonaise*, Christian Bourgeois.

Crowe, Timothy D. 1991. *Crime Prevention through Environmental Design*, Butterworth-Heinemann.

Crozier, Michel et al., 1975. *The Crisis of Democracy : Report on the Governability of Democracies to the Trilateral Commission*, New York University Press.

Daniels, Ron. 2000. "The Crisis of Police Brutality and Misconduct in America : The Causes and the Cure", ed. Jill Nelson, *Police Brutality*, W. W. Norton & Company.

Darmon, Pierre. 1989. *Médecins et assassins à la Belle Epoque : la médicalisation du crime*, Seuil.

Davey, Joseph D. 1995. *The New Social Contract : America's Journey from Welfare State to Police State*, Praeger.

Davis, Angela Yvonne. 1998. *The Angela Y. Davis Reader*, Blackwell.

Davis, Mike. 1992a. *City of Quartz : Excauvating the Future in Los Angeles*, Vintage Books.

____. 1992b. *Beyond Blade Runner:Urban Control : the Ecology of Fear*(Open Magazine Pamphlet Series), Open Media.

____. 1993a. "Who Killed LA? A Political Autopsy", *New Left Review* no. 197.

____. 1993b. "Who Killed Los Angeles? Part Two: The Verdict is Given", *New Left Review* no. 199.

____. 1993c. "Uprising and RePression in LA: An Interview with Mike Davis by the Covert Action Information Bulletin", ed. Robert Gooding-Williams, *Reading Rodney King : Reading Urban Uprising*, Routledge.

____. 1998. *Ecology of Fear:Los Angeles and The Imagination of Disaster*, Metropolitan Books.

Deacon, Richard. 1986. *The Truth Twisters*, Futura

Dean, Mitchell. 1999. *Governmentality : Power and Rule in Modern Society*, Corwin Press.

Debord, Guy. 1967. *La société du spectacle*, Gallimard[1996, 『스펙터클의 사회』, 이경숙 옮김, 현실문화연구].

____. 1992. *Commentaires sur la Société du Spectacle*, Gallimard.

Defert, Daniel. 1994. "Chronologie", *Dits et écrits*, t. I, Gallimard.

Deleuze, Gilles. 1979. "Introduction", Jacque Donzelot, *The Policing the Families : Welfare versus the State*, Hutchinson.

____, 1990. *Pourparlers* 1972~1990, Minuit [1994, 『대담 1972~1990』, 김종호 옮김, 솔].

Denton, Nancy A. and Douglass S Massey. 1993. *American Apartheid : Segregation and the Underclass*, Harvard University Press.

Derrida, Jacques. 1992. "'Etre juste avec Freud' : l'histoire de la folie à l'âge de la psychanalyse", *Penser la folie : Essais sur Michel Foucault*, Galilée.

Dick, Philip K. 1977. *A Scanner Darkly*, Vintage Books.

Didi-Huberman, Georges. 1982. *Invention de l'hystérie : Charcot et l'iconographie photographique de la Salpêtrière*, Macula.

Dillon, Michael. 1996. *Politics of Security : Towards a Political Philosophy of Continental Thought*, Routledge.

Donzelot, Jacques. 1991a. *Face à l'exclusion : Le modèle français*, Esprit.

____. 1991b. "The Mobilization of Society", eds. Graham Burchell et al. *The Foucault Effect : Studies in Governmentality*, Harvester Wheatsheaf.

____. 1994. *L'invention du social : Essai sur le déclin des passions politiques*, Seuil [2005, 『사회보장의 발명』, 주형일 옮김, 동문선].

Duclos, Denis. 1999. "La vie privée traquée par les technologies", *Le Monde diplomatique*, Août.

Dumm, Thomas L. 1994. *United States*, Cornell University Press.

____. 1996. *Michel Foucault and the Politics of Freedom*, Sage.

Ewald, François. 1986. *L'Etat providence*, Grasset.

____. 1992. "Michel Foucault et la norme", *Michel Foucault : Lire l'oeuvre*, eds. Luce Giard et Jérôme Millon, Grenoble.

Fanon, Frantz. 1961. *Les Damnés de la Terre*, La Découverte [2004, 『대지의 저주받은 사람들』, 남경태 옮김, 그린비].

Feeley, Malcolm M. and Jonathan Simon. 1992. "The New Penology : Notes on the Emerging Strategy of Corrections and Its Implications", *Criminology* 30.

Floud, Jean E. and Warren Young. 1981. *Dangerousness and Criminal Justice*, Barnes & Noble.

Friedman, Milton. and Rose Friedman. 1980. *Free to Choose : A Personal Statement*, Harcourt Brace Jovanovich.

Gamble, Andrew. 1988. *The Free Economy and the Strong State : The Politics of Thatcherism*, Macmillan.

Gans, Herbert. 1995. *The War against the Poor : The Underclass and Antipoverty Policy*, Basic Books.

Gay, Peter. 1988. *Freud : A Life for Our Time*, W. W. Norton & Co.

George, Susan. 1999. *Lugano Report : On Preserving Capitalism in the Twenty-First*

Century, Pluto Press.

Gordon, Colin. 1987. "The Soul of the Citizen: Max Weber and Michel Foucault on Rationality and Government", eds. Scott Whimster and Sam Lash, *Max Weber: Rationality and Modernity*, Unwin Hyman.

____. 1991. "Governmental Rationality: An Introduction", eds. Graham Burchell et al., The Foucault *Effect: Studies in Governmentality*, Harvester Wheatsheaf.

Gordon, Diana R. 1990. *The Justice Juggernaut:Fighting Street Crime, Controlling Citizens*, Rutgers University Press.

Gorz, André. 1991. *Capitalisme, Socialisme, Ecologien*, Galiée.

Greene, Robert. W. 1981. *The Sting Man :Inside ABSCAM*, Dutton Adult.

Hacking, Ian. 1990. *The Taming of Chance*, Cambridge University Press.

Hall, Stuart. 1978. *Policing the Crisis :Mugging, the State and Law and Order*, Palgrave Macmillan.

Halperin, David M. 1995. *Saint Foucault :Toward a Gay Hagiography*, Oxford University Press.

Hardt, Michael. 1993. *Gilles Deleuze :An Apprenticeship in Philosophy*, University of Minnesota Press[1996, 『들뢰즈의 철학사상』, 이성민·서창현 옮김, 갈무리].

____. 1995. "The Withering of Civil Society", *Social Text*, vol. 14.

____. 1998. "La Société mondiale de contrôle", ed. Eric Alliez, *Gilles Deleuze : Une vie philosophique*, Synthélabo.

Harris, Ruth. 1989. *Murders and Madness :Medicine, Law, and Society in the 'fin de siècle'*, Oxford University Press.

Hassen, Beatrice. 2000. *Critique of Violence :Between Poststructuralism and Critical Theory*, Routledge.

Hayek, Friedrich. A. 1944. *The Road to Serfdom*, Routledge.

____. 1960. *The Constitution of Liberty Part II : Freedom and the Law*, Routledge & Kegan Paul.

____. 1978. "Liberalism", *New Studies in Philosophy, Politics and Economics and the History of Ideas*, Routledge & Kegan Paul.

Hirsch, Joachim. 1995. *Der nationale Wettbewerbsstaat. Staat, Demokratie und Politik im globalen Kapitalismus*, ID-Archiv.

Hirschman, Albert O. 1977. *The Passion and the Interests. Political Arguments for Capitalism before Its Triumph*, Princeton University Press[1994, 『열정과 이해관계』, 김승현 옮김, 나남].

____. 1991. *The Rhetoric of Reaction : Perversity, Futility, Jeopardy*, Belknap Press[2010, 『보수는 어떻게 지배하는가』, 이근영 옮김, 웅진지식하우스].

Hobbes, Thomas. 1651. *Leviathan or The Matter, Forme and Power of a Common Wealth Ecclesiasticall and Civil*.

Hobsbawm, Eric. 1975. *The Age of Capital 1848~1875*, Weidenfeld and Nicolson[1998, 『자본의 시대』, 정도영 옮김, 한길사].

Hunt, Alan and Wickham, Gary. 1994. *Foucault and Law: Towards a Sociology of Law and Governance*, Pluto Press.

Imbert, Jean. 1993. *La peine de mort*, P.U.F.

Irwin, John. 1985. *The Jail: Managing the Underclass in American Society*, University of California Press.

Jackson, George L. 1990. *Blood In My Eye*, Black Classic Press.

____. 1994. *Soledad Brother: The Prison Letters of George Jackson*, Lawrence Hill Books.

James. Joy. 1996. *Resisting State Violence: Radicalism, Gender, and Race in U.S. Culture*, University of Minnesota Press.

Jameson, Fredric. 1992. *The Geopolitical Aesthetic : Cinema and Space in the World System*, Indiana University Press.

Jappe, Anselm. 1999. *Guy Debord*, University of California Press.

Jay, Martin. 1993. *Downcast Eyes: The Denigration of Twentieth-Century French Thought*, University of California Press.

Jessop, Bob. 1985. *Nicos Poulantzas: Marxist Theory and Political Strategy*, MacMillan.

Kelley, Robin. 2000. "Slangin' Rocks······ Palestinian Style, Dispatches from the Occupied Zones of North America", ed. Jill Nelson, *Police Brutality*, W. W. Norton & Company

Lacan, Jacques, 1973. *Le seminaire de Jacques Lacan XI: Les quatre concepts fondamentaux de la psychanalyse*, Seuil.

Lazzarato, Maurizio. 1996. "Immaterial Labor", eds. Paolo Virno and Michael Hardt, *Radical Thought in Italy: A Potential Politics*, University of Minnesota Press[1997, 「비물질적 노동」, 『이딸리아 자율주의 정치철학』, 이원영 옮김, 갈무리].

____. 2000. "Du biopouvoir à la biopolitique", *Multitudes* n° 1.

____. 2001. "Le gouvernement par l'individualisation", *Multitudes* n° 4.

Logue, William. 1983. *From Philosophy to Sociology: The Evolution of French Liberalism, 1870~1914*, Northern Illinois University Press.

Lumley, Robert. 1990. *States of Emergency: Cultures of Revolt in Italy from 1968 to 1978*, Verso.

Lusane, Clarence. 1991. *Pipe Dream, Blues: Racism and the War on Drugs*, South End Press.

Lyon, David. 1994. *The Electronic Eye: The Rise of Surveillance Society*, University of Minnesota Press.

____, 2001. *Surveillance Society: Monitoring Everyday Life*, Open University Press.

Madanipour, Ali et al. eds. 1998. *Social Exclusion in Europran Cities*, Jessica Kingsley.

Mallenkopf, John and Manuel Castells eds. 1991. *Dual City: Restructuring*, Russell Sage Foundation.

Malthus, Thomas R. 1798. *An Essay on the Principle of Population*, J. Johnson.

Marable, Manning. 1983. *How Capitalism Underdeveloped Black America : Problems in Race, Political Economy and Society*, South End Press.

Marrazzi, Christian. 1994. *La place des chaussettes : Le tournant linguistique de l'économie et ses conséquences politiques*, L'éclat.

Marx, Gary. 1988. *Undercover : Police Surveillance in America*, University of California Press.

Marx, Karl. 1960. *Der achtzehnte Brumaire des Louis Bonaparte*, Karl Marx-Friedrich Engels Werke, Band 8, Dietz[1992, 「루이 보나빠르뜨의 브뤼메르 18일」, 최인호 옮김, 『칼 맑스 프리드히 엥겔스 저작선집』 2권, 박종철출판사].

____. 1962. *Das Kapital : Kritik der politischen Ökonomie*, Karl Marx-Friedrich Engels Werke, Band 23, Dietz[2001, 『자본론』 I(상, 하), 제2개역판, 김수행 옮김, 비봉].

____. 1983. *Grundrisse der Kritik der politischen Ökonomie*(1857~1858), Karl Marx-Friedrich Engels Werke, Band 42, Dietz[2007, 『정치경제학 비판 요강』 2권, 김호균 옮김, 그린비].

Mclaughlin, Eugene and John Muncie. 1999. "Walled Cities: Surveillance, Regulation and Segregation", eds. Steve Pile et al., *Unruly Cities? Order/Disorder*, Routledge.

Melucci, Alberto. 1996. *Challenging Codes : Collective Action in the Information Age*, Cambridge University Press.

Mercer, Kobena. 1994. *Welcome to the Jungle : New Positions in Black Cultural Studies*, Routledge.

Miller, Jacque-Alain. 1989. "Michel Foucault et la psychanalyse", *Michel Foucault philosophe : Rencontre internationale Paris*, 9, 10, 11 Janvier 1988, Seuil.

Miller, James. 1993. *The Passion of Michel Foucault*, Simon & Schster.

Murray, Charles. 1990. *Charles Murray : The Emerging British Underclass*, IEA Health and Welfare Unit.

____. 1997. *What It Means to Be a Libertarian : A Personal Interpretation*, Broadway Books.

Negri, Antonio. 1989. *The Politics of Subversion : A Manifesto for the Twenty-First Century*, Polity Press.

____. 1992. *Le pouvoir constituant. Essai sur les alternatives de la modernité*, trans., Étienne Balibar et François Matheron. Paris, P.U.F

Negri, Antonio and Michael Hardt. 1994. *Labor of Dionysus : A Critique of the State-Form*, University of Minnesota Press.

____. 2000. *Empire*, Harvard University Press.

Nettleton, Sarah and Roger Burrows. 1998. "Individualisation Processes and Social Policy: Insecurity, Reflexivity and Risk in the Restructuring of Contemporary British Health and Housing Policies", ed. John Carter, *Postmodernity and the Fragmentation of Welfare*, Routledge.

Newman, Oscar. 1972. *Defensible space : Crime Prevention through Urban Design*,

MacMillan.

O'Malley, Pat. 1992. "Risk, Power and Crime Prevention", *Economy and Society*, vol. 21, n° 3

____ ed. 1998. *Crime and Risk Society*, Aldershot.

Parenti, Christian. 1999. *Lockdown America*, Verso.

Pashukanis, Evgeny. 1924. *The General Theory of Law and Marxism*, Sotsiahsticheskoi Akademii.

Pasquino, Pasquale. 1986. "Michel Foucault(1926~84): The Will to Knowledge", *Economy and Society*, vol. 15, n. 1.

____. 1991. "Criminology: The Birth of a Special Knowledge", eds. Graham Burchell et al., *The Foucault Effect: Studies in Governmentality*, Harvester Wheatsheaf.

____. 1993. "Political Theory of War and Peace: Foucault and the History of Modern Political Thought", *Economy and Society* vol. 22 n° 1.

Piore, Michael and Charles Sabel. 1984. *The Second Industrial Divide: Possibilities for Prosperities for Prosperty*, Basic Books Inc.

Polanyi, Karl. 1957. *The Great Transformation: The Political and Economic Origins of Our Time*, Beacon Press.

Poulantzas, Nicos. 1978. *L'Etat, le pouvoir*, le socialisme, P.U.F.

Poyner, Barry. 1983. *Design against Crime: Beyond Defensible Space*, Butterworths.

Reich, Robert B. 1991. *The Work of Nations: Preparing Ourselves for 21st-Century Capitalism*, Alfred A. Knopf.

Revelli, Marco. 1996a. *Le due destre: Le derive politiche del post-fordismo*, Bollati Boringhieri.

____. 1996b. "Worker Identity in the Factory Desert", eds. Paolo Virno and Michael Hardt, *Radical Through in Italy: A Potential Politics*, University of Minnesota Press.

Ro, Ronin. 1998. *Have Gun Will Travel: The Spectacular Rise and Violent Fall of Death Row Records*, Doubleday.

Rosanvalon, Pierre. 1981. *La crise de l'Etat-providence*, Seuil.

____. 1989. *Le Libéralisme économique: Histoire de l'idée de marché*, Seuil.

Rose, Jacqueline. 1986. *Sexuality in the Field of Vision*, Verso.

Rose, Nikolas. 1996a. "The Death of the Social?: Re-figuring the Territory of Government", *Economy and Society* vol. 25, n° 3.

____. 1996b. "Governing 'Advanced' Liberal Democracies", eds. Andrew Barry et al., *Foucault and Political Reason: Liberalism, Neo-Liberalism, and Rationalities of Government*, University of Chicago Press.

____. 1999. *Powers of Freedom: Reframing Political Thought*, University of Chicago Press.

Rothfeder, Jeffrey. 1992. *Privacy for Sale*, Simon & Schuster.

Salecl, Renata. 1994. *The Spoils of Freedom: Psychoanalysis and Feminism after the*

Fall of Socialism, Routledge.

Sassen, Saskia. 1996. *Losing Control?: Sovereignty in an Age of Globalization*, Columbia University Press.

Schmitt, Carl. 1922. *Politische Theologie :vier Kapitel zur Lehre von der Souveränität*, Duncker & Humblot[2010, 『정치신학: 주권론에 관한 네 개의 장』, 김항 옮김, 그린비]].

____. 1964. *Die Diktatur: Von den Anfängen des modernen Souveränitätsgedankens bis zum proletarischen Klassenkampf*(3rd edition), Duncker & Humblot.

Seale, Bobby. 1997. *Seize the Time: The Story of the Black Penther Party and Huey P. Newton*, Black Classic Press.

Semmel, Bernard. 1960. *Imperialism and Social Reform: English Social-Imperial Thought, 1985~1914*, Allen & Unwin.

Silverman, Kaja. 1992. *Male Subjectivity at the Margins*, Routledge.

Simon, Jonathan. 1987. "The Emergence of a Risk Society: Insurance, Law and the State", *Socialist Review* 95.

Singh, Nikkil. 1998. "The Black Panthers and the 'Underdeveloped Country' of the Left", ed., Charles E. Jones, *The Black Panther Party Reconsidered:Reflections and Scholarship*, Black Classic Press.

Soja, Edward. 2000. *Postmetropolis :Critical Studies of Cities and Regions*, Blackwell.

Sorkin, Michael ed. 1992. *Variations on a Theme Park: The New American City and the End of Public Space*, Hill & Wang.

Stein, Edward. 1990. *Forms of Desire : Sexual Orientation and the Social Constructionist Controversy*, Routledge.

Stenson, Kevin. 2000. "Some Day Our Prince Will Come: Zero-Tolerance Policing and Liberal Government", eds. Tim Hope and Richard Sparks, *Crime, Risk and Insecurity : Law and Order in Everyday Life and Political Discourse*, Routledge.

Stoler, Ann L. 1995. *Race and the Education of Desire : Foucault's History of Sexuality and the Colonial Order of Things*, Duke University Press.

Strange, Susan. 1996. *The Retreat of the State : The Diffusion of Power in the World Economy*, Cambridge University Press.

Tronti, Mario. 1977. *Ouvriers et capital*, Christian Bourgeois.

Vercellone, Carlo. 1996. "The Anomaly and Exemplariness of the Italian Welfare State", eds. Paolo Virno and Michael Hardt, *Radical Thought in Italy : A Potential Politics*, University of Minnesota Press.

Vidocq, Eugène-François. 1959. ed. Jean Burnat, *Mémoires*, Les Productions de Paris.

Virilio, Paul. 1978. *Défense populaire et luttes écologiques*, Galiée.

____. 1998. *La Bomb informatique*, Galiée[2002, 『정보과학의 폭탄』, 배영달 옮김, 울력].

____. 1999. *Stratégie de la déception*, Galiée.

Virno, Paolo and Michael Hardt eds. 1996. *Radical Thought in Italy : A Potential Politics*, University of Minnesota Press.

Virilio, Paul and Sylvere Lotringer. 1983. *Pure War*, Semiotext(e).

Virno, Paolo. 1991. *Opportunisme, cynisme et peur : Ambivalence du désenchantement suivi de les labyrinthes de la langue*, L'éclat.

____. 1994. *Miracle, virtuosité et 'déjà vu' : Trois essais sur l'idée de 'monde'*, L'éclat.

____. 1996a. "Do you remember revolution?", eds. Paolo Virno and Michael Hardt, *Radical Thought in Italy : A Potential Politics*, University of Minnesota Press[1997, 「당신은 반혁명을 기억하는가?」, 『이딸리아 자율주의 정치철학』, 이원영 옮김, 갈무리].

____. 1996b. "Notes on the 'General Intellect'", eds. Saree Makdisi et al, *Marxism beyond Marxism*, Routledge[2005, 「"일반지성"에 관하여」, 조정환 옮김, 『비물질노동과 다중』, 갈무리].

Wacquant, Loïc J. 1995. "The Comparative Structure and Experience of Urban Exclusion: 'Race' Class, and Space in Chicago and Paris", eds. Katherine McFate et al., *Poverty, Inequality, and the Future of Social Policy : Western States in the New World Order*, Russell Sage Foundation.

____. 1997. "The New Urban Color Line: the State and the Fate of Ghetto in Postfordist America", ed. John Agnew, *Political Geography : A Reader*, Arnold.

Weir, Margaret. 1993. "From Equal Opportunity to the New Social Contract: Race and the Politics of the American Underclass", eds. Malcolm Cross et al., *Racism, the City and the State*, Routledge.

Wieviorka, Michel. 1988. *Sociétés et terrorisme*, Fayard(1993, *The Making of Terrorism*, trans., David Gordon White, University of Chicago Press).

____. 1993. *The Making of Terrorism*, University of Chicago Press.

Wilson, James Q. 1985. *Thinking about Crime*, Revised edition, Vintage Books.

Wilson, James Q. and George Kelling. 1982. "Broken Windows: The Police and Neighborhood Safety", *The Atlantic Monthly*(March)

Wilson, William. 1996. *When Work Disappears : The World of the New Urban Poor*, Alfred A. Knopf.

Young, Jock. 1999. *The Exclusive Society : Social Exclusion, Crime and Difference in Late Modernity*, Sage.

Zarka, Yves-Charles. 2000. "Foucault et le concept non juridique du pouvoir", *Cités* 1.

Žižek, Slavoj. 1991. *For They Know Not What They Do : Enjoyment as a Political Factor*, Verso[2004, 『그들은 자기가 하는 일을 알지 못하나이다』, 박정수 옮김, 인간사랑].

____. 1992. *Enjoy Your Symptom! : Jaques Lacan in Hollywood and Out*, Routledge[1997, 『당신의 징후를 즐겨라: 할리우드의 정신분석』, 주은우 옮김, 한나래].

____. 1994a. "Introduction : The Spectre of Ideology", ed. Slavoj Žižek, *Mapping Ideology*, Verso.

____. 1994b. *The Metastases of Enjoyment : Six Essays on Woman and Causality*, Verso[2002, 『향락의 전이』(개역판), 이만우 옮김, 인간사랑].

____. 1996. *The Indivisible Remainder : An Essay on Schelling and Related Matters*, Verso[2010, 『나눌 수 없는 잔여』, 이재환 옮김, 도서출판b].

古賀勝次郎. 1983. 『ハイエクと新自由主義—ハイエクの政治経済学研究』, 行人社.

____. 1985. 『ハイエク経済学の周辺』, 行人社.

金森修. 1994. 『フランス科学認識の系譜—カンギレム'ダゴニェ'フ—コ—』, 勁草書房.

金子勝. 1997. 『市場と制度の政治経済学』, 東京大学出版会.

大内裕和. 2001. 「象徴資本としての「個性」」, 『現代思想』29巻2号.

大塚桂. 1995. 『フランスの社会連帯主義』, 成文堂.

____. 1997. 『ラスキとホッブハウス—イギリス自由主義の一断面』, 勁草書房.

道場親信. 1999. 「"可視"の人口・"不可視"の人種—M・フ—コ—, A・L・スト—ラ—の人種主義論」, 『社会学年誌』39号.

____. 2000. 「人種主義と植民地主義の総合的理解のために—最近の植民地研究の動向から」, 『社会学年誌』41号.

渡辺治. 1980. 「現代警察とそのイデオロギ—」, 金原左門 他 編, 『講座現代資本主義国家 第二券 現代日本の国家構造』, 大月書店.

藤岡惇. 2000. 「アメリカ経済覇権と「情報の傘」」, 『経済』5月号.

藤本哲也. 1988. 『犯罪学要論』, 勁草書房.

____. 1996. 『諸外国の刑事政策』, 中央大学出版部.

藤本哲也 編. 1991. 『現代アメリカ犯罪学事典』, 勁草書房.

鈴木桂樹. 1989. 「イタリア「福祉国家」の危機と変容」, 田口富久治 編, 『ケインズ主義的福祉国家—先進六ヶ国の危機と再編』, 青木書店.

瀧井宏臣. 1999. 「しのびよる情報管里社会」, 『ストップ！自自公暴走』, 岩波書店.

米谷園江. 1996. 「ミシェル・フ—コ—の統治性研究」, 『思想』870号.

福田静夫. 1994. 『危機のイタリア 1993~94—「社会国家」と右派政権の成立』, 文理閣.

浜島望. 1998. 『電子検問システムを暴く』, 技術と人間.

山根伸洋. 1999. 「臨教審以降の「大学再編」過程が指し示すもの」, 『現代思想』27巻7号.

杉原泰雄. 1971. 『国民主権の研究』, 岩波書店.

三宅孝之 1988, 1989 「犯罪者の危険性論序説—イギリスにおける歩みと論争—(1)(2)」, 『沖縄法学』16号, 17号.

上野治男. 1981. 『米国の警察』, 良書普及会.

西村春夫. 1999. 「環境犯罪学—原因理解から状況理解への思考転換」, 『刑法雑誌』38巻3号.

小林道雄. 1998. 『日本警察の現在』, 岩波書店.

小西由浩. 1991. 「犯罪空間」, 藤本哲也 編, 『現代アメリカ犯罪学事典』, 勁草書房.

松葉祥一. 1999. 「安全は国家のものか—予防対抗暴力の論理と抵抗権」, 『現代思想』27巻10号.

水嶋一憲. 1997. 「かくも脆いこのとき—フ—コ—と暴力のアクチュアリテ」, 『現代思想』25巻3号.

____. 1999. 「市民のミスエデュケ—ション」, 『現代思想』27巻5号.

市野川容孝. 1997. 「安全性の装置—権力論のための一考察」, 『現代思想』25巻3号.

市野川容孝, 村上陽一郎. 1999. 「安全性をめぐって」(対談), 『現代思想』27巻11号.

野崎六助. 1995. 『アメリカン・ミステリの時代—終末の世界像を読む』, 日本放送出版協会.

良知力. 1993.『向こう岸からの世界史』, 筑摩書房.

良知力 編. 1979.『共同研究, 一八四八年革命』, 大月書店.

戒能通孝. 1960.『警察権』, 岩波書店.

伊藤公雄. 1993.『光の帝国/迷宮の革命―鏡のなかのイタリア』, 青弓社.

伊藤周平. 1994.『社会保障史 恩恵から権利へ―イギリスと日本の比較研究』, 青山書店.

井戸正伸. 1998.『経済危機の比較政治学―日本とイタリアの制度と戦略』, 新評論.

足立昌勝. 2000.『近代刑法の実像』, 白順社.

足立昌勝, 宮本弘典, 楠本孝. 1997.『警察監視国家と市民生活:組織犯罪対策法をぶっつぶせ!!』, 白順社.

佐藤直樹. 1989.『共同幻想としての刑法』, 白順社.

舟場正富. 1998.『ブレアのイギリス―福祉のニュ―デイ―ルと新産業主義』, PHP新書.

酒井隆史. 1994.「権力・ノルム・社会学」, 第六六回日本社会学会大会報告(大会報告要旨集).

____. 1997.「万国の犬諸君, 団結せよ」, 『現代思想』25巻 11号.

____. 1998.「内なる敵―ポスト・コロニアル期における人種・ネ―ション・ピ―プル」, 『現代思想』26巻 4号.

____. 2000.「『ホワイト・ジャズ』―腐敗の栄光」, 『ユリイカ』32巻 16号.

中義勝. 1984.「刑法における人間像」, 『現代刑罪法大系 第一巻 現代社会における刑罰の理論』, 日本評論社.

重田園江. 1997.「一九世紀の社会統制における〈社会防衛〉と〈リスク〉」, 『現代思想』25巻 3号.

芝田英昭. 2001.「社会福祉法成立がもたらすもの―福祉の市場化と公的責任の放棄」, 芝田英昭 編, 『福祉国家崩壊から再生への道』, あけび書房.

澤登佳人. 1990.「フランス革命と近代刑事法の理念」, 澤登佳人 他 編, 『近代刑事法の理念と現実―フランス革命二百年を機に』, 立花書房.

樋口陽一. 1994.『近代憲法学にとっての論理と価値』, 日本評論社.

奥平康弘. 1966.「警察権の限界」, 田中二郎 他 編, 『行政法講座 第六巻 行政作用』, 有斐閣.

____. 1979.「『公共の安全と秩序』論」, 『同時代への発言 上』, 東京大学出版会.

海渡雄一. 1997.「組織的犯罪対策法要綱骨子を批判する」, 『インパクション』104号.

斉藤日出治, 岩永真治. 1996.『都市の美学』, 平凡社.

浅井春夫. 2000.『新自由主義と非福祉国家への道』, あけび書房.

渋谷望. 1999a.「参加への封じ込め―ネオリベラリズムの主体化する権力」, 『現代思想』27巻 5号.

____. 1999b.「ポスト規律社会と予防テクノロジ―」, 『現代思想』27巻 11号.

渋谷望, 酒井隆史. 2000.「ポストフォ―デイズムにおける〈人間の条件〉―エ―トス政治と「第三の道」」, 『現代思想』28巻 9号.

真柄秀子. 1990.「ユ―ロレフトの新しい模索」, 『経済評論』10月号.

후기

이 책에 대해 제목[원제 『자유론』]은 어마어마한 데 비해 내용이 양두구육이라고 할 분도 계시리라 생각한다. 필자에게 J. S. 밀이나 벌린이라도 된 줄 아느냐며 정당하기 그지없는 불쾌감을 나타낼 분도 계실지 모른다. 이에 대해서는 거듭 사과를 드릴 뿐이다. 필자도 본서에 제시한 여러 주제에 대해서는 탐색단계에 머물러 있을 뿐이다. 마이클 하트가 이탈리아 맑스주의자들의 스타일에 대해 주석을 단 것처럼 '시너지'효과가 필요할 것이다. 일본에서도 아마 당분간은 서로 개념을 발명하거나 활용하면서 더 유익하게 만들기 위해 무언가를 덧붙이거나 의미를 바꾸거나 하면서 분석 장치로서 갈고 닦아 가야 할 것이라 생각한다. 본서가 그 과정에서 하나의 촉매가 되어 준다면 기쁠 것이다. 아마도 우리는 우리도 모르는 사이 방어선을 잠식당한 것인지도 모른다. 일본에서는 10년 전까지만 해도 도저히 생각할 수 없던 놀라운 사태가, 거의 침묵으로, 때로는 적극적 지지와 승인 속에 버젓이 벌어지고 있다. '인권침해'라는 말로는 다 못 전할 '인간성'의 노골적 박탈과 그에 대한 침묵 혹은 칭송이라는 비대칭적 현실에서, 나는 정체를 알 수 없는 커다란 공포를 자주 느끼게 되었다. 예를 들어 자유화라는 이름과 함께 교육 개혁을 추진하는 엘리트들은 이것이 '능력'에 따른 계급격차를 촉진하며 이를 위해 우생학적 수단마저 활용할 수 있음을 드러내고 있다(사이토 다카오斎藤貴男의 『기회불평등』機会不平等을 보라). 공식 입장의 이면에 또 다른 숨은 의도가 있다고 말하려는 게 아니다. 그 의도는 숨어 있지 않다. 학교의 기능 중 하나로 경찰적 요소를 열거한 총리대신 소속 자문기관에 의한 보고서도 몇 년 전 발표되었다. 하지만 그것이 논란이 되는 일도, 저항운동의 고양을 자극하는 일도 없었다. 의도는 다 드러나 있는 것이다. 아마도 어떤 용서할 수 없는 것에 대한 놀라움의 감각을 닳아 없애는 데 현재까지 시니시즘은 꽤 성공한 상태이리라. 사태는 절박하다. 우리는 다시 저마다 무기를 만들어 내야 한다.

이런 얘기를 꺼내고 있으면 또 길어질 게 뻔하고, 글이라면 실컷 썼다는 느낌도 들 뿐더러 지긋지긋하기까지 해 후기는 최소한으로 쓰고자 한다.

본서가 형성되는 과정에는 많은 이들과의 대화와 만남이 있었다. 최종장에서 든 영화 「고스트 독」의 사운드 트랙을 우탱클랜Wu-Tang Clan이라는 힙합크루의 RZA가 맡았는데, 나는 그처럼 무수한 만남과 목소리 안에서 하나의 고유성을 중시하며, 즉 인명과 지명을 구체적으로 포개 넣으며 작품에 담으려는 힙합 스타일을 사랑한다. 덧붙여 RZA를 필두로 하는 90년대 미국 동해안 비트메이커들의, 암울한 음색과 변혁을 예감하는 맥박으로써 실로 현재 힘의 배치를 반복해 보여 주는 '저강도' 그루브에 이 책의 글이 아주 조금이라도 함께할 수 있다면 정말 기쁠 것이다. 우탱의 거대한 그룹과 성격은 다르지만, 이 책에도 많은 이들의 이야기와 발상의 영향이 깃들어 있음은 확실하다. 힙합 앨범의 속지에 줄줄이 쓰인 감사의 말처럼, 하나하나 이름을 드는 것이 예의일 테지만, 이제 그럴 여유도 없다. 아마 많은 분들의 이름을 빠뜨리게 되겠지만, 최소한으로 지금 생각나는 대로 적게 되는 실례를 용서해 주시기 바란다.

우선 『현대사상』의 이케가미 요시히코池上善彦 씨에게 한없는 감사를 드린다. 게으른 데다 어떤 학계 인맥과도 밀접한 끈은 갖지 않고 그저 겉돌기만 하던 나에게 목소리를 건네주었다. 무엇을 써야 할지 가닥을 잡지 못하던 내게 글을 쓰도록 시킨 것도 이케가미 씨이며, 이케가미 씨 정도밖에 그런 일을 할 수 없었을 것이다. 게다가 신자유주의라느니, 포스트포디즘이라느니 국가라느니 공안경찰이라느니 적어도 일본에서는 전무하다 싶은 주제만을 가지고 떠드는 나에게, 무엇을 하려는지 이해해 준 분을 만난 것은 행운이라고밖에 표현할 길이 없다. 이케가미 씨와의 대화 속에서 다양한 아이디어를 받았다. 하나하나 열거할 수는 없지만, 사실 이 책 속에도 이케가미 씨와의 대화 속에서 착상한 아이디어가 여기저기 숨어 있다.

또 대학원에서 같은 학년이던 시부야 노조무渋谷望는, 자신 없이 지지부진하게 주제를 좇던 내게 늘 힘을 실어 주며, 발상만 앞서던 내게 구체적인 사례와 문헌을 다양하게 소개해 주었다. 또 평소의 대화 속에서도 아이디어를 충분히 공유할 수 있었다. 이 얘기 또한 책 속에서 하나하나 다루지 못했지만, 예를 들어 5장에서 하나의 단서로 삼은 필립 K. 딕의 『스캐너 다클리』는 딕의 작품을 어떠한 형태로든 써 보고 싶다고 생각하면서도 이렇다 할 것을 찾지 못하던 내게 이 작품이 '비밀조사'undercover에 관한 작품이라는 것을 가르쳐 주었다. 그런 일은 이 뿐만 아니라 셀 수도 없을 정도이다.

또한 다자키 히데아키田崎英明 씨와 사사누마 히로시笹沼弘志 씨. 게을러서 연구자 모임 등에 가는 습관이 그다지 없던 내가, 다자키 씨를 만나 배우게 된 바는 크다. 문헌 수집법(?), 독법, 사용법 등 앎에 착수하는 하나의 방식을 접하게 된 것은 귀중한 경험이었다. 사사누마 씨는 현재 헌법학의 영역에서 활약하고 계시는데, 마치 '지하[부실]의 터줏대감'처럼 학부시절부터 저 불온한 '지하'에서 이른바 '포스트모던'사상을 세상과는 다른 독법으로 전개해 많은 점을 배웠다. 처음부터 푸코의 법사상적 영역에서의 전개가 흥미롭다는 것을 알려 준 것도 사사누마 씨이다.

지도교수이신 사토 요시유키佐藤慶幸 선생님께도 감사드려야 한다. 부족한 제자가 제멋대로 부리는 여러 행동들을 반은 기막혀 하시면서 허용해 주셨다.

어떤 고통에도 글쓰기가 좋다고 느낄 수 있는 것은 그로 인해 사람들과의 인연이 생긴다는 점 때문이다. 나가노 유타카長原豊, 우에노 도시야上野俊哉, 히라이 겐平井玄, 미즈시마 가쓰노리水嶋一憲, 미야케 미시오三宅芳夫 등과의 평소 대화는, 작업을 진행하는 데 커다란 자극이 되었다. 그 중에는 [나의] 성가신 불평까지 들은 분도 계시다. 나가노 씨라든지 우에노 씨라든지 히가시 씨 등이 그러한데 특히 나가노 씨는 자주 비판적 조언을 주셨으며 내 무례한 행동에도 너그럽게 대해 주셨다. 또한 이와사키 미노루岩崎稔 님도 따뜻한 말을 건네주셨다. 그리고 마츠모토 데쓰오미松本徹臣, 오우치 히로카즈大內裕和, 야마네 노부히로山根伸洋 등등, 글을 읽고 적확한 코멘트를 준 친구들의 독려에 무엇보다 감사를 해야 한다. 그들에게서 아이디어도 많이 얻을 수 있었다. 그것은 내가 이 작업을 진행하기 위한 힘이 되었다.

하지만 이 작업의 토대를 형성한 것은, 10년 가까이 줄곧 친구가 되어주며 세어 보면 이마이마한 시간이 될 대회와 시시한 이야기들을 주고 받아 온 친구와 지인(그 중 대다수가 연구자 아닌 이)들이다. 그 대화 중에서 현실감각이라 불러 마땅한 것이 형성되어, 어디에 초점을 둬야 하는지도 배워 왔다. 우선 쓰카하라 가쓰塚原活와 가시마 야스마사鹿島康政에게. 그들은 무얼 해야 할지 헤매고 또 헤매던 나에게 생각하는 방향성을 가져다 주었다. 그리고 존경하는 벗이라고밖에 말할 길이 없는 미치바 쓰카노부道場親信. 그는 오래 알고 지낸 세월 속에서 그 놀랍도록 해박한 지식으로 문헌과 다양한 지식에 대한 교시를 해주었다. 여기에 이름을 대자면 끝이 없겠지만 가미야마 스스무神山進, 기쿠치 시노부菊池しのぶ, 모리 유키히사森幸久 이 세 사람에게는 많은 폐를 끼쳤다. 덧붙여 오랜 시간에 걸쳐 벗이 되어 준 이시카와 아유무石川步, 오노 신야小野信也, 미우라 히토시三浦仁士, 다케우치 가쓰하루竹內一晴, 이즈미 고키泉孝樹, 가미나가 고이치神長恒一 등 긴 세월 동안의 사귐도 중요하다. 그리고 야부 시로우矢部史郎, 야마노테 미도리山の手緑 씨. 특히 야부 씨는 썼다 하면 하나하나 반응해 주는 유별난 친구이며 수없이 힘을 실어 준 친구이기도 하다. 가야노 산페이萱野三平, 사와사토 다케시澤里岳史 씨에게는 문헌 입수 등으로도 도움을 받았다. 이 기회를 빌려 감사의 말씀을 드리고 싶다. 河出書房新社의 아베 하루마사阿部晴政 씨도, 집에 틀어박히기 십상인 나를 끌어내 다양한 분야의 사람들을 만나 인터뷰를 하는 귀중한 경험을 갖게 해주셨다. 또한, 최종장의 모태가 된 논문을 게재해 주신『사상』思想 편집부 및 시미즈 애리清水愛理 씨께도 이 기회를 빌려 감사드린다.

'편집자'라는 말 앞에 이제 전직 세이도샤青土社라는 말을 붙이게 된 하시모토 히로키橋元博樹 씨께도 감사드려야 한다. 하시모토 씨는 이 책의 담당 편집자인 아베 슌이치阿部俊一 씨와 함께 나의 작업을 이와 같은 형태로 정리할 계기를 마련해 주셨다. 그리고 세이도샤의 아베 씨께는 머리를 조아릴 수밖에 없다. 꾸물대는 필자의 여러 사정을 하나하나 함께 견뎌 내셨다. 특히 거의 마지막에 가서는 식은땀이 나게 육박해 오는 마감의 두려움 앞에 많은 수고를 하시게 만들고 말았다.

그리고 마지막으로 항상 걱정만 끼쳐드리는 아버지와 어머니께.

2001년 5월
사카이 다카시

옮긴이 후기_『통치성과 '자유'』에서 자유의 의미

이 책은 80년대 일본에서 헬멧과 선글라스, 마스크 3종 세트를 갖추고 거품경제의 절정기, 긴자 거리에서 데모를 하던 저자가, 90년대 말 운동의 침체기를 겪으며 그 돌파구를 찾아 암중모색한 흔적들이다. 이 과정에서 사카이 다카시에게 '충혈된 고래의 눈'을 가진 푸코와 친구들의 책은 논지를 구성하는 단서가 되어 글에서 뼈와 살이 되고 있다.

　서장에서는 이탈리아 오페라이스모 운동의 노동 거부와 이에 맞선 자본 측의 노동배제, 뉴라이트의 대두와 대중지성의 의미 등을 언급하며, 1장에서는 직접 통치에서 인구 관리로 변환되는 자유주의 국가의 권력의 분석이 이어진다. 푸코의 통치성 이론을 통한 신자유주의 체제 분석(2장)과 정신분석에서 말하는 주체와의 비교를 통한 쾌락과 신체의 다수성, 공공성의 구축(3장)이 I부를 구성하고 있다면, II부는 시큐리티와 치안권력 분석으로 이루어져 있다. 시큐리티 강화에 따른 공공장소의 정화 현상과 관리통제 권력의 부상(4장), 치안권력의 강화와 내부-식민지화 분석(5장)이 그것이다. 최종장에서는 새로운 자유와 공공성에 대한 대안을 엿볼 수 있다.

　"자유, 자유, 자유!" 저자는 신자유주의가 내세우는 미심쩍은 '자유'를 권력의 통치기술로서 분석한다. 주어가 빠진 채 선동되는 '자유'란 시장과 자본의 자유일 뿐이라는 것이다. 신자유주의 통치체제는 더 이상 자본주의 밖은 없다고 선언하며 사람들을 경쟁 일로로 내몬다. 저 궁상스러운 루저가 되기 싫으면 부단히 타자와 경쟁하고 스스로를 일신하라, 그래서 위너가 되라! 사방에서 경쟁을 추동하는 소리 없는 아우성, 아니 백색소음이 이어진다. 어떤 이들은 목숨을 내려놓고, 어떤 이들은 일생을 저당 잡힌다. 사람들은 불안정한 일자리와 생활 그리고 테러의 공포 속에서 불안을 일상으로 받아 안고 살아간다. 불안과 위기가 일상화될수록 치안권력은 생활 곳곳까지 개입과 통제를 시도하고, 사람들은 이를 순순히 허용한다. 하지만 불안과 위기감의 고조는 어디까지나 우리 삶을 자본의 논리로만 길들이려는 새로운 통치체제의 전략일 뿐이다. 시대와 장소는 달라도 저자의 고민과 현재 우리가 겪는 위기감은 여전히 같은 내용일 것이다. 그래서 신자유주의에 대항하는 운동은 국경을 넘나드는 새로운 관점과 논리가 필요하다. 그때의 과정은 언제나 친구를 불러들이며 즐거워야 할 것이다. 춤출 수 없으면 혁명이 아니므로(엠마 골드만). 이 책『통치성과 '자유'』는 그 과정의 결과물이다.

이 책과의 인연은 3년 전으로 거슬러 올라간다. 2008년 8월 당시 일본은 세계정상회담(G8) 개최를 준비하는 나라였고, 당연히 전세계에서 회담에 반대하는 '전문시위꾼'들이 몰려들었다. 도쿄에서는 직접행동뿐 아니라 '안티 G8 포럼'이 개최되었는데 그 중 몇몇 섹션에 '수유너머'도 참여하게 되었다. 이 포럼을 준비하기 위해 '수유너머' 세미나실 한켠에는 회원들이 우르르 모였고, 모인 수만큼 참여하길 원했다. 하지만 바다를 건너는 일이었기에 당연히 비용이 문제가 됐다. 각자 주머니 사정을 말하다 보니, 차라리 여럿이 갈 돈으로 아예 학자를 한 명 부르자는 의견이 나왔다. 그렇게 급작스레 일본 출국팀과 수유너머 제1회 국제워크숍팀이 나란히 기획, 가동되었다. 일은 발빠르게 진행되었고, 곧바로 콘셉트 회의가 이어졌다. 현재의 이론과 실천의 주요 쟁점들로 강도 높게 토론하자, 스승도 좋지만 기왕이면 연구실과 친구가 될 학자를 부르자, 라짜라또, 부땅, 네그리 등등……. 각자 마음껏 상상력을 펼치며 내키는 학자란 학자는 다 거론했다. 마침 당시 연구실에서는 푸코와 생명정치와 관련한 공부 모임을 집단적으로 진행하고 있었고, 푸코, 통치성 등을 이야기하는 이 책 『자유론』을 일부 번역, 몇 사람이 돌려본 상태였다. 이참에 책도 마저 읽고, 저자와 직접 만나 밀도 있는 워크숍을 함께 해 친구와 스승을 만들자. 그렇게 사카이 다카시와의 인연이 현실화되었다.

연구실의 번역팀이 풀가동되어 '수유너머'의 최정옥 님, 최진호 님의 도움 아래 이 책의 초벌번역이 완성되었다. 번역뿐만 아니라 구체적인 섭외와 준비팀이 꾸려지고, 두 개의 세미나팀이 만들어졌다. 매주 한 장章씩 번역이 되어 나오고 곧바로 세미나원들이 함께 읽었다. 그렇게 두 달이 넘는 준비세미나를 마치고 드디어 책의 저자 겸 강사를 초대했다. '신자유주의 통치체제와 새로운 운동의 전망'이라는 이름으로 모인 우리, 일주일간 낮에는 서울 곳곳을 돌아다니고 저녁에는 세미나를 진행했다. 물론 중간중간 함께 밥을 먹고, 산책하고, 카페에서 이야기했다. 당시는 촛불정국으로 매일 저녁 시청 앞에는 언제나 촛불의 무리가 있었다. 마지막 강의 후에는 우리도 함께 거리에 나가 빗속에서 우산을 쓴 채 물대포를 맞고, 파고다 공원 사거리에서 행인과 데모대를 오가는 신호등 시위를 했다.

그냥 재미로, 우발적인 발상으로 시작된 사카이 다카시와의 국제워크숍은 '해보니 더 재밌더라'라는 평가와 함께 강사를 바꾸어 제2회, 제3회 국제워크숍으로 이어졌다. 2기에는 우카이 사토시의 '해체와 정치', 3기에는 데이비드 그레이버의 '아나키즘과 그 가능성들', 4기에는 요네타니 마사후미의 '다니가와 간과 유민의 코뮨'을 진행했고, 5기로는 『뉴욕열전』의 저자

고소 이와사부로와의 만남을 준비 중이다. 당시의 강의와 세미나 속기 그리고 여러 글들은 '노마디스트 수유너머N'의 (구)국제워크숍 게시판에서 확인할 수 있다(http://www.transs.pe.kr/xe/?mid=intercom&page=19). 이 긴 인연을 촉발한 사카이 다카시와의 제1회 국제워크숍을 더없이 감사히 여긴다.

저자에 대한 감사의 인사도 마쳤으니 이제 떠오르는 대로 여러 분에게 감사의 인사를 전하고자 한다. 책을 번역하는 과정에서 수많은 이들에게 기대며 도움을 받았다. 특히 '수유너머' 남산의 최정옥 님, 꼼꼼히 원문 대조를 함께 해주었다. 역시 '수유너머'의 오선민 님, 자유론과 함께 시작된 국제워크숍의 준비와 실무를 알려주었다. 두 분을 통해 일을 막힘없이 처리하는 법을 배웠다. '수유너머N'의 정정훈 님과 그린비의 김현경 주간님에게도 감사드린다. 정정훈 님은 번역 과정에서 어려움에 부딪칠 때마다 많은 조언과 도움을 주었으며, 김현경 주간님은 번역의 결과물이 독자들에게 더 잘 다가갈 수 있도록 세세한 조언과 도움을 아끼지 않았다. 두 분으로 인해 번역 과정을 심도 있게 공부할 시간으로 만들 수 있었다. 편집을 담당하신 박순기 님께 역시 감사드린다. 거듭된 교열은 물론,『통치성과 '자유'』가 세상으로 나오기까지 전 과정을 함께해 주었다. 이 책을 번역할 계기를 만들어 주신 이진경 선생님과 전 『현대사상』 편집장 이케가미 님께도 감사드린다. 무거움과 엄숙함보다는 아이처럼 스스럼없이 모든 이들을 믿고 일을 맡기는 모습을 보며 삶에 임하는 태도까지 많은 배움을 얻었다. 하지만 무엇보다 감사드릴 분들은, 번역하기가 무섭게 첫번째 집단-독자가 되어 준 국제워크숍 세미나원 분들, 그리고 이 책을 읽고 있는 독자 분들일 것이다. 진심으로 감사드린다.

자유라는 이름 아래 지금 무슨 일이 일어나고 있는가? 우리는 무엇을 위해 봉사하고 있는가? 우리는 정말로 자유로운가? 『자유론』에 적혀 있는 물음들이다. 이 책이 나와 사회의 현실을 짚어 내는 진단서, 나아가 신자유주의와 냉소주의에 저항하기 위한 연장이 되기를 바란다. 그리고

여기[권력]에 저항하는 것은, 공포와 구애의 원환에서 가능한 한 신체를 해방시키는 것이 되고, 조금씩 비밀을 탐색하며 공포의 네트워크를 파들어가 무너뜨리는 작업이 된다. 그 작업 속에서 우리 자신은 비밀로 가득 찬 존재가 되겠지만, 이를 두려워해서는 안 될 것이다.

이 책을 함께 따라 읽으며 여러분들도 저마다의 답을 찾아가며 함께 비밀로 가득 찬 존재가 되시기를 바란다.

2011년 4월
변함없이 불이 켜진 연구실 공부방에서
옮긴이 오하나

찾아보기